臺灣研究叢刊

達悟族的精神失序

現代性、變遷與受苦的社會根源

蔡友月◎著

1969年蘭嶼與台灣開始通航，目前台東到蘭嶼的航班，僅有
德安航空19人座的小飛機，一天6班。飛機單程一趟1,408元，
遇到風大時常停飛。（作者攝，2009/01）

冬天遇到東北季風，小飛機已停飛5天，櫃台前焦急等候的
民眾。常常耗費多日等待補位，這是達悟人司空見慣的生活
體驗。（作者攝，2005/11）

全島唯一的環島公路，常常處於施工不良狀態。
（作者攝，2005/10）

島上的人說，蘭嶼只有牛羊燈，沒有紅綠燈。有個就讀國小
的孩子在「看到紅燈，行人應該停下。」的試題上打叉。孩
子天真的告訴我，蘭嶼人是看到牛羊才要停下啊！（作者攝，
2009/01）

2008年10月無人平台工作船，擱淺於朗島部落沿岸許久，都沒有見公部門積極處理，造成海岸線珊瑚礁嚴重毀損。（作者攝，2009/01）

朗島部落居民們抗議公部門沒有妥善處理的標語。（作者攝，2009/01）

1970年代政府開始實施國宅改建計畫，2000年後僅有野銀部落特意保留了一些零星的傳統屋，觀光客可以花少許的錢體驗住傳統屋的滋味。（作者攝，2000/03）

傳統屋包括主屋、工作房及涼台。（作者攝，2009/01）

這家人在鐵皮搭蓋的臨時屋居住長達8年，洗澡、如廁都只能到附近的國小。（作者攝，2002/01）

這家的男主人車禍後長期失業，家中堆滿了他不斷撿來的垃圾，讓家人承受了極大的壓力。（作者攝，2002/01）

2002年探訪受訪者(No.17)時,他暫時居住在自己蓋的臨時屋中。(作者攝,2002/01)

家屋是達悟人社會地位重要象徵,受訪者(NO.17)因為沒有錢買材料,家屋遲遲無法完工,曾受到部落的人嘲笑。(作者攝,2002/01)

走進島上的國宅，大部分的達悟人還未完工便已開始居住。
（作者攝，2005/10）

門與窗戶被封死的房屋，代表主人到台灣工作，正努力賺錢
買蓋屋的材料。（作者攝，2009/01）

長達30年的國宅改建計畫，讓青壯世代的達悟人承擔了極大的壓力，1994年政府每戶補助45萬進行海砂屋重建，截至2009年為止走在部落到處可見正在興建的家屋。（作者攝，2009/01）

華麗的國宅與簡陋的臨時屋並置在部落，原本平權的社會，階級差異開始浮現。（作者攝，2006/01）

2000年之後，各個部落也開始出現所謂的電動玩具店，店內以國小、國中生居多。（作者攝，2009/01）

政府提倡多元就業計畫，但是達悟部落年輕人失業的問題仍然很嚴重，根據近年來統計達悟人的失業率高過其他族的原住民。（作者攝，2004/08）

1970年代之後，米酒於蘭嶼的商店中隨手可得。（作者攝，
2009/01）

達悟族是台灣原住民唯一沒有飲酒文化的一族，1970年代之
後酒逐漸變成蘭嶼達悟人新的社會問題，走在部落到處可見
隨意丟棄的酒瓶。（作者攝，2009/01）

維士比是大家常喝的飲料。受訪者告訴我，維士比可以保健
兼提神。（作者攝，2004/02）

1970年代之後，蘭嶼門戶大開，酒漸漸成為大夥聚會聊天時
不可或缺的飲料。（作者攝，2009/01）

1995年老人家到台電大樓前抗議核廢料放置蘭嶼。（張海嶼牧師提供）

2001年5月1日全島居民大家手牽手一起到貯存場抗議。（張海嶼牧師提供）

當地人告訴我，核廢場大門口寫著「蘭嶼貯存場」，故意不寫核廢料三個字，其實是台電特意的欺騙。（作者攝，2009/01）

蘭嶼貯存場大門口外觀。島上居民普遍認為核廢料放置蘭嶼後，造成居民罹患癌症與各式各樣疾病比例增高。（作者攝，2009/01）

1951年基督教傳入蘭嶼後，目前島上每個部落都有教會——野銀基督教長老教會。（作者攝，2005/10）

島上每個部落都有教會——椰油基督教長老教會。
（作者攝，2009/01）

島上每個部落都有教會──紅頭的真耶穌教會。（作者攝，
2009/01）

島上每個部落都有教會──東清基督教長老教會。（作者攝，
2009/01）

老人告訴我：開墾芋頭田，要花三年的時間。（作者攝，
2000/03）

這些芋頭收成後，將舉行盛大的房屋落成禮。在傳統的達悟
文化，一個人可以藉此彰顯其社會地位，受到族人的尊重。
（作者攝，2000/03）

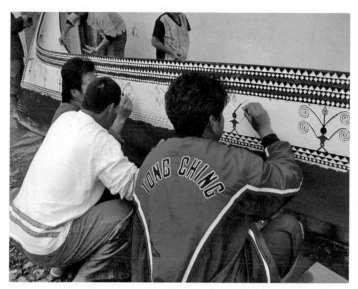

每年3-8月的飛魚季開始前，每個部落必須先舉辦招魚的祭典儀式，儀式前一星期部落的年輕人正為招魚祭儀式做準備。（作者攝，2004/01）

凌晨5點招魚祭儀式開始，東清部落的人都到齊了。透過傳統的儀式，維持部落人與人的連帶與運作。（作者攝，2004/01）

椰油部落小米祭活動的傳統舞蹈。(作者攝,2004/07)

活動中特別安排穿丁字褲小孩,讓大家照相。(作者攝,
2004/07)

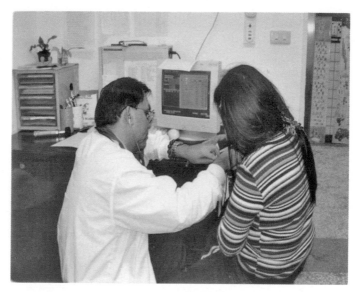

島上的醫師平均待在蘭嶼服務的時間，很少能超過3年。
此為衛生所醫師替急診的小朋友看診。(作者攝，2000/03)

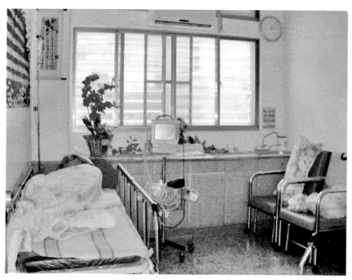

衛生所一樓的留觀室，留觀室內裝有遠距醫療的高科技設
施，可隨時與臺灣的醫院透過視訊溝通，但是蘭嶼島上達悟
人外送台灣就醫的比例仍很高。(作者攝，2009/01)

衛生所醫師下部落的巡迴醫療，每個部落都有固定的探訪時間。（作者攝，2003/01）

公衛護士定期的家訪，順便幫忙老人換藥。（作者攝，2003/02）

1960年代中期後由於青壯世代達悟人大量遷移台灣工作、讀書。1999年成立的蘭嶼居家關懷協會，希望結合部落的族人一起照顧老人。圖為當地達悟的志工陪老人一起禱告。（作者攝，2003/01）

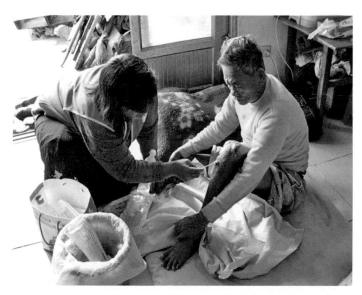

蘭嶼居家關懷協會志工，幫老人換藥，協助照料部落中的老人。（作者攝，2004/01）

蘭嶼居家關懷協會志工們協助打掃部落的環境。（作者攝，
2003/01）

我替蘭嶼居家關懷協會志工上課，下課後與志工合照，志工
大多是部落中的婦女以及少部分的年輕人。（作者攝，2004/
01）

東清部落衛生室的一角，僅有衛生所下部落的巡迴醫療才偶爾使用。（作者攝，2009/01）

蘭嶼唯一的農會──位於椰油部落，為蘭嶼島上最大販賣當地居民日常生活用品所需之地。（作者攝，2009/01）

1952年台灣警備總司令部蘭嶼地區警備指揮成立（蘭指部），位於正對面的蔣公塑像現已毀損。（作者攝，2009/01）

位於島上部落的警察局。被調來島上服務的警察告訴我，蘭嶼服務首先必須學習當地傳統文化與現代法律之間的落差。例如：當地居民死後24小時就必須下葬，往往無法配合檢察官的勘驗。（作者攝，2009/01）

獻給已逝的父親
蔡孫積先生

他細緻的愛與批判性的思考，啓蒙了
我對社會學想像無限的可能

推薦

　　台灣蘭嶼的達悟族，精神失序的比例高過台灣漢人五倍，為什麼？本書從社會變遷與行動者的因應來回答這個問題。面對資本主義、現代國家與基督宗教的普及與深化，達悟的年輕世代經歷了遷徙至台灣以及原鄉中家庭解組的巨變，這是精神失序的歷史與結構起源。本書分析與比較三個定義與回應精神失序的典範（傳統達悟文化、基督宗教與現代精神醫學），區辨出三個世代不同的精神失序經驗，印證了「社會受苦」（social suffering）的概念，藉此挑戰常見的基因論與環境論的解釋，並且提出「修正的建構論」。作者也與社區中的成員分享了她的研究成果，期待透過社會學知識的協助，探索緩解精神失序者痛苦的可能出路。本書同時觸及了技法、基本議題、認識論與存在論，展現了田野工作「四位一體」的潛力。

——謝國雄，清華大學社會學研究所所長，
中央研究院社會學研究所研究員

　　即使到今天，我仍然在台灣許多角落和議題上發現漢人嚴重的不瞭解原住民。這些年來，我們雖然在法政、經濟、文化、社會等層面上做了不少的工作，但這似乎只觸及到原住民問題的表面，我

們彷彿從來沒有真正面對面的相遇過。透過作者長時間的研究、思考與反省，我們終於有機會接近問題的本質：其實我們都缺乏對原住民受苦經驗的體會。這是作者整本書最讓我感動的地方！從這裡出發，我們一定可以找到一連串改變現狀的行動方案。

——孫大川（Paelabang danapan），卑南族，政治大學台灣文學研究所副教授，山海文化雜誌社總編輯，曾任行政院原住民族委員會副主任委員

弱勢族群何以受苦？面對蘭嶼達悟族人的精神失序，這部力作深刻回應了這個古老的社會學關懷。作者以細緻的田野工作與銳利的分析角度，揭露了台灣社會變遷如何交織出使人深陷苦難的路徑。剖析島間的遷移形式、族群政治、社會歧視與認同危機，才足以明白這些島嶼邊緣的自殺、憂鬱、失落與妄想。蘭嶼的部落巫醫驅魔、牧師帶領禱告、精神科醫師打針開藥，分子生物學研究者尋找易感性的基因，而作者提出對於精神失序的多端緣由，提出整合生物醫學與社會文化的解釋模型，期許更徹底的改造工程。讓這部震撼人的社會學作品，督促我們面對底層社會，更加推進我們反思社會不平等的動力。

——吳嘉苓，台灣大學社會學研究所副教授

人們常說，在疾病形成的過程中，先天與後天，基因與社會，都同樣地扮演著重要的角色。但是在基因決定論重新成為顯學的今日，我們卻很難得看到一本著作，真正嘗試去說明：是什麼樣的「社會」過程，竟能使各色不同的人們罹患同樣的疾病？本書正是

這樣一本具有理論意義的大膽嘗試，它企圖回答：蘭嶼達悟族人罹患精神疾病的比例，為何竟比台灣漢人高出五倍以上？透過極其廣博的資料收集與鮮活細緻的訪談，作者清楚地描繪出疾病形成的社會過程。由於蘭嶼在最近三十年中所經歷的劇烈社會變遷，許多達悟族人都曾經歷極為類似的艱辛處境──遷移至臺、底層工作、家庭崩解、乃至酗酒失業，這種由結構性處境而造成的「社會受苦」（Social Suffering）經驗，終而表現為達悟族人高密度的精神失序。換言之，表面上支持基因決定論的「族群性與家族性精神失序」的現象，其實是源自整個族群被迫經歷的集體受苦經驗。讀畢全書，讀者不僅將得到一個透過社會經驗來理解疾病成因的新穎視野，更是對於「社會與生物相互形構」的想像與渴望。

　　　　　　　　　──雷祥麟，中央研究院近代史研究所副研究員

自序

　　任何作品的產出都必須置於特定的社會脈絡來理解，因此，讓我在起頭時先簡單的交代我個人所處的田野位置。個人的生命經驗、階級地位、社會文化背景，這些系譜學上多元的位置，不可避免形塑了本書分析上某種認識論的視框、問題的癥結以及企圖解答的謎題。

　　20歲五專畢業那年，我開始進入醫院工作，同時插班上東海大學的社會學系。我一邊好奇的學習認識「進入社會」是怎麼一回事，享受獨立與成長，另一邊則開始體驗「社會學」知識帶給我的啟蒙與不安。往後這兩股相互拉扯的力量不斷交戰，刺激我想往更高的知識領域尋求答案。

　　回顧我護理專業的養成訓練中，長達一年的臨床實習，包括內外科、小兒科、產房、產科病房、嬰兒室、開刀房、公共衛生、精神科等。我對精神科的想像與好奇的程度高過任何一科，那時，天真的以為瘋子的世界，可以忘記一切而沒啥痛苦。進入精神療養院實習後，馬上粉碎了我的幻想。病房內充斥著各式各樣奇怪的人，有人一整天不斷在走廊上緩慢移動，有人可以站在牆角幾小時都不動，有人整天咒罵他人而完全無法閉嘴，也有會把衛生棉塞到衣櫥的女大學生。更諷刺的是，一起實習的同學，在急性病房中遇到她

小學時愛戀的班長。總之，我進入精神科實習後，才發現瘋子一樣要面對這個世界的秩序與規範，而且大部分的時候是更爲殘酷的壓力。

學生時代一年的臨床實習，與畢業後兩年的加護病房工作經驗，這些身爲圈內人的專業角色，提供我自由進出白色巨塔前台、後台的通行證，也讓我對醫院這高度專業化的場域有一手的觀察。東海大學社會學研究所碩士班畢業後，我進入台灣某家報社新聞部擔任編輯工作。一年後，又被調至醫療版。媒體的工作擴大了我的觸角，也讓我對醫療事件的生產與傳播有更深一層的反省。我一直嘗試用不同身分，包括醫護人員、媒體工作者、社會學研究者、乃至於紀錄片導演，以多元的視角關注著「醫療」這個豐富而充滿奧秘的研究領域。現在在讀者面前的這本書，是我以社會學家的角色，經過多年的田野觀察與分析所提出的學術研究，將有其不同於我以往其他角色的貢獻與定位。我期待這本經由學術訓練所生產出來的知識結晶，在歷經時間沖刷後仍能顯現出獨特的價值。但不可否認的，我與醫療交錯且種種逸於學術之外的生命歷程，則是孕育這本書的最堅實的底層土壤。對我而言，對現代醫療論述持續的關注，反映了我個人學術較爲宏觀的關懷所在——現代性、科學理性與受苦等生命存在經驗之間的矛盾關係。

本書是根據國科會「社會科學研究中心補助期刊審查專書書稿作業要點」，由《台灣社會學刊》編委會與兩位匿名評審審查通過，並且再由聯經出版公司的學術叢書編委會審查而同意出版。我要特別謝謝在這一連串審查過程中，《台灣社會學刊》前後任主編黃金麟、蔡瑞明教授、編委會與兩位匿名評審，以及聯經出版公司發行人林載爵先生與學術叢書編委會，都提供了相當多有建設性的

修改意見。

　　本書的部分章節，曾經分別在不同的研討會與學術期刊發表。其中第三章曾以〈遷移、挫折、與現代性：蘭嶼達悟人精神失序受苦的社會根源〉為題，發表於台灣社會學年會（2005年10月，台北大學主辦），修改後刊登於《台灣社會學》（2007年6月，第13期，頁1-69）。第五章以〈基因vs.社會失序：社會變遷中蘭嶼達悟族的飲酒行為〉為題，發表於台灣社會學年會（2006年11月，東海大學主辦），修改後刊登於余安邦教授主編的《本土心理與文化療癒倫理化的可能探問》一書（2008年12月，頁469-530，中央研究院民族學研究所出版）。第六章曾以〈原住民社會與不正常的人：達悟傳統、基督宗教、現代醫療〉為題，發表於「第三屆台灣本土心理治療學術研討會」（2006年4月，中央研究院民族學研究所主辦，台灣心理治療學會、華人心理治療研究發展基金會協辦）。第六、七、八章又曾濃縮為〈當傳統惡靈遇到現代醫療：蘭嶼達悟族現代精神醫療的變遷〉一文，發表於「近代華人社會公衛史研討會」（2008年12月，中央研究院人文社會科學研究中心主辦、哈佛燕京學社協辦），並預計收錄在中央研究院「衛生史」研究群出版的專書。我非常感謝上述發表過程中的匿名評審或評論人、與會者的建議。在書稿修改過程中，我也曾在清華大學社會所與人類所、政治大學社會所、成大醫學院公衛所、陽明大學護理所、高雄醫學院社會醫學系、台東大學區域政策發展研究所演講，分享本書部分的研究成果，並且聆聽挑戰與回應，有所收穫。

　　學術的路，大部分時間是讓人感到孤獨的。這本書能夠完成，要感謝很多人的扶持與提攜。在東海大學社會學系與碩士班的學習，奠定了我社會學知識的基礎。那些年在東海老師們堅實的訓練

下，從古典到當代，不同理論典範的激盪，讓我在理論學習上耐心進行蹲馬步的功夫，也讓我明白對知識該有的堅持。我要特別感謝碩士論文的指導教授之一Mark Thelin（練馬可）老師。練老師告訴我，當年他在美國拿到博士學位後，原有兩個工作選擇，一個是在美國外交部，另一個是教會派他來東海社會系。我相信絕大多數的人會選擇前者，但是他卻努力的在東海奉獻出大半輩子的光陰。他一對一地帶我讀經典，幫我解釋看不懂的英文，釐清書中的意涵。那些年在東海校園老師家中讀書的日子，是我一輩子珍藏的記憶。練老師說：「我這一生沒什麼驚世大作，我的大作就是我的學生」。藉著我的第一本學術專書，我要感念他對台灣這塊土地四十多年來的無私付出。書中的字裡行間，有著他澆灌給我的養分。這本書的前身，是我的博士論文。我要感謝博士論文的指導教授張苙雲老師，經過她的訓練才讓我明白如何從事一個紮實嚴謹的研究。她推動台灣醫療改革所呈現的勇敢與擔當，也讓我看到一位成熟的學者在研究與實踐上的結合。我也非常感謝博士論文的五位口試委員。朱元鴻教授在理論與方法上對我研究的挑戰與啓發，幫助我更釐清自己的立場。張茂桂教授從族群的角度，拓展我的視野。林淑蓉教授當年慷慨的讓我參與她在台北市立療養院的讀書會，並且從人類學角度，幫助我對民族誌的研究方法有更多的反省。國家衛生研究院的林克明教授，從精神醫學的角度來回應我的研究，讓我思考社會學研究與精神醫學應該如何對話。吳嘉苓教授總不吝嗇的給我各種機會與建議，幫助我在學術的路途慢慢茁壯。在台大博士班求學階段，感謝葉啓政、陳東升、林國明、曾嬿芬、林端教授們在修課過程中的教導。在拍攝紀錄片「病房85033」而做為我社會實踐的過程中，孫中興教授細心地幫我看毛片，並給了許多非常專業

的建議。

　　感謝教育部公費獎學金的資助，讓我在2004年7月至2005年8月有機會至美國哈佛大學醫學院的社會醫學系參與該系「跨文化精神醫學」的研究計畫，接受爲期一年的上課與訓練。我很感謝該系Mary-Jo DelVecchio Good、Byron Good、Arthur Kleinman、Alex Cohen、Leo Eisenberg、Terry O'Nell教授們給我在知識與生活上的幫助。在這個匯集了人文社會科學優秀學者的頂尖學術社群，他們集體努力在醫療領域開闊視野，鼓勵不同學科與領域的對話，探索新的可能性，這也是我未來努力的方向。感謝中華扶輪基金會博士生獎學金（2003至2004年）、中央研究院「人文社會科學博士候選人培育計畫」獎學金（2005年至2006年），以及國科會專題研究計畫（計畫編號：NSC97-2410-H -001-111-MY2)的研究經費補助，提供我必要的物質基礎，讓我能夠進行長時期的田野研究。也謝謝蕭新煌教授所贊助的台灣社會學會雙年度最佳博士論文獎的鼓勵。感謝國科會專案擴增留學獎學金，讓我2007年9月至2008年8月有機會前往美國加州大學聖地牙哥校區跨科際科學研究學程（Science Studies Program)與社會學系進行博士後研究。我要謝謝科學研究學程的負責人Steven Epstcin教授以及研究群的成員，這一年對我的啓發與討論。我也要特別謝謝社會系系主任Richard Madsen教授，不斷的聆聽我的發問，並給予我最大的支持與協助。而我多年來的社會學訓練、獎學金、以及紀錄片拍攝計畫，全部來自台灣這塊土地的栽培與資助。台灣社會自由蓬勃的生命力伴隨著我快樂的成長，我深深的以這個美麗的小島爲榮，這本書也見證了這塊土地給我的營養與動力。

　　中央研究院社會學研究所的一流研究環境，讓我能夠安靜的修

改這本專書。特別是謝國雄教授，他自己清慎自持，卻毫不吝嗇地給予後輩慷慨的協助。他對知識的堅持與認真，像一盞小小的光，溫暖了我對學術的初衷與熱情。也謝謝祝平一、雷祥麟、梁其姿、戴華、余安邦、丁仁傑、王甫昌、蕭阿勤、黃庭康、汪宏倫、林文源、巫毓荃、王文基、盧蒨艷、謝幸燕、陳美霞、許甘霖、戴伯芬等在不同時期的鼓勵或建議。我的助理王馨儀、陳靜玉、顏伶仔在本書校對與編排上，都給我很多的協助。

　　沒有蘭嶼島上的達悟朋友對我的溫暖接納與支持，我不可能進行研究。我要特別感謝Syapen Kazyaz一家人。我多次來往蘭嶼，總是在Syaman Kazyaz與Syaman Jyalamo家中自由進出。他們全家人待我如同自己的親人一般，無條件的提供我一切的所需。牧師Syaman Ngarai一家人、Si Potaz、目前正就讀清華大學人類學系的Sinan Mavivo，以及Sinan Mannik、SiMatong、蘭嶼居家關懷協會的義工們、蘭嶼衛生所、范家璋醫師、婉娟、蘭恩基金會、鄉公所的工作人員，還有我無法一一列出大名的Akay、Akes，總是不厭其煩的回答我的詢問，提供我在田野上必要的協助。謝謝最特別的Si Syabokane，我隨著她穿梭於部落，體會到偏遠地區公衛護士的辛勞。我要感謝所有受訪者與他（她）們的家人，謝謝你們接納我的介入。希望我這些年的研究與努力，未來會對島上的達悟朋友有所幫助。我衷心的感謝這一段艱辛的研究旅程。如果不是因此而讓我跨出以往熟悉的生活範圍與研究領域，去經歷一個陌生的世界，我不會這麼快意識到自身的限制與缺點。就像老人家為我取的達悟名字Si Magaga所蘊含的深意一樣，我希望這一段學術的旅程，給我帶來一生的平安喜樂。這些年在小島上的磨練，讓我經歷到神對我的恩典，我相信祂是成就一切的源頭。

　　最初進行這個研究的前一、兩年，那時候沒有任何經費支援，往往是自己兼課一學期後，存了一點點錢，以最克難的方式前往蘭嶼進行田野。像是走進一個未知卻充滿魅力的森林，我不知何時能夠順利走完全程，也不確定走出森林後，自己會不會因此多明白什麼？卻是在一些不被人注意的角落－在達悟老人單純相信的眼神、在田野中受訪者面對困頓時的韌性與生命力、在達悟人與大自然和諧互動的身影……，讓我看到沿途中最精采的風景。或許，相較於巨大的結構它顯得渺小的微不足道，卻是這些美好的片段，支撐著我研究往前走的動力。當我開始有了舒適的研究室、較充足的研究資源後，也提醒自己不要忘了多年以前的堅持。

　　小時候同學來家裡玩，看到家裡一大堆藏書，總會問我：「為什麼妳一點都沒有書香世家的氣質？」我一直不肯安份地待在小書房中，生命繞了一大圈，卻又不自覺的回到父親原初對我的期望。我常想如果不是因為戰亂，我的父親這一生應該會相應於他的才情有更好發展。如果在我遇到挫折與困頓時，還依然有盼望，能夠堅持、懂得相信。那是因為在陪伴我三十年的成長過程中，父親所給予我最無私的愛。是這份愛護持著敏感脆弱的我，能夠勇敢堅定的追求自己的夢想。我要將所有的成果，獻給摯愛的父親蔡孫積先生、親愛的家人以及一直聆聽我的亞。

　　本書版稅全部捐贈蘭嶼居家關懷協會。

蔡友月

2009年6月於中央研究院社會學研究所

名詞說明

達悟／雅美

　　台灣的官方資料，譬如行政院原住民族委員會的網站等，仍然以「雅美族」"Yami"為蘭嶼島上原住民的正式族群名稱。可是近年來大眾媒體、部分學術論文等，已經不再用雅美族而改用「達悟族」"Tao"。達悟族的母語"tao ko do pongso"的意思為「我是人之島的人」，"tao"是「人」的意思。針對這樣的名稱問題，我曾於田野中詢問不同的受訪者。一些老人指出，日本殖民統治時期日人與他們最初接觸時，由於溝通的障礙，錯以"Yami"稱呼他們，因此使「雅美」成為族群的稱謂。也有少部分受訪者表示，他們不喜歡「達悟」的稱呼，因為達悟與「阿達」(台語，指腦筋不正常、愚笨等)發音相似，非常不雅。不過當初推動正名運動的一位受訪者說到：「我會認為說"Yami"，日本人類學家在學術上用的名詞，在我們日常生活根本沒有在用。「達悟」是我們自己稱呼我們自己。在我的看法裡面，官方的部分是還沒改，那我們也不會很介意，因為所謂的認同、或是自主性，那是你們來自於自己的，對自己的認同，那個認同是帶有一種力量，你承不承認那是你的事，是站在一個平等、對等的角度(2002/01/10)。」基於這種看法，為尊

重達悟人正名運動，因此本書行文以「達悟族」爲主，但在徵引有些原用雅美或"Yami"的文獻時，則以方括弧加註的方式（亦即達悟〔雅美〕或達悟〔Yami〕等），以提醒讀者。

精神失序／精神疾病

在這本書大部分的脈絡，我以比較中性的「精神失序」（mental disorder）來代替「精神疾病」（mental illness）一詞。精神疾病指的是根據現代精神醫學診斷的各種特定疾病類別，但本書並不完全以精神醫學的觀點來理解這些受訪者，所以在討論上以精神失序一詞較爲恰當。在方法上，我採取民族誌田野工作的方式，盡可能對蘭嶼部落做詳細與全面的觀察。因此，即使在尋找受訪者與後續討論時，是以那些被診斷患有「精神疾病」的受訪者爲出發點，但不因此而受限於現代精神醫學診斷的觀察角度。關於這點，Erving Goffman的研究提供了先例。Goffman在其1961年的*Asylums: Essays on the Social Situation of Mental Patients and Other Inmates*一書中，以民族誌田野研究方式，進入醫院觀察精神病人、病人的社會網絡中的重要他人、親友、醫護人員等。Goffman並沒有因爲以精神醫學所診斷下的病人爲研究對象，就窄化其詮釋分析的框架，限制其犀利批判的視野。

目　次

圖目次

表目次

第一章

問題意識、研究方法與分析架構

一、導論

　　本書問題意識的起點，源自我過去研究「死亡」議題所留卜的一個問號。我過去的研究，主要是以台灣大型醫院加護病房與安寧病房中的癌症病人為研究對象，探討現代人的垂死歷程被「醫療化」所產生的種種問題，包括專業權力的濫用、生命倫理的議題、醫療科技的迷思、醫療制度的盲點等等。（蔡友月1998，2004，2008）這些反省更刺激我去想，如果醫院科層化的組織制度與科技理性運作方式，在面對現代人的死亡都有一定的限制，我們是不是能從歷史、社會文化面去尋找面對生、老、病、死的其他力量？

　　2000年我開始注意到達悟人高比例精神失序（mental disorder）的特殊現象，並試圖從社會變遷的歷史視野來反省：「精神病是什麼？」簡單地說，我認為那些現代醫學至今也無法控制、治癒的疾病經驗，如死亡、瘋狂，可以激發我們對現代醫學的極限加以省思。「現代醫學」做為現代知識、制度與組織的一環，充分彰顯了現代性發展對人類生命存在所帶來矛盾曖昧的兩面性。在現代社會中，現代醫學在顯著的程度與範圍上都介入了人們的生、老、病、死等經驗。在面對與處理這些生命經驗時，現代醫學有其貢獻，但

也帶來了限制與迷思。既有的一些研究指出，在歐美高度現代性的社會對待與處置精神醫學所界定的精神病人都有其不足與限制，相關文獻的討論可參閱本書的第二章。站在既有的研究成果，刺激我進一步思考，以一個仍處於前現代的部落社會爲研究場址，是否有助於我們探究「精神病人」可能的出路，這是我最初的原始謎題（originating puzzle），隨著後來浸淫於田野越久，理論閱讀逐漸深刻，全書的問題意識也開始有所轉向。

2000年我到島上的第一個夜晚，部落的朋友把我安置在牧師家。那幾天，牧師的兒子衫明正從高中放寒假返鄉，他熱心地帶我爬屋頂看海，高興地彈著吉他，和我分享在高中演唱會所唱的歌曲。我怎麼也沒有料到，兩年多後，我再度拜訪他家，牧師卻告訴我：「我的孩子也變成妳的研究個案了，他現在已經從大學休學回家了。妳要不要和他聊一聊？」在往後的田野中，許多令人怵目驚心的生命經驗就這麼尋常地出現在小島上的達悟人身上，失業、酗酒、自我認同混亂、精神失序、自殺等等，這些看似隨機、偶遇的個人不幸，做爲一個社會學家我看到的其實是一個少數族群因族群身分、地理位置、文化傳統等有關社會不平等結構位置帶來的多重受苦。我的問題意識也開始由原先企圖分析現代精神醫學的極限，並從歷史、社會文化面尋求現代醫療之外的療癒機制，逐漸轉向關注：如果進入「現代醫療」的「現代人」仍無法有效緩解生病經驗帶來的磨難，那麼那些缺乏現代醫療知識與處置、做爲相對地未充分「現代化」的社會或地區的成員、在政治、社會、文化權力上處於弱勢人群，命運又會是如何？面對疾病、病痛的磨難，「現代醫療」在此的貢獻與限制爲何，社會文化又該扮演什麼角色？

人類學家Arthur Kleinman以「社會受苦」的概念，指出巨觀結

構力量如何作用在行動者的疾病受苦經驗，強調我們必須揭發人類苦難的社會起源，並認為解決的策略不應放在個人的層次（Kleinman1986; Kleinman et al.1997）。延續這樣的關懷，本書關注疾病與病痛受苦經驗的社會文化意義、現代醫療專業在其中的角色等議題，研究對象則是處於三重邊緣化（marginalization）人們的受苦經驗。相對於台灣本島及資本主義的核心國家，蘭嶼達悟族的部落社會是相對地未充分「現代化」的；相對於漢人，達悟人在政治、社會、文化權力上是處於弱勢的；相對於正常人，「精神失序」的達悟人更是主流社會的邊緣人。本書針對那些處於當代台灣社會邊緣的少數族群疾病的受苦經驗，分析重點在於疾病受苦之源、如何受苦、以及自我與社會如何面對這種受苦——亦即精神失序的原因、發病後的境遇，以及現代醫療、傳統文化、基督宗教在原住民部落的角色與作用。在具體的研究問題上，本書試圖分析的是「達悟人高比例精神失序的特殊現象」，我認為不管在理論對話與經驗分析，這個現象本身都具有極為重要的意涵，而這樣的特殊性反映在兩方面：

第一，達悟人發病原因的特殊性。從精神醫學知識歷史的演進，我們可以發現：不論是精神疾病的病因詮釋，或臨床的治療處置，都越來越向生物模型靠攏[1]。隨著生物科技的發達，從基因預設來探討原住民日益嚴重的酗酒、憂鬱、精神失序問題的研究，也越來越多[2]。譬如2000年一項「達悟族原住民精神分裂症之基因連

---

[1]　見Richard J.Castillo(1997)，David Pilgrim and Anne Rogers(1990：3-5)，Arthur Kleinman(1988)，林信男，劉絮愷(2002)，林淑蓉(2002)等相關討論。

[2]　見葛應欽(1998，2001，2004)、胡海國(1995)等相關研究。

鎖分析」研究計畫 [3]，即是在這樣的問題意識下所產生的學術探討，報告中指出近二、三十年來，蘭嶼達悟族人的精神疾病比例有增高的趨勢；從流行病學的角度來看，其比例高於台灣的五倍以上，台灣漢人爲0.3%，達悟人爲1.6%。在本書的分析中，我並不是要完全駁斥生物醫學知識的進步對人類疾病與社會的貢獻，但在面對「基因(先天)vs.環境(後天)」這延續爭論已久的老問題，我認爲社會學的分析可以讓我們對於達悟族高比例精神失序的現象提供不一樣的解釋。

社會學的一個基本洞見指出，個人是社會的產物，個人行爲深受社會、文化脈絡影響。古典社會學家Emile Durkheim，在《自殺論》（*Suicide : A Study in Sociology*, 1951〔1897〕）中對自殺的研究，即明顯地呈現了這樣的思維 [4]。Durkheim認爲自殺看似個人自我選擇的結果，但卻深受社會文化因素所左右。從這樣基本的社會學想像出發，以社會學知識來理解達悟人特殊的精神失序現象，將可能有不同於現代醫學獨特的貢獻。社會學的分析，如何能有助於我們更恰當地理解少數族群面對精神失序受苦的結構性根源？相較於生物醫學著重基因面向的探討，我將從社會變遷角度分析達悟族精神失序比例增高現象的歷史社會根源，亦即探討該現象與族群身分、當代的文化處境與社會位置的關係。

3　見〈達悟族原住民精神分裂症之基因連鎖分析〉，行政院國家科學委員會補助專題研究計畫(計畫編號：NSC89-2314-B037-112)，執行期間：2000年8月1日至2001年7月31日。

4　Durkheim(1951)認爲自殺看似個人行爲，但是一個社會整合的程度會影響該自殺的型態與自殺率的差異。如果我們能分析個人現象「自殺」與社會現象「自殺率」之間的關係，就可以看出自殺是一種社會現象，而非個人心理現象所造成。

　　第二，達悟人對待與詮釋所謂「不正常的人」的特殊性。這部分也涉及了精神失序者病痛歷程、主觀經驗與日常生活社會文化處境的討論。目前交錯在蘭嶼影響達悟精神失序者的三個典範，亦即達悟傳統文化、基督宗教與現代精神醫學，「達悟傳統文化→基督宗教→現代精神醫學」的進展大致相當於Max Weber所指出的現代社會逐漸解除魔咒的理性化過程。晚近達悟人如何理解與處置精神失序者，深受此種變化過程的影響，老、中、青三代經歷不同階段社會變遷的影響與世界觀的轉換，形塑出不同的疾病經驗。究竟面對達悟人或其他類似的原住民文化與社會，現代精神醫學的角色與作用為何？社會學面對達悟族精神失序現象的探討，可能朝向更佳的緩解受苦的方式嗎？

　　具體而言，達悟族精神失序現象呈現在發病過程與發病後處置的特殊，二者又與一個少數族群經歷快速社會變遷的命運息息相關。這些也都涉及了1960年代中期後，蘭嶼經歷快速社會變遷下，達悟族所處的族群社會位置與文化傳統的特殊性。本書關注近二、三十年蘭嶼達悟族高比例的精神失序現象，在這個尚未充分「現代化」的原住民部落，進行民族誌的田野觀察與歷史文獻分析，並企圖在經驗與理論層次，回答我上述關懷的問題。以下進一步說明本書的問題緣起、問題意識、研究重點、研究方法、與分析架構等等。

二、問題緣起：晚近青壯世代精神疾病比例大幅增加？

(一)基因角度的理解

　　晚近蘭嶼達悟族精神疾病比例大幅增加，是一個引人注意的議

題。高雄醫學院原住民健康中心的葛應欽教授，在1999年曾明白指出當地精神疾病的病人明顯增加。他寫道：

> 蘭嶼當地由衛生署列管的精神病人有30餘位，初步估計蘭嶼精神疾病盛行率高達10‰，而目前台灣精神分裂症病人，保守估計約有3‰。換句話說，蘭嶼精神疾病的比例高出台灣地區三倍左右！三十餘年前，台大精神科林憲教授曾對10,000多位原住民做過調查，雖然沒有包括蘭嶼的達悟族(舊稱雅美族)，但在當時原住民精神疾病盛行率和漢族相似，即使在醫療資源缺乏的蘭嶼也未見較高的盛行率。[5]（台灣日報1999/4/13）

我們應如何來理解達悟人廣泛而獨特的精神疾病現象？1990年代之後，隨著分子生物學的發達，基因研究在台灣開始盛行，並成為國科會的重點補助項目。因為原住民的獨特族群身分，基因預設也成為近年來探索原住民高比例痛風、酗酒、精神失序等健康議題的重要研究取徑[6]。科學知識的這種發展，對於理解原住民的健康問題，尤其有特殊的影響。

5　見〈美哉蘭嶼，哀哉惡靈〉，《台灣日報》，1999年4月13日。
6　國科會從1994年開始三年期的群體計畫「基因治療」，並於1998年起和衛生署合作進行「基因藥物衛生」尖端計畫，邀請全國醫學中心與研究單位近百位科學家、醫師投入「基因體醫學」研究行列。研究領域包括：基因體基礎研究、基因治療、基因藥物開發、遺傳疾病、實驗動物供應、環境毒理遺傳基因，以及科技對倫理、法律、社會的影響等。見〈基因體醫學國家型科技計畫規劃報告〉，行政院國家科學委員會補助專題研究計畫，2001年，頁7。

　　葛應欽教授2000年在蘭嶼進行的「達悟族原住民精神分裂症的基因連鎖」醫學研究，也是在上述的問題意識下所進行的研究。這項研究的重點包括：

　　一、蘭嶼精神病患比例高達1.6%，而精神分裂症也達1%，比起台灣其他地區要高出許多，經精神專科醫師訪查蘭嶼全島精神病患，依據DSM-IV診斷標準來鑑定病人，共有53位病人，其中3人為非原住民，餘50人為達悟族的原住民。達悟族原住民精神疾病症為1.6%，其中精神分裂症31人，器質性精神疾病8人，情感性精神疾病3人，源自兒童期精神疾病8人。

　　二、該研究假設達悟族所居住的蘭嶼，孤懸海外，約五、六百年前由菲律賓遷移至此，過去由於種種因素被隔離，幾百年來盛行族內通婚，為一孤立種族的族群。研究者推測由於族內近親通婚的結果容易出現易感性的基因，研究者因此提出基因與高比例精神疾病關連性的假設。

　　三、由於達悟族精神分裂症病人登記有31人（其中5對為兄弟姊妹），盛行率約達1%，為台灣之3倍。因此，該計畫從31餘位精神分裂病人及其家屬（估計約150-200人）為基礎，並由精神科醫師擴人尋找新病例（預定達40例以上），並重新認識疾病表現型及分類、抽取血液、萃取DNA，並以已知相關基因座當作候選遺傳標記，分析多型性變化，計算其連鎖相關，以提供尋找精神分裂症基因的參考。

　　四、2000-2001年研究者以31位病人及其一等親家屬為研究對象，對27位病人（4位拒絕）及74位病人的父母、兄弟姊妹、子女等親屬採集血液樣本，共萃取出101個DNA樣品。但研究結果沒有發現顯著的關連，研究者推測也許是樣本過小。

　　精神疾病的遺傳學研究，過去主要是以領養研究與雙胞胎研究等家族研究爲主。一直到分子遺傳學的研究後，才有重大突破，目前這方面的研究被認爲是精神醫學最重要的研究方向（林信男、劉絮愷2002：16）。生物科技的蓬勃發展，使得基因與分子遺傳學的研究，逐漸成爲精神醫學解釋疾病成因與未來研究的重要方向。不過，上述基因預設的研究計畫，可能過於簡化，會讓我們忽略達悟人高比例精神失序的問題癥結，因此有必要先在此加以澄清。

　　第一，根據前述現有統計與歷史資料，達悟族精神失序比例增高是發生在近二、三十年，九成五以上集中在開始接受現代教育的青壯世代，基因研究無法提出歷史過程的解釋。

　　1960年代人類學家李亦園的研究指出，達悟（雅美）傳統的文化結構，維護了該族的基本心理衛生。傳說中的「惡靈」是達悟人社會認可的情緒衝動代替品，達悟人可盡情地恨它、咒它、驅逐它，使得衝動有發洩的管道而不至於危害整個社會的基本安全，維護了成員的心理健康。他還在研究的附註中強調，當時的達悟（雅美）族，未見有精神病人的報導，「林憲醫師曾函告無精神疾病的紀錄，劉斌雄先生告知，在居留蘭嶼期間，曾發現一可疑精神不正常的達悟男子，但是否爲精神病人，尚未能確定」（李亦園1960：268）。就像葛應欽引用林憲的調查所推測的，三十多年前，達悟族的精神疾病盛行率應該不會比其他原住民或漢人高。1982年公共衛生學者姚克明，在台灣省公共衛生的調查報告，第一次大規模蒐集與達悟族健康有關的生活方式與行爲的資料。調查的項目包括蘭嶼常見的衛生問題，生產、育兒、口腔衛生、菸酒等，但並未標明「精神疾病」。姚克明並在報告中指出，一些工業社會常見的「文明病」，如高血壓、消化性潰瘍、精神官能症等，在蘭嶼並不常

見。他並根據前衛生所廖慶源醫師的報告指出，廖慶源醫師[7]在蘭嶼服務期間只碰到4個有精神症狀的病人：「第一個全身僵硬、不講話、不吃東西，將他手一提高就停在半空中（疑似僵直型精神分裂症或憂鬱症），第二個是以前住過高雄療養院的病人，有幻聽、失眠、語言不連貫的情形，其他兩個爲癲癇病人」（1982：19）。

馬偕醫院精神科醫師劉珣瑛，1992年被派到蘭嶼做定期性精神疾病的診治工作，她是第一位在蘭嶼進行精神醫療的醫生。劉珣瑛等醫師在1993年離島精神醫學研討會，發表了蘭嶼精神醫療概況的研究報告，指出島上精神疾病比例異常增高的現象，「台東衛生所自1992年8月起委託省立台東及馬偕醫院兩位精神科專科醫師，輪流每個月到該島一次，配合當地醫護人員作診斷與治療。經該島衛生所轉介之病人共28人，初步鑑定結果，精神分裂症9人，非典型精神疾病2人，雙極性情感性疾患6人，憂鬱症合併酒精濫用2人，適應不良症候群2人，智能不足2人，癲癇症2人，非精神疾病之行爲問題2人，1人未遇」（劉珣瑛等1993：4）。台灣其他離島區域，如澎湖、金門的精神疾病盛行率，當時則未有如此顯著增高的趨勢[8]。

1990年代隨著原住民運動的風起雲湧，有關原住民人權、教育，以及酗酒與精神疾病等議題，開始成爲報章媒體關注的焦點。

7　廖慶源醫師是香港人，就讀台灣大學醫學院期間，自台灣大學蘭嶼醫療服務隊的報導得悉、蘭嶼缺乏醫師，畢業後到宜蘭羅東綜合醫院工作一年之後，即於1980年4月自願前往蘭嶼服務，1981年夏天因奉召入營服役，而離開蘭嶼（姚克明1982：21）。

8　根據1993年離島精神醫學研討會，澎湖地區人口95,466人，精神疾病患者233人，以每千人口計爲2.44人（張和平等1993：1）；金門地區人口43,000多人，共有精神疾病患者238人，以每千人口計爲5.55人。

1995年聯合報一篇有關離島精神醫療的專題報導，也開始注意達悟族高比例的精神疾病現象。該報導以「台灣怎麼偷走蘭嶼孩子的靈魂？」為題，指出許多蘭嶼達悟人的孩子去台灣一趟，再回來時成為眼神呆滯、不認世事的精神疾病患者比例增多[9]。

　　如果將因癲癇而納入精神科診斷的病人排除在外，回顧醫療紀錄，1960年代達悟族並沒有高比例的精神科個案，1982年當時初步統計精神疾病的病人只有2個，1992年大約有28個，當時就開始有醫師注意到精神病比例增高的現象。根據蘭嶼衛生所的資料，2003-2004年蘭嶼衛生所登記的精神疾病患者約50人，2005年一年內新增8人，這些新增的精神疾病患者全部都是已接受現代教育的青壯世代，2005年底為止，蘭嶼衛生所登記被診斷精神疾病的共58人。2005年之後，青壯世代發病的人數又有增加的趨勢，截至2009年2月本書完稿為止，被納入蘭嶼衛生所精神疾病的人數增加至66位，若加上目前在玉里或其他療養院登記有案的病人，具有精神科疾病診斷的人數，至少超過70人以上[10]。達悟族罹患精神疾病的比例是1.6%以上，和台灣本島0.3%比例相比，比例的確明顯偏高。雖然，我們不能排除過去醫療資源不發達，罹患精神疾病的達悟人數有可能被低估，也無法確認1960、1980、1990年至今，不同的精神科醫師是否採用相同標準的診斷工具，並藉此排除不同診斷工具所造成的誤差。從1996年衛生署針對偏遠醫療的補助計畫下，精神科醫師每月兩次定期到個案家訪視[11]，在醫師與達悟族護理人員的

9　見〈讓雅美人回家系列報導五之一，誰偷了他們的靈魂〉，《聯合報》，1995年6月5日。

10　資料來源：〈2003-2009年蘭嶼鄉衛生所精神疾病個案原因分類統計表〉。

11　1998年9月起，健保局結合當地衛生主管機關，委由馬偕紀念醫院台東

努力下，全島有精神疾病徵兆的達悟人，都已完成初步的評估與診斷。根據2003年衛生所收案的個案統計，列管約60位被診斷為精神疾病的患者（包括長期住在玉里療養院的患者），95%的失序者集中於25-60歲，為接受過現代教育的青壯世代，教育程度大多屬國中、國小，發病年齡大多都很年輕，以未婚的男性居多，且一半以上首度出現不正常徵兆是在台灣。其中只有3位超過60歲（其中1位患者，2004年殁於台灣的精神病院），是屬於在傳統文化下成長的老人，這些老人發病年齡大都在50歲之後。被診斷為精神疾病的達悟人，很明顯是集中在夾雜在傳統與現代文化衝擊下的青壯世代。這些初步的發現，提醒我們必須意識到快速社會變遷對達悟青壯世代的心理衝擊與精神疾病比例增高之間的關連性。

其次，1999年世界衛生組織針對台灣原住民的健康報告，亦指出二次大戰之後，台灣原住民與漢人的精神疾病比例無重大差異。但是，1960年代之後，台灣原住民酗酒、精神病人比例有大幅增加的趨勢。該份報告合理地推估，台灣地區原住民精神失序的負擔將會有顯著的增加（Cohen 1999：24）。因此，雖然現今有關世界原住民、台灣原住民，以及達悟原住民相關的健康資料都極為匱乏，我們仍可以根據上述的資料，合理地推算達悟族精神疾病比例開始增

（續）────────────

分院辦理蘭嶼及綠島鄉醫療服務改善計畫，簡稱「蘭綠計畫」。計畫內容包括：由該院派遣專科醫師及醫療團隊，於每月第一及第三週之週六、日，分別前往蘭嶼及綠島鄉提供定時定點專科巡迴醫療服務，包括家醫科、內科、婦產科、小兒科、骨科、皮膚科、精神科等專科診療服務。除上述計畫，並鼓勵醫療院所醫師至山地離島地區提供醫療服務，台東縣六個山地離島鄉，除當地衛生所提供醫療服務外，尚有馬偕台東分院、慈濟關山分院、署立台東醫院、台東榮民醫院等前往各村落進行巡迴醫療，主要目的仍在改善偏遠地區醫療照護之不足。

加，是在這二、三十年的時間，診斷爲精神疾病的達悟人，95%高比例集中在接受現代教育的青壯世代也是一個明顯的表徵。

　　第二，根據以往人類學的研究，近親通婚的預設並不符合達悟的傳統文化規範。衛惠林、劉斌雄討論達悟族的婚姻禁忌與擇偶條件，清楚指出達悟族的婚姻多數在第三從表外的遠親，在亞世系群單位內有很強的外婚傾向。其中禁忌的範圍包括兩類，第一類是婚姻禁忌"dzikamopasiragpit ta makaniau"，又包括近親禁忌與仇家禁婚。近親禁忌的範圍：(1)居住在一個家宅內的親屬"asa ka Bagai"，不僅是直系血親，並包含同居婚屬與同父異母之異胞兄弟姊妹，乃至遠親屬的寄居者。(2)直系血親"malama"，包括承上繼下的直系三世親屬，及親兄弟姊妹。(3)雙系近親群"ripus"，雙系第一從兄弟姊妹及其所出。(4)半兄弟姊妹"kakta no atoy"，同父異母、同母異父之兄弟姊妹及其所出。仇家禁婚"kapusok to Bagai makaniau"指凡兩家曾發生過流血鬥毆、殺人復仇，以及通姦糾紛者爲仇家，禁婚。第二類是不受歡迎或可恥的婚姻，包括：(1)夫兄弟婚與妻姊妹婚，(2)叔與姪媳或姪與嬸母相婚，此等婚姻雖然不到完全禁忌的程度，但普遍被認爲是一種可恥的、不榮譽的婚姻。達悟人的社會規範相信近親婚姻必然有兩種結果，生下的嬰兒是瞎眼的，或是子孫不繁，甚至絕嗣(1962：67-77)。早期達悟的神話傳說中，也都明白地指出這些亂倫禁忌的規範。達悟人董森永牧師也強調，達悟人禁止血親婚姻，直到現在也是如此。另外父母的兄弟姊妹之子女，也禁止通婚，直到這些表兄弟姊妹的子女開始，方可通婚(余光弘、董森永1998：4)[12]。

12　著名的達悟神話傳說中，包涵了亂倫禁忌的規範。漁人部落的董森永牧

　　余光弘(1992)重新檢查系譜表示，達悟(雅美)人的禁婚範圍僅注意父母雙邊的親屬距離，真正的禁婚範圍是父母雙方同胞之子，也就是僅及於雙邊的一從表，雙邊的從表之後即可婚配。陳玉美(1994)提到第二代從表雖然可以婚配，但達悟(雅美)人覺得還是有點親近，因為第三代從表婚才是當地人最喜歡的婚配。亦即，居住於蘭嶼的達悟人雖有內婚制，但他們的文化與法律規範還是有三等親的禁忌。

　　第三，回溯更久遠的歷史，基因研究者假設達悟人為一孤立的「種族」，更值得商榷。1970年代後期以來，美國的體質人類學教科書，基本上已經不認為立基於生物差異的種族(race)分類是一個科學的概念，而質疑種族做為一種實存範疇的合理性(Littlefield, et al., 1982：642)。根據1999美國人類學會宣言：「人類群體不是可以明確、清楚界定、生物上獨特的團體。基因的分析指出，種族團體內部的差異大於種族團體之間彼此的差異。這意味著大部分94%生物上變異在種族團體(racial groups)之內，種族團體之間的差異僅有6%」[13]。而這種假設某種族、族群與基因脆弱性的研究，近年來在醫學研究具有很大的吸引力。當某族群的人口在流行病學上

(續)────────────

　　師曾描述：「在漁人部落的傳說中，當時天上諸神看不慣島上居民的一些作為，便讓大水淹沒蘭嶼。後來，天神派遣祂的兩個子孫下凡，將兩神各用石頭和竹節包裹，往下丟到蘭嶼島。兩人長大成人後，突然陽具勃起，因無女性在場，只好將生殖器在自己的膝蓋處抽送洩精，因天神的法力無邊，不久遺精之處竟腫起來，兩人漸覺左右膝蓋紅腫發癢，後來竟從癢處各迸出一個男、女嬰兒。不久之後兩對男女便各自結合，結果所生的孩子都是瞎眼的。石人、竹人頗為詫異，兩人商量後，便將子女互換結婚，後來所生的孩子都健全無缺，那些有缺陷的孩子也相繼死亡」(余光弘、董森永1998：4)。

13　見American Anthropologist 100(3):712-713。

被標定爲具有風險，往往很容易形塑出一個申請健康資源的通道，在努力尋找某族群的基因脆弱性的背後，醫學也越穩固地建立其科學的地位（Poudrier 2004：25）。當研究上標示特定人群在生物上的缺陷，某種程度也發揮污名化他者與建構特定社會秩序的作用，強化了種族主義等意識型態下的人群分類。

　　上述基因角度的研究，將原住民族精神失序的受苦經驗，縮小到分子層次來理解。非歷史的取徑並無法解釋精神失序比例大幅增加，是這二、三十年才發生的事，且高比例集中在青壯世代。所謂近親通婚之說，也欠缺對達悟社會文化進一步的考察。這個取徑既不重視社會變遷的歷史過程，也對失序者的主觀受苦經驗缺乏興趣。除此之外，這方面的研究，對於如何緩解日益增加的精神失序現象，至今爲止也少有具體可行的策略。即使如此，如同前面提到的，近年來生物基因角度已成爲探究原住民健康議題的重要方向，而產生非意圖的社會效應（見第五章的討論）。此外，沒有深入達悟社會經濟結構歷史轉型的分析，也會讓我們忽略其高比例的貧困家庭、意外死亡、自殺、酗酒、家暴等，所造成明顯的家庭解組與社會失序，而這些問題無可避免地衝擊他們的身心狀態。因此，本研究採取紮根式的民族誌研究，從田野中提煉重要的面向與範疇，輔以歷史文獻分析達悟人高比例精神失序的核心肇端。

（二）社會變遷下的家庭解組與社會失序

　　達悟（Tao），爲台灣原住民十四族[14]當中人口較少的一族。蘭

14　根據2008年8月行政院原住民族委員會統計資料：阿美族176,160人、泰
　　雅族82,010人、排灣族84,851人、布農族49,719人、魯凱族11,584人、卑
　　南族11,192人、鄒族6,541人、賽夏族5,663人、達悟（雅美）族3,482人、

嶼島位於台灣東南海峽，東經121度30分8秒至東經121度36分22秒，北緯22度零分6秒至北緯22度5分7秒，面積45.7平方公里。與位於其北方的綠島距離約76公里，與南方菲律賓的巴丹群島(the Batanes Island)，距離約110公里，因地理環境的特殊性，造就了不同於台灣其他原住民，形成特殊的海洋文化(見圖1-1、1-2)。

根據2003年蘭嶼衛生所第一份有關精神疾病病因的統計表，有8位是因為酗酒引起病變，3位是車禍腦傷加喝酒所致，有20位是在台工作受挫、生活不適環境因素所致、還有10位被視為遺傳性的親子檔病人。曾負責蘭嶼精神科巡迴醫療多年的范家彰醫師認為，酗酒或環境因素所產生的精神失調，可能是對台灣高消費、高壓力生活不適應所引起的[15]。

2005年2月蘭嶼鄉各村里住戶人口統計資料顯示，蘭嶼島居民3,659人，1,054戶，男性1,969人，女性1,690人，島上居民以達悟族為主。根據1970年代末期人類學家李亦園的實地訪查，東部地區若干平地鄉，以及鄰近平地的山地鄉村落當中，高達八成的年輕原住民(15–34歲)到外地工作。即使是離開台灣本島的蘭嶼，也有四成多的青少年外出，到台灣西部都會區去工作(李亦園1979：5-6)。1970年代之後，這股外移的趨勢，仍有持續上升的傾向，根據2005年2月蘭嶼鄉各村里住戶人口統計，留在島上的人口約1,000多人左右，外移的人口已從原先的四成多，增加為六成[16]。

(續)————————————————

　　邵族643人、葛瑪蘭族1,145人、太魯閣族24,257人、撒奇萊雅族310人。
　　2008年4月23賽德克，正名列為14族。資料來源：行政院原住民族委員
　　會http://www.apc.gov.tw/main/index.jsp 查詢時間：2008年9月20日。

15　見〈求生路上惡靈附身，蘭嶼精神病患比例特高〉，《勁報》，1999年
　　8月14日。

16　筆者根據〈1998-2002年台東統計要覽〉，以及蘭嶼衛生所資料推估而

圖1-1　蘭嶼全圖

資料來源：交通部民航局臺東航空站http://www.tta.gov.tw/ch/chinese6.asp

查閱日期：2009年3月18日

（續）

得的數據。

圖1-2　蘭嶼與台灣關係圖

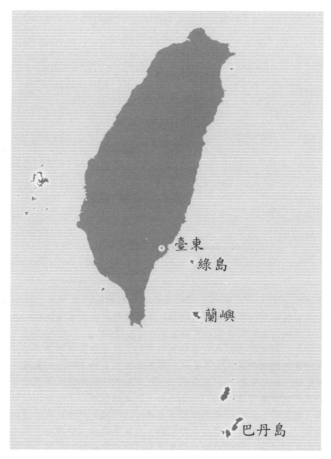

繪圖：黃毓智先生

　　蘭嶼近年來一直是媒體報導的焦點。著名的核廢場設置、國家
公園草案、以及海砂屋等事件，使得這個人口僅有3,000多人的小
島一直具有高度的曝光度。相較於自然科學或人文社會學者對蘭嶼

其他方面的重視[17]，這些越來越多在台灣生活，擺盪於漢文化與傳統文化之間的達悟年輕人，很少引起研究者的注意。在急速社會變遷下，他們這些青壯世代遷移台灣的經驗，其中夾雜著家庭功能弱化、傳統社會文化規範解組，進而產生精神失序的現象，極少受到學術界的重視。既有的文獻，也欠缺對近三十年達悟族高比例精神失序的分析討論[18]。精神科醫師林憲認爲，少數族群精神異常比例較高的原因，和他們的社會文化本質及文明化的過程有關(1978：25)。張苙雲(1989)的研究，也發現原住民的心理健康確實有明顯的族群差異。許木柱、鄭泰安(1991)透過泰雅族與阿美族的比較，認爲不同族群社會文化的特質，會對成員心理健康有所影響。個人所屬的社會文化特質，對它的成員提供不同形式和程度的心理及社會支持，來自不同社會的成員，即使具有相似的個人痛苦經驗與經

17　余光弘曾指出：「蘭嶼是一個學術研究密集的小島，在不到一個世紀中，有關該島的生物學、地理學、人類學等方面的論著總數可能已經近千，其中民族學的研究也有兩百篇左右」(1992：73)。

18　目前有關蘭嶼達悟族人文社會科學研究文獻主要集中在三方面：一、中央研究院民族學研究所爲主的人類學者在南島語系研究的架構下，針對傳統達悟族社會組織、親屬關係、經濟模式、祭典儀式等累積了不少的研究，例如李亦園(1960)，衛惠林、劉斌雄(1962)，余光弘(1994)等。二、從空間生產的社會過程探索蘭嶼居住環境的問題，包括傳統地下屋的空間記錄，如日本學者鹿野忠雄、鳥居龍藏與一些國內早期人類學者等零星的討論；探討蘭嶼海砂屋事件的空間與權力的關係，分析國家如何透過「現代化」的想像，對蘭嶼達悟人的住宅模式進行全面的改造與教化，例如台灣大學建築與城鄉研究所、中央研究院台灣史研究所等相關的研究計畫，以及夏鑄九、陳志梧(1988)，蔡筱君(1997)，張興傑(1998)等。三、從族群政治經濟學所開展出來，有關蘭嶼的「反核廢料運動」、「自治運動」等相關研究報導，例如黃雅惠(1990)、紀駿傑(1997)、盧幸娟(2001)等。現代性衝擊對於達悟人的自我認同與心理健康所產生的影響，以及達悟族高比例的精神失序、日益嚴重的喝酒問題，或者設置核廢場與居民健康的關係，既有研究都較少觸及與討論。

濟困境，受影響的強度可能會明顯不同，精神症狀也會有不同型態與嚴重程度。上述這些研究提醒我們必須注意到，不同族群的社會型態、文明化的程度、社會文化轉型都影響著精神失序病發的可能性。我認為必須更進一步剖析原住民社會的自殺、酗酒、意外死亡、精神失序等健康議題，與大環境的撞擊的關係，包括現代性對部落社會的影響，族群與遷移所產生的原漢文化差異、認同危機等，所造成社會心理的功能失調與人格的解組。

近二、三十年達悟族精神失序的比例大幅升高，社會與文化意義下的「族群身分」，顯然是一個不可忽視的因素。究竟，達悟族特殊的精神失序現象與其族群身分在面對現代性衝擊的社會文化處境有何關係？達悟族的社會狀況與其他包括台灣在內正經歷快速社會變遷的社會相比，又具有什麼樣的歷史特殊性？本書將分別在第三、四、五章，深入分析以下三個交互的因素。

第一、遷移與精神失序的關係。相較於接受傳統文化與日本殖民統治影響的老年世代，我將探討這些接受現代教育的青壯世代，他們在15、16歲的年紀隻身遷移台灣的生命際遇。是什麼結構的推力與拉力，使得遷移台灣成為接受現代教育的世代共同的命運？他們到台灣後遇到了什麼事？為何將近半數的罹患精神疾病的達悟人是在台灣出現不正常徵兆？究竟，他們到漢人社會求學工作的流離遷徙經驗，與誘發精神失序的關係為何？我分析的面向，包括底層勞動力市場不良的工作情境、文化衝突下的認同危機、缺乏社會網絡支持、在蘭嶼的父母親無法提供孩子在台必要的協助，以及世代的差異所造成的種種心理挫折等等。

第二、家庭功能解組與精神失序的關係。在長期的田野觀察中，我發現這些精神失序者的家庭狀況都有一些共同點：離婚、失

業、酗酒、家庭暴力、意外死亡、自殺。顯然這些顛仆不穩定的家庭結構是一股強大的拉力，誘發了個人與集體失序的狀態。我們必須思考什麼樣的轉變，造成傳統家庭無法維持它原先的生活所需的功能。我將溯源到社會變遷的衝擊下，傳統家庭走向現代家庭所帶來的改變，包括傳統家庭生計瓦解，使得傳統自給自足的經濟模式逐漸走向貨幣經濟；經濟變遷弱化了傳統家庭功能與支持系統，造成離婚、家庭暴力的問題增多；政府國宅政策的強勢介入，全島家屋的改建帶來家庭的經濟壓力，多數精神失序者生活在全家失業，兄弟姊妹人口眾多的底層貧窮家庭，以及社會階級不平等的浮現。我希望藉此釐清在什麼樣的歷史過程中，傳統達悟家庭與親屬關係所提供的社會心理支持力量會逐漸式微？

第三、社會失序下的失業、酗酒與自我認同的危機。我將分析達悟人飲酒問題背後的社會歷史過程，討論酒是在什麼樣的政治經濟脈絡中進入部落社會；在快速社會變遷衝擊下，青壯世代勞動的價值、生活型態的改變，乃至於個人生命週期的改變，以及世界觀的錯亂，所帶來生存適應的挫折與認同危機等問題。

上述是由田野觀察中提煉出來的三個重要面向，是本書第一部的問題叢結與研究重點，而分析重點就在於少數族群精神失序現象的可能成因，亦即引發達悟人高比例精神失序現象的歷史社會根源。

(三)精神失序者的社會文化處境

本書第二部(第六、七、八章)的問題叢結與研究重點，是以被診斷為精神疾病的達悟人為分析主軸，探討不同世代的失序者在蘭嶼部落的生活世界與病痛歷程。傳統的達悟部落是一個以血緣、姻

親等家族連帶關係為主軸的社會，這些被診斷精神疾病的達悟人在其中獲得一定的社會支持。許多人甚至獨居，仍可上山下海，而他人對他(她)們的要求、期望也不高。如果對照台灣精神病人的疾病經驗，蘭嶼部落中這些失序者似乎自由許多，而且不管是失序者或家屬本身，對精神醫學的用藥接受度都很低。家屬普遍缺乏現代醫學知識，也較不重視現代精神醫學所提供的治療方式。根據我的田野資料顯示，處在生存競爭壓力較小的社會情境，或許有助於這些失序者病發後暫時的穩定。但是長期來看，隱藏在部落內的失業、漢文化入侵等結構性的問題，以及所引發的酗酒、文化認同危機等，部落的環境則未必有利於病情的穩定與康復。

　　蘭嶼一直是現代醫療資源極為匱乏的地區，達悟族節節升高的精神疾病比例，也凸顯了偏遠醫療公衛系統的問題。相較於台灣，現代醫療進入蘭嶼的時間更晚。島內唯一的衛生所成立於1957年，是目前蘭嶼唯一提供現代醫療的所在。島內沒有其他醫療院所，在有限的醫療人力與資源的情況下，一直到1992年以後，才逐漸有精神科醫師抵達島上，給予居民部分的醫療協助。截至2009年為止，只有少數被診斷精神疾病的達悟人是長期安置於花蓮玉里療養院。除此之外，隨著島內精神失序者逐漸增多，一個特殊的情景是：精神失序者自然地遊走於部落中，而部落的族人也習以為常。對照台灣都市化、工業化的生活型態，以及精神病人的處境，達悟精神失序者的這種情形，似乎很難想像。如果從這種蘭嶼達悟部落的特殊現象來反思源自西方的現代精神醫學，又可以給我們什麼啟示呢？

　　做為西方現代性一部分而發展的現代醫療知識、制度與組織，充分代表一種「理性化」地控制世界的企圖。事實上，醫療知識一直是人類社會界定「正常」與「非正常」行為重要判準的一部分。

當代社會「醫療化」的膨脹，更代表理性化力量的擴大，顯示對「非正常」行為進行醫療認知與處置的擴張。那些自然遊走於部落、其他社會成員卻習以為常，似乎代表醫療化的理性規約控制力量未及之處的某種「自由之身」。目前達悟精神失序者安置於療養院或自然遊走於部落，兩者並存的事實，都顯示現代醫療在某種程度上逐漸地改變了他們對精神失序者的理解與處置方式，但傳統上理解與處置行為「不正常」的方式，仍然存在於部落社會，並且具有相當的角色與作用。

藍忠孚、許木柱針對台灣原住民的健康調查指出：「在過去台灣原住民社會原有的宗教與自然的醫療系統，自成為一特殊的醫病關係。其治療的原因雖然與科學醫學一樣皆產生於有人生病。但治療的主體及重點卻大相逕庭，主要在於病人的社會關係。醫病之關係被延伸為社會規範的約制問題，藉以維持該社會的道德與秩序」（1992：1）。從這種觀察出發，在達悟的個案研究上，我們可以追問：現代醫療進入蘭嶼後，如何改變達悟人原有對精神失序者的認知方式？這樣的改變對那些被診斷為「精神疾病」的患者本身與他人－尤其是周遭的家庭成員等－造成什麼影響？蘭嶼的部落社會普遍看待這些精神失序者的方式，夾雜了超自然認知、基督宗教與精神醫學的詮釋。或許，這有助於我們從社會變遷的歷史角度，反省現代精神醫學專業在當代社會－尤其是在社經地位較低的少數族群中－所扮演的角色。現代精神醫學的出現是否有助於精神疾病患者去除污名、獲得較好的對待與照護？或者它加諸於「病人」更多的污名與進一步的監控？在舒緩社會邊緣的少數族群的精神失序現象上，現代精神醫學的貢獻與限制何在？事實上，在理解與處置精神疾病上，達悟社會的傳統文化與基督宗教也具有相當的影響力。那

麼，現代精神醫學夾雜在達悟傳統文化、宗教脈絡中的適當定位為何？

　　西方歐美國家的精神醫療，曾經從早期「機構化」的處置病人方式，發展到鼓勵病人回歸社區的「去機構化」方案，至今仍存有許多無法突破的問題。那些自然遊走於蘭嶼部落的「不正常人」，能給我們什麼啟示嗎？對於大多數像台灣本島一樣高度現代化、現代醫療資源相對充分，並且相對受到高度理性化控制的社會來說，達悟族對精神疾病的不同理解與對待方式，是否有助於我們反省現代精神醫學的功能與限制？當現代醫療體制成為當代人消解身心之苦的「新宗教」之後，除了就醫看病，期待醫療知識與技術的拯救之外，我們還有其他可能的出路嗎？這些是本書第二部所要探討的問題，分析的重點則在於達悟部落如何面對這些被現代精神醫學診斷為「不正常」的人、不同世代精神失序者的自我與社會文化的關係，以及傳統達悟文化、基督宗教、現代精神醫學在其中所扮演的角色。受到現代性的社會變遷力量衝擊的達悟原住民，有其獨特的歷史遭遇與命運，它也許是台灣以漢人為主的大社會、甚至是少數民族在更廣大的當代世界的縮影。本書希望透過這樣的研究，釐清現代性的衝擊，以及對少數族群的自我認同與心理健康所帶來的影響。

三、研究方法

（一）紮根式的民族誌

　　本書關注的是，社會變遷下達悟族高比例的精神失序現象。我以被診斷為精神疾病的達悟人在蘭嶼的生活世界，來剖析精神醫

療、族群身分與原住民文化，所交織出來的少數族群在當代社會生存的問題。因此，首先我希望透過「社會學的想像」[19]，將這個特殊現象擺回社會變遷的歷史脈絡分析，釐清個人的生命際遇是如何受外在結構的力量所形塑。

此外，想要從社會學角度理解某個群體的信念與行為時，直接參與和觀察他（她）們的生活世界，有助於我們的詮釋與理解。Clifford Geertz(1973)認為，民族誌是厚實的描述(thick description)。因為，民族誌所面對的是一種複雜多重的概念結構，許多結構是相互層疊或相互交織在一起，而民族誌學者首先必須清楚掌握，然後加以翻譯。理解一個民族的文化，是在不削弱其特殊性的情況，揭露出常態，把它們置於自己的日常系統中，使它們變得可理解。因此，我們必須試圖使符號形式的分析盡可能緊密地與具體社會事件和場合，即普通生活的公眾世界聯繫在一起，把這些事物放在某種可理解、有意義的系統中加以分析(1973：3-30)。相較於漢人，達悟族有其特殊的傳統文化與母語表達方式，田野中的一些失序者在思維、言語陳述也並不連貫，使得以結構式的問卷與一般的訪談蒐集資料都有所限制。此外，老一輩的達悟人對時間、空間、世界觀的理解，也與漢人有極大的差異。在此情況下以開放民族誌的田野觀察，從事深入的原住民社區部落的研究，將有助於

19　C. Wright Mills（1978）應用「社會學的想像」這個概念，將個人的生命史與外在大環境扣連在一起。他說道：「關於他們所忍受的煩惱，人們通常不會用歷史變遷和制度矛盾來解釋。關於個人的幸福，他們也不認為和社會的大起大落有什麼關係。人們很少意識到，個人的生活模式和世界歷史的軌跡之間有一種微妙的接合，一般人通常也不會知道，這種接合對於他們將變成那一種人，以及他們可能參與、塑造的歷史有什麼意義」。

研究者深化問題意識。

　　此外，在資料的蒐集、過錄、概念的提煉，我也採用「紮根式理論取徑」的方式。Anselm L. Strauss本身具有醫護人員背景，她所提倡的「紮根理論研究法」（the grounded theory method / approach）（Glaser and Strauss 1967），是長期在醫院對垂死病人、醫護人員職業角色的田野觀察逐漸發展出來的研究方法與相關理論。紮根理論的研究法主要是應用不斷比較的原則，　透過比較不同情境和團體，掌握現象形成的過程，以完成理論細緻化（theory elaboration）的目的。紮根理論法主要是從田野工作中蒐集資料，運用類似量化系統化操作的程序進行歸納，並且建立理論。

　　在紮根理論研究法中，研究者對於研究現象的了解，並非由演繹法所推演出來，也不是以預先編好的方式來蒐集資料。而是在田野資料蒐集的過程中，從資料中抽取概念，再由此建立理論，藉此去注意、了解社會現象，再經過檢驗的程序，成為紮根理論的一部分。因此特別要求對經驗現象有深入周全的了解，必須與經驗現象不斷地對話，以確定能掌握社會現實。謝國雄指出，由於「紮根式理論取徑」「經驗」可以是被研究者經驗，也可以是研究者本身的經驗，這對於台灣社會作為研究對象的本地社會學家而言，將是研究本土化的一個重要操作步驟（1997：341）。

　　謝國雄也從台灣勞動體制的田野研究經驗，指出「紮根式理論取徑」的幾個缺陷。第一、由於立基於「經驗」，過度強調不受既有理論「污染」，立基式理論的分析在「理論」上，其實相當平面不夠深刻。第二、在實際操作時，往往受當下互動資料限制，限縮了真正歷史、文化的可能性。第三、由於分析著重在細微的字與行的分析，往往無法由整體的觀點來考察一次對話、一個觀察紀錄、

更遑論一個田野(1997：342)。亦即，質的資料蒐集、量的分析方式，沒有擴及更大認識論的反省，往往忽略權力面向的討論，以及研究者與被研究者的倫理關係的探討。

Kathy Charmaz 提出「建構式紮根理論」(constructivist grounded theory)企圖解決上述的缺失。他認為建構式紮根理論，承認知識是觀察者與被觀察者相互建構的產物，目標是朝向主體意義的詮釋性瞭解。建構式紮根理論假定了人們在實體中彼此賦予意義過程的重要性，人們創造與維持有意義的世界。採取這個取徑，可以使建構式紮根理論往詮釋的面向移動，並適度修正紮根式理論取徑的限制，重新考慮認識論的問題。建構式紮根理論取徑不去尋找真理、普同性，但它仍保留唯實主義者的優點，因為它假定了實體與人類真實世界的存在，但強調真實、客觀的知識與真理是立基於我們的觀點。Charmaz指出我們必須將質化研究放入歷史、文化脈絡來理解，紮根理論的未來必須同時包含客觀主義與建構主義的視野(Denzin and Lincoln 2000：510-528)。

本書立基於紮根式理論取徑，嚴謹的資料蒐集與操作的步驟，對於質化資料的整理是必要的。這部分的資料包括：部落的田野觀察、針對個別失序者與其家人的深入訪談、隨醫師護士的家庭訪視、工作日誌等。此外，在大部分田野對象同意的情況下，以錄音方式進行訪談。研究訪談累積錄音帶約有50多卷(每卷約90分鐘)，並以逐字稿整理的方式，進行資料開放性登錄(coding)、比較、概念化的分析工作，累積的田野筆記與訪問稿約30多萬字。本書逐字稿引用的編碼，如2004-5B-3，代表2004年-第五卷錄音帶B面-訪談稿第三頁；2002/10/12，代表2002年10月12日隨機式的訪談。

除了田野訪談之外的資料，我同時也大量蒐集蘭嶼相關的歷史

文獻資料，如學術機構或民間團體的報告、檔案，蘭嶼當地的相關出版品，如《蘭嶼雙週刊》[20]、《居家關懷簡訊》等。並輔以各大報章雜誌、其他相關期刊有關蘭嶼的報導，以及相關的二手統計資料。此外，有關蘭嶼的相關紀錄片，也是我的輔助資料之一。這些資料有助於我掌握蘭嶼達悟人社會變遷的發展史，並與田野中所觀察與訪談的個人生命史做交叉檢對。

（二）田野研究步驟

1.接近田野、進入研究場域

2000年3月4日至9日，我首度隨著馬偕醫院的「蘭綠計畫」工作人員到蘭嶼，進行偏遠醫療的專題採訪。當時我是台灣某家報社醫療版的編輯，我在五天中隨馬偕的精神科范醫師與蘭嶼衛生所的護士馬不停蹄地跑了六個部落，探訪大約30多位經醫師診斷為精神疾病的達悟人，以及當地獨居老人與居家關懷的問題。另外，我也隨機採訪了一些當地的部落青年。第一次接觸研究對象，我所扮演的角色是媒體醫療版的編輯。

2003年到2006年之間，我共有6次以博士班研究生的身分，進入島上進行田野觀察，也多次跟隨精神科范醫師與蘭嶼衛生所護士，居家訪視全島被診斷為精神疾病的患者，每次停留時間約一個多月。田野期間分別借宿於蘭嶼衛生所、部落的朋友家及教會的牧師家。透過報導人及部落中一些熟識朋友的協助，白天我大多在精神失序者的家裡進行深入訪談與田野觀察。目前蘭嶼島共有六個村

20　1985年2月3日創刊，由蘭恩基金會發行。主要報導蘭嶼當地的地方新聞、相關活動、以及求職就業訊息，為蘭嶼當地及旅台蘭青獲知訊息的重要刊物。

落，達悟名為 Iraraley、Ivarinu、Iranmiluk、Imourod、Iratai、Yayou，光復後國民政府以漢字命名，依次為朗島、野銀、東清、紅頭、漁人與椰油村，根據衛生所的離島醫療保健業務簡報，58個精神科收案的個案（不包括當時在花蓮玉里或其他住院個案），都分散在這六個部落，並沒有集中在某個特定部落的現象。因此，我田野場域的精神失序者涵蓋了上述六個部落。

蘭嶼衛生所被診斷為精神疾病收案的患者，95％集中在接受現代教育的青壯世代，全部都會說國語。因此，平日的正式訪談與田野隨機訪問，我都是以國語為主。但針對一些精神失序者的父母與老一輩的受訪者，我則是透過部落的好朋友、居家關懷的工作人員充當翻譯，並協助我翻譯這部分的訪談錄音。在正式與精神失序者或她（他）們家人的訪談，我大多會遞上一張我的名片（內容包括：姓名、學校與住家地址、手機電話、Email），並說明自己社會學研究者的身分。但對於什麼是社會學研究，不同的人會有不同的理解，許多精神失序者的家屬把我當成社福單位的人，不斷地抱怨醫療補助的問題。對更多的精神失序者與家屬而言，這張名片所代表的社會位置與學術研究的意義與她（他）們的關連性並不大。家屬們普遍關心的問題是經濟與照顧的問題，例如長期住院補助的問題？工作與經濟來源？未來該怎麼辦？

由於我自己以往護理背景的身分，加上既有的研究又是處理「死亡」相關的議題，並曾經開授過相關的課。2004年開始我也以講師的身分，義務幫蘭嶼居家關懷協會的義工們上死亡教育的課程。蘭嶼居家關懷協會成立於1999年9月18日，主要由達悟族的知識青年、護理人員、蘭嶼當地的婦女，針對蘭嶼獨居老人成立的照護組織。由於蘭嶼當地有惡靈禁忌，老人家在年老、病重時會被認

為帶有晦氣，而要求獨居。居家關懷協會成立，強調先克服傳統文化對疾病的認知與禁忌，才能給老人家更好的照護。目前義工約80多人，以小組的方式，負責部落老人的照護工作。透過這個團體的理事長的協助，這個團體成為我最先接觸蘭嶼的起點，許多重要的報導人，都是透過這個團體互動而認識。為義工上課的過程中，也讓我對達悟人面臨死亡時惡靈禁忌所衍伸出來的老人照護問題，有第一手的觀察。因此，除了社會學研究者，我又多了一個老師的身分。義工們有時會找我和她們一起探視老人，探訪癌末的病人，這樣一個「參與者」的角色，讓我能比較容易的進入部落中的生活世界。在參與這些活動的過程中，也有助於我瞭解與觀察「現代醫療」與「當地文化」二者的互動與衝突。

　　一些精神醫學診斷下的精神疾病患者，在病情獲得一定的控制後，會暫居台灣求學或工作。所以，我認為要了解蘭嶼達悟族的問題，也應該要從他們在台灣的經驗著手，以深入了解他們在台灣生活的處境。所以，從2002年初開始，我也陸續以滾雪球的方式，在台灣尋找願意接受訪談的達悟族青年，並參與蘭嶼青年在台舉辦的活動，以及部落青年的聚會等。這些訪談大部分是在他們在台的租屋處，或非正式的聚會場合進行。此外，2006年7月我也到花蓮玉里療養院，探訪被長期安置於療養院的達悟人。本書正式田野工作一直持續到2006年底為止，2009年2月在全書定稿之前，我又前往蘭嶼從事約半個月的田野，進行最後的修正與補充的工作，這時我的研究者角色已改為中央研究院社會所的助研究員。從2000年開始我一直與田野場域保持某種程度的接觸，我認為透過多次重訪研究對象的跨時間研究，比較能夠將田野中受訪者的生命史與深度的歷史分析做細緻的結合，以進行有意義的分析。

2.研究對象

我參與觀察和深入訪談的對象，主要包括五個範圍：

(1)精神科專科醫師(除了訪問負責蘭嶼的精神科醫師，也廣泛地訪談在台灣的精神科醫師)。

(2)精神醫學診斷下的精神疾病患者(以蘭嶼為主)。

(3)精神疾病患者的家屬與社會網絡成員(包括家人、親友、鄰居、部落族人等)。

(4)蘭嶼衛生所工作人員(包括：2000-2009年初衛生所前後三任主任、前後兩任護理長、醫師、護士、役男、行政人員、蘭綠計畫下前來蘭嶼的醫護人員)。以及其他重要相關人士，如鄉長、鄉公所人員、學校老師、教會牧師、蘭恩基金會執行長、居家關懷協會的工作人員等。

(5)在台灣工作、求學或定居的達悟年輕人。

(三)受訪者基本資料

截至2006年2月為止，蘭嶼衛生所共收案58個被診斷為精神疾病的患者，扣除一些長期居住於花蓮玉里療養院，以及失去聯絡的受訪者，本書以51個受訪者與他們的家庭為主要觀察與訪談對象。51個受訪者的基本資料如下(表1-1)，年齡：20-30歲9位、31-40歲15位、41-50歲20位、51-60歲4位、60歲以上3位。教育程度：日本教育2位、不識字1位、國小12位、國中21位、高中職肄1位、高中職畢10位、大專肄2位、大專畢2位。婚姻狀況：未婚33位、同居1位、已婚14位、喪偶1位、離婚 2位。性別：女13位、男38位、男女比例3：1。疾病診斷：精神分裂症33位、情感性精神疾病12位、

妄想症2位、器質性2位、未知1位、癲癇合併早發痴呆1位。基於研究倫理，除特定人士，所有的受訪者及觀察對象均爲化名[21]。

21　事實上，達悟人原有自己的命名系統，以隨長嗣更名的方式命名，新生嬰兒經命名儀式後名字為Si（希），代表未婚，例如我一位相識多年的達悟好友，傳統名為mawumei，因未婚沒有小孩，所以全名為Simawumei。依據達悟傳統文化，第一次更名是在孩子出生後，父親隨孩子換名，成為Syaman（夏曼）級的，成為某某人的父親，母親則改為Sinan（西南），成為某某人的母親，如達悟作家夏曼‧藍波安，夏曼是父親級的稱呼，藍波安是小孩的名字，所以夏曼‧藍波安表示他是藍波安的父親。第二次更名，是在長孫出生命名、當祖父母後，祖父母皆隨長孫換成Syapen（夏本）。台灣光復後，國民政府將蘭嶼納入管理，1948-1950年為了建立戶籍賦與漢名，不僅混亂了達悟族原來的命名系統，以鄰、里做為區分「姓」氏的方式，也使得一些具有血緣關係的家人，因住在不同部落，而被給與不同的「姓」。由傳統命名系統到漢名的改變，是國家企圖以漢化政策對達悟人口進行監控管理的第一步。由於我的受訪者大多是屬於60歲以下的青、壯世代，在實際部落田野情境中，大多數的精神失序者較常被族人或兄弟姊妹以漢名標示身分，少數年紀較大的受訪者才以傳統達悟名界定身分。如我曾詢問一位30歲，正在唸大學的達悟年輕人美穗，她知道隔壁部落一位年輕精神失序者的漢名，但不知道他達悟的傳統名字。美穗告訴我，只有一些年紀較大，或比較特殊的人，才用傳統名字。由於在國家同化政策下，漢名的命名系統已滲透達悟的日常生活中，只有極少數的知識青年抗拒漢姓的改變，堅持自己原來的姓氏，如知名作家夏曼‧藍波安。但也有受訪者認為，這種一直改名的方式很麻煩，並不符合現代人的生活型態。這樣的現象，正是處在社會變遷下達悟族部落生活的一個縮影。為貼近我在田野情境的真實觀察，並反映他們日常生活，大部分年輕世代精神失序的受訪者我用漢名的化名，少部分年紀較大受訪者，以及不會說漢語的老人家則用達悟的化名。

表1-1　受訪者基本資料統計

變項	人數	百分比
性別		
女	13	25.5
男	38	74.5
年齡		
20-30歲	9	17.6
31-40歲	15	29.4
41-50歲	20	39.3
51-60歲	4	7.8
60歲以上	3(1人已歿)	5.9
教育程度		
日本教育	2	3.9
不識字	1	2.0
國小	12	23.5
國中	21	41.2
高中職肄	1	2.0
高中職畢	10	19.6
大專肄	2	3.9
大專畢	2	3.9
婚姻狀況		
未婚	33	64.7
同居	1	2.0
已婚	14	27.4
喪偶	1	2.0
離婚	2	3.9
疾病診斷		
精神分裂症	33	64.7
情感性精神疾病	12	23.5
妄想症	2	3.9
器質性精神疾病	2	3.9
癲癇合併早發痴呆	1	2.0
未知	1	2.0

（n=51）

四、分析架構

本書的分析架構共分兩部。第一部分析達悟青壯世代高比例精神失序受苦的社會歷史根源，第二部分析蘭嶼這個尚未現代化的部落社會如何對待與詮釋被精神醫學診斷為精神疾病患者，來尋求達悟人精神失序的可能緩解之道。我認為這兩個部分都牽涉到快速社會變遷下，達悟人歷史際遇的特殊性。為了呈現蘭嶼達悟人社會變遷過程的重大轉折，我將蘭嶼達悟人的歷史分為三個階段：日據時期(1895-1945)、中華民國政府來台初期(1946-1960)、現代性衝擊下快速變遷期(1960中期之後)(見表1-2)。

第一階段：日據時期(1895-1945)

1895年馬關條約簽訂後，蘭嶼隨同台灣、澎湖諸地割讓給日本。日本人除宣示主權外，基本上把蘭嶼視為人類學研究的後花園，禁止外人的移殖開發。相較台灣本島其他原住民族在日據時期所受的衝擊外力，日本人對蘭嶼的閉關政策，使得達悟人維持著傳統的生產經濟、固有的價值觀與維生技術等文化特質，並未遭受巨大的改變。

第二階段：中華民國政府來台初期(1946-1960)

二次大戰之後，蘭嶼即被納入中國的領土。1946年蘭嶼設鄉，成為國家政治層級的底層。隨著中國大陸的戰亂和台灣社會內部的動盪，在1950年代初期，它和台灣的實質關係卻未因而更加密切。蘭嶼對台灣而言，仍然維持著與日本殖民時期相去不遠的化外孤島。

第三階段：現代性衝擊下快速變遷期（1960中期之後）

1966年以後國家開始提倡現代化示範住宅政策，歷經三十年的多次國宅改建，使得居住在蘭嶼的達悟族傳統住宅逐漸凋零。1967年外資進入蘭嶼，外來民間資本以「觀光業」形式入侵蘭嶼，貨幣經濟藉由觀光與資本投入的管道，逐漸瓦解達悟人原始的自然經濟模式。1971年山地管制解除，開放蘭嶼為觀光區；1972年輪船飛機定期啓航；1973年蘭嶼機場擴建、環島公路開通；1982年全島供電，電話系統完成，電視開始普及於蘭嶼。不同於前兩個階段，短短三十年內，整個島開始受到漢文化與現代性力量的快速衝擊。

在這個階段，國家政策對蘭嶼造成的最大殘害，莫過於1974年原能會展開「蘭嶼計畫」（核廢地點選設蘭嶼）興建專用的碼頭與儲存場，1982年完工並開始貯放核廢桶。最初整個核廢廠建造過程完全是秘密暗中進行，達悟族牧師董森永指出，工程期間許多達悟人在工地做小工、粗工，他們探詢所建立工程為何，得到的答案是蓋軍港，U型槽溝則是罐頭工廠（余光弘、董森永1998：167-168）。核能廢料放置蘭嶼後，使蘭嶼由原先日據時代維持的隔離與完整性，開始受到國家政策不公平的侵入。1980年代台灣社會力風起雲湧，原住民運動也在這股潮流受到激勵。達悟族的反核運動，以及1999年9月10日，前總統陳水扁先生遠赴蘭嶼與台灣原住民各族代表簽署「原住民族與台灣新政府新的夥伴關係」[22]，承諾「推動原住民

---

22 摘自蘭嶼自治宣言「蘭嶼的希望在自治」（夏曼・藍波安等 2000），其附件一載明了「原住民族與台灣政府新的夥伴關係」為以下七項：一、承認台灣原住民族之自然主權；二、推動原住民族自治；三、與台灣原住民族締結土地條約；四、恢復原住民族部落及山川傳統名稱；五、恢復

族自治」所醞釀的自治運動，都顯示了達悟人在面對歷史、社會結構轉型的特殊性。從1980年代多次的反核運動，形塑了一個歷史創傷的圖像，彰顯了達悟族被外來者剝削的一面，也成為台灣各原住民遭受迫害共同命運的代表。

　　從社會變遷的歷史角度分析，可以發現從日本殖民時期以來的閉關政策，使得1960年代以前，相較台灣本島其他族的原住民，達悟族一直是較少受外界干預的一族。因此，從1960年代中期之後當國家政策推動蘭嶼開放觀光、貨幣的引進、建立核廢儲存場等一連串的政策，整個蘭嶼社會在政治、經濟、文化、居住空間、教育、醫療等面向，都產生了巨大的改變。更具體地說，這些改變包括：

1. 經　　濟：自給自足經濟轉向貨幣經濟。傳統生計逐漸瓦解，開放觀光後帶來了勞動力外移、商品化的危機，以及外來資本壟斷的困境。
2. 政　　治：傳統政治走向現代民主制度。
3. 文　　化：傳統文化與資本主義消費文化的衝突。
4. 居住空間：傳統家屋被迫拆除，水泥房的國宅取代傳統聚合式家屋。
5. 教　　育：達悟傳統文化的自然教育走向制度化的現代教育。
6. 醫　　療：傳統惡靈的世界觀與現代醫療的衝突。

　　日據時代的閉關政策，加上蘭嶼為一孤立的小島，並且是台灣唯一擁有完整地理界線的原住民族，因此，從上述達悟族社會變遷的過程，我們可以合理地推估，這三十年蘭嶼的達悟族受到現代性

（續）────────────

　　部落及民族傳統領域土地；六、恢復傳統自然資源之使用，促進民族自主發展；七、原住民族國會議員回歸民族代表。(http://news.ngo.org.tw/issue/against/against-00052401.htm，查詢時間：2008年9月20日)。

的衝擊遠比其他原住民族來得迅速而激烈，並直接衝擊成長於傳統社會到現代社會接軌的青壯世代。一個明顯的指標是，在衛生所登記的精神疾病的個案中，95%屬於接受現代教育下長大的青壯世代。

為了回答第一部的問題意識，我將指出這三十年快速社會變遷，對達悟人心理健康衝擊的影響，並企圖釐清誘發青壯世代高比例精神失序的歷史社會根源。文中透過紮根式的民族誌觀察，在田野中提煉出三個相關的重要因素，我將指出快速社會變遷下達悟人遷移台灣的際遇（第三章）、家庭功能失調（第四章）以及大量年輕人失業、酗酒、認同混亂（第五章），這三個互為因果的困境與高比例精神失序彼此的關係。

第二部，我關心這些達悟人發病後的歷程，並分析蘭嶼本島對精神失序的詮釋與處置，尋求可能的緩解之道。我認為快速社會變遷（現代性理性化的除魅歷程），逐漸改變了當地對「不正常的人」的詮釋與被對待的方式。事實上，原住民部落對於健康與疾病、正常與不正常的認知與詮釋，都非常不同於現代社會。整個西方世界看待疾病的方式，由神學→玄學→科學，經歷了數百年的歷史。然而，蘭嶼在短短的數十年，快速的經歷了多重外力的衝擊。從1948年基督長老教會進入蘭嶼宣教，1992年第一位精神科醫師進入島內，受到外來力量的影響，蘭嶼對精神失序者的詮釋與對待方式，包含了達悟傳統文化、基督宗教與現代精神醫學三個系統，它所反映的正是一個剛要經歷除魅歷程的社會型態。我認為透過這些被診斷為精神疾病的達悟人，在一個前現代的部落生活，或許有助於我們反省源起於西方現代精神醫學的效用與限制。我將從幾個面向著手：

第一：我將以社會變遷的角度分析達悟傳統文化、基督宗教、

現代精神醫學三個不同的認知典範彼此互動的關係。在巨觀層次思考現代精神醫學進入達悟社會的歷史過程與可能影響，在微觀層次思考這些「不正常的人」處在這三種不同的認知典範下，他們自身與周遭的人如何詮釋其狀況，又會採取什麼樣的治療儀式與行為。

　　第二：在社會變遷的巨觀層次，我將回到具體的歷史脈絡，比較達悟傳統文化、基督宗教與現代精神醫學三種典範如何進入到蘭嶼，各自的理念、被視為異常的指標、治療儀式的行為與治療者，以及這三個典範現今如何複雜與曖昧地並存於島上，藉此分析偏遠地區的現代醫療體系與當地達悟傳統文化之間的衝突。在面對失序者的受苦經驗，這三個系統各自的優缺點為何，未來可以做什麼樣的定位與整合？

　　第三：在日常生活現象的微觀層次，我將分析在三個不同的認知典範的交雜作用下，不同治療者，乃至於精神失序者家庭中不同世代的成員，對治療方式的衝突，如何影響失序者疾病的社會歷程，以及她(他)們對自我認同的看法。回歸部落的生活世界，傳統部落的生活又是如何影響老、中、青不同世代的達悟人。

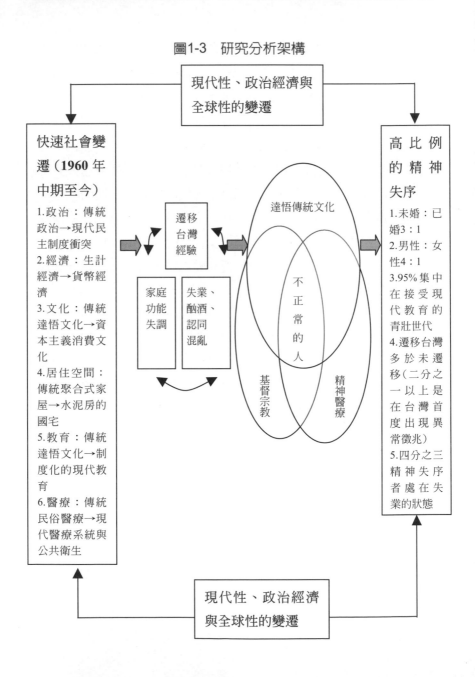

圖1-3　研究分析架構

表1-2　達悟族三階段歷史轉型的重大事件時間表

階段	年代	發生的事件
日據時期	1895	1895年馬關條約簽訂後，蘭嶼隨同台灣、澎湖諸地割讓日本，日本人除宣示主權外，基本上把蘭嶼視爲人類學研究區，禁止外人移殖開發，並未有大規模的投資開發。
	1896	於當地宣讀「關於台澎住民之撫育」，授日本國旗予當地人。
	1897	鳥居龍藏赴蘭嶼學術調查，開啓了蘭嶼成爲學術調查的重鎮。從此島上居民被冠以「yami族」的稱呼。
	1903	美國商船—Benjamin Sewal船員在蘭嶼遇難，在此事件之後，日本殖民政府開始在紅頭社設立警察官吏派出所，國家體制正式進入蘭嶼。
	1913	設立交易所，隸屬台東縣警察協會，由當地警察管理，當地特有的生物資源，如夜光貝、海人草，頓時提高價值，獲得外界物資，促進其物質文化的變遷。
	1923	紅頭社設立「蕃童」教育所，設立初期僅收紅頭聚落的兒童，次年開始收漁人聚落的學童。朗島聚落的學童，則因路途遙遠，平日住校，假日才回家。
	1932	東清設立「蕃童」教育所，從此所謂後山地區，朗島、東清、野銀等部落學童轉往東清教育所上學。
中華民國政府來台初期	1945	台灣光復，蘭嶼劃歸台東縣政府管轄。
	1946	規劃爲台省山地鄉之一，紅頭設警察分駐所、衛生所。紅頭嶼東清之番童教育所改爲國小，並於椰油、朗島設分校。
	1948	基督長老教會進入宣教，是第一個進入島內的民間團體。 頒佈〈山地保留地管理辦法〉明文規定土地所有權屬於國家所有，達悟人僅有使用權。
	1951	頒佈〈台灣省山地人民生活改進運動辦法〉，並於1955、1960、1965、1973年修改，重點在施行「山

階段	年代	發生的事件
		地」平民化政策。 基督教傳入，長老教會於朗島廣場靠村側，設立了一個茅草頂的教堂。
	1952	國防部蘭嶼指揮部進駐蘭嶼。
	1953	成立物資供銷會與國民黨民眾服務社。
	1954	天主教傳入。
	1955	林務局開始造林計畫。
	1957	蘭嶼架設無線電台。
	1958	退除役官兵輔導委員會進入蘭嶼，在蘭嶼成立十個農場，收容有案榮民（場員）。徵用83筆，共240.19公頃土地。
	1959	次年農場交由警總職訓隊管理，除榮民外又收容重刑犯。 設立衛生所，隸屬鄉公所。
快速變遷期	1960	由省府組成「綠島—蘭嶼經濟價值調查團」開啟了一連串經濟開發的積極措施，如水稻栽培、國宅輸入等。
	1966	開始示範住宅，1970年代後半全面取代傳統住宅。
	1967	外來民間資本以「觀光業」形式進入蘭嶼。
	1968	開元港動工，蘭嶼輪始航。
	1969	蘭嶼國中在紅頭試辦，只收前三個村落的學生。次年國中在椰油正式設校，招收全鄉的學生，1972年產生第一屆畢業生。 台灣航空公司九人座空中巴士始航，1972年開始有固定班次，經營蘭嶼與台東之間的空中運輸。
	1970	實施公費國中住校教育。 台灣商人成立「蘭嶼觀光育樂中心」，並設立蘭嶼第一家觀光旅館「蘭嶼別館」。
	1971	解除山地管制，開放蘭嶼為觀光區，逐漸吸引觀光人口。
	1972	開元港完工，輪船飛機定期飛航。

階段	年代	發生的事件
	1973	機場擴建、環島公路開通。
	1974	環島公路完工。 行政院原委會開始「蘭嶼計畫」——核廢場設置在蘭嶼計畫。
	1975	一位退伍的老士官在朗島村的廣場，原日警局西南側開設第一家商行。 台灣來的資金成立「野遊觀光開發公司」，成立蘭嶼大飯店。 衛生所改隸台東縣衛生局。
	1976	公路局提供兩輛舊車當公車。
	1978	開工建立核廢料儲存場。
	1979	行政院通過台灣地區綜合開發計畫，將蘭嶼列為國家公園預定地。準備於1989年實施，不過因族人激烈反對而暫時擱置。 省府開始擬定「開發蘭嶼改善山胞生活整體綜合第一期五年計畫」。自1983年開始鄉公所引入新的漁業技術，改變了傳統的漁業生產。 永興航空開航、加入營運，縣政府所隸屬蘭嶼輪開航。
	1980	居民抗議環島公路擴寬侵佔水田、抗議自來水侵佔水權。 環島公路路面改為混凝土路面。 政府開始興建核能廢料儲存廠。
	1982	核能廢料儲存廠完工，5月19日第一批10,000桶核廢料放置蘭嶼。 火力發電廠完工，完成供電。電話系統及連結部落的石頭路完工。 東部區域計畫將蘭嶼劃為風景特定區。
	1987	抗議鄉代表接受核廢場招待赴日考察，蘭嶼反核人士爆發了「機場抗議」事件，迄今反核廢料場運動仍持續中。
	1988	「220驅除蘭嶼惡靈」反核廢料運動，旅台蘭青發動514反核運動。

階段	年代	發生的事件
	1991	財團法人基督教蘭恩基金會成立。
	1994	達悟族居民發表海砂屋自救會宣言。 鄉公所新購公車於10月開始服務，55歲以上老人免費。
	1995	達悟人再度舉行「反核廢、驅除惡靈」的抗議活動，赴監察院抗議陳情。
	1997	由蘭恩文教基金會承辦蘭嶼全鄉社區總體營造計畫。
	1998	行政院原住民委員會派員至島上進行「正名徵詢座談會」，未獲得共識，正名活動仍在進行中。 蘭嶼衛生所綜合醫療大樓舉行動土典禮。
	1999	蘭嶼居家關懷協會成立。
	2001	蘭嶼鄉衛生所醫療大樓由前省府衛生處補助經費計七千一百多萬元，前後歷經五年多籌辦，歷經6次公開招標，於1998年12月22日動土興建，2001年6月12日啓用。
	2003	2003年6月1日鄉公所受理鄉民台電回饋金申請案件，凡設籍六個月以上的達悟人或非達悟人因婚姻關係取得蘭嶼籍身分者，或非達悟族在蘭嶼設籍十二年以上，且實際居住滿十五年者，均爲補助對象。通過審核的民眾，於2004年初每人實領63,000元的回饋金。
	2004	中央核定94年度離島建設方案，台東縣獲中央離島建設基金兩億九千三百多萬元補助辦理蘭嶼、綠島兩離島共四十二項計畫，縣府計畫在95年度編列一千多萬元配合款，持續進行離島建設方案。
	2005	行政院於2005年6月6日召開「黨政協調會報」，確立不會改變核四復建後非核家園的立場，並且確保能源不會匱乏。行政院會將於6月8日配合通過「核廢料最終處置場址選定條例」，明定蘭嶼核廢料的遷出時程爲2016年。
	2007	2007年1月3日「台東蘭嶼服務中心」正式啓用。

階段	年代	發生的事件
	2008	一艘裝載多輛挖土機及重機械的印尼籍「TEANSTAR2501」無人平台工作船，因與印尼籍母船連結的纜繩斷裂後，10月27日擱淺於蘭嶼鄉的朗島部落國小前的海岸礁岩上，嚴重造成附近海岸線生態珊瑚礁嚴重毀損，平台船從中間斷成兩截，船隻傾斜，砂石車及挖土機等重機械全部沈入海底。

作者根據以下資料整理而成，參見：

施添福編(2001)，《台東縣史雅美篇》。台東縣政府編印。

余光弘(2004)，《雅美族》。台北：三民書局。

李順德(2005)，〈蘭嶼遷核廢，再等10年〉，《聯合報》，A6版，6月7日。

陳嘉信(2004)，〈建設兩離島，中央補助近三億元，合計42項計畫綠島盼成生態觀光島嶼 蘭嶼致力原住民自治實踐示範實驗區〉，《聯合報》，B1版，4月29日。

謝福美(2007)，〈台東蘭嶼服務中心揭牌啓用〉，《蘭嶼雙週刊》，370期第一版，1月14日。

謝福美(2008)，〈印尼無動力工作船擱淺蘭嶼朗島海岸，族人發｜還我藍海」聲明書要求重視〉，《蘭嶼雙週刊》，402期第一版，10月26日。

羅紹平(2003)，〈台電回饋金，蘭嶼發放對象放寬，自發放日起算 設籍滿15年漢人也可領取，4月起受理申請〉，《聯合報》，18版，3月20日。

夏鑄九等(1989)，〈蘭嶼地區社會發展與國家公園計畫〉。台北：台灣大學建築與城鄉研究所。

五、章節安排

本書嘗試以社會變遷的角度，思考蘭嶼達悟族高比例精神失序背後的結構性根源與日常的社會文化處境。以長期的田野觀察中萃取各種動態因素進行考察，釐清這個經驗現象所具有的重要性。全書共九章，分二大部分來討論與澄清上述主要的問題意識。

本書第二章主要回顧國內外重要文獻，並說明本研究的定位與貢獻。為了回應我的問題意識－達悟族精神失序的歷史社會根源與日常的社會文化處境。首先將從「社會受苦」這樣一個啟發式的概念出發，反省基因論、環境論、建構論對精神失序現象研究的三個取徑，釐清其各自的貢獻與限制。我將精神失序視為一種「現象的事實」來分析，透過民族誌的田野研究法，探究達悟族面對快速顯著的社會變遷與其精神失序的關係。其次，我將進一步分析精神失序在醫療化過程的種種限制，傳統文化與現代醫療的適當定位及可能的出路，並針對既有跨文化精神醫學文獻中對文化「本質論」與文化「同質論」的假設提出反省。

本書的第一部「達悟精神失序的社會根源」，分別以三、四、五章探討其高比例精神失序的結構性根源。

第三章「現代性、遷移與精神失序」主要探討蘭嶼達悟族的遷移經驗與精神失序的關係。1960年代中期到1970年代之後，達悟青壯人口被迫來往遷移於蘭嶼與台灣之間以謀生計，是這個離島少數族群某種集體的社會「脫序」(anomie)的重要面向。這種原本與外界相當隔絕而孤立的少數族群社會脫序，是無可選擇地被捲入現代社會的歷史發展的結果。在平均15、16歲的年齡隻身離開原鄉，來

到以漢人社會為主的本島求學工作的艱辛過程中，他們所遭受的種種困境與挫折，與流行於他們這個世代之間的高比例精神失序，有極密切的關係。

第四章「家庭功能失調與精神失序」主要以既有研究文獻所描述的達悟傳統理想的家的形象，對照於田野中十個家庭的現實狀況為例，指出失業、酗酒、重大疾病、意外死亡、自殺、家庭暴力等等的家庭不穩定因素，與其成員精神失序有密切關係。本章並進一步分析近二、三十年來快速而顯著的社會變遷與1966年起政府的國宅改建政策，如何改變達悟人的傳統家庭結構，導致他們的家庭功能失調，進而對精神失序的發生有重要影響。

第五章「酒、失業與自我認同混亂」分析達悟人飲酒的社會歷史過程，討論酒是在什麼樣的政治經濟脈絡進入部落。以及酒與達悟青壯世代的高比例失業、認同混亂、個人與社會失序、世界觀錯亂等的交互影響關係。此外並針對報章媒體所刊載達悟人的「解酒基因」等報導、在蘭嶼所執行的基因研究計畫，分析基因論述對達悟人造成的污名，以及這種污名在他們實際生活中帶來的負面影響。

本書第二部「精神失序者的社會文化處境與生活經驗」，探討精神失序者的疾病歷程、主觀經驗與日常的社會文化處境，主要為本書的六、七、八章。

第六章「達悟社會文化與不正常的人」主要討論達悟傳統文化、基督宗教與現代精神醫學，三個不同的認知典範如何形構了老、中、青世代精神失序者不同的世界觀與迥異的疾病歷程，並進一步比較三個典範下對於所謂的「不正常」定義的認定與治療方式。我將指出不同的典範各自對不正常徵兆的界定與處理機制並不

相同，但是無論在哪一個典範的詮釋系統下，這些人在島上都被視為不正常，而且都必須承受污名。並不是如強烈建構論者所言，也許精神醫學診斷為不正常，但回到當地的社會文化脈絡這些人就變成正常了。面對蘭嶼島上三個典範並存的複雜情形，我們更應該思考未來如何尋求三個不同系統分工互助的可能，而非在衝突中削減彼此可能的療癒機制。

第七章「部落、世代與疾病歷程」基於部落生活的田野調查，同時兼顧歷史分析的角度，呈現達悟部落一般成員與精神失序者在日常生活中所面對的各種交錯雜糅的條件或因素。我強調從世代的角度切入的重要性，對照精神醫療去機構化發展的成敗經驗，討論當前部落環境與生活世界對老、中、青三個不同世代精神失序者的影響，釐清部落的生活條件如何影響他們的疾病歷程。從不同世代的精神失序者在部落中所面對的不同機會與限制，我們更可以看出社會變遷在部落中所造成的傳統與現代因素並陳雜糅的情況。

第八章「現代性、精神醫學與自我認同的轉變」回歸達悟精神失序者的主觀感受，正視田野中那些失序者備受折磨的受苦經驗，提醒我們必須超越對於原住民精神疾病醫療化片面的、不恰當的批判，也必須意識到強烈建構論所容易忽略精神失序者與家屬當下病痛的受苦經驗。透過三個認知典範優缺點的比較，本章強調面對達悟人高比例精神失序的受苦經驗，我們不應該有單一獨斷的宣稱，如此才能結合達悟傳統文化、基督宗教與現代精神醫學，發揮各自力量，尋求屬於達悟人的「本土療癒機制」。

最後一章結論，在理論層次上我試圖澄清本書以「社會受苦」這樣一個啟發式的概念切入，釐清基因論、環境論、建構論三個研究取徑對精神失序現象貢獻與限制，並進一步指出不同世代達悟人

受苦經驗的具體內容與未來可能的療癒機制。其次，方法論的層次上，我試圖將多年的田野經驗，擴大到資料蒐集的性質、研究方法、研究者與被研究者之間的關係等等，進行認識論反省。我衷心的期待這些研究發現與反省，對達悟人未來的處境是有幫助的。

第二章

文獻回顧

　　爲了回答本書第一章所陳述的問題意識，本章首先從生物基因論、環境論、建構論三個研究取徑，釐清不同取徑對精神失序本體論的預設、認識論的角度，以及可能的貢獻與限制。接下來本書的分析將延續建構論的基本洞見，將它與社會受苦的概念結合以避免走入相對主義的困境。我透過民族誌的田野研究法，結合歷史文獻，把精神失序視爲一種「現象的實體」來分析，以探究達悟人所面對的快速社會變遷與其精神失序的關係。最後，我將進一步分析將精神失序醫療化的種種限制、傳統文化與現代精神醫學的適當定位及可能的出路，並反省既有跨文化的精神醫學研究文獻中對文化「本質論」與文化「同質論」的假設，同時說明我自己研究的定位與立場。

一、精神失序病因源不同的研究取徑

　　精神醫學所診斷的精神疾病是一種「病」嗎？它是什麼樣的病？精神疾病的致病機轉爲何？如果精神失序是一種病，那麼它具有生物性的基礎，還是後天環境產生的問題？先天（nature）或後天（nurture）至今仍是一個爭論不休而無解的問題（Gallagher III 1995：

80-87; Castillo 1998：1-2)。這樣的爭論擴大來看，似乎是來自醫學與人文社會科學採取不同認識論立場所產生的衝突。針對認識論上對精神失序病因源的不同看法，我區分了生物基因論、環境論與建構論三個重要的研究取徑。我認為這三種取徑所強調精神失序的致病因素，並非彼此截然互斥。在此做這樣的區分，主要是為了凸顯不同的研究取徑對精神失序致病因，在認識論上所強調的重點不同。

(一)生物基因論

醫學院精神科的教科書討論精神疾病的病因學、診斷與治療，大都宣稱生物、心理、社會三個層面彼此關連，必須同時重視(Desjarlais et al. 1996：66)。但是反映在臨床診斷與治療方向上，在當代社會中所呈現的事實是：生物醫學範型不僅具有獨尊的地位，而且影響力日益擴大(林信男，劉絜愷 2002：16)。1952年「美國精神醫學會」(American Psychiatry Association，簡稱APA)出版編印的《精神疾病的診斷與統計手冊》(*Diagnostic and Statistical Manual of Mental Disorders*，簡稱DSM)，自20世紀中期後成為精神醫學界的一項革命，不但大力提升了精神醫學的「科學地位」，提供科學判定的標準，也為精神醫學界找到了一個「症狀分類」和「病名共識」的基礎。

回顧DSM從第一版到現今的第四版，我們可以發現，在科學論述下，從DSM-II版開始，精神疾病的界定與生物性的歸因兩者之間，具有選擇性的親近關係。人類學家Richard J. Castillo分析DSM不同版本中論述的演變，指出1952年DSM-I版大部分立基於Adolf Meyer所定義的「生物心理社會模式」(the biopsychosocial model）。在這個模式中，心理失序被當成一個連續的過程，只有在緩和到嚴重上「量」的差別，而不是一個獨立的實體。到了1968年DSM-II版，受到1950-1960鋰鹽與類神經病症藥物（neuroleptic medications）影響，漸漸往生物取向精神醫療的「疾病模式」（disease model）移動，開始了一個典範模式的轉移（Castillo 1997：8）。社會學家Bernard J. Gallagher III則指出，20世紀生物模型逐漸在精神醫學佔有主流的地位，主要受到兩個原因的影響：第一，當時精神科醫師接受醫學院的訓練，使他們朝向器質性的觀點（organic view）；第二，從1950年代開始，治療精神異常藥物的發明與迅速發展（Gallagher III 1995：16）。

　　生物精神醫學的發展，使得著重臨床、強調症狀為主的傳統精神醫學，其研究開始往生理層次推進。腦液中的神經介質、內分泌、血清等，成為研究精神疾病致病因的重點。隨著1980年代分子生物學的發達，研究者又更進一步向DNA分子層次推進，以基因角度來推論精神疾病的致病因，並以此做為劃定正常與不正常的判準。

　　精神醫學對基因致病因假設的證據，主要是根據雙胞胎研究和領養研究。這方面的研究發現，主要是依據雙胞胎精神分裂症的一致性比例（concordance rates），因而認定基因有影響作用（Gallagher III 1995：87）。這一類研究，也研究精神分裂症母親所生的孩子，在分別被領養與未被領養的情形下罹患精神分裂症的比例，以推斷出基因的影響。如James Shields和Eliot Slater（1967）的研究發現精神分裂症的同卵雙胞胎同發生率為57.7%，同性別異卵雙胞胎為5.6%。Leonard L. Heston（1966）研究1915-1945年精神分裂症母親所生且出生即被領養的孩子，發現該組孩子（10.6%）比控制組

(0.0%)罹患精神分裂症與其他種種精神障礙者爲多[1]。一旦精神疾病致病因的研究開始關注遺傳所扮演的角色，於是將心理失序關連到生物或基因的科學宣稱也越來越多。隨著1980年代分子生物學的進步，許多研究發現更明確地宣稱基因與精神疾病的關係，而其發展速度也越來越快（Conrad 2001：225）。這樣的發展，使得至今大部分精神醫學的研究都被窄化到生物與基因面向，朝向一種無心靈的生物精神醫學（mindless biological psychiatry）（Desjarlais et al. 1996：36）。

以基因預設來探討精神疾病的致病因，也成爲近年來探索原住民高比例酗酒、憂鬱與精神失序的重要研究取徑（葛應欽1998、2001、2004，胡海國1995）。目前全球的學術界對原住民基因的研究發展主要有兩大項目：一是認爲世界各地原住民因爲歷史久遠、來源各異，以及族群內婚等因素，擁有較純的遺傳組成，與一般主流社會的遺傳組成不同，因此可藉由建立族群遺傳資料庫，而探討人種遷移的歷史。二是認爲原住民在適應原始環境時，極有可能對不同疾病發展出不同的感受，甚至演化並保留與一般社會所不同的基因，於是研究者在全球各族群中尋找致病或抗病的基因，希望進一步促進醫藥衛生的開發與利用。以族群的特殊性做爲研究目標，需要採樣的是患病的家族，詳細調查所有家族成員的姻親關係與是否罹病，並且對家族成員採樣越完整越好，才能經由基因連鎖分析指出疾病基因（陳叔倬2000：7-8）。

台灣最早有關原住民精神疾病的研究，是台大醫院1949年至

1　　另外，有關酗酒問題，也是採用雙胞胎與領養研究來推斷遺傳成分，可參見胡海國、林信南(1995)編著《生物精神醫學》，頁121-128。

1953年，林宗義與林憲醫師所主持的原住民（當時文獻稱高山族）四族之比較研究。以泰雅、排灣、賽夏、阿美爲研究對象，調查結果發現高山族精神疾病比例爲0.39％，幾乎與漢人（當時稱平地中國人）0.38％完全相同。若將各型疾病加以分析，精神分裂在被調查的11,442位原住民中僅出現10例，即每千人中僅有0.9人，比漢人每千人中有2.1人的比例低很多。他們的研究也顯示，精神疾病發病率低是四族共有的現象。雖然當時的調查沒有包括蘭嶼的達悟族，但林憲醫師推測，未開化社會的人際關係較密切，且部落同族間的相互扶助，可能使得嚴重精神疾病的發生減少，功能性精神疾病的發生頻率較低，而癒後也較爲良好（林憲1978：22-25）。此外，關於原住民酗酒的問題，林憲醫師的資料顯示阿美族的酒精中毒頻率最高，爲千分之1.6，其他依序爲賽夏、泰雅與排灣族，他並指出酒精中毒的起因可能與涵化過程中引起的心理焦慮有關（ibid：5-16）。

　　距離林憲等人的研究四十多年後，一些研究報告指出了台灣各原住民部落出現高比例的自殺、酗酒、精神失序等問題，說明原住民的健康已經亮起紅燈。Tai-Ann Cheng與Mutsu Hsu針對泰雅、布農、排灣、阿美族的研究指出，相較於台灣一般人口，布農、泰雅、排灣族的死亡率相當高(1.6-2.1：1)，主要是因爲肝病／肝硬化、肺結核、呼吸性疾病所導致的高死亡率。非自然死亡率的四個原住民族中，比台灣一般人口高1.7到4.3倍。泰雅、布農族的自殺率比台灣一般人口高4.0到5.5倍，而自殺的主要型態是服用近二十年才從台灣引進的殺蟲劑。針對台灣原住民這三十年心理健康的問題，這兩位作者強調「預防性精神醫學」（preventive psychiatry）的重要性，並呼籲政府重視少數族群的部落結構，重新恢復它們的社

會整合以保護其心理健康(1992：255-263)。

　　就台灣原住民酗酒、精神疾病等健康議題的研究而言，諸如林宗義與林憲等精神科醫師在1950年代的研究，仍強調社會環境的影響，指出原住民部落相互扶持的社會型態維持了原住民的心理健康。但是在生物醫學發達的趨勢下，1990年代之後以基因角度看待疾病，逐漸成為醫學研究的重點。生物科技成為明星工業，影響了一直企望能確立自身科學地位的精神醫學。面對原住民酗酒、精神疾病的健康議題，精神醫學越來越把關注的焦點放在「基因」上。

　　烏來衛生所護理長顏婉娟透過泰雅族的酗酒研究指出，「基因」在解釋台灣原住民的酗酒問題，已成為一種主流的趨勢，既有的研究相當忽略原住民的主觀生活經驗。在這種發展下，醫護人員缺乏對原住民社會文化脈絡的理解，經常無法對酗酒等問題提出有效的解決方案，基因之說有時反而成為另一種污名的來源(2000：26-28)。Sherry Saggers 與 Dennis Gray也指出，澳大利亞的原住民與非原住民有明顯的膚色差異，但並沒有任何確切的證據，顯示生物性的差異會影響疾病的分配。另一方面，他們認為貧窮才應該是探討原住民健康與疾病議題的最重要因素，但現今的研究大多把焦點窄化到精神疾病的基因與生物面向，而忽略在全球化的脈絡下，社會文化因素如何影響精神疾病的治療、分配與負擔(1991：117-120)。Alex Cohen在世界衛生組織關於世界原住民心理健康報告中，提醒我們意識到基因研究與原住民心理健康的問題，他說道：「如果你想要將精神疾病當成是來自遺傳的，一個更明顯的證據，貧窮、戰爭、被迫遷移可能是更重要的。不管在世界任何地方，不同的年齡、性別、文化，危及心理健康最重要的因素是社會的混亂瓦解」(1999：18)。

　　1998年《醫望》雜誌曾以〈試管中的原住民〉爲題，反省那些原住民醫學研究的研究倫理問題。文中指出一些研究在初期如果顯示某疾病盛行率與某原住民族群特質可能有關，但仍須排除環境因素，報章媒體往往就立即斷章取義，在報導中指出這是族群差異所致（1998：45-47）。Peter Conrad的研究就指出，1980年代中期開始，基因樂觀主義的架構支配了美國精神疾病與基因的報導。但是他強調，"genetic markers" 通常指的是特定的基因組（genetic constellations），包含了數百個基因，而一個"marker"不等於一個錯誤的基因；不過媒體卻常用「突破」等字眼來形容研究發現，或者認爲已經找到精神失序的基因起源，彷彿有一個導致精神疾病的特定基因。Conrad指出，這些媒體敘事很少提及基因彼此互動的角色，或者環境扮演的角色，也沒有澄清單一基因很少對精神疾病有直接的影響（2001：225-247）。

　　就蘭嶼達悟族的精神失序現象來說，以本書第一章所提及的〈達悟族原住民精神分裂症的基因連鎖〉研究爲例，基因取徑並無法釐清爲何達悟族的精神疾病比例大幅增加，是近三十年才發生的事。缺乏長期歷史性的觀點，以及社會經濟文化背景因素的分析，也無法直指原住民健康問題的核心肇端。然而這樣的研究方向，已逐漸取代早期林宗義、林憲等人的文化精神醫學的取徑，成爲台灣精神醫學界對於原住民酗酒、精神疾病研究新的提問方式。既有關於台灣原住民健康議題的研究，較少以民族誌的方式進入部落，釐清原住民酗酒、精神失序與自殺之間的問題根源與社會機制。基因研究的介入，究竟對原住民部落產生了什麼社會效應？基因研究取徑對日益嚴重的原住民健康問題，提出了什麼解決方案？以基因取徑來理解達悟族心理健康的問題，有何限制與不足？基因研究取徑

會不會影響部落社會詮釋與對待精神病人的方式？這樣的進展會不會造成另一種「基因黑名單」的污名化效應？我認為我們必須採用歷史文獻與民族誌的田野調查，深入原住民部落來釐清經驗現象，也才能補充生物醫學研究取徑的不足。

(二)環境論

針對精神醫學常見的雙胞胎與領養研究，已有學者批評其中基因致病因的假設與方法，事實上無法剔除環境因素的影響(胡海國 1995：124; Gallagher III 1995：88)。也有學者指出，不利的環境因子才是誘發脆弱的基因發病的主因。例如基因研究者Paul Meehl認為，一個人有先天性的缺損而出現輕微精神分裂症的徵兆，但它不會變成精神分裂症，除非是有心理、社會環境的壓力為誘因(Gallagher III 1995：88)。

William C. Cockerham指出早期環境論的研究，主要是從社會心理的角度，探討社會壓力源(social stressor)、壓力的適應模式、生活事件的改變、壓力與社會群體的關係等一系列研究。例如壓力源與生活事件改變的研究，目前影響最大的工具，是由Thomas Holmes與Robert Rahe(引自Cockerham 1992)所發展的社會再調適等級量表(the Social Readjustment Rating Scale)。該量表假設，不論改變是好是壞，每一個人都需要做某一種程度的調整，調整越大表示壓力越大。透過該量表列出一系列與生活事件相關的壓力源，如配偶死亡、離婚、個人受傷或生病等等，Holmes與Rahe將每一個壓力值稱作「生活改變」單位，如果一個人累積了過多的生活改變單位，發生嚴重失調的風險將升高。不過，其他研究也指出，這種將壓力標準化的度量方式，並未充分地說明少數民族、不同文化群體

在不同生活事件改變的差異(Cockerham 1992:71-80)。換句話說，量表評估的是改變的量，而非事件意義的性質(Ruch 1977)。其他研究指出，某些生活事件，如離婚、被解雇，可能是壓力的結果，而非原因(Holmes and Masuda 1974)。事實上，介於壓力與生活事件之間的研究，是一個複雜的現象，無法以簡單自變項到依變項的因果關係來做解釋。早期美國醫療社會學有關心理健康致病因的討論，正是延續壓力假設所發展的一系列研究。

透過環境論的取徑，一些社會學家也注意到精神疾病的致病因，並非在個人，更應注意社會結構的因素，因而開始分析社會階級與精神疾病的關連性。例如針對社會階級與精神疾病的關連，早期以量化為主的研究，提出了兩個假設，一、漂流假設(drift hypothesis)：罹患精神疾病容易使人落入社會底層；二、機會與壓力假設(opportunity and stress hypothesis)：生活在社會底層的人具有較多的壓力，容易罹患精神失序(Pilgrim and Rogers 1990：14)。不過到底是罹病使人落入低下階層？還是生活於低階的人較易罹患精神疾病？這也引發了1960年代一系列的辯論。1950 年August B. Hollingshead與Frederick C. Redlich在Haven的一個都市化社區從事研究，他們發現都市化的過程中，低階勞工罹患精神疾病的比例遠高於高階級的人。中上階級的人較容易罹患精神官能症(neurosis)，而低下階級的人較容易罹患精神疾病(psychosis)。William M. Fuson檢視美國1,496位病患的紀錄，發現多數精神分裂症的個案屬於低下階級，而躁鬱症的患者則是中上階級的比例較高。此外，也有研究指出階級差異所導致對小孩養育態度(包括父母的期待、懲罰方式等)的不同，也會導致不同的精神病比率，或容易誘發特定的精神疾病(Gallagher III 1995：263-271)。

　　另外，早期有關遷移與精神失序的研究，也提出了兩個假設，一、選擇性假設（selection hypothesis）：那些具有精神失序的基因，或本身已罹患精神疾病的人，比較喜歡遷移；二、壓力假設（stress hypothesis）：移民過程中所面臨的社會心理壓力，容易讓人罹患精神疾病（AI-Issa and Tousignant 1997：4）。此外，一些遷移與心理健康的研究指出，經歷快速變遷的群體，精神疾病的發病率往往會增高。例如居住在沖繩島上的沖繩人，他們的精神疾病率相對較低，當他們移居到夏威夷後，精神疾病比例卻高過夏威夷島中的任何群體（Moloney 1954：391-399；Wedge 1952：255-258）。一個有關美國移民心理失序盛行率的統計研究，發現移民者精神分裂症的發生率較高；近來的研究也顯示，移民者較容易罹患妄想症與憂鬱症（Gallagher III 1995：325）。也有一些文獻指出面對遷移時的壓力，特殊的家庭與文化結構，能為社會成員提供支持。例如第二次世界大戰時，重新安置到加州的日本人，群體和家庭的支持，以及它們的結構、功能、價值和文化都是力量的泉源，使他們能夠忍受集中營的生活，精神崩潰降到最低限度（Kitano 1969：269）。遷移與精神疾病的研究，顯示遷移並不必然誘發精神疾病，社會支持網絡、家庭結構、文化衝突的處理方式等，才是決定精神疾病發生的關鍵因素。

　　Robert Desjarlais從政治經濟的角度指出，心理健康必須關連到政治經濟福利的問題。他針對低收入國家的世界心理健康的研究也指出，人口與環境的壓力會導致個人的創傷、社會解組與失序；貧窮與經濟不景氣，也會影響心理健康的狀態，貧窮會導致飢餓與營養失調，並增加個人生病的風險；居住於都市擁擠的環境，或不良的工作環境容易產生焦慮、憂鬱或壓力，對家庭或社區的生活品質

也具有決定性的影響。這份研究強調心理健康必須考慮一些相關的環境因素，不能只單純地視為精神醫學生物上的問題（1995：15-33）。

上述從環境論角度對精神疾病的研究，強調人們精神失序的發生，有其社會環境的因素。它讓我們看到精神疾病的類型、發病的比例等，都與個人所處的社會位置或成長的環境有關。雖然主流的生物精神醫學與環境論對於精神疾病致病因的研究重點，分別在生物機轉與社會環境上有所不同，但是二者對於何謂精神疾病的本體，都接受了實證醫學認識論的角度，亦即把精神疾病當成客觀存在的實體。因此，以環境論為主的研究，並不會質疑精神醫學論述所界定精神疾病的客觀性。此外，早期從環境論角度出發的研究，大多著重於單一、數個變項，譬如社經地位、階級位置、職業狀況、各種社會壓力源等因素與精神疾病的關連，提出相關的解釋性命題。這樣的研究取徑既缺乏歷史視野與整體宏觀的分析，也對精神失序者的主觀經驗缺乏興趣。具有精神醫師背景的人類學家Arthur Kleinman就反對以X→Y變項間的簡化因果（causation）機制來探討精神疾病的致病因，他認為：「精神疾病的因果，是脆弱的生物、心理、與那種容易使人陷入突發事件的險境之社會來源之間彼此複雜的互動。往往某一類型的脆弱性會被其他類型所強化，這並不是孤立分離的風險因子，而是一個系統性彼此相互關連的網絡，因果這個詞本身就是一個誤導」（1988b：58）。換句話說，以變項來分析壓力與心理健康的關係，會忽略社會結構宏觀的面向。因此，我認為當我們思考達悟人高比例精神失序的複雜現象，必須深入不同族群背景、社會結構位置等所涉及的各種風險條件，不能簡單地專注於某個單獨的因素，也不能窄化至基因分子層次來理

解，如此才能釐清問題癥結。

就像世界衛生組織的報告所指出的，都市化、貧窮與技術變遷等社會因素和心理或行為異常有關，但是對不同經濟地位、族群、種族與性別而言，社會變遷對心理健康所產生的結果也不同（WHO 2001：13）。台灣原住民相對於漢人主流社會，處於相對邊緣的社會、政治、文化位置。1960年代之前，蘭嶼隔絕於外界，猶如封閉的孤立小島，1960年代末期，外來的各種力量才大舉進入蘭嶼並明顯改變達悟社會（參見第一章「分析架構」部分關於蘭嶼社會轉型歷史階段的討論）。相對於台灣本島其他各族原住民基本上從日本殖民時期已逐漸與外界接觸，達悟人在晚近數十年面對社會變遷，所感受的環境與文化變化恐怕更加劇烈，衝擊也更加深重。

(三)建構論

環境論從唯實主義（realism）的立場，如實地接受精神醫學論述所界定精神疾病的客觀性，從建構論出發的研究，則不再將「精神疾病」視為如精神醫學所強調客觀存在的實體。一些強烈建構論者對於何謂「精神疾病」的本體，進行認識論的反省並提出深刻的批判，在社會科學傳統方面，以Michel Foucault、Erving Goffman、Sander L. Gilman、David L. Rosehan、Thomas S. Szasz等重要的研究者為例，綜合他們的理論來看，大致都抱持強烈的解構取向，企圖挑戰精神醫學的本質論觀點。他們認為精神疾病的成因，以及人們看待「精神疾病」的方式是受到社會、文化因素影響而建構出來的。這個取徑重視不同時期精神疾病概念的演進，也強調詮釋、生產、製造精神疾病的社會互動過程，行動者如何看待、定義精神疾病，以及「精神疾病」這個標籤對人們的意義，並將分析的重點放

在社會與文化層面。

Sander L. Gilman從歷史過程分析「精神分裂症」這個概念的轉折與變化，反對建構論者將精神分裂症當做是一種社會控制的標籤，主張釐清「精神分裂症」這個疾病概念的歷史建構過程，以及它所指涉的具體內容。Gilman回顧精神醫學史，指出1860年Benedict Auguste Morel首度提出早發性癡呆(dementia pracecox)這個概念，即今日精神分裂症前身。到了1893年精神醫師Emil Kraepelin賦予早發性癡呆新的意義，將疾病區分內因性(endogenous)與外因性(exogenous)；受到心理分析的影響，他認為早發性癡呆的致病因是心理性的，而不是體質性的，因此提出退化(deterioration)的觀念。1911年Eugen Bleuler提出精神分裂症，取代早發性癡呆，認為Kraepelin過於靜態地描述精神分裂症的症狀。1925年Kurt Schneider在Bleuler的影響下，將精神分裂症的症狀概念化時，使精神分裂症的定義遠離了Kraepelin所提出的退化意涵，也遠離內因性與外因性的區分，繼而將精神分裂症的討論帶到動態精神醫學的領域，受到當時Sigmund Freud心理分析的影響，他把精神分裂症的討論更往心理學方向移動。到了1970年代，生物醫學模式支配了精神分裂症的定義，使得精神醫學社群必須在主流西方醫學模式之中尋求定位。在精神分裂症的研究中，出現兩個重要的議題：基因在傳遞精神分裂症的角色，以及精神分裂症的生化機轉。這兩個取徑企圖以精神分裂症的生物面向再概念化「精神分裂症」，於是精神分裂症的意涵又逐漸遠離精神分析的模式。就上述的歷史發展來看，精神分裂症的定義至今仍沒有定論，Gilman用瞎子摸象比喻「精神分裂症」所指涉的實體。截至目前為止，精神分裂症都還是一個不斷變換定義的病徵，是一個可以應用到相當多症

狀的類別。例如19世紀緊張症（catatonia）是精神分裂症定義的一部分，但這種看法到了20世紀就絕跡了。因此，Gilman質疑基因學者Franz Kallmann根據雙胞胎研究所提出的退化性基因的遺傳性假設，指出這種假設不曾考慮到精神分裂症定義的問題。Gilman因此歸結指出，大部分疾病的科學性概念化過程，都反映了當時知識與文化的傾向（1988：202-230）。

　　Gilman從歷史認識論的角度，讓我們意識到「精神分裂症」定義的轉變，但他基本上是站在弱的建構主義的立場，並沒有完全解構精神疾病作為一種病徵的存在。一些具有強烈建構主義立場的研究取徑，譬如深受Michel Foucault論述分析影響的研究，則主要從認識論來理解，社會所謂的「不正常」。主張這些「不正常」很多是取決於主流社會加諸成員的行為規範與價值標準，而這樣的規範與標準會隨歷史、社會與文化背景而有所不同。

　　Foucault在《精神疾病與心理學》（*Mental Illness and Psychology*, 1987〔1954〕）一書，認為器官醫學對有機體正常與不正常的因果機轉說明，這種科學的宣稱在精神疾病病理學並不成功。他認為：「也許有身體的科學，但沒有自我的科學。也許有關於DNA、人類複製、性衝動客觀性的理論，但並沒有關於什麼是人的本質客觀性的回答」（Foucault 1987：11）。Foucault也批評心理分析之類的理論忽視資本主義文化，以及社會關係所產生的矛盾，卻把這種矛盾的經驗簡化成本能的衝突。他認為心理疾病根本的問題在社會結構，只有透過改變社會狀況，功能失序的病徵才會消失。此外，他比較了日本、美國、西方世界對瘋狂的處置，發現相較於日本，西方世界對瘋人比較不能容忍而認為醫療化或隔離是必須的；但是當歐洲發生戰爭與危機時，社會上則較能容忍這樣的人。他同時指出，

社會系統的運作，如醫療的組織網絡、發現與預防系統、救助的類型、治療的分配、治癒的標準、病人的公民身分與刑事上責任的歸屬等，都會形塑瘋人具體的社會生活（ibid：80）。

在他接下來的《瘋癲與文明》（*Madness and Civilization*, 1971〔1961〕）一書中，Foucault從歷史變遷的脈絡指出，中世紀的瘋人經常出現在社會的日常生活。在17世紀中葉以前，人們論述「瘋狂」，並不會從現代理性的角度來看待它，在中世紀末期和文藝復興時期，反而有人將瘋狂與知識上的聖潔聯繫起來看。到了1656年，巴黎建立了總醫院，於是拉開了對瘋狂病人實施大禁閉的序幕，「瘋狂」開始遭受排斥與禁閉。但如同排斥與禁閉窮人、流浪漢、好逸惡勞者一樣，人們只是著眼於被歸類為沒有「生產能力」的人。18世紀開始，在社會經濟的變遷下，由於瘋人相較於其他的他者（other），更欠缺穩定工作的生產能力，於是他們又從這些他者中被區隔出來。加上醫療制度的興起，過去被視為社會適應不良的現象逐漸被當成一種疾病。Foucault認為這種新的區分代表一種強大的政治意識，而非人道主義所讚揚的慈善意識。到了18世紀，「瘋狂」已漸漸被視為一種需要矯治的疾病，現代意義的精神疾病被確認，「瘋狂」成為精神醫學領域定義的「精神疾病」，一種新的社會類別因此出現。

Foucault強調，隨著時代的不同，正常與不正常的界定方式也有所不同。精神醫學在建立其正統的科學地位中，關於「精神疾病」的定義與所施加的治療，牽涉到現代社會結合精神醫療而產生的複雜權力與知識系統。從這個角度來看，Foucault乃以瘋狂做為反省西方理性文化的起點，指出不同時期對瘋狂的界定與處置，對照出不同的理性標準。對他而言，在西方獨特的文明形式中，瘋狂

出現與一種理性的成就並存，理性使得瘋狂被驅除。Foucault的研究讓我們看到西方社會的文明進程如何透過精神醫學、透過所謂人的科學出現，在一定的社會條件的配合下，如收容所、醫院、司法系統等，架構起一個逐漸理性的社會。

　　Foucault關注歷史過程的論述分析，讓我們意識到社會結構的整體轉型，才讓現代醫學所界定的瘋狂成爲可能。他不重視微觀行動者個別的感受，在他的研究中，個人僅僅被概念化爲論述或社會結構的產物。相較於Foucault對歷史論述的宏觀分析取向，Erving Goffman在《庇護所：關於精神病人與其他被收容者的社會處境之論文》（*Asylums: Essays on the Social Situation of Mental Patients and Other Inmates*, 1961）一書中，則是以民族誌田野研究方式，觀察醫院內精神病患的日常生活安排，重視行動者的社會互動。在書中，Goffman也清楚表達一位社會學家以建構論角度思考精神疾病的立場。對他而言，精神疾病是社會、文化建構的，而不是一種本質性的疾病。

　　Goffman認爲，精神疾病並不是生物上的疾病所導致，而是在社會網絡中被貼標籤的結果。「精神疾病」如同社會加諸於病人的「汙名」（stigma），這種汙名是一種社會標籤，並在許多人身上造成了「自我實現預言」的作用。Goffman指出一個人會不會成爲精神病人，他所處的社會網絡可能是重要決定因素。他指出有三種人，最有可能成爲精神病人的見證者（witness）。第一、對病人而言是親密、可信的人：他們經常是病人的親人，也往往最先懷疑病人是不正常的人。第二、抱怨者：對病人最初的行爲反應提出抱怨的人，例如朋友、同學、同事。第三、仲裁的人：警察、社工、教師、律師等（ibid：137）。Goffman認爲，病人人際關係上越是親近

的人，越容易察覺病人的病徵，因爲很多病徵在醫師診斷時並不會表現出來，或是病人的自述往往不受醫療人員所採信。「關係」不但是專業人員求證的依據，也是醫師定義病人正當性的來源。Goffman指出，諷刺的是，這也使得許多人因此被貼上精神疾病的標籤，並且落入「精神疾病自我實現」的預言陷阱中。

　　Goffman對精神疾病所抱持的強烈建構論立場，是一種典型的社會學研究取徑。Goffman強調社會標籤如何作用在人們身上，並不討論是否有精神異常的「本質性」存在，他明白地強調：「精神病人被宣稱古怪或生病的行為，大部分是主張他有病的人與病人之間的社會距離所造成的結果，精神病人不是精神疾病的結果」（1961：130）。

　　David Rosehan(1973)引起極大爭議的假病人實驗，某個程度回應了Goffman的論點。Rosehan和其他7個「假病人」，謊報自己聽到奇怪的聲音，到不同的精神病院要求入院，雖然入院後他們不再假裝有任何症狀，但是除了一人以外，其餘7人都被判定有精神分裂症而分別住院7到52天，之後則因症狀減輕而出院。Rosehan因此主張：「精神疾病的標籤有自己的壽命和影響。一旦形成病人是精神分裂症的患者形象，般人也期待他將繼續是精神分裂症患者。因此，精神疾病的標籤，經常成爲病人及家屬、朋友自我實現的預言。在其他人的期待下，病人最後也承認這種診斷，表現出相應行為」（1973：253）。Rosehan也對精神醫學眼中的精神病人提出質疑：「……我們持續去標籤病人，彷彿在這些話語中，我們已經捕捉了瞭解的本質。事實是，我們很早就知道診斷不是有效的或值得信賴的」（1973：257）。

　　原爲精神科醫師的Thomas S. Szasz(1970)，將精神疾病比擬爲

中世紀的巫術，認為精神疾病如同巫術一般，是被製造出來的。他指出從本質、內容、到被對待的方式，精神疾病與巫術二者都十分雷同，不同的只是迫害巫者的為宗教法庭，而迫害精神病人的是醫學。對他而言，巫者與精神病人都不是志願的，而是被定義的和被對待的。最終，巫者或精神病人就會恰如其份也表現出別人定義他們的那種角色。Szasz(1974)更進一步探究精神疾病的「發明過程」，指出精神疾病和生理疾病不同，而是新創造出一套標準來滿足疾病的症狀表現。他指出，只要假定有一種精神疾病存在，就會創造出一套標準來衡量，生理疾病是可以被驗證與檢驗，而精神疾病的症狀是主觀的，取決於社會規範，所以精神疾病是一種被宣稱的神話。身為精神科醫師Szasz為精神疾病提出一個革命性批判的觀點，他認為精神疾病不是病，因此不應該以醫學觀念去看待或治療。

　　Foucault、Goffman、Szasz等人的強烈建構論研究取徑，雖然彼此的立場仍有差異，但是基本上都對何謂精神失序的本體存而不論，拒絕去評估任何宣稱的正確性，以避免對於本體的不當劃分（ontological gerrymandering）。我們可以說，強烈的建構論與分子生物學的基因論，剛好站在光譜兩邊的極端。對於精神疾病究竟是什麼，二者在本體論上的看法相當不同，彼此的爭論近乎各說各話。簡而言之，基因論的立場是一種生物的本質主義（essentialism），認為精神疾病來自一種生物本質性的基因構成因素，疾病的本身也是一種實證的存在，毋庸質疑。不過許多關於社會文化現象的本質主義經常受到批評，被認為忽略歷史因素機遇湊合的影響；生物的本質主義，恐怕也不能免於這種挑戰。此外，基因的研究取徑將精神疾病的致病因化約到分子層次來探討，相對地

忽略精神病人處在自我認同混亂的焦慮、在疾病歷程中掙扎的受苦經驗。Richard J. Castillo就認為：「精神疾病相當不同於糖尿病或肺炎之類的疾病，因為精神病人的自我核心明顯受到影響。因此，即使我們能發現精神疾病的生物性因素及其所帶來的損害，精神疾病的社會的、象徵性的意義，以及對自我認同的影響仍不應被忽視」（1998：2）。

上述站在建構論立場的研究者，如果不是對精神疾病的生物病因與疾病的本質性存在抱持程度不一的懷疑態度，就是對「何謂本體」堅持一種存而不論的立場。他們的分析都強調社會、文化因素對精神疾病形塑、詮釋疾病過程的重要性。無論是Foucault強調歷史脈絡轉型的論述分析，還是Goffman重視象徵互動的微觀研究取徑，建構論取徑基本上都抱持著一種整體論的（holistic）觀點，對精神醫學在現代社會的發展提出深刻的反省與質疑。但是強烈建構論這樣的立場，使得Foucault、Goffman、Szasz等人在1960年代都被劃為反精神醫學的陣營。

上述強烈建構論出發的研究，幫助我們從認識論的角度來理解人類社會所謂的正常與不正常，多半取決於主流社會行為與價值標準，而這樣的標準會因歷史、社會、文化背景而有所不同。但是對本體問題的存而不論，使得它未能進一步探究精神醫學近一、兩百年所累積的科學知識的內部邏輯，無法如實地面對現代精神醫學在界定、診斷、治療、緩解精神疾病上可能的貢獻與限制，實際上也間接解構了精神疾病存在的真實性與本質性。人類學家Robert B. Edgerton 即對社會建構的標籤論提出反駁，他研究一些非洲的人群，發現無論是坦尚尼亞的赫赫人（Hebe）、肯亞的坎巴人（Kamba）和波科特人（Pokot），還是烏干達的塞貝伊人（Sebei），他們對於精

神病人的特徵行為，都有普遍一致的意見。所以Edgerton推斷說：

> 精神病人在思維、情感和行為上，確實存在著障礙，需要
> 進行醫學上的處理。將各種症狀或症候群歸入科學的分類
> 系統，並不意味精神疾病診斷基本上不是真誠的、以經驗
> 為根據的艱難嘗試（1969：70）。

雖然，西方社會與非西方社會對精神疾病病因的詮釋並不一致，但Edgerton基本上承認，現代西方精神醫學的精神疾病症狀仍普遍存在於部落社會。他反對建構論過度強調疾病經驗的社會、文化建構因素，忽略精神病人在思維、情感和行為上，確實存在著障礙。

我們可以說在理解精神失序的成因上，生物基因論、環境論與建構論三個研究取徑，猶如由小（生物基因論）、中（環境論）至大（建構論）的認識途徑，對精神失序的致病因提出不同層次的解釋。這三種認識論的立場，各有不同的貢獻，但也都有限制。生物基因論將精神失序的致病因化約至分子層次來理解，不重視病人的感覺、人格特質與疾病的社會過程。至於環境論者，一般而言並不否認精神疾病可能具有生物性的成因，如實地接受精神疾病存在的客觀現實，重視人們的客觀社會位置、處境與其疾病關係的探討。但是環境論與生物基因論所共有的問題，則是對於人們面對精神失序而受苦的主觀經驗缺乏興趣。此外，環境論取向對於人們發病後的疾病經驗、自我與社會如何面對、社會文化對於精神疾病的理解與處置方式對於患者本身的影響等，仍然缺乏分析。相對於環境論的限制，建構論關注社會文化對於精神疾病的理解與處置方式，如何

形塑患者的疾病經驗、自我建構，以及與他人的關係等等。強烈建構論者強調正常與不正常的劃分都是受社會、文化所形構，背後其實都關連到不平等、支配與社會控制。就類似達悟人的原住民健康問題而言，這樣的角度有利於我們超越環境論的限制，從一個整體分析的視野，對集體的精神失序現象及其變化的社會結構根源，提出具有社會學想像的解釋。但是強烈建構論者在某種程度上，解構了精神失序者的思維與情感障礙的存在，以及它對個人與家庭所造成的重大影響。這樣的理論立場未能正視現代精神醫學的進展是否有助於緩解精神疾病的痛苦，因此對於在該如何面對患者與家人因為失序所衍生的問題，也無法提出積極的建議。由於這些知識傾向，強烈的建構論也容易陷入相對主義(relativism)的窠臼。

Fredric D. Wolinsky(1980)指出以社會建構論看待精神失序的不足之處，一、現有的精神失序研究並不支持社會建構論的解釋。二、藥物治療的最新發展已經表明，有些精神失調，特別是精神分裂症，可能是生理疾病引起的。三、個人偶然違背有效的規範，並不會被永久貼上精神失序的標籤。四、社會標籤論並沒有解釋個人最初為什麼要違背有效的規範。五、這樣的立場並沒有提出治療精神疾病的方法。因此，這樣的立場只有在學術的領域內流行，對精神失序的研究只涉及社會互動過程，而不涉及治療方案。上述Wolinsky的質疑，固然以相當實用的立場窄化了強烈社會建構論可能的貢獻，但是強烈建構論對本體存而不論的立場，由於無法正視精神失序者實際的受苦經驗，確實與近代精神醫學的知識發展幾乎沒有對話。

如何在研究上避免落入建構論與本質論二分的困境，以超越相對主義所帶來的虛無感，往往是研究疾病、病痛的醫療社會學家經

常面對的問題。Bryan S. Turner就指出：「儘管知識社會學和解構主義採取的相對論，是探索社會的一個有用的批判出發點，卻沒必要成為社會研究的結論。在任何情況下，大多數社會學家都可能是弱的建構主義（weak-constructionism）。以醫療社會學為例，當人們開始以建構論的角度來討論各種疾病間的差異時，接受建構主義並不一定導致反基礎主義（anti-foundationalism），因為有些現象比其他現象更具有建構性」（1992：29-30）。Turner認為，研究上我們可以採取方法論的實用主義（methodological pragmatism），即認識論的立場、理論的取向或方法論的技巧，都應該由問題的本質來決定（1992：57）。Turner強調，我們必須區分對知識的批判與對本體論的批判，這是兩個不太一樣的層次。Turner以身體研究為例，指出我們可以對身體的知識抱持懷疑的觀點，但是仍必須堅持對身體本體論的看法。

我認為Turner在探討醫療社會學方法論上的提醒，有助於研究者在面對他人病痛的受苦經驗時，不會輕易滑落相對主義的虛無中。本書在第一部，既從社會變遷的歷史過程分析達悟人精神失序現象特殊的源由，提出結構性的解釋，同時在第二部透過民族誌的田野觀察，蒐集不同患者的疾病敘事，探究行動者的主觀經驗，將精神失序視為一種「現象的實體」來分析。結合這兩部分的研究，我強調唯有進入田野中複雜的經驗現象，清楚地分析精神失序者的實質處境如何使他們難逃受苦的命運，同時也深入理解他們主觀的經驗與感受，才可以避免落入強烈建構論者遭人質疑的相對主義的缺憾中。

以上對於生物基因論、環境論與建構論各自本體論的立場、認識論的角度，以及對於社會受苦的態度與關注方式，可以概括地整

理為表2-1。

表2-1　生物基因論、環境論與建構論的比較

	本體論的立場	認識論的角度	以社會受苦角度反省
生物基因論	→唯實主義（realism）的立場，接受精神醫學對精神疾病的科學、客觀性。 →分析重點放在分子生物層次。	→20世紀生物模型逐漸在精神醫學佔有主流的地位，研究開始往生理層次推進。腦中的神經介質、內分泌、血清等，成為研究精神疾病致病因的重點。 →1980年代生物醫學的發達，人類又更進一步往DNA分子層次推進，以基因角度來推論精神疾病的致病因。	→將人化約至分子層次來理解。 →不重視疾病的主觀感受與社會過程。 →不涉及人類疾病與苦難的社會起源和結構因素。
環境論	→唯實主義（realism）的立場，接受精神醫學對精神疾病的科學、客觀性。 →分析重點放在社會環境因素。	→強調精神失序的發生有社會因素的影響。 →大多著重於單一變項，如社經地位、階級位置、職業狀況等因素與精神疾病的關連。	→對人們面對精神失序的主觀受苦經驗缺乏興趣。 →缺乏對精神失序的社會歷程進行整體宏觀的結構分析。
建構論	→不再將「精神疾病」視為客觀存在的實體，而是對於何謂「精神疾病」的本體，進行認識論的反省。 →對「精神疾病」概念的歷史演變與社會過程	→強調精神疾病的現象，以及人們看待「精神疾病」的方式是社會、文化因素所建構出來的。 →重視不同時期精神疾病概念的演進，也強調詮釋、生產、製造精神疾病的社會互動過程、行動者如何看待、定義	→對本體存而不論，未能正視精神失序者的實質處境是否使他們難逃病痛受苦的命運，對於當下該如何緩解受苦的精神失序患者與家人，比較缺乏積極的建議。

	進行意義的詮釋，並以整體分析(hostlic)的視野，提出社會根源的解釋。 →分析重點放在社會、文化與歷史的因素。	精神疾病，以及「精神疾病」這個標籤對人們的意義。	

二、嘗試超越相對主義

　　回顧我自己曾從事的護理工作，以及後來學習社會學而探討癌末垂死歷程，以至於本書的精神疾病研究，所涉及的都是人類存在無可避免的病痛受苦經驗。然而，在理解這種人類生命存在所面臨的挑戰時，不管是醫學知識與臨床運作，或者社會學理論與知識探討，二者對我而言，在如實貼近人們的受苦上，似乎都有所限制。

　　一旦深入田野，面對達悟精神失序者的經驗與處境，我們會理解到：要恰當地認識原住民的精神失序現象，研究者必須帶入歷史分析的視野，重視社會變遷的作用，關照他們在現代世界中獨特的命運。本書第一部的工作(第三、四、五章)，正是基於這樣的理解與分析，而這也是生物基因論有所不足之處。如同前述，眾多的環境論研究已顯示精神疾病類型、發病比例等等，與個人成長環境、社經地位、階級位置、職業狀況等變項的關連，但從環境論分析精神失序的疾病歷程與歷史演變，仍有所限制。同時環境論與生物基因論類似，二者對精神失序者的主觀受苦經驗都缺乏興趣。本書第二部的問題與分析(第六、七、八章)，重點就在以民族誌的觀察訪談，貼近精神失序者的生活世界，嘗試彌補上述的缺憾。

　　綜合來說，本書運用歷史文獻與其他二手資料探討達悟人精神失序的特殊現象與歷史源由，同時結合民族誌的深度分析，關注社會變遷下，現代精神醫學、當地文化與精神失序者主觀的受苦經驗之間彼此的關係。這兩部分研究，綜合來說，目的在於嘗試超越強烈建構論的相對主義之缺憾。關於這個努力，以下我再從「社會受苦」(social suffering)的角度切入，進一步申論。本書之所以帶入「社會受苦」這樣一個啟發式的概念，乃由於基因論、環境論、建構論等任何單一的研究取徑，都難以如實的面對失序者的受苦經驗，以及解釋我在田野中所觀察到的複雜性。Kleinman等人所提出的社會受苦概念，既關注疾病的歷史社會根源，也強調理解人們的主觀受苦經驗的重要，對於不同理論取徑解釋達悟人精神失序現象，提供了一個分析性的角度，有助於我們採取建構論的角度但不至於落入相對主義。

圖 2-1　「社會受苦」概念檢視三個取向的缺點與限制

以「社會受苦」做為切入角度

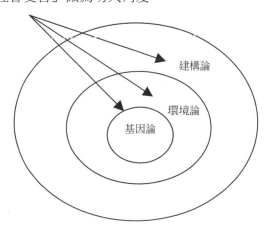

（一）少數族群精神失序的多重受苦形式與「社會受苦」概念

在解釋原住民高比例的精神疾病、憂鬱、酗酒、自殺等現象上，現有文獻除了前述的生物基因論之外，不少關注社會變遷的研究已能超越環境論的限制，擴大關注的範圍與歷史縱深，重視原住民作為少數族群的特殊歷史際遇，而將分析焦點放在原住民健康問題的歷史社會根源。一些研究由世界原住民獨特的歷史命運，指出這些少數民族所經歷的歷史創傷（historical trauma）與精神失調的關係，才是原住民心理問題的根源。這些研究指出了原住民被迫遷移、家庭解組、文化喪失等造成的心理影響，才是問題的核心。這些研究對於我們釐清達悟精神失序現象的社會根源，提供了許多可貴的參照。

從長遠的歷史變遷來看，在近幾百年來現代性的發展下，原住民往往變成進步的犧牲者。全世界大約有五、六千個原住民族群，生活在七十幾個國家，總人數有25,000,000人左右，佔世界總人口的4-5％。五百年前歐洲的擴張對原住民產生兩個災難性的影響，首先是天花、白喉、感染疾病、瘧疾等傳入中南美與加勒比海造成大量的死亡。其次，歐洲經濟擴張導致原住民面臨巨大的壓力（Cohen 1999：7）。

我們可以藉助Anthony Giddens對現代性的研究，來理解這種改變晚近世界、同時嚴重衝擊各地原住民傳統的巨大社會變遷力量。Giddens認為現代性以前所未有的方式，把我們拋離了原來所有類型的社會秩序軌道，從而形成了獨特的生活形態。我們應該如何理解現代社會制度從傳統的社會秩序中分離出來的斷裂呢？Giddens指出了三個要素，首先是現代性時代來臨變遷的速度：傳

統的文明也許比前現代體系更動態，但是在現代性的狀況下，快速的變遷是明顯的，這一點在技術的面向表現的最為明顯，它還滲透到其他領域。現代性第二個方面的斷裂，在於變遷的範圍：全球不同的領域開始相互連結，社會轉型的浪潮實際上已席捲了全世界。第三，則在於現代制度的內在本質：一些現代社會的組織形式前所未有，例如民族國家的政治系統、生產的銷售對權力系統的依賴，以及產品與雇傭勞動本身的完全商品化(1990：5-6)。Giddens也進一步指出了現代性制度的四個面向，亦即民族國家體系、世界資本主義經濟、國際勞動分工、世界軍事秩序，而它們以各種方式彼此相連(1990：70-71)。對Giddens而言，現代社會發展的重大轉型仍舊在進行中，只是以某種方式將「現代性中既定的制度加以激進化和全球化」(1991：2)。

　　Giddens所指稱的這股現代性的力量，也對世界各地原住民部落產生巨大衝擊。一些文獻指出原住民在面臨現代性衝擊後，少數族群的身分所產生種種的社會問題，誘發了原住民高比例自殺、憂鬱與精神失序等心理健康的問題。Nikolai N. Vakhtin(1992)指出俄國革命前，許多原住民依賴狩獵、採集、捕魚、餵養馴鹿為生。革命勝利後，蘇維埃政黨致力於將原住民原始的文化轉型到符合蘇維埃的現代文化。大規模的重新安置、強迫同化、社會結構變動，導致原住民高比例的自殺、酒癮、家內暴力與失業。Duncan Pedersen(1993)探討移民對中南美原住民心理健康的影響，指出土地喪失、貧窮、經濟的改變，導致大規模原住民移民到都市區域，使他們相較一般人口，面臨較大的社會心理壓力與不利的健康地位。移民使得個人容易暴露於不確定與社會壓力的風險中，造成暫時與永久心理層次的不良後果(引自Almeida-Filho 1987：9)。此外，巴西的

Guarani印地安人的自殺率，在1995年高達每100,000人中有160人自殺，比起美國每100,000人中有12人，明顯高出很多。高自殺率最主要的原因是他們生活狀況劇烈的改變。大部分Guarani印地安人隨著工業化的發展，喪失了祖先的土地，保留區太小已無法支持他們原先狩獵、捕魚的生活方式。他們開始受到城市的商品所吸引，但普遍的低薪資又無法負擔這樣的消費方式。原先的狩獵、捕魚與家庭生活方式都是具有某種類似宗教上的意義，這些生活方式逐漸消失後，使得大部分Guarani印地安人喪失生活的意義（引自Davison and Neale 2001：273-274）。Laurence J. Kirmayer等人則研究加拿大原住民，指出原住民的文化斷裂與所受到的壓迫，產生了高比例原住民年輕人的憂鬱、酗酒、自殺與暴力。從1879-1973年，加拿大政府委託教會負責寄宿學校，提供原住民小孩的教育，超過100,000名的小孩遠離家庭，被放置於遠離傳統文化的地方。住宿學校帶來了家庭隔離、多重喪失、剝奪、暴力，以及文化認同的危機。此外，當大眾媒體滲透到原住民社區，在提倡資本主義的消費價值下，使原住民開始產生剝奪與匱乏的感覺。該研究指出，原住民高比例的情緒困擾、憂鬱、焦慮、物質濫用與自殺問題，都與個人認同與自尊受創有關（2000：607-616）。

　　1999年世界衛生組織一項針對原住民心理健康的報告指出，整個西半球的原住民都有高比例的酒癮與自殺。大洋洲、前蘇聯、台灣、中國的原住民也面臨同樣的困境。社會失序、流行病、人口減少與征服，使得不管在那裡的原住民都有高比例的憂鬱與焦慮。原住民普遍經驗了創傷與土地遷移，以及長期的壓迫。這項報告指出，我們因此可以認為世界原住民具有各種高比例相關的神經精神病學與行為的問題，然而有關原住民心理健康與治療需要的實際資

料，至今仍相當匱乏。該報告並呼籲必須重視這個急迫的議題（Cohen 1999：2-3）。

　　與上述世界各地的原住民一樣，蘭嶼達悟人也面臨少數族群在現代世界中的嚴酷挑戰。他們之中的精神失序者，更充分反映原住民遭遇當代社會變遷衝擊所產生的心理健康問題。我認為Arthur Kleinman、John W. Bowker所提出的「社會受苦」概念，以及人類學家Byron J. Good等人強調「現象的實體」的相關分析觀點，有助於我們掌握類似原住民的少數族群之多重受苦經驗。Kleinman、Bowker以及Good所建議的研究方向，既可以引導研究者重視達悟精神失序現象的歷史社會根源，也重視失序者在實際生活中的受苦經驗，因此有助於研究者發展一個較具有整體性的觀點與同情性的理解。同時也因為如此，社會受苦這樣一個啟發式的概念，以及它所引導的研究方法，對於如何緩解原住民因為精神失序所產生的生命受苦經驗，也比較有可能提出具體的貢獻。這些在理論研究與實際作為方面的可能貢獻，應該都有助於避免強烈建構論的相對主義缺憾。

　　Kleinman提出社會受苦這樣一個啟發性的概念，正在於連結個人病痛經驗與社會宏觀結構。從現代性長期社會變遷對原住民社會衝擊的角度來剖析，我們可以將達悟人的精神失序當成是Kleinman所謂的一種「社會受苦」（social suffering）。Kleinman認為疾病受苦的經驗，基本上是社會的。首先，受苦本身是「相互主體性」的（intersubjective），譬如癌症、憂鬱、心臟病等疾病，事實上都涵蓋人與人之間的某種經驗，是一個具有關係性的受苦類型。其次，所謂受苦是社會的，意味著心理或社會健康問題有其社會結構的根源，因此社會受苦強調一種整體性的分析視野，而非將受苦窄化為一些可測量的變項。最後，社會受苦一方面既源自於政治、經濟、

制度的權力如何作用於人們，另一方面也是人們回應這些社會因素及其變遷的方式所造成的結果（Kleinman 1995：396-397；Kleinman et al. 1997：ix-xxv）。達悟人高比例的精神失序，不僅是他們身為離島原住民的少數族群處境所激發的現象，也是他們不得不以獨特方式回應政治、經濟、社會、文化快速劇烈變遷之下的結果。這些回應方式，涉及青壯世代被迫遷徙於台灣本島求學求職而連帶產生的生存壓力、焦慮、自我認同危機等，都加強了精神失序發生的可能性。將精神失序視為一種社會受苦來理解，亦即不單單以生物基因，或相對的以少數變項間的關係來理解疾病根源，而是將疾病視為長期社會變遷下人們處於不利與無力的位置所造成的負面結果。

　　Bowker也指出，個人疾病不能與廣泛的社會受苦脈絡分離。他提醒我們要解釋特定的複雜現象，必須思考各種的限制條件、可能發生的結果，而不是只專注於某個單獨的因素，如此才能對社會脈絡的影響力更加敏感。Bowker認為，疾病很少只有單一的原因，我們必須釐清造成目前結果的各種可能原因；也只有適當掌握疾病的各種限制條件，我們才能理解某些特定類型受苦經驗的源頭，並且能夠在舒緩這些磨難上做出一些貢獻（1997：375-378）。我認為社會受苦這樣一個啟發性的概念，有助於我們反省基因論、環境論與建構論三個取徑各自認識論上的限制，也為我們提供了一個批判性的立場，目標在揭發人類病痛與苦難的社會起源與結構因素，並認為解決方式絕對不能只放在個人層次。簡單的採用任一個單一獨斷的認識論，往往會限制我們分析的視野，將社會苦難以醫療化處理，也會窄化我們關注的焦點。

　　達悟精神失序者的受苦經驗是多重的，這種多重苦難來自達悟人在快速社會變遷中種種獨特遭遇的累積。達悟族高比例精神失序

現象，反映了一種社會失序下的集體社會受苦，而這種特殊的病痛受苦形式亦是多面向的，源由也不止一個。本書第一部的問題意識與分析重點，即在於以不同角度關照精神失序現象所反映出病痛的歷史社會根源，唯有理解這些多重因素，才能理解達悟精神失序者病痛的多重受苦經驗，也才可能嘗試思考有助於舒緩苦痛的方式。

(二)將精神失序視為一種「現象的實體」

在理解高比例精神失序源由與根源，以及嘗試思考舒緩其苦痛的可能方式上，人類學家Good 受現象學影響的觀點，是另一個相當有啓發的研究角度。Good認爲，我們必須以「現象的實體」（phenomenological reality）來研究心理病理學。亦即重點應放在疾病的經驗，諸如受干擾的時間、空間、情感、思考等等，以及其身體化的經驗，並結合不同社會的心理病理學研究，釐清文化在此扮演的角色。其次，Good認爲，應該將瘋狂當做一種「詮釋性的失序」（interpreted disorder）來研究，重視疾病徵兆背後所代表文化象徵性的意義，並從患者主觀經驗與互爲主體的詮釋意義來理解精神疾病。同時我們也應該將瘋狂當作一種「失序的詮釋」（disordered interpretation）來探討，理解這些臨床疾病對患者的自我、社會關係、環境造成什麼樣的改變。亦即從個人生命史探討精神疾病的歷程，以及探討疾病經驗如何重新形塑個人的生命史（1992:196-201）。Good的觀點，提醒我們重視病痛受苦的眞實經驗與社會脈絡，而不要陷入強烈建構論，因而未能正視精神失序者的病痛受苦經驗。Good反省批判精神醫學過度強化生物模式與科學化的治療策略，也批評強烈建構論或文化相對論忽略了精神疾病的患者在思維、情感和行爲上的實際障礙，未能重視精神失序對當事人及家庭

帶來的重大苦難。他強調我們必須把焦點放在特定的疾病，並重視精神疾病的診斷分類範疇，才能釐清「文化」對精神疾病扮演的角色，如Kleinman（1986）對憂鬱與神經衰弱、Janis H. Jenkins（1988）與Ellen E. Corin（1990）對精神分裂症的研究，都是以這種取徑進行研究的好例子。

　　Good視精神疾病爲「現象的實體」的觀點，要求我們必須深入田野，探究並仔細描繪病患的生活世界，尤其是發病後的經驗與處境，並強調民族誌研究取徑的重要性。本書第二部的核心關懷之一，在於探討：以達悟特殊精神失序現象爲例來看，現代精神醫學的貢獻與限制何在？夾雜在達悟傳統文化、基督宗教脈絡中的現代精神醫學，其適當定位爲何？以病患及家庭、部落爲主體，什麼是緩解病痛受苦經驗比較「好」的方式？面對這些錯綜複雜的面向，我認爲在思考舒緩達悟精神失序者受苦經驗的可能方式、尋找適當的介入時，我們必須兼顧傳統文化、宗教與現代精神醫學。任何一種理解與處置方式如果企圖凌駕其他，成爲獨尊獨斷的世界觀與行動方針，將人們面對危機、不確定狀態時的複雜回應加以排斥或簡化，長遠來看，可能削弱他們面對多重受苦時具有的潛力與想像力，也無助於人們面對無可避免的苦難。在嘗試回答上述問題時，我們必須先了解目前精神醫學對精神疾病的治療處置及其限制，以及一些跨文化的相關研究對此問題的反省所給我們的啓示。

三、醫療化的限制、傳統文化與現代精神醫學的定位及出路

　　當不正常的人被納入現代醫療體系來治療，是否就能有效地緩

解他(她)們的痛苦？精神失序被當成是一種「病」，進入醫療處置是免除歧視而獲得較人道的對待，還是烙下標籤、進行更嚴格的監控？對精神醫學而言，過去「瘋狂」常被當成個人的罪惡、不敬神的天譴，或與宗教玄學的解釋連接在一起，一旦用生物機制來解釋「瘋狂」，罹患精神疾病的病人似乎就可以去除污名，獲得較人道的待遇。18世紀末，精神科醫師Phillipe Pinel(1745-1826)在法國、William Tuke在英國，分別主張去除病人身上的鐵鍊，提倡個人自由的概念。這是精神醫學史上首次的革命，也是精神科教科書上宣稱人道療法(moral treatment)的開始(Porter 2002：102-108)。雖然精神醫學經常宣稱這兩百年來的發展，是一種人道主義與治療進步的歷史，但是對於被診斷為精神疾病的病人，精神醫學專業發展至今，事實上仍存有許多無法解決的問題。既有的文獻，對於一些精神疾病在醫療化過程中所衍生的問題，經常反覆討論並提出反省。

(一)精神失序醫療化的限制

首先，精神醫學發展成一門實證醫學的專業、科學的論述，著重的是一個放諸四海皆準的普同性標準，強調的是診斷、治療的有效性。一些研究從DSM這套源自美國精神醫學會所建立的診斷系統，來反省「精神疾病」概念的轉變，以及精神醫學專業知識與權力如何擴張(Castillo 1997；GallagherIII 1995；Porter 2002等)。例如歷史學家Roy Porter就批判，DSM第一版不到百頁，到了DSM II版增加到134頁，DSM-III版時已有500頁，最後一版的DSM-IV-TR(2000)多達934頁，相較於以前，越來越多人被診斷為精神疾病。Porter質疑「這是一種進步嗎？」(2002：102-108)。Peter Conrad與Joseph W. Schneider在《偏差與醫療化》(*Deviance and*

Medicalization, 1992）一書，以許多實例討論對偏差行爲定義機制的歷史變化，分析西方社會如何由過去宗教的「原罪」（sin）、法律中的「壞」（bad），轉變爲精神醫學定義下的病。20世紀後，由於精神醫學的蓬勃發展，也讓早期視爲犯罪的行爲，如同性戀、酗酒、藥癮等，均被解釋爲「心理疾病」，開始被納入精神醫學的管轄範圍，使精神醫學專家開始具有界定「社會偏差」的權力。此外，當精神醫學以DSM做爲普同性診斷、測量的標準，也使得精神疾病的受苦被以量化的標準來評估，變得可計算、可測量。Theresa DeLeane O'Nell指出，過度依賴形式理性的基礎所發展的判準，無法充分理解精神病人的疾病經驗。精神醫學對理解印地安人受苦的限制，就是一個明顯的例子（O'Nell 1996）。

　　其次，有一些研究則是從醫療組織的設計與安排，反省科層化的醫療組織對精神病人治療上的無能。例如Erving Goffman（1961）以全控機構（total institution）這個概念[2]，描寫精神病院對精神病人的自我剝奪與道德生涯的影響，在全控機構中病人無法發展出一個全新的自我，回歸於社會中。Bernard J. Gallagher III也指出醫院中儀式化的形成規定造成的迷思，使病人與專業的醫護人員互動很少，專業的醫護人員大多執行行政功能，而非照顧病人（1995：

2　全控機構的概念，是Goffman（1961：6）分析庇護所（asylum）的一種理念型（ideal type）。全控機構具有四種特性：（1）、所有的生活面向都在同一個地方，並在單一的權威管理系統下進行。（2）、全控機構的成員每天生活的活動都必須與他人一起完成，他們受到同樣的對待，一起做同樣的事。（3）、每天生活的所有時段都有嚴格的時間表，所有的活動受制於明確正式的規則系統與管理人員的安排。（4）、各種實踐的活動，都被納入一個具有目的、合理的計畫中，以便能充分達成機構的預定目標。

373-374）。Alistair Donald指出美國醫院與療養院在資本控制的理性化照顧方式下，臨床的發展立基於某些規則系統，而不是對病人主觀的了解。精神醫療理性化的過程，產生了許多臨床運作的道德迷思，使得社會或心理上的受苦歷程，都只能化約成醫療的問題（2001：427-439）。

再者，針對現代醫療組織理性、效率的照顧方式的不足，1960年代開始，歐美社會出現新的一波精神醫療「去機構化」運動（deinstitutionalization）。然而，一些研究都指出，精神病人回歸社區的運動，在具有高度現代性發展的理性社會中的實踐仍有一定的困難度。例如在美國高度競爭的社會，講求的是高度個人的理性、自我決策和自我控制，而精神病人被視為缺乏自我控制、高度依賴的一群人。所以當精神病人和社區居民社會距離越近時，社區居民反對的態度就越強烈(Wilmoth et al. 1987)。從州立精神疾病院被釋放出的病人，因為社區沒有好的收容系統，而成為被社區所拒絕的一群人(Aviram and Segal 1973)。另一方面，因去機構化計畫之前沒有充分了解當地的社會文化因素，也造成去機構化的失敗(Jimenez 1988)。

(二)傳統文化與現代精神醫學的交會

針對上述精神醫學發展過程中面對精神病人治療或處置上的不足，以及在西方高度現代性發展的理性社會中精神病人的不利處境，逐漸有一些立基於非西方世界的研究，指出文化因素的重要性，並藉此反省精神醫學放諸四海皆準的標準與治療方式。「精神疾病」的意涵，具有文化的差異嗎？社會文化因素如何影響精神醫療的診斷、發病表現的方式、以及疾病歷程？每個社會對「正常」

與「不正常」有不同定義，做爲「基本的文化分類架構」，又是如何影響不同社群成員對精神病人的看待與理解方式？換句話說，這些研究將精神疾病擺回社會文化脈絡，來尋找適當的理解。事實上，在大部分原住民的社會，精神醫學知識很少成爲他們解釋疾病、異常行爲的來源。在部落社會中，對待精神疾病的病因源、疾病症狀的呈現方式、癒後與治療，都非常不同於西方世界或具有相當現代性的社會。因此在研究精神失序者病痛的受苦經驗，以及思考其緩解之道時，我們必須考慮原住民當地特殊的文化。

首先，許多研究強調我們對疾病經驗的理解，不能脫離個人所屬的群體脈絡。Kleinman曾區分疾病（disease）與病痛（illness）兩個不同的概念，藉此批判實證醫學過度重視生物面向的盲點。「病痛」指的是病人和家屬或更廣大的社會網絡對身體症狀如何理會、共存與反應，病痛經驗涉及對身體作用的評估（1988a：3-18）。Good透過語意網絡（semantic network）的分析，也指出疾病不能僅僅被當作症狀來了解，它是特定經驗的組合，包括在社會互動與意義網絡所結合的一組經驗。亦即我們要能理解病痛的歷程，必須進入病人與家屬的社會脈絡與文化意義（1994：88-115）。

根據在一些民族誌的記載描述，許多非西方部落社會，都是以擬人論或超自然論來解釋與說明精神疾病。因此，精神疾病的症候群，並不能脫離個人所屬的群體來理解（Foster and Anderson 1992[1978]：123-126）。在西方醫學中，一些幻聽、幻覺等徵狀，對精神疾病診斷有重要意義，可是在傳統部落社會中，這些因素的作用是有限的。此外，原住民社會強調共享、彼此相互依賴的價值，而許多現代社會則是以分工、個人主義的價值爲主。以西方社會的標準來診斷原住民社會，即容易出現誤診的情形。人類學家

Theresa DeLeane O'Nell分析北美印地安Flathead族的高比例憂鬱症現象，她的研究指出精神醫學「憂鬱症」的診斷對理解印地安人的不足之處。就Flathead族而言，所謂情緒、情感的表達，都必須鑲嵌在人與人的關係邏輯中。如果在原住民研究中未經檢視地使用DSM的標準，這種醫療化的過程會把原住民社會對正常的定義病理化，或者將人類深層的痛苦零碎化。O'Nell強調人類學家與其他研究者雖然可以使用DSM做為跨文化研究的基礎，但是研究者要有批判的眼光，去評估DSM標準的文化相關性，努力偵測那些也許沒有含括在DSM中的徵兆與徵狀，而精神醫學的專業發展更應該向詮釋取徑的認識論靠攏(1996：184-207)。

其次，某些特定症狀事實上反映個人所屬的獨特文化，精神醫學的研究也指出了一些特殊文化症候(cultural-syndrome)的精神疾病。精神科醫師出身的人類學家Kleinman針對台灣、美國和中國進行跨文化的憂鬱症(depression)研究，發現文化和憂鬱症之間的密切關係。在西方世界被診斷為憂鬱症的患者，在中國則以精神衰弱的診斷出現。非西方病人在抱怨病痛時，也多傾向以身體症狀來表現，而不會直接陳述心理的疾病。Kleinman認為，精神疾病的病痛描述、症狀和情緒的說詞，以及正常、異常的判斷等，都和文化息息相關(1986：429)。此外，近來一些人類學、社會學的研究，指出精神疾病的症狀會受每個文化的習俗所形塑(Kleinman 1986)。精神科醫師林憲的研究，也指出了一些中國文化所特有的精神疾病，如邪病、縮陽症、畏寒症等(1990：58-77)。事實上，這些文化為基礎的徵兆，可以視為人類回應苦難的一種特殊的文化表達方式。

最後，關於疾病經驗及特定症候與文化、社會群體脈絡密切相關的研究，對於治療精神病痛受苦的方案，具有重大意涵。理想的

治療，必須涵蓋社會、文化的力量。1976年世界衛生組織針對九個國家的精神分裂症患者，執行長達兩年的研究計畫，顯示北美、歐洲的個案癒後最差。研究者認為精神分裂症的臨床歷程很少與先天失序有關，更多是關連到環境、或是社會心理因素與個人及疾病的互動結果（Desjarlais 1995：42）。近來有一些研究，從跨文化的精神疾病研究出發，也發現相較於工業社會，非工業社會中精神分裂症持續的時間較短，疾病歷程較好，結果也較佳（Castillo 1997：3-4）。例如在許多小規模社會，透過公共的治療儀式，家庭、朋友、社區的成員都參與在精神病人的治療儀式中，於是間接地促成了一個彼此整合的功能，強化了人際間的連結網絡。在這個過程中，家庭更扮演了照顧病人的關鍵角色，使得相較於西方社會，生活在傳統、非西方社會的精神病人，比較容易治癒，疾病歷程也較短。在西方社會精神病人往往會被社會所隔離，並沒有任何人際網絡間的整合功能。在這種社會中，精神分裂症被當成一種臨床的、再發的疾病，而患者在長期生病的歷程中，由於人際網絡整合功能的缺乏而產生相當不好的癒後（Helman 1994：275-276）。

　　就原住民的精神失序情形而言，原住民的治療方式涵蓋了親族網絡，而不是只依靠個別的治療者（Saggers and Gray 1991：50）。Laurence J. Kirmayer等人也指出，許多原住民文化是以社會為中心，自我不是孤立的存在，而是被定義為關係性的，因此家庭連結與社區的關係相當重要。此外，原住民社區有獨特的文化，並不適用精神醫療健康照顧與預防計畫。他指出一些心理治療與健康計畫，經常假定個人主義與自我有效性的價值，這並不適用於傳統原住民的文化價值（2000：614）。Pat Swan and Beverley Raphael（1995）則提倡，對原住民有效的心理健康計畫，必須容許他們對政

策與計畫有某種自決權。Kleinman也認為，病人和治療必須放在文化脈絡才具有意義，研究者應該致力理解醫學、精神疾病和文化之間的關係(1980：ix)。因此Kleinman提出文化療癒(cultural healing)的概念，並重視治療的社會面向。治療不僅只是依賴生物性或藥學的方式，還包括了語言、儀式與文化象徵的操作(1980：360-374)。

　　透過上述針對原住民社會的跨文化研究，可以發現每個社會對不正常的歸因、精神疾病所表現的症狀、尋求治癒的途徑等，都是豐富、多元、複雜的。我們必須將這些多重的變項，回歸到當地的文化脈絡來檢驗，才能更深層地了解「精神疾病」所指稱的意涵，也才能針對原住民日益嚴重心理健康的問題，提出可能緩解其受苦的適當方向。這樣的工作，有賴研究者深入田野，理解病患的生活世界及其病痛經驗的文化與群體脈絡。

　　上述精神疾病跨「文化」的研究，對我們理解達悟特殊的精神失序現象與可能的緩解病痛受苦的方向，深具啟發。但是以文化角度分析非西方世界的精神失序現象，我認為有兩點必須特別注意：

　　第一，必須避免過度的文化「本質性」假設。上述跨文化心理健康議題的研究，都指出原住民部落理解與對待精神疾病的患者，有文化的特殊性。不過，這些以人類學為主的跨文化研究，普遍都較缺乏社會變遷角度的分析。在「現代」與原住民「傳統」文化的二分架構下，「文化」彷彿處於靜止的真空中，而不是經歷一個逐漸改變的過程。事實上，社會變遷的各種力量，正逐步改變所謂原住民的傳統文化。某些表面上看起來為傳統文化的展現，事實上在當代部落生活中的意義與作用，已不同於過往。以現代精神醫學為例，它已改變達悟社群對待這群被診斷為精神患者的認知與對待方式。他們的「傳統文化」與外來的現代精神醫學持續地互動，而這

種互動對精神失序者疾病經驗與生活世界深具影響。當我們強調文化因素對於精神失序者治療方針的重要性時，必須意識到當代原住民的文化本身處在劇烈變動過程中，文化角度的分析，並不能忽略社會變遷的作用。本書研究的第一部，重點即在於長遠的社會變遷對達悟傳統社會文化的影響，以及達悟人精神失序現象的關係。

第二，以文化角度的分析，必須避免過度的文化「同質性」假設。上述研究大多強調理解原住民特殊文化對於現代精神醫學治療方針有其重要性，但很少釐清原住民傳統文化不同的內涵可能具有不同的作用。原住民的傳統文化具有各種異質要素，對於精神失序者舒緩疾病的苦痛，其作用也許有正向、有負向。我們必須追問：原住民傳統文化的哪一部分有助於舒緩精神失序者的受苦？哪些原住民的傳統文化，阻礙了現代醫學可能的積極貢獻？達悟人高比例的精神失序現象，不僅反映了發病過程的特殊性，也反映了病發後處置與治療方式的特殊性。這兩方面的特殊性，都呈現原住民傳統文化處在現代社會變遷中的困境與複雜的關係。如果精神疾病納入醫療化處理仍有其限制，那麼在有效緩解少數族群面對精神疾病帶來的苦難上，達悟傳統文化、基督宗教與現代精神醫學該如何尋找各自適當的定位，並各自做出貢獻，而非互相削弱彼此可能的積極作用？要回答這些問題，誠然不易。但是面對田野中必須直接觸碰與觀看他人的病痛受苦經驗時，任何研究者恐怕都不得不面對這種挑戰。本書研究的第二部，重點則在於釐清達悟傳統文化、基督宗教與現代精神醫學三者在精神失序者的疾病歷程與病痛經驗中的不同地位與作用，同時分析變遷中的達悟部落社會及其留存的傳統對精神失序者的有利與不利影響。

第一部
達悟精神失序的社會根源

本書將達悟族精神失序現象視為當代少數族群面對現代性衝擊，所產生的一種多重社會受苦經驗。第三、四、五章構成的第一部，在方法上以紮根式的民族誌，進入生命敘事探究其個人主觀的感受，輔以歷史文獻觀照變遷中的生存處境，以理解達悟人精神失序的歷史、社會根源。

透過「紮根式的民族誌」，我針對田野中不同行動者(包括：不同世代的達悟人、精神失序者與家人等等)，進行比較、分析，提煉出「遷移台灣經驗」、「家庭功能失調」、「酗酒、失業與認同混亂」等三個影響當代達悟人精神失序的重要面向，分別在三、四、五章進行深入分析，藉此探究蘭嶼達悟族精神失序的社會根源，並掌握此現象形成的歷史過程。

綜合第一部的分析，我們可以清楚認識到達悟族獨特的高比例精神失序，是他們無法自主地被捲入現代社會發展並且遭受快速社會變遷的歷史結果。達悟人精神失序現象所集中的青壯世代，他們被迫遷徙台灣謀生所面臨的生活困境與心理挫折，與普遍發生的精神失序有密切關係。同時那些精神失序者的家庭，充滿離婚、失業、酗酒、家庭暴力、意外死亡、自殺等情況，顯示社會變遷的衝擊，也造成傳統社會組織與規範式微的迷亂現象。生計經濟走向貨幣經濟、青壯人口遷移台灣帶來的夫妻分離、隔代教養問題、家屋改建帶來沈重的經濟壓力造成家庭功能失調，與個人在社會變遷中的適應不良互為惡性循環。對達悟人構成新污名的所謂「酗酒」行為，和精神失序現象類似，都是上述長遠歷史過程所造成的社會受苦之展現，尤其與青壯世代的精神失序之社會歷程密切相關。

第三章
現代性、遷移與精神失序

蘭嶼很多年輕人在台灣猝死啊！打架互相砍殺的，被打的很多，他們在台灣都死得很慘。他那個靈魂四處遊盪，那然後呢？他就看到他以前的同伴，在台灣還在喝酒，他會跟他們喝酒，靈會跟他們喝，然後他會進入他們的身體，就是被鬼附身，就是自己同鄉死去的冤魂附身，也可能是被嚇到的，不管是真的看到鬼魂也好，還是被鬼附身也好，所以好多人都是在台灣發了神經才回來的。
（78歲達悟老人 Sypan M）

我國中畢業就去台灣了，我最大的壓力來自於為什麼要強迫自己面對這樣變態、冷漠的環境。有時候我會站在比較主流的社會價值觀去看待我的族群、會去做比較。可是有時候，我又會站在我自己的族群上，為什麼我要去順應整個社會，我真的覺得我們島上的人會越來越好嗎？我常常會在這樣的矛盾，去思考很多問題，覺得說我們教育水準不夠，會跟不上；要不就是我們懶、我們不用功、不努力，可是反過來想一想，我們真的需要這樣的追求嗎？完全不同的文化，是很矛盾的。妳知道嗎？我想更好，但是我要更好的結果，只會讓我覺得越偏離自己的母體文化，那種感覺是很奇怪的。
（34歲，達悟年輕人，小學老師）

一、前言

2000年3月4日，我第一次到蘭嶼。從台中出發，坐了五個多鐘頭的火車，抵達台東新站。一出車站門口，便見到一長排的計程車陣。我問了一下價格，從火車站到機場，不到10分鐘的車程，一律要價300元。當時有一輛已經載客的計程車，正要離去。我馬上試著攔下，心想這樣可以趕快擺脫那些計程車陣的糾纏。突然之間，一個看似「大哥」的人物從一旁衝了出來叫囂著：「如果你敢載我們的客人，我就要你死得很難看。」面對這樣的情境，我只有自行走路到機場。到了蘭嶼，我向來接我的Syaman H談到一路所經歷的交通狀況，他生氣地告訴我：

> 計程車還是敲小筆的，航空公司更是敲竹槓。有次我妹妹
> 開學了急著要回台灣讀書，結果直升機人沒坐滿，就要求
> 一個人要付雙趟的錢，從蘭嶼到台東一個人一趟5600元。
> 我們去反映也沒用，航空公司還說：這是一條賠錢的航
> 線，要不然就停掉，就吃定我們了。（2000-1B-2）

Syaman H的抱怨不是特例。長期以來，當地的居民對交通問題，一直相當不滿。1968年開元港開設，蘭嶼輪始航，1969年小飛機定期飛航蘭嶼與台東之間。交通的改善，加深蘭嶼對外界的依賴，卻未必使達悟人迅速走向一個更好的生存環境。往後的田野過程中，我深切體會到達悟人來台的艱辛。除了交通費非常昂貴外[1]，

---

[1] 以2007年的飛機票價為例，台北到台東單程2,060元，台中到台東單程

相較本島原住民回家的過程，台灣到蘭嶼的路途必須承擔更多不確定的因素。有時遇到氣流不穩，坐在小飛機上有如雲霄飛車般驚險。或者，遇到氣候不佳，小飛機停飛，在機場耗費好幾天等待補位，夜宿台東或滯留於蘭嶼好幾天飛不出去，21世紀初這些達悟人司空見慣的生活經驗，體現了他們進入現代社會的窘境[2]。

1995年6月5日《聯合報》報導達悟青壯世代遷移台灣經驗與島內精神疾病比例增高的關連，有以下的描述：

> 蘭恩基金會總幹事林茂安說，這些「發瘋」的達悟（雅美）人，有一些共同的特徵：他們都很年輕，而且都是去台灣本島工作過一段時間後，回來就成了精神病患。…蘭嶼青年施明發說：當初期望太高，失望也大，而異鄉遊子無親無故，家又在海的那一邊，一切都要靠自己，此時若加上環境的刺激，當然會有可能變成精神病。那麼，問題回到根本，達悟孩子為什麼非去台灣工作不可？鄉長廖班佳的

（續）

2,334元。台東到蘭嶼，19人座的小飛機單程1,408元，輪船則是900元。所以一趟台北到蘭嶼飛機往返的票價是6,936元，台中到蘭嶼往返的票價是7,484元。1997年5月到2000年之間，曾有直升機飛往蘭嶼，有8-12個座位，單程2,800元，現已停飛。Syaman H的妹妹需繳雙倍的錢，是因為過年包機的班機，乘客沒坐滿。現在的直升機飛往蘭嶼以時間計費，一小時100,000元，屬包機式。目前台東富岡港往蘭嶼的客輪較不固定，必須事先洽詢，票價也比往綠島貴（全票單程1,000元、來回2,000元）。資料來源：松山機場國內線核定票價 http://www.tsa.gov.tw/2005tax/chinese/c_ticket.htm，查詢時間：2007年5月14日。

2　2007年1月3日台東縣政府為提供長期以來蘭嶼鄉民滯留台東期間的不便，正式成立「台東蘭嶼服務中心」，中心位於勞工育樂中心後方，距離機場大約5分鐘車程。中心共有客廳、衛浴設備、兩個房間、大型冷凍櫃，每個房間分上下舖各24床。

話一針見血：蘭嶼根本沒有工作機會。（聯合報1995/6/5）

　　上述報導指出一個事實：從1972年第一屆蘭嶼國中九年義務教育的學生畢業後，大多數達悟年輕人在15、16歲國中畢業後，必須來台求學、工作。蘭嶼特殊的地理位置，交通不便，來回交通費的開銷，加上隻身在台缺乏家庭支持、工作情境惡劣，誘發了年輕人罹患精神失序的可能。在往後逐漸深入的田野調查中，我也漸漸理解到：達悟人高比例而獨特的精神失序現象，是他們身爲一個孤立小島上的少數族群，別無選擇地被捲入現代社會發展的歷史過程所造成的結果。在這個難以迴避、因而無可奈何的變遷過程中，達悟人因爲相對於台灣本島與漢人社會的邊緣少數族群身分，經常充滿進退失據的困窘與挫折。達悟人的這種集體困境，集中呈現在目前25到60歲之間的青壯人口身上，事實上他們就是晚近精神失序發病所集中的世代，也是達悟人開始接受現代教育的第一代。他們爲了維持自己與家庭的生計，幾無例外地必須來到台灣本島求學或謀職。上述計程車與小航機的問題，具體而微地反映他們不得不來往遷移於蘭嶼與本島之間所經歷的痛苦；而這種交通問題，只是他們所普遍遭遇的種種困窘與挫折的一小部分而已。就像我的兩位受訪者所說的：

> 妳從小到大就知道在蘭嶼的另一個地方，是比這裡資源更多。妳就會想說嚮往要去台灣，學更多的東西，找更好的工作。（33歲，達悟年輕人2003-4A-9）

> 每一個蘭嶼的年輕人都想飛到他的夢想——台灣，可是飛

的過程有人會掉到海裡去，有人翅膀會斷掉，有人會殘
廢，像我們這裡就有啊，工地工作掉下來腳受傷，結果回
來。回來他娶不到老婆，沒有人願意嫁給他，他也沒有辦
法去海裡捕魚，這個就嚴重啦！喝悶酒啊，久了就酒精中
毒啊！（前蘭恩基金會執行長黃道明2003-3A-12）

　　本章的目的，在於探討蘭嶼達悟人的遷移經驗與高比例精神失
序的關係，並藉此反省1990年代之後，基因研究取徑與原住民健康
議題之間選擇性親近關係的限制。本章主要論點認為：達悟青壯人
口被迫來往遷移於蘭嶼與本島之間謀求生計，是這個離島少數族群
某種集體的社會「脫序」的重要面向。這種原本與外界相當隔絕而
孤立的少數族群社會脫序，是無可選擇地被捲入現代社會發展的結
果。在平均年齡15、16歲，沒有父母陪伴隻身離開原鄉，來到以漢
人為主的台灣社會求學工作的艱辛過程中，他們所遭受的種種困境
與挫折，與他們這個世代的高比例精神失序之間，有極密切的關
係。根據我的田野資料，半數以上蘭嶼衛生所登記為精神疾病的個
案，首度出現不正常徵兆的地點都是在台灣，而非蘭嶼。這個世代
由於遷移經驗而來的身心創傷，超越了個別成員各自不同的個人遭
遇，而具有某種清楚的「集體性」。這種集體性，來自於開始接受
現代教育的世代所必須面對的共同命運。他們的原鄉蘭嶼經歷快速
的社會變遷，而達悟人的特殊歷史經驗與文化傳統，則形塑、甚至
加深青壯世代在遷移台灣過程中的困境與創傷。

　　英語世界有關遷移與心理健康的研究，最早是以美國社會為
主，分析不同移民文化衝突與調適的社會心理問題。在同化主義的
架構下，早期Robert E. Park（1928）、Everett V. Stonequist（1937）將

同化視爲一自然過程，認爲移民最終會同化至美國社會的大熔爐中。如Park邊緣人(marginal man)的概念，即描述移民無法融入主流社會，長期遭受文化衝突與認同危機所導致的負面邊際人格。1960年代之後同化主義的觀點受到質疑，強調不同族群間在美國移民社會彼此的異質性，認爲不同族群的移民者會再製族群與文化內涵，而非成爲美國化的犧牲者。不過這些論述的關懷對象，主要是跨國移民與其後代，而非往返於都會區和保留區的印地安人。事實上，原住民被迫遷移的歷史過程往往迥異於上述討論對象，一些研究者因此特別指出，我們必須敏感到原住民獨特的歷史社會文化脈絡所產生的心理健康問題(O'Nell 1996；Kleinman 1988:11)。

在1990年代後的台灣，由於全球化與跨國遷移的熱潮，有關外籍勞工、外籍配偶、偷渡客的討論增多，如：夏曉鵑(2000)、藍佩嘉(2002)、趙彥寧(2004)等等。這些研究觸及了移民社會學中有關國族想像、性別認同、社會不平等的議題，提供我們了解台灣新移民可貴的參照，並有助於我們重新思索台灣族群關係的內涵。然而，相較於社會學界對這股「新」移民潮的高度關注，原住民青壯世代城鄉遷移的經驗、外勞引進後對原住民社會的衝擊，以及急速社會變遷下產生的家庭功能弱化、傳統社會文化規範解組，進而出現精神失序現象，這些當代台灣原住民生存持續惡化的「舊」族群議題，則較少受到晚近社會學界的青睞。

過去有關台灣原住民遷移與心理健康的研究，主要在「都市原住民」的概念下，指出1960年代之後，台灣各族原住民因生計經濟型態改變，在工業化的過程中，從原鄉遷移至台灣各城市，都市原住民面臨文化衝擊、城鄉差距、弱勢族群身分三項主要社會心理適應癥結(傅仰止2001；林金泡1981，1996)。人類學家李亦園(1978)

也指出，遷移平地的原住民職業多屬工人階級、收入低水準、人際關係孤立，並因此推測遷移城市的原住民容易有較高的精神官能症。這些討論，大多並不是針對特定族群，把不同原住民統歸於「都市原住民」的類屬，容易忽視各族不同的遷移經驗與文化差異。

　　許木柱、鄭泰安(1991)曾比較泰雅族與阿美族的個案，指出泰雅人由於受到強迫遷村及年輕人大量外流的結果，導致傳統的社會組織崩潰，減低了對成員的社會心理支持。相對地，阿美族的伸展家庭型態與強調人際合作的特性，對族人的健康所提供的支持強度明顯不同。他們兩人的研究提醒我們必須注意到，不同族群的社會組織、家庭型態與文化特質等，都可能會影響精神失序發病的可能性。這樣的研究結果，也回應一些英語世界的實證研究發現，亦即遷移並不必然會誘發精神失序。國家政策、社會支持網絡、家庭結構、文化衝突的處理方式等，才是決定移民者精神失序的關鍵因素(AI-Issa and Tousignant 1997；Portes and Rumbant 1996；Kitano 1969等)。

　　站在上述研究的成果上，如果我們進一步參照其他原住民經驗，那麼可以發現，原住民因生計經濟型態的改變必須遷移都市工作，容易出現相關心理問題。因此，從長期歷史變遷的分析角度，對於理解達悟人高比例精神失序的特殊現象，尤為重要。

　　根據2005年2月蘭嶼鄉各村里住戶人口統計資料，蘭嶼島上居民3659人。留在島上的人口只剩約1,000多人左右，外移的人口已從1970年代的四成多，增加為六成。我主要分析的對象，為晚近達悟人精神失序發病所集中的25到60歲，即開始接受現代教育的青壯世代。本章將達悟人高比例精神失序視為一種社會受苦，分析焦點

爲青壯世代遷移來台的特殊歷史際遇與多重受挫經驗。第一部主要
探討相較於本島其他原住民，達悟人遷移過程的歷史特殊性。第二
部分析遷移來台的達悟年輕人所面臨的各種工作、求學、生活的困
境。根據我的田野調查，衛生所登記的個案半數以上在台灣發病。
究竟他們來台工作或求學遇到什麼挫折？這些挫折是否與少數族群
不利的社經結構有關？在族群接觸過程中，他們所承載的達悟傳統
文化特質在漢人爲主的台灣社會產生什麼衝突？本章將指出傳統／
現代的夾心餅乾壓力，讓這些國小、國中畢業後直接來台的達悟年
輕人，必須不斷遊移於台灣與原鄉之間。這些低學歷的年輕人在台
灣向上流動的管道受阻，加上達悟傳統文化強調個人成就，使他們
處在無法掙脫的雙重束縛中。達悟人口在台灣屬於少數，且散居各
地，奠基於傳統部落zipos血緣關係所形成的人際網絡已明顯弱
化，使得15、16歲隻身來台的年輕人，在無依無靠的情形下容易出
現失序的徵兆。

二、達悟族遷移台灣的歷史特殊性

分析田野中51個精神失序者最初遷移台灣的動機，有44人是爲
了工作，有7人是爲了求學。對於這些來台求學工作的達悟青壯世
代而言，台灣代表追求現代性下美好生活的一個標竿。仔細分析他
們遷移來台的理由，我們可以發現，這些看似個人的因素，背後呈
現的是一個少數族群在社會變遷下被迫遷移的結果。因此，我們有
必要把這個現象放入歷史脈絡來分析，才可釐清相較於本島其他的
原住民族，這些接受現代教育的達悟人遷移經驗的歷史特殊性。

第一階段：日據時期（1895-1945）

居住蘭嶼島上的達悟族，因地處海上的孤島，發展出特有的漁撈經濟。傳統經濟主要以耕種山芋、水芋等自給的生計經濟為主。1895年中日甲午戰爭之後，蘭嶼隨同台、澎割讓給日本。當時日人認為蘭嶼無開發價值，並以保障學術研究為理由，將蘭嶼特意封閉為日本人類學家研究的後花園。相較本島其他族原住民，日人的閉關政策使得蘭嶼較少受到外力干預，仍維持著較為傳統的生活方式。1918年日人在蘭嶼設立交易所，隸屬台東縣警察協會，由當地警察管理，交易方式主要是以物易物的方式（李亦園等1990: 286）。

地處離島的達悟（雅美）族，接受漢人傳入的新文化極少，相較本島原住民，涵化程度與生產力都很低，收入也最少，在教育、交際、衛生、娛樂的支出近乎於零，是當時台灣原住民生活水準最低的一族。此外，由當時各原住民的自給率與消費狀況，也可以看到蘭嶼達悟族比其他原住民族更孤立的情況。根據王人英的研究，以1933年為例，原住民其他各族的自給率大約在84%到91%之間，而達悟（雅美）族則高達99.19%，將近百分之百。王人英因此指出，「可見Yami族社會十分孤立，涵化程度最淺，社會文化接觸對經濟生活改變的影響最少」（1967：155-156）。

第二階段：中華民國政府來台初期（1945-1960）

台灣光復之初，原住民的社會經濟運作情況大體上仍屬於封閉系統。1950年代，政府推動的三大運動，如：「山地人民生活改進運動辦法」、「獎勵山地實行定耕農業辦法」和「山地保留地管理辦法」，才逐漸與大社會有較密切的接觸。但前兩個運動與蘭嶼關

連不大，生活改進運動因缺少實質動作而停留在意識型態的宣告；定耕政策因不符合蘭嶼生活習慣，以及定耕作物無法納入台灣市場體系而無成效。山地保留地管理辦法則在經濟整合目標掩護下，合法而片面地讓政府各部門在蘭嶼的聚落空間中進行改造（李亦園等1990：168）。

1958年台灣省民政廳開始實施山地保留地地籍測量與調查，這是台灣原住民社會真正因外來力量引起較基礎性的變遷，加上國內工商業開始有重大改變，因此市場經濟的觀念開始影響原住民（黃應貴1975；李亦園1978：18）。由於外來力量作用不同，也造成各原住民的變遷過程有所差異。從日據時期到中華民國政府來台初期，台灣各族原住民已經開始有小型的商業交易行為。但是，對生活在隔絕小島的達悟人而言，貨幣、交易等商業知識，卻是低度開發的狀況。鮑克蘭指出當時的社會經濟狀況：

> 原始的社會，有其特殊的經濟制度，與我們現行的經濟制度迥不相同。其最大的特色為沒有貨幣，不以貨幣為交易的媒介和價值衡量的標準。……直到最近為止（筆者註：當時為1959年），雅美人尚不知道使用貨幣。他們獲得一些銀幣，即用來做飾物，或融化之而打做成銀盔。當他們與巴丹島交往時，他們始以豬、山羊和山蔗與巴丹島人交換金子。（1959：185）

在日據時期與中華民國政府來台初期，相較於本島其他原住民族，達悟人與漢人社會接觸極少，經濟型態仍維持自給自足的生計經濟。對外的交通極不便利，島內的環島公路尚未接通，整個島仍

過著無水電的單純生活。

第三階段：快速變遷期（1960中期之後）

　　從達悟族的歷史發展過程來看，我們可以發現1960年代以前，達悟人仍處於一個自給自足、較為孤立的社會。1960年代中期之後，各種外力進入，蘭嶼門戶大開，整個社會結構在極短的時間內經歷前所未有的改變，這也推動了光復後出生的達悟青壯世代開始大規模遷移台灣。對於我們理解晚近達悟族高比例精神失序的現象，這是一個值得注意的關鍵時期。我們必須分析這段歷史變遷過程的特殊性，才可以釐清這些接受現代教育遷移台灣的達悟人，所承受的心理壓力何以如此巨大。

　　1960年代，市場經濟模式逐漸進入原住民部落，完全封閉的自主經濟早已不存在。黃應貴從一些個案研究中指出，（本島）高山族社會中，市場經濟絕非突然發生。事實上，農產品的商業化等，在日據時代已開始，雖然比例很小，但並非絕無影響。尤其日人推廣的水稻種植本身，更影響了私有權觀念乃至最大利潤追求態度的建立（黃應貴1982：115-116）。由於前兩個時期蘭嶼維持的封閉性，使得達悟人比其他本島原住民更欠缺對資本主義市場經濟的學習。1967年外來民間資本以「觀光業」形式進入蘭嶼，1968年機輪船通航、開放觀光以及引入外來資本，打開了蘭嶼的門戶，從1960-1970年代開始，短短的三、四十年，整個島經歷快速的變遷。原本在前兩個時期與外界隔絕的蘭嶼，受到台灣經濟體制的牽絆，開始納入「商品交易」與「市場經濟」的依賴關係中。貨幣所帶動的商品消費習慣也開始滲透到傳統的部落社會，這些原本靠海為生的達悟人逐漸進入資本主義的市場經濟成為薪資受雇人。

　　從1960年代開始，台灣一些本島原住民陸續遷入都市。原住民在1960年代後期到1970年代初期，開始大量前往都市地區，主要可歸諸兩個因素：省民政廳1958年起開始測量、調查山地保留地的地籍，使原住民對土地私有權的概念有了新的認識。1960年代左右平地工商業有重大轉機，工廠的勞工需求量大增（黃應貴 1975，1982；李亦園1978：718）。整體而言，山地農業的式微、貨幣與市場經濟的介入、台灣經濟起飛夾帶的就業機會，以及消費習慣進入部落社會等，都促使新一代的原住民對都市充滿嚮往。

　　在外在大環境的衝擊下，這股外移的現象也同時影響離島的達悟人。達悟人遷移到台灣的歷史並不長，主要從1960-1970年代開始，受到內推外拉兩股結構的力量。一方面，1960年代中期以後，台灣經濟結構轉型產生拉力，亦即台灣經濟朝向出口導向，新興的勞力密集製造業亟需大量勞動力投入（傅仰止2001：2）。另一方面，1960年代中期，達悟人開始面臨人口增加[3]，傳統生計不足應付的困境。1970年代開放觀光、外來資本進入，在貨幣經濟衝擊下，達悟社會逐漸遠離傳統自給自足的生產方式。觀光、外來資本，造就了當地少數的就業機會，但是觀光事業的經營大多掌握在漢人手裡，大多數達悟人既缺乏大資本的投資，也沒有經營技術。外來資本在蘭嶼當地所創造的，只是低收入的服務工作（如侍者、

3　蘭嶼在1942年前是屬於傳統生活期，人口大致呈穩定狀態。除了1916年發生痲瘋症和1921年赤痢大流行，導致人口顯著滑落外，人口大致保持在1,600人上下。1946年光復後至1958年的恢復期，達悟（雅美）族人在傳統的生活方式下，人口顯著的成長，逐漸恢復到二次大戰前的人口數量。從1960年代開始，達悟族社會文化正逐漸遭受空前的衝擊，人口結構亦在此時呈現前所未有的改變，1960年代人口增至1,982人（李亦園等1990：269-270）。

服務生、腳伕、店員等），並沒有真正提供達悟族充分的就業機會。根據蘭嶼戶政事務所1989年的統計資料，蘭嶼鄉就業人口95%以上是屬於自營作業者和無酬家屬工作者，亦即除了小部分經營獲利低的商店外，大部分仍從事傳統的漁、耕等維生方式。至於受僱於他人以換取貨幣者，比例很小（李亦園等1990：385）。簡言之，蘭嶼島上受到各種外力的衝擊，傳統生計經濟逐漸式微，加上缺乏適當的就業機會，因此加速青壯世代外移到台灣，出賣勞動力以換取生活所需。

　　一些移民相關研究，都指出移民如何透過資本與人脈累積，在移居地的社會經濟體系中向上流動。例如移民文獻中強調少數族裔移民群企業叢（ethnic enclave economy）的重要性。這種企業叢不但能夠吸收新近移民勞力，使新來移民容易在移居地社會就業，免於受到主流社會就業市場各種制度的約束繫絆，當移民進入本族裔的企業叢後，更能在資本、技術、社會網絡等各種資源上彼此協助，方便在職業位階上求進一步的發展機會。另外在同族裔的企業內就業，可以免於族群偏見和其他歧視因素，而由比較熟悉的網絡管道爬升（Portes and Manning 1984; Wilson and Martin 1978）。至於25-60歲具有來台謀生經驗的達悟人，受限於少數族群與第一代移民的身分，普遍缺乏資金、技術、社會網絡等條件。1990年代之前，這些達悟移民很難形成少數族裔移民群企業叢，爭取集體向上流動的可能。柯志明（1993）對五分埔成衣製造業者的研究發現，這些五分埔成衣業者大多來自農村移民，早在他們遷移都市前，台灣的農村早已高度商品化，出身農家的移民其實累積了相當多的市場經驗，有助於適應都市的市場經濟，並有可能創造向上流動的空間。相較於早期台灣農民移居都市之前所具備向上流動的市場條件，達悟人也

不具備。這群1960年代中期之後開始遷移來台的第一代達悟人多數受錮於社會、經濟的不利位置，很少有往上流動的機會 [4]，這些結構性的限制與不利的處境都加深他們的挫折與衝突。

三、遷移、世代與認同轉變

1968年政府把國民義務教育延長爲九年。1969年蘭嶼國中在紅頭試辦，次年在椰油正式設校，規定全體學生一律住宿。蘭嶼衛生所登記的精神疾病患者，大多是國民政府統治後出生的青壯世代，他們大多經歷國中集體住校的生活，國家教育所宣揚復興中華文化的漢化教材，無形中強化台灣社會進步、富裕的印象。現代教育的訓練也使得年輕一代逐漸遠離傳統的生計技術，培養進入台灣勞力市場的基本能力。在缺乏就業機會與升學管道的情況下 [5]，15、16歲遠離父母隻身來台工作或求學，也成爲開始接受現代教育的達悟青壯世代共同的命運。

根據蘭嶼衛生所的病歷紀錄，以及我的田野資料，目前被收案爲精神疾病的達悟人，只有三位60歲以上的老人（一位於2004年逝世），是在日據時期受教育與成長。近二、三十年達悟人高比例的精神疾病個案，九成五以上集中在開始接受現代教育的世代。他們出生於二次大戰之後，成長期間涵蓋蘭嶼與台灣接觸尚不頻繁的階

4　直到1990年代社會多元文化、多元價值的呼聲下，開啟了一些空間，讓某些達悟族菁英擺脫底層勞動的工作模式，而有向上流動的可能性，例如：立委辦公室的主任、公視記者、西餐店的老闆娘，但這些人仍屬於極少數，分析他們的家庭結構，並未因個人的向上流動，而推動集體向上流動。

5　詳見本章第四節有關教育的討論。

段，以及蘭嶼開始受到現代性力量衝擊的階段。換句話說，這個世代是集體來台工作或求學的第一代，其成長過程經歷了社會不同價值體系與生活方式劇烈的改變。

達悟人稱「貨幣」為 "niz-pi"，原本用來指稱一些「古老而有價值的東西」，「貨幣」傳進蘭嶼之後也漸漸被達悟人認定為「現代而有價值的東西」（楊政賢1998：14）。隨著社會轉型，不同世代的達悟人，受到貨幣經濟影響程度的不同，遷移台灣的模式也不盡相同。我將這些被納入衛生所收案的個案，劃分為老、中、青三代，分析比較這三個世代的遷移模式與社會經濟結構轉型的關係（表3-1）[6]。

表3-1　三個世代的遷移模式與社會經濟結構轉型的關係

世代	年齡	精神失序者	遷移模式	社經結構與生活模式
老人世代 日據時代至民國初期出生(1946年以前出生)	60歲以上	3	在1950、1960年代陸續來台打工，零星的從事林業、造林等工作。每次來台時間都不長，通常工作一、兩個月便回蘭嶼。	→成長於蘭嶼與台灣往來尚不頻繁的年代，大多保有較為接近傳統的價值觀與生活方式。 →以傳統的達悟語為主，受過日本教育的老人，有的會說或讀簡單的日語。

6　主要以是否接受現代國民教育為主要判別。依年齡層區分現代教育的第一代、第二代，仍有稍許的誤差，例如有兩位30歲左右個案是屬於現代教育的第二代。由於誤差不大，因此仍以此做區分。

| 接受現代教育的第一代（1946-1981年出生） | 25-60歲 | 43 | 開始接受現代教育的第一代。大多國中、國小畢業後，隻身前來台灣工作或求學。1990年代前期年輕人遷移來台大多以工作為主，遷移模式是來回遷移。 | →出生於二次大戰之後，成長歷程是蘭嶼和台灣的接觸尚不頻繁的階段，橫跨到整個島開始受到現代性劇烈衝擊的階段，親身經歷了整個社會不同價值體系與生活方式的改變。→會說基本的達悟語與國語。 |
| 接受現代教育的第二代（1981年以後出生） | 25歲以下 | 5 | 接受現代教育的第二代。大多是高中畢業後來台工作，或國中畢業後，來台工作或就讀高中。 | →出生於1980年代之後，生活方式、飲食習慣等趨近於現代社會。→父母親大多接受過現代教育，因此這一代的達悟人不太會說達悟母語，也不熟悉傳統的技能。 |

（n=51）

　　不管是來台零星打工的老人家，還是開始接受現代教育的青壯世代，他們來台工作後，資本主義的貨幣邏輯便形塑了一套新的價值觀。2003年春，我隨醫師、護士訪視被診斷妄想症70歲的Sypan-Dan（No.23），當時他與太太住在山上臨時屋，他只會說傳統達悟語與日語，看到我們的來訪，高興地醫師握手，並不斷地對著我們說：「台灣錢多多」（2003-B-3）。「台灣錢多多」是他唯一會說的國語，也是橫跨這兩個不同世代對台灣共同的想像。

　　現代性社會變遷的衝擊下，達悟人的認同也明顯發生變化。青壯世代經常充滿遷移來台的壓力與渴望，有著跟不上外在世界的焦慮。48歲的陳海成（No.1），13歲國小畢業即來台灣工作，20歲因自

殺未遂被送回蘭嶼，他共有4次自殺、自殘的紀錄，精神醫學診斷
為精神分裂症。他的弟弟海一談及這一代必須來台的壓力：

> 海一：最初他(指哥哥)來台時間也不是很長，在我記憶裡
> 　　　面也不是做什麼好工作啊，不是在工廠裡面，要不
> 　　　然就是造林，砍樹啊、砍雜草啊。對於接觸台灣，
> 　　　這些就是起頭，造林是最起頭。
>
> 問：你覺不覺得你哥哥如果沒有去台灣，就安安靜靜的待
> 　　在蘭嶼，他可能就不會有問題？
>
> 海一：會，可是不出去你又會停留在那個地方，原地踏步
> 　　　喔！我們生活也不能永遠停留在那個層面，土包
> 　　　子，也希望多看一點。他那時候去台灣喔，他一定
> 　　　跟不上，腳步跟不上是一種壓力。而且，現在跟你
> 　　　同輩的都出去工作了，你留在這邊，你也會不好意
> 　　　思的。(2003-13A-3)

　　1980年代環島公路、公車、水、電等現代化設施相繼在蘭嶼完
成，電視機也逐漸成為家庭必備的用品。2000年左右的蘭嶼，幾乎
家家戶戶都有電視機。在田野訪查中，我經常看到聽不懂國語的老
人盯著螢幕哈哈大笑，或者年幼的孩子們躺在床上看電視，看電視
成為達悟人重要的休閒娛樂之一。透過電視與廣告傳送出的訊息，
無疑加深年輕人對資本主義消費習慣的嚮往。大眾媒體加上學校現
代教育的影響，推動年輕一代達悟人逐漸認同現代生活的方式、標
準與價值。表面上經濟與生計固然是達悟人遷移台灣社會的主要動
力，但背後更大的壓力來自於年輕一代對現代生活的方式、標準與

價值的肯定。對他們而言，到台灣本島去，是追求現代生活的重要途徑。這種長期社會變遷下形塑的個人認同轉變，則是加速他們遷移台灣的內在動力。

32歲的眞翎(No.15)是另一個例子。她在17歲國中畢業後，即隨同學到台中鞋廠工作。問她爲何要去台灣，她告訴我：

> 那種心情就是我們蘭嶼很無聊啊，國小到國中就這樣子，覺得鄉村很乏味，就一定要跑到外面工作。國中畢業學姐介紹，先去台中鞋廠做了一年，我就決定去台北。那時候蘭嶼也有高中，以前是成功水產職業學校，但我四個好朋友不習慣在蘭嶼，全部跑來找我，走我們一起去台北，去闖那個世界。(2003-2A-10)

眞翎28歲在台灣工作時，開始出現幻聽、抑鬱等症狀，精神醫學診斷爲情感性精神疾病。2003年初回蘭嶼養病，家鄉沒有壓力的環境，讓她病情暫時地穩定。但失業的她，卻擔心著自己的未來。她說：

> 眞翎：如果都沒有工作，就這樣無所事事，喝酒，你喜歡這樣子嗎？讓自己有工作，不要跟那些酒摻在一起，我就很希望自己有工作，就是賺錢而已，我們的生活維持就是賺錢而已！還好現在蘭嶼在海邊資源豐富，山上海邊都有菜，要不然我們吃石頭算了，哪有錢過日子。
> 問：你現在還會不會想去台灣？

真翎：會啊，煩死了。都幾個月了，你總該看看外面的世
　　　界。你每天已經看膩了，那個石頭就是在那裡。
（2003-2A-4）

　　2003年8月真翎決定來台暫住台東姊姊家，極力尋找下一個工
作機會，2006年初我在部落遇到從台灣回鄉過年的真翎，她染著金
色的頭髮，身材變得比以前略為豐腴。她高興的告訴我，在台灣認
識一個泰雅族的男朋友，透過原住民擴大就業方案找到一份掃馬路
的工作，有了固定的工作，現在已經不喝酒了。除了2007年真翎的
父親病逝，她曾短暫回家逗留，這幾年真翎幾乎極少返回蘭嶼。真
翎的生命際遇是田野中許多開始接受現代教育受訪者的縮影。這些
眾多年輕的精神失序者，在病情穩定後，仍然想回到「現代化」的
台灣社會，充分顯示現代性社會變遷下他們面臨的壓力、渴望與認
同的轉變。不斷遊移於原鄉與台灣之間，是開始接受現代教育達悟
青壯世代的集體宿命，也是位於邊陲的少數族群被迫捲入現代性社
會變遷的一種無奈的回應方式。然而由於上述所指出的達悟人遷移
台灣的歷史特殊性，亦即他們與外界接觸較晚、進入勞動力市場的
準備不足、不熟悉資本主義經濟邏輯等因素，他們在台求學工作的
壓力，一般要比其他本島原住民更大。這些特殊的歷史性源由，促
使第一代的達悟移民更容易遭受巨大的心理挫折，面臨著精神失序
威脅的風險。

　　除了上述歷史性因素容易造成遷移來台的挫折外，那些經常面
臨遷移壓力、渴望現代性的成就而充滿焦慮的當代達悟青壯世代，
在遷移過程的前後，也遭受許多具體的限制與衝突，加深了他們的
心理挫折。這些包括教育準備、職業經歷、文化衝突、親屬連帶、

成就期望等面向。本文接下來就一一分析這些使他們的遷移經驗經常面臨挫折的因素，而這些因素仍是來自達悟社會所遭受現代性下的衝擊。

四、升學是向上流動或壓力來源？

教育成就一直是少數族群、低下階層向上流動的重要管道。然而達悟青壯世代在遷移台灣、步入現代社會的謀生競爭之前，教育條件所能賦予的準備能力相對缺乏。1969年蘭嶼國中成立，政府特准學生比照師範生公費辦法，享有公費待遇。1987年創設省立東港高級海事水產職校蘭嶼分班，1990年舉行高職與國中聯合畢業暨大船下水典禮，同年省立成功商業水產職校成立蘭嶼分班，學校改隸成功商水。1997年改制為完全中學，開設建築、餐飲管理學程，並設立蘭嶼中學補校，稱為高級進修部，原成功商業海事水產職校蘭嶼分班同時停召。亦即，1990年代以前，蘭嶼本島的教育體系只到國中，教育資源相當的匱乏。就學歷而言，近年來高中以上人口比例有相當大的進展，但仍與漢人有極大差距。國中以下的學歷高達49.5%，教育程度偏低使得來台從事基層體力勞動的人口占多數[7]。

達悟普遍的低教育程度、在就業市場的劣勢地位、以及社經地

7　2005年底蘭嶼鄉15歲以上之人口數為2,963人，不識字者30人（1%），自修者3人（0.10%），國小肄畢者739人（24.9％），國中肄畢者695人（23.5%），亦即，高中職肄341人（11.5%），高中職畢788人（26.6%），專科肄58人（2.0%），專科畢99人（3.3%），大專以上肄76人（2.6%），大專以上畢134人（4.5%）。亦即學歷在國中以下者有1467人，參見台東縣政府統計。http://www.taitung.gov.tw/department/p3/12345/p3/2.htm，查詢時間：2007年5月21日。

位的低下，也影響青壯世代的成就動機，限制他們對未來的期望。以趙懷光(No.3)為例，他從小學開始就有寒暑假在台打工的經驗，他的家庭環繞在母子兩人罹患精神疾病、叔叔自殺、妹妹先天性心臟病、父親酗酒、全家失業的陰影下。16歲時他開始出現幻聽、傻笑、跑去墳場等異常行為，醫學診斷為躁鬱症。2004年就讀蘭嶼完全中學的他，距離高三畢業剩最後一學期，他卻告訴我想休學到台灣工作：

> 我想去台灣工作，那邊沒有人認識我，重新開始。我不想唸書了，在這邊也沒學到什麼東西，都是在混，我比較重視實質所學到。我想先休學和表哥到台北三重去工作，我以前暑假曾在那工作二十多天，賺了一萬七千多元。先到台灣賺錢，存一點。（2004/1/31）

當我勸他再熬四個月，好歹拿到高中文憑，再去台灣。他卻大聲回我：「我們這些都做勞動、粗工的人，難道也會看文憑」(2004/1/31)。這些達悟青壯世代普遍的結構困境，似乎已塑造他們的自我認同與對自己未來行動的選擇。

趙懷光所說的「在這邊也沒學到什麼東西，都是在混」，同時透露少數族群接受主流社會教育所產生的問題。九年義務教育與規定集體住宿的國中生活，所傳遞的是以漢文化為主的現代生活。學童在學校禁止說母語，學習漢文化為主的教材，這些都促使接受現代教育的孩童，逐漸遠離母體文化。加上早期蘭嶼因地處偏遠，學校師資普遍不佳，缺乏良好的學習環境，許多達悟中年人對學校的印象就是要做勞作、抓青蛙。

　　即使是原本在蘭嶼成績較好的孩童，當納入台灣以智育為導向、高度升學競爭的教育體制，也普遍經歷了跟不上別人的焦慮。這些少數能來台求學者，部分也面臨適應不良的問題。24歲的衫明（No.37），因為爸爸是牧師，國小畢業後就隻身到台灣某教會學校讀初中與高中；高中畢業後，在原住民加分的保障下，他進入北部某大學的宗教系就讀。離開了教會學校單純的環境，多彩多姿的大學生活，反而讓衫明覺得不適應，他說：「去ＰＵＢ、ＫＴＶ能放鬆嗎？我很懷疑。」別人用電腦打報告，他卻習慣用手寫的，他說：「我的打字很慢，如果用打的不習慣，因為我接觸電腦的時候很慢嘛，上高中才接觸。」對大學生活的不適應，大二時因出現恐懼、害怕、睡不著等症狀，休學返回蘭嶼，精神醫學診斷為憂鬱症。他對我這麼解釋：

> 壓力是在那課業上面，我們就是高中成績沒有打好，老師在講什麼，我們聽不太懂。……考試的時候會睡不著，想太多了睡不著，就一直會擔心。（2003-7B-15）

　　家裡開雜貨店29歲的小靈（No.39），高三時在台出現異常徵兆，精神醫學診斷為躁鬱症，她的媽媽這麼告訴我：

> 她小學功課很好，得過台東縣兒童創作第二名，後來國中畢業就出去，到外面精神壓力大，讀台東高商住別人家又心理不平衡，加上她父親去世，可能是這樣才生病。病好的時候，她會哭說：我為什麼得這種病。（2004-5A-3）

　　當護士Si-Na談到她國中同學32歲慧珊（No.18）發病的原因，她認爲是爲了考公務人員，用功過度而生病。慧珊的爸爸也說到女兒發病的經過：

> 她高中畢業以後，她半工半讀啊！她工作很勤勞，沒有休息過。她想半工半讀，但不順利。發病回來蘭嶼後，她天天看書，參考書就買了好幾千塊啦。她看書啊，晚上不敢睡覺，又說：一個男孩子在旁邊。（2004-5B-3）

　　1990年代前這些少數能夠直接來台讀書的個案，基本上家境都比較好。衫明、小靈、慧珊三個在求學與升學階段發病的年輕精神失序者，他（她）們的父母都是現今達悟的中生代，亦即接受現代教育的第一代，因此能肯定現代教育。不過受限於自身的條件，他們對於孩子的求學狀況並無法給予太多協助。絕大多數遷移到台灣的達悟青壯世代，是爲了工作賺錢，而非繼續升學。他（她）們社會經濟的不利位置起因於教育成就低落，但是，教育成就低落又與上一代低下的社經地位與邊陲的處境有關。

　　田野中這些25-60歲遷移到台灣的青壯世代，他（她）們的父母親大多數未接受現代教育，僅少部分受過日式教育，對於孩子進入現代教育制度的學習並不關心。這種不關心，涉及了兩個世代不同的生活方式與世界觀所產生的代溝。一、這使得老一輩對孩子接受現代化教育方式，產生排斥、抗拒的心態，也影響了孩子教育資源的取得。二、他們大多沒有能力提供孩子在台教育過程必要的支持（無論在經濟或學習上）。三、如同前面提到的，貨幣價值進入蘭嶼也改變了老一輩的認知，他們重視孩子的經濟能力高過教育成就，

進一步造成這些在台受教程度較高孩子的壓力。

　　例如眞翎(No.15)國中畢業後，便到台中鞋廠工作一年，存了一年的錢原本想半工半讀，缺乏父母奧援迫使她最後卻不得不放棄學業，她說：

> 一年級下學期我就沒讀了，壓力太重，我們是半工半讀，太遠了，工作、學校、租房子的地方都很遠，時間上的問題，又租房子，金錢上的問題，很多壓力，太累了。學費都自己付啊，父母親哪有在幫你，全部都靠一個人這樣啊！那個錢的方面，什麼都是要繳錢啦，壓力很大。才一萬多塊的薪水啦，我不曉得怎麼用，我眞的沒有辦法支撐。(2003-2A-2)

　　休學後的眞翎進入卡拉OK店當服務小姐，她告訴我：「你不知道很多原住民爲了錢壓力很大，就去那種地方算了，所以我才會去接觸那種場所。問題是那個地方本來就是不好的場所，所以才會學到的、看到的一大堆」(2003-2A-2)。進入卡拉OK店讓她的生活掀起了重大波瀾，生病後的眞翎只簡單地告訴我，過去的事就讓它過去。教育往往是少數族群能夠力爭上游的有利途徑，然而，早期蘭嶼教育資源缺乏與師資不良，都使得來台讀書的達悟人，在升學的路上走得並不順遂。另一方面，十多歲遠離父母親的庇護來台打拼，也加速他們與母體文化脫離，形成兩代間的代溝。家庭經濟的不利處境，也阻礙了他們繼續升學的可能。

五、求職謀生的挫折

「沒有賺到錢」、「賺的錢根本不夠用」，這是我在田野中最常聽到精神失序者與家屬的抱怨。接下來我將分析達悟青壯世代在職業結構中的普遍處境，指出他們向上爬升的困難，以及這些經驗帶來的心理壓力與創傷。

(一)被迫捲入台灣勞動市場的邊陲

原住民的工作環境通常被形容為最「深」(礦坑、隧道)、最「高」(大樓鷹架)、最「遠」(遠洋漁船)、最「暗」(酒家、娼館)。戰後隨著台灣經濟發展，原住民大量填補了這些底層、邊陲的工作，並逐漸成為資本主義分工體系的一環。達悟人相較於其他原住民遷移台灣的歷史過程較晚，加上人口少，不容易累積社會資本，因此在就業與生活適應上，又比其他原住民處於更不利的位置。

1960到1970年代，當台灣農業的勞動力逐漸轉向非農業部門，勞動方式較為辛苦的林業，便出現了林工難求的情況。在這樣內推外拉的過程下，不少原住民被吸入造林業，成為出賣勞動力的林班工人(台灣大學建築與城鄉研究所1989：31)。1960年代中期之後第一批赴台的達悟人，有許多在台東、屏東一帶山區的林班工作，填補了底層勞動的空缺。

1970到1980年代是台灣工業部門進入外銷導向出口工業的主要階段，需要密集的勞動力。因此，台灣社會經濟發展帶動了周邊工業蓬勃發展，大量原住民投身於製造業與營造業兩大行業。1970年代初期，達悟人開始離開林業成為運輸工人、捆工、建築鐵工或水

泥工；1970年代中期以後，達悟人又陸續成爲工廠工人，進入紡織、染整、成衣、沖床、皮革、家具、電鍍、製鞋等部門。我們可以看到與早期林業同樣的現象，達悟人所能進入的台灣產業部門通常比漢人要晚十年。也就是說，當達悟人開始進入某個產業部門時，這個產業部門往往已經是台灣的夕陽工業（台灣大學建築與城鄉研究所1989：32）。因此，許多高危險的建築與非技術性工作，大多數當時台灣年輕人不願從事的工作，也逐漸由達悟男性所替代。在原住民電台工作的達悟人34歲的歐斯，說到這樣的歷程：

> 1950年代末、1960年代初期台灣製造業才剛要起步，有一個外國神父叫丁松青，帶一批蘭嶼的青年到台灣，大部分都是先做林班，這是第一波上來就業的人。緊接著就是台灣的製造業開始起飛，製鞋、罐頭工廠、加工業、製造業，那時候陸續更多年輕人開始投入到台灣的就業市場。1970年代到1980年代初期，製造業之後建築業開始起飛，大量的男孩子就往建築、板模工這些方向。（2002-B2-7）

從整體的職業結構來分析，達悟人遷移來台的時間比平地勞工與其他本島原住民較晚，從早期的林業到後來的製造業與營造業，第一代移民的達悟人所填補的都是台灣經濟轉型最邊陲的位置。加上達悟人口少，社會關係不足，對於資本主義商業邏輯的學習起步非常晚，貨幣的使用與市場運作的邏輯都處於低度開發的狀態，這也限制了他們自行創業的可能。從達悟人近年來職業別的比例，我們也可以發現他們極少進入金融、銀行等商業部門工作，而成爲大公司的管理階層幾乎是零，普遍缺乏專業、商業人才，職業別絕大

多數仍爲農漁牧業[8]，自然不易創造向上流動的空間。

(二)不斷地在底層勞動市場橫向流動

吳玉琴(1992)，針對221位在台灣工作的達悟人進行研究，指出達悟年輕人大量外移，投入台灣的勞動市場，從事高危險的建築及非技術性工作；外移人口以男性居多，教育程度集中在高職、國中；信仰以基督教爲主，未婚者居多，絕大多數仍設籍在蘭嶼。分析這些青壯世代個案的生命史也顯示，他們幾乎都屬國小、國中的低教育程度，平均15、16歲來台，大多在同鄉、親人的引介下進入次級勞動市場或非正式就業部門。男性大多從事生產、操作、製造、營建、運輸等工作，女性則以工廠作業員、服務業的小妹居多。他(她)們從事的都是一些基層體力勞動，入行前大多未能透過學校或職業訓練所習得相關的技術，這類行業對技能的要求較低，雖然比較容易進入，但也容易頻換工作。因爲缺乏技術的累積，使得這些達悟人大多只能在類似的職業結構中「橫向流動」。

28歲的陳安安(No.7)，精神醫學診斷爲精神分裂症，父母失業，家中有8位兄弟姊妹，他排行老二，16歲國中畢業時與部落的人一起來台工作，18歲在台中搬家公司上班時，出現幻聽等症狀。生病十多年，前後入院12次。出院後病況穩定時，他又會跑到台灣工作，大多從事鐵工、搬貨、捆工等臨時工，工作時間都不長，平均只有3-5個月，當自己覺得不對勁時就會跑回蘭嶼，不斷徘徊在台灣與原鄉成爲他這幾年生命的寫照。由於父親也被診斷爲精神疾

8　根據李亦園等(1990：304-308)的研究，1978到1988年這10年從事農漁牧業的就業人口雖有減少(由1978年92.2％到1988年76.6％)，但達悟人受限於偏遠地區的就業機會，絕大多數仍從事農漁牧業。

病的個案，安安很自然地被醫護人員歸爲家族遺傳的個案。但是，安安自己這麼解釋最初發病的原因：

> 安安：那時候是想太多。
>
> 問：想什麼？
>
> 安安：想到要不要換工作啊，找另一個工作，因爲領不到錢，領到就是很久，還有有時候就是一天沒有吃幾餐。
>
> 問：一天都沒有吃幾餐？那你同鄉的人會不會照顧你？
>
> 安安：也是會，但是我不敢跟他們借錢，才會回來蘭嶼。加上，也聽到聲音。
>
> 問：在台灣聽到聲音了，會害怕就回蘭嶼？
>
> 安安：對！就覺得很奇怪，怎麼會有這種聲音？
>
> 問：那個聲音都叫你做什麼？
>
> 安安：我看電視的時候，那個聲音就好像會責怪我。會一直想家裡的事。
>
> 問：家裡的什麼事？
>
> 安安：家裡的環境，心想說爸爸的病什麼時候才會好，因爲那時候我在台灣，就是說很不放心家裡。（2004-26B-10）

2003年1月四度出院後的陳安安，病況暫時好轉，來到台灣與同鄉從事搬貨的工作。不料兩個月之後，有天他騎車不小心與貨櫃車相撞，住院了一星期，他的媽媽說：「警察說這種事故，對方沒有辦法付錢，他一個人在醫院，因爲我們沒有錢去照顧。」車禍後

丟了工作的他回到蘭嶼，他告訴我：「因為工作丟了又車禍，心情很鬱卒，就喝酒，後來聽到聲音就又去住院。」2003年9月他第五度住進精神科病房，離他前一次出院，中間只隔了8個月。輾轉來台工作這麼多年，他都無法存錢來改善自己與家庭的生活。他的媽媽則說：「他自己都難保了，也不會拿錢回家。」不斷地遊移在蘭嶼與台灣，因為沒有穩定的工作，以及固定的經濟來源，間接導致安安缺乏自信與自尊。

33歲的林茵（No.16），是另一個例子。對台灣充滿幻想的林茵，國中畢業後本想即刻來台，因為擔心半工半讀、沒錢繳學費的壓力，她決定選擇不用繳學費的蘭嶼完全中學。直到18歲高中畢業來台工作，23歲在北部某家鞋店擔任店員時，出現幻聽、幻覺等徵兆。她的工作史，包括製造業與電子工廠的女工、鞋店的店員與美食街的外場人員。她不甘心不斷地在既無技術，薪水又少的工作流動。生病後的林茵這麼告訴我：

> 我想唸護理獲得一技之長，但是以前都沒有相關的資訊，現在更不可能。范醫生跟我講說，你這樣的狀況，除了藥物以外，還是要靠自己去安排你的作息。可是，現在的問題是，我總是覺得一片的空白，因為你畢了業，最主要是你沒有一技之長，沒有一技之長，你就會覺得空空的，就是人生一片空白那樣子。（2004-13B-27）

此外，底層勞動市場的共同特性：升遷機會小、工時長、待遇低、工作環境不良，無形中也加重這些來台打拼的年輕人的生活壓力。30歲的夏伊因經濟不景氣返回蘭嶼待業，他談及前幾年在台工

作的經驗：

> 價錢壓得很低，工作的時數很長。有時候晚上兩三點才下
> 班。第二天照樣八點半上班，而且遲到也是扣薪水，不留
> 情面的那種。一個月做得很累，薪水才兩萬初。加上現在
> 租房子一個月要七千多塊，生活費根本不夠。（2004-5B-
> 11）

　　有些精神失序者來台後，以打零工的方式維持生活所需。這些
資本主義產業後備軍，因為無法進入正式的雇傭關係，也無法獲得
契約制度的保障。一旦遇到職業災害、意外事故，田野中的受訪者
大多是自負風險。受制於移民與原住民雙重不利的身分，他們很難
在這樣的職業流動中，為自己掙得一席之地。在台工作而出現異常
徵兆的15個精神失序者中，有12個是未婚男性，也就是失序者多集
中在年輕的未婚男性。在15、16歲身心未成熟的情況下便投入台灣
惡劣的勞動市場，父母又不在身邊，也間接的誘發了個案精神失序
的可能。

（三）家屋改建與過客性來回遷移

　　2003年我隨馬偕精神科醫師到蘭嶼做每個月固定的家庭探訪，
遇到剛從台灣回家的白志鴻（No.4）。白志鴻國中畢業後，即隨姊夫
在台灣鞋廠與製造廠工作，他告訴我們：「上一次去台灣，做一做
老闆跑掉，11月就回來了。景氣不好啊，因為都在裁員」（2004-
18B-3）。2004年去探訪楊洋（No.33），原本在台做鐵工的他，告訴
我：「因為家屋改建需要人手，加上賺的錢太少，才剛從台灣回家

幫忙」(2004-12B-19)。

　　類似白志鴻、楊洋這種來回遷移的模式，正是這些學歷不高個案的最佳寫照。

　　相較於台灣其他的原住民族，居住於蘭嶼的達悟族是唯一擁有完整地理疆界的原住民。近年來由於全島經歷多次的家屋改建，達悟族人口遷移的模式，普遍呈現一種過客型移民的型態。亦即，他們的戶籍大多留在原鄉，來台灣大多為了工作、賺錢維持生計。由於父母多留在蘭嶼，家鄉的親人也發揮了實質牽拉的效用。

　　李亦園(1979)針對泰雅、阿美、布農、排灣、達悟五個族群的青少年研究就指出，他們有相當高的工作轉換率，在每一個機構的時間通常很短暫。此外，1990年前後到台灣工作的達悟人，多從事無保障的勞力工作，常以打零工方式賺錢，往往流動率高，平均3個月換一次工作(李亦園等1990：387)。1999年原民會的統計資料也顯示(表3-2)，原住民離職原因前三名，以「季節性或臨時性的工作結束」最多，占21.5％，其次是「對原有工作不滿意」占18.1％，第三次是「工作場所停業或業務緊縮」占14.4％，而其餘原因均占6％以下。如果再細分族別來看，九族的原住民因季節性或臨時性的工作結束而離開工作，以達悟族的35.4％比例居所有原住民之冠(表3-2)。達悟年輕人為何在台頻換工作？林茵(No.16)就說到：「工作最久的是八、九個月，那最短的是一個月這樣子。(問：你為什麼都做不久？)要不然就是嫌薪水太少。要不然我已經習慣了做了一陣子，再回蘭嶼」(2004-2A-3)。

　　黃町峰(No.26)國中畢業後，姊夫帶他到桃園做瓦斯的工作。他的工作經驗包括彰化的牛仔褲工廠、三重的鞋廠、台中工地的板模工人。39歲在台灣工作時，開始出現恐懼、妄想等症狀，精神醫

學診斷為精神分裂症。問他為何如此頻繁更換工作，他告訴我：

表3-2　離開前次工作的主要原因──按族別分（％）

族　　別	季節性或臨時性的工作結束	對原有工作不滿意	工作場所停業或業務緊縮
阿美族	19.8	18.8	17.5
泰雅族	21.3	17.3	10.5
排灣族	25.9	17.8	13.4
魯凱族	14.5	21.9	14.4
布農族	21.8	18.0	11.0
賽夏族	12.3	21.1	13.4
達悟（雅美）族	**35.4**	**20.6**	**11.1**
卑南族	27.2	11.8	15.7
鄒　　族	21.1	14.0	5.8
其　　他	7.7	16.5	18.5
總計	21.5	18.1	14.4

資料來源：行政院原住民委員會編印《民國八十八年台灣原住民就業狀況
　　　　　調查報告》，頁63。

「會不適應啦！主要因為同事的關係，因為沒有熟人會不習慣」
（2004-B-2）。2004年過年回鄉時，因部落的大船下水需要人手，町
峰便決定暫留在蘭嶼。只是回鄉不到一年，2004年底，他不顧家人
的反對再度遷回台灣。工作不到一年，又面臨失業的窘境，只有再
度搬回蘭嶼。

　　蘭嶼因地處離島，返家一趟交通費昂貴，返鄉一趟往往希望停
留較長的時間。加上有時遇到氣候不穩無法如期返台，或者3-8月
飛魚季需要捕魚人手，以致因回鄉被迫中斷工作或失業，是這些收
入不穩定的達悟人普遍的經驗。這些因素無形中也誘發這些來台的

年輕人喜歡選擇臨時、不受正式制度規約的工作。

　　來台達悟人轉換工作頻繁，除了主觀上對在台收入不滿意，也有的是在漢人社會遭受歧視、偏見，寧可頻換工作。或者，「非正式就業部門」的特性也提供他(她)們常換工作的客觀條件，而經濟不景氣工廠倒閉、老闆逃跑、工程結束等也是年輕人不得不返鄉的原因之一。事實上，這些接受現代教育的世代，夾雜在傳統文化(蘭嶼)與現代社會(台灣)的雙重壓力下，很難長期從事一項固定的工作。

　　島內長達數十年的集體家屋改建，也是迫使年輕人必須遊移在台灣與原鄉之間的重要原因。從1966年起政府補助興建的「示範住宅」陸陸續續在島上出現，到了1970年代後半更在《改善蘭嶼山胞住宅計畫》推動下，企圖以現代國宅取代傳統住宅(台灣大學建築與城鄉研究所1989：10)。政府對蘭嶼國宅的興建可分兩個階段：第一階段從1966年至1974年，主要以每年16戶，在各部落原有傳統聚落外另覓地興建的方式進行；1974年「中華婦女反共聯合會」赴蘭嶼考察後，建議省政府加強改善蘭嶼鄉「山胞」住宅，於是展開第二階段1975-1980年的大規模改建。到了1980年代為止總共興建了566戶，此階段不僅改建的戶數增加、在不同的部落同時進行，更重要的是開始拆除傳統家屋，對部落帶來相當大的衝擊(張興傑1998：19-20；陳玉美1994：417；1995：133-166)。

　　從1966年起分兩階段的國宅改建，每一戶約12坪大，達悟人住進不到五、六年，房子開始掉落水泥塊、鋼筋外露鏽蝕，許多房屋形同危樓。自1994年證實蘭嶼國宅是海砂屋後，達悟人以行動向政府求償，獲政府以每戶45萬元自行就地改建的方式處理。原蘭恩基金會執行長，達悟人董恩慈就指出：

近幾年來，衝擊蘭嶼就業市場最深的莫過於政府的海砂屋
五年重建計畫，許多族人為了配合政府補給每戶45萬，不
得不放棄原有的工作，來投入這個變更窮的重建計畫，本
來族人的郵局存款就已經很薄弱，卻因這個計畫把一生的
積蓄都投入在重建裡，家庭子女往後的教育經費來源和家
裡緊急支出的問題將會是雪上加霜。這幾年也因這計畫改
變了族人的就業型態，從事季節性或臨時性工作的人增
加。(2004：1-4)

由於政府所補助的45萬元並無法建造一棟現代化的房屋，因此
大多數達悟人必須在台灣工作自籌建屋經費，存了一點錢便買材料
回蘭嶼蓋房子。2003年發病後回鄉的真翎(No.15)曾與同部落的一
名年輕人阿海同居，兩人都處於失業狀態，他們的房子是尚未完工
的水泥房，真翎當時告訴我：

那個房子是自己去想出來的，沒有人教你們怎麼弄，那台
灣都要叫什麼設計師啦，繪圖啦，水電啦，我們除了電話
要牽電話線，那個電表啦，才有叫外面的電信局，其他的
都是我們自己去買的材料、砂子啊！政府補助我們海砂屋
重建的經費根本不夠，蓋個地基都不夠了，蓋到一半就去
台灣工作，賺到錢回來蓋。(2004-2A-9)

在傳統的達悟文化中，住屋是個人社會地位的象徵。沒有結
婚，以及沒有建造房子是「不完全的人」，代表他們無法進入家屋
發展的各個階段，因此住屋的興建也被視為男性權力的象徵。重建

家屋的壓力，讓這群從事體力勞動來台打拼的年輕人，必須不斷奔
波於台灣與原鄉之間，更難以開發個人的專長與累積技能，這也限
制了他(她)們職業的選擇與向上流動的可能。

(四)沒辦法存錢？

　　父母離異多年的鄭齊國(No.11)，在1980年代晚期，18歲從蘭
嶼完全中學畢業後便直接來台。22歲在台中工廠工作時，因收入不
多，經濟壓力大，開始出現幻聽等症狀。27歲的他目前在台工作狀
況穩定，但因為收入不高，往返交通費昂貴，沒辦法存錢，也無法
常常回家。他父親說到目前的狀況：

> 一個月兩萬出頭，他們自己的生活都不夠了，抽煙和房租
> 費啊，光房租就要多少錢啊，還要基本生活費，還會剩多
> 少錢。他很久沒回家了，這次部落小米祭也沒辦法回來，
> 回家花費太大了。(2004-21A-6)

　　齊國的際遇反映了這些低學歷、低技術的年輕人的窘境，他們
出賣勞動力所得的薪資，難以負擔個人或家庭的生計。在台的生活
開銷大，也讓這些薪資不高的達悟人，承受了極大的心理壓力。此
外，蘭嶼與外界接觸晚且早期教育水準不佳，也限制了青壯世代達
悟人對資本主義的商業邏輯的學習。早期遷移來台的達悟人不但很
難習得所謂「儲蓄」的美德，又欠缺理財能力，在台灣所賺的錢也
沒有妥善地運用。50歲的家明就這麼告訴我：

> 我去台灣賺的錢沒有辦法存錢。我們那一代是第一屆國中

畢業(1972年)去台灣，我去台灣沒有計畫，不知道把這個錢好好的存，對我的將來有好處。沒有什麼計畫，就賺多少就花多少！我是開銷比較懂，什麼計畫存到郵局，沒有人教啊。（2005-36A-21）

學歷只有小學三年級，不識字的陳土楠(No.30)，曾隨姊夫到台中鞋廠工作，因為教育程度低，不懂得如何到銀行存錢，只能將賺來的錢偷偷藏起來，他說：「我賺的錢都自己花。我不會寫字啊，會寫字的話到銀行那裡存啊。我不會寫字啊，沒有人幫我存，錢就自己藏起來」（2004-33B-6）。

這些接受現代教育遷移台灣的第一代，前腳走進台灣的現代化生活，後腳卻仍附著在父母親傳統生活的包袱中。在台灣他們必須應付少數族群身分伴隨的種種劣勢，回到家鄉又必須兼顧照顧上一代的責任。這種「夾心餅乾」的處境，讓他們掙扎在傳統與現代的世代衝突中，徘徊在蘭嶼與台灣的雙重壓力下。38歲的海一說到他們這代的共同處境：

成長過程中當然哥哥姊姊比較重要，他可以帶你，你可以被帶。可是爸媽就沒有東西給我們，所以我就會覺得說，你們台灣人的小孩真的很幸福，你們永遠可以有爸爸媽媽當靠山，可以被幫助。可是我們這代沒有很實惠地從父母親那邊收到一些，講難聽一點，就是好處；相反的是，我們還沒有成長，就要反哺了，就要對他們要照顧，對他們要付出。（2004-13A-22）

　　在遷移台灣的過程中，只會說母語的父母親，往往無法理解孩子在台灣所必須面對的衝擊。甚至，當貨幣邏輯改變了傳統老人的價值觀，金錢成為孝敬父母親的主要方式之一，反而形成另一股壓力。34歲在台唸書的美穗，就這麼說到這一代的壓力：

> 年輕人常被島上的老人家誤解說，你們在台灣有工作，為什麼還賺不到錢回來呢？他們沒有辦法把工作之外的生活必要的開銷加進去，所以都覺得你不可能是負債的，無形之中也給孩子很大的壓力。他們沒有想到說，突然被裁員的這一段期間內，孩子要怎麼過？他不可能向家裡要錢，那這些風險是島上的人完全想不到的，他們只會想到說，過年為什麼有的孩子會帶錢回來，但是我的孩子沒有帶錢回來？沒有帶錢回來的孩子，他會不好意思，其實很可憐的。（2000-B3-4）

　　達悟的傳統文化強調彼此共享與互惠，透過誇富式的宴請（如：房屋落成禮）來彰顯自身的社會地位。那些最早遷移台灣的達悟人，普遍缺乏私有財產觀念，也不善理財與儲蓄。許多人來台後，往往把剛賺來的錢，用在大肆宴請或流連聲色場所。有的則是被資本主義的消費習慣所吸引，不但沒賺到錢，還積欠大量的債務。2003年剛出院返家休養的林茵（No.16）就告訴我她未來的還債計畫：

> 調整自己，就是這一年好好的把自己整理起來，再出去工作打拼。因為我信用卡的帳款都還沒有繳，要繳十幾萬

啊。那個是累積、逾期的，譬如這個月的帳款是8,000
塊，我沒有繳，然後下個月你就又累積，那個利息累積，
就變成……。所以要靠我拚命，每天都拚命賺錢還那個
帳。（2004-13B-17）

　　這些達悟青壯世代來台闖蕩的過程中，大多數都是在類似勞動
條件不良的情況下，不斷橫向的更換工作。加上對主流社會的資本
生產方式不熟悉，台灣生活開銷又大，使得他們出賣勞動力所得的
薪資，並無法累積足夠的積蓄來達成他們的心願。理想與現實之間
永遠無法跨越的鴻溝，往往是這些遷移來台的個案心理重挫的原因
之一。

　　失業也是達悟的底層勞動者經常面臨的威脅，並帶來極大的心
理挫折。妮妮的哥哥鄭自時（No.40），五年前發生車禍後長期失
業，太太帶著女兒與他離婚後，開始出現精神失序的徵兆，目前在
花蓮玉里長期療養。妮妮嫁給隔壁部落的呂健永（No.10），健永的
三個哥哥，大哥年輕時在台灣自殺，二哥呂國輝（No.8）在台工作時
出現異常徵兆，三哥呂阿安（No.9）本來很正常，部落的人認爲，是
因爲在台灣沒工作，回蘭嶼長期失業，一天到晚閒晃才開始出現怪
異的行爲；兩人的精神醫學診斷都是精神分裂症。因爲沈重的家庭
壓力，健永三年前也被診斷爲憂鬱症，在妮妮的世界中，哥哥、二
叔、三叔、先生共四位親人被納入精神科的診斷中，她說到自己親
身的觀察：

我們這種病患機率太大了，一個島嶼就那麼多。經濟不景
氣呀，然後再加上原住民的身分，他們沒有辦法做到比較

中階層的工作，比如說在工廠啊……，工廠又解雇……倒
閉的話你就沒頭路了啊！回來也有壓力……每天無所事
事，不然就在那邊喝酒，看看家裡也沒做好（註：指家屋
改建），那個心，再加上又沒有工作的話，精神上就算再
怎麼有能耐的人，也沒有辦法去承擔。（2004-27A-5-6）

　　晚近台灣勞動市場的變化，使達悟人青壯世代來台的邊陲職業
處境，又面臨雪上加霜的失業挑戰。1989年開始政府為重大公共工
程引進外籍勞工，三十多萬合法與非法外籍勞工湧進台灣製造業與
營造業，對原住民形成強大的排擠壓力。營造業、製造業大量引進
外勞，剝奪了依靠營造、建築為生的男性達悟人的工作機會。表3-
3顯示，近十年來其他原住民族的失業率遠高於台灣一般民眾，而
達悟族的失業率又比其他原住民族高出許多（2001年9月除外）。以
2001年3月為例，台灣一般民眾的失業率為3.89%，其他原住民族
為9.24%，而達悟族高達14.63%。達悟青壯世代遷移來台謀生的前
景，似乎更加黯淡，由此而來的心理挫折，也進一步衝擊著他們的
心理健康。

六、族群接觸下的憤恨與創傷

　　文化衝突的先決條件是兩個文化有所接觸，而達悟人從食、
衣、住、語言、姓氏、喪葬等整套的文化設計，基本上都與漢文化
有極大的差異。本書這些青壯世代的受訪者，在老一輩達悟傳統文
化的薰陶下成長，同時也接受現代教育的洗禮，來到台灣以漢文化
為主的漢人社會，他們首先必須面對傳統文化所帶來的挫折與壓

表3-3　達悟族、其他族原住民與全國一般民眾失業率的比較(%)

年份 分類別	1995年	1997年	1999年	2001年 3月	2001年 9月	2002年	2003年
一般民眾	1.79	2.45	2.84	3.89	5.26	5.02	
其他 原住民族	4.22	4.71	7.55	9.24	14.86	8.37	9.64
達悟族	—	—	9.02	14.63	12.41	9.86	12.50

資料來源：依下列資料整理所得：

1. 〈台灣原住民生活狀況調查報告〉，1998：136-137。

2. 〈民國八十八年台灣原住民就業狀況調查報告〉，1999：128-129，表13。

3. 〈民國九十年上半年台灣原住民就業狀況調查報告〉，2001：29，表3-18。

4. 〈民國九十年下半年台灣原住民就業狀況調查報告〉，2001：28，表3-17。

5. 〈民國九十一年台灣原住民就業狀況調查報告〉，2002：32，表3-20。

力。1970年代一般大眾對蘭嶼所知有限，大眾媒體的片面報導，使得「丁字褲」成為達悟重要的文化表徵，許多來台達悟人普遍都經歷過「丁字褲」所帶來的不愉快經驗。34歲的美穗就告訴我：

> 1970年代末吧，蘭嶼在媒體上曝光的機率也不是那麼普遍，只知道有一群穿著丁字褲的人。他們會問我一些問題，比如：妳們那邊會用什麼錢？或是妳可不可以把妳的

　　裙子掀起來，妳裡面穿的是丁字褲嗎？我只覺得我碰到一
　　群很可笑、很無知的人。（2002-B3-13）

　　除了丁字褲，原住民喜歡喝酒、嚼檳榔的刻板印象，也同樣的
作用在他們日常生活的互動中。有些不喝酒的達悟人，來台後當明
確地表達自己不會喝酒，卻被人譏笑，「原住民不是應該要很會喝
酒嗎？」外觀上黝黑的皮膚、鮮明的輪廓，有人三番兩次被警察當
成「非法外勞」。此外，到了閩南人為主的漢人社會，在工廠、工
地的工作情境，不會說台語的達悟人也成為他人嘲笑的對象，眞翎
（No.15）說到她當初在工廠受到的歧視：「我聽不懂（指台語）就算
了，他們就會這樣刺我說，在台灣這麼久了，連台語都不會講」
（2004-2A-3）。這些文化的差異，都是原住民在漢人社會生活中容
易引發衝突的導火線。有時又因為身處在底層勞動市場，反而成為
接近幫派、違反法律的根源。以在台發病的陳海成（No.1）為例，他
曾因在台盤纏用盡而與朋友結夥搶劫，由於他負責看門，因此進入
監獄服刑7年。海成的弟弟這麼說：「我們這邊小朋友出去什麼都
不知道的很多，很容易接觸到混幫派的那些人，因為那些混幫派的
大部分都是在工廠裡面的。他們就是在工廠裡面接觸到那些人，都
是工廠裡頭，接觸到社會層次比較低的人」（2004-12B-30）。

　　當年20多歲的陳海成，來台後工作還沒找到，錢卻花光了，因
而鋌而走險與人結夥搶劫，海成向我描述他當時的困境：

　　問：為什麼人家叫你去搶錢，你會跟著去？
　　海成：那時候找工作，找了一個禮拜，找不到工作，身上
　　　　　還有錢不敢花，就乾脆跟他們在一起啊。

問：他們是在哪裡認識的？

海成：他們是我以前的同事。其他的我不認識。是宜蘭那
　　　裡做漁網的同事。

問：他們就說要去搶劫，然後你也說好？

海成：對！因爲我身上沒有錢，也找不到工作，所以想一
　　　想乾脆跟他們一起。啊，結果就被抓了。

問：那被抓的時候有沒有很害怕？

海成：當然會害怕！爸爸媽媽也沒有來幫你。那時候沒有
　　　錢啦！（2005-32A-15）

　　遷移台灣的第一代達悟人，大多位於勞動市場底層，身處在惡
劣的工作環境，年輕達悟男性在族群接觸的過程中，也特別容易與
人發生爭執和肢體衝突。被打、被騙、混幫派、違反法律，是許多
達悟男性來台灣工作的普遍經驗。在衛生所登記的檔案中，許多男
性受訪者（如：No.1,17,21,33,41,46）都有與人衝突或被打的經驗。
例如「在台灣被流氓打的」是部落的人認爲家進（No.17）、維凱
（No.46）之所以變得不正常的原因。42歲的維凱，國中畢業後隨同
部落的人一同來台工作，曾有無故被人追打的經驗，從台灣返回蘭
嶼後，開始疑心病加重，他的妹妹這麼告訴我：

　　他大概26、27歲的時候，就變得不對勁了。那時他在高雄
　　工作，好像被人追打，自己醒來的時候已經是在甘蔗園裡
　　面。從台灣回來後就變得疑心病很重，喜歡獨處，脫離人
　　群，還說我大嫂煮飯會下毒。（2005-30A-10）

　　家進17歲國中畢業後，本來被保送軍校，來台一星期，在路上被不良少年毆打，害怕的他便放棄軍校生活而回到蘭嶼。他的哥哥說：

> 他國中畢業後就保送軍校，那時候我們家人聽到的時候都反對他，可是他還是要去。才去一個禮拜就給人家欺負。因為他第一次出社會，所以還不了解台灣的生活，他嚇到的，就想辦法要蹺學，就沒有去好好讀海軍陸戰隊。（2003-9A-18）

　　回家後的家進，因為蘭嶼沒有工作機會，又隨著同部落的人，一同到桃園鞋廠工作。家進20歲在桃園某家工廠工作時，開始出現嚴重幻聽、幻覺等症狀，被家人帶回蘭嶼。8年前，35歲的家進又隨哥哥來台，住在台東的妹妹家，他原本想留在台東找工作，不料工作沒找著，反而被人打到內出血，送進醫院緊急開刀，他的哥哥說：

> 我們住妹妹的家，弟弟一直想在台灣找工作。想不到老闆都不要他這種的啊。後來住在上面的鄰居跟他們一起喝酒，我弟弟喝醉了之後就這樣鬧，……把我弟弟打得很嚴重，後來胃出血，很痛苦，我弟弟真的很可憐，我在想為什麼我弟弟被打成這個樣子，都沒有人去幫他。開完刀後，我就把他轉到精神科住了一個月。（2003-9A-20）

　　田野訪談中發現，面對日常生活因文化差異產生的人際衝突與怨懟，這些來台的達悟年輕男性解決衝突的方式，仍承繼了既有文

化的慣行。陳國鈞(1955)從事蘭嶼社會組織的調查指出，達悟(雅美)人並無酋長、頭目統治的政治組織，也不依靠法律制度維持社會秩序。衛惠林、劉斌雄(1962)提到達悟(雅美)部落間衝突的解決模式，是先由社中老人會商，再由中年人組織戰鬥，戰鬥武器以棍棒及石頭爲主。傳統達悟人的衝突，是以威脅與挑釁做爲戰鬥的表現。若有兇殺案發生，通常兇手會立即逃往深山，被害者的家屬大聲咒罵殺人兇手和他的家人，並且召集家人及村內親戚，前往仇家燒毀家屋。傳統秩序的維持主要是透過文化規範而不是法律規範，透過傳統解決紛爭的方式，也強化了部落內親屬團體的關係。而這種依文化慣習而來，情緒高張的表現方式，也成爲達悟男性解決衝突與舒緩憤恨的方式[9]。

這些遷移台灣的達悟青壯世代，身上仍承繼著文化慣行解決紛爭的方式，面對不同社會文化的衝擊，很容易發生互毆、打架的經驗。此外在漢人社會與人發生衝突後，他們並無法尋求既有的部落連帶，成立復仇團體尋找仇家報仇。這些在台遭人欺侮卻無法宣洩的憤怒，也成爲某種發病的壓力源。例如被診斷爲精神分裂症的楊洋(No.33)，曾在卡拉OK店無緣無故被人打到腦震盪，他大哥這麼告訴我：

> 流氓打一打就找不到人。我不會講他生病，他不是眞的生病，是被人家欺負的，是別人傷害他的。我還要去協助他去回報這些人，可是這些人也找不到。之前這個人長得很

9　達悟(雅美)人在傳統喪禮驅除惡靈的祭典儀式，或是反核活動所跳的驅除惡靈的舞蹈中，所有參與的成員都處在一種極高張的情緒狀態，類似的觀察也可參見李亦園(1960)。

帥，家裡幾個最棒的。自從在台灣被打了一直在掙扎，就
是一直在煩，他想去報復。他一直待在這邊，也沒錢賺、
走來走去走投無路、想來想去就喝酒、就操煩（註：台語
音）呢！（2003-8B-3）

　　被診斷爲精神分裂症的李強（No.21），他的弟弟也認爲他所出
現不正常的症狀，是在台與人衝突後的結果：「他年輕的時候在台
灣比較衝，和人家很容易起衝突，就是被打。所以他是跟人家起衝
突被打，才會產生那種幻覺」。（2004-19B-31）

　　來台後身處異鄉的達悟人，身處於底層勞工與原住民的雙重不
利身分，很容易成爲不良少年欺侮的對象。在台灣社會，由於缺乏
既有部落的連帶，被人欺侮後並無法循著既有的文化慣行，尋找仇
家報仇。無法洩恨的憤怒，間接的成爲某種壓力源，精神失序便成
爲心中無法洩恨、怨懟與不滿累積後留下的心靈創傷。

七、傳統親屬連帶的弱化

　　達悟語的家族是 "asa so inawan"，"asa" 的意思是一個，
"inawan" 是一口氣息，也就是呼吸，引申爲生命的意思，所以 "asa
so inawan" 是指一群人起源於同一生命（謝永泉2004：3）。家族的範
圍主要由己身向雙系等距展開的親屬團體所組成，關係最親密的親
屬是同胞的兄弟姊妹及配偶，再往外推展即是父母兄弟姊妹的子女
及配偶，這個親屬團體稱爲 "zipos"[10]，該群體向心力及凝聚力極強

10　衛惠林、劉斌雄（1962：67-77）。翻譯爲ripus與李亦園翻譯爲zipos略有

（李亦園等1990：410）。

　　同一個"zipos"的成員彼此互動頻率極高，例如婚喪喜慶、建屋造船、捕捉飛魚時，"zipos"的成員是主要幫手，此外"zipos"成員也有照顧彼此子女的責任。這種"zipos"所延伸的人際支持網絡，使得早期來台就業的達悟年輕人，主要靠在台灣的親戚與同鄉的網絡，以母雞帶小雞的方式，透過人際遷移網絡留在台灣生活、工作，形成一股「集體性就業模式」。同部落的親朋好友彼此邀約，或一個拉一個到工廠一起工作，成為達悟人移民都市的典型模式。42歲的山如，談及她的經驗：「我們是一群人，一群人就不敢欺負啦！就是很早出去，跟人有接觸，講話又比較婉轉，他們就比較不會欺負」。(2004-2A-3)36歲的安依也說到：「在一起比較好，比較有安全感，同族的一起比較安心，遇到事情大家一起分擔，有什麼事情大家可以一起去處理，自己出去的話難免會被人家欺負」。(2004-2A-3)

　　這種「集體性行動模式」在台灣社會所引發的社會、心理癥結，也引發了正、反兩方不同的評價。一些研究者指出都市原住民自行隔離的現象，影響了他們的生活方式及行為態度涵化於主流社會的程度，使得文化整合不佳、與其他群體的社會距離增加，造成原住民難以整合到大社會（張曉春1974：20-21；吳豪哲1988：95）。但也有人認為，前後期移民和原居地親朋好友所組成的移民網絡，在後續移民謀求住所、職業、適應移居地生活及人際關係時，層層的網絡聯繫通常扮演了一大助力（傅仰止2001）。

　　根據我的田野資料，這種親人、部落族人所形構的集體性行動

（續）————————————————————

不同，二者皆為音譯，並無重大差異。本書以李亦園的譯法為主。

模式，大多提供這些達悟人最初來台找工作的跳板，以及初期生活上的協助，如：一起租屋、發洩情緒、生活上的相互照應。由於達悟的人口很少，遷移來台的歷史很短，遷移人口呈現年輕化，以及分散全省各地的多核心聚居模式（圖3-4）[11]。既有"zipos"所延伸的人際網絡，主要是透過傳統生計、儀式祭典、食物的交換與分享等，凝聚彼此的互動。這種傳統部落中親人、族人"zipos"所延伸的社會支持網絡，在台灣缺乏得以持續運作的機制，在漢人為主的台灣社會已明顯的弱化，並無法有效的形成保護機制。在缺乏支持與庇護的情況下，使得高比例的精神失序者集中在未婚，且半數以上的人是在台無依無靠的情況下發病。

　　黃町峰（No.26）18歲國中畢業後隻身來台工作，30多歲在台灣工作時出現幻聽等症狀，他自己這麼說到在台發病的情況：「剛開始是聽到聲音，會覺得很害怕，連騎摩托車都會覺得怕。感覺在台灣時大家都在講你的壞話」。（2004-17A-5）

　　林茵（No.16）18歲在蘭嶼唸完高職後隻身來台，23歲在台開始出現幻聽，她說到當時生病的情況：

　　　　我是工作的關係啊，我受不了同事的打擊啊！因為老闆會

11　根據原委會2001年全國各縣市原住民族群人口統計表，遷移來台的達悟人由於人口少且多分散在全台各縣市，以當年的人口分布為例，基隆市22人，台北市77人，桃園縣149人，新竹市10人、新竹縣37人、苗栗縣16人、台中市40人、台中縣78人、彰化縣26人、南投縣25人、雲林縣10人、嘉義市3人、台南市9人、台南縣16人、高雄市61人、高雄縣43人、屏東縣46人、宜蘭縣21人、花蓮縣27人、澎湖縣2人。呈現多核心且分散的聚居模式。http：//www.apc.gov.tw/upload/govinfo/aps_/9011/aprp5802.htm，查詢時間：2006年2月。

> 罵人說我都沒有在工作，只有在領薪水，其實我有在做，
> 只是我另外一個同事一直佔便宜就對了。我就很沒有信
> 心，會很恐懼，像是有人要害你。很無助啦！就沒有人幫
> 助你、救你這樣子。（2004-13B-13）

25歲的小柔（No.44），國中畢業後嚮往台灣的生活，不顧家人
反對來台進入高職建教合作班半工半讀。高職畢業後，留在台灣工
作。22歲時出現幻聽、幻覺，常會看到各種血腥恐怖的畫面，被診
斷爲精神分裂症。小柔談及發病的原因：

> 我本來在工廠工作，後來想轉行當廚師，就到餐飲業。我
> 在廚房工作時，有個廚師很討厭我，常常嫌我動作慢。後
> 來工作了兩個月，他就無緣無故把我"fire"。我一直在想
> 到底是我那裡做不好，會睡不著。後來就會聽到聲音，或
> 是看到很恐怖血腥的畫面，我才打電話給媽媽…。（2005/
> 11/10）

43歲的家進（No.17），20歲在桃園工廠工作時，出現異常的行
爲（自言自語、指揮老闆、任意摸他人的手等），而由哥哥、父母親
來台接他回家。說到當時在台的情況，他告訴我：

> 在台灣就有聽到，回蘭嶼就不會。這是以前的事，那個鬼
> 很多啊，很多在害啊，就知道那個自己的身體，就是遇到
> 鬼啊。那個鬼很厲害，那個鬼很厲害。（2003-9A-8）

　　沒人知道家進究竟發生了什麼事？倒是家進的大哥回憶起當時來台的束手無策，說到一半忍不住哭了起來：

> 打電話的人說你們買台東往高雄，高雄再到桃園，我就在那個車站等你們，結果想不到去的時候都找不到人，到那邊又不熟，也不會坐車。他們已經帶弟弟去醫院打針，他就迷迷糊糊的躺下去了，聽到我們的聲音就趕快起來，全家都一直哭，弟弟怎麼變這樣，我們也沒有錢不敢讓他住院。（2004-9A-10）

　　林仁清（No.41）國中肄業，17歲時隨同部落的人來台，24歲時在台中工廠出現異常行為，當時他大哥在台北工作，大哥這麼說到他的狀況：

> 第一個是文化差異，第二個是可能不了解台灣社會，你們講的番仔，對山地人輕視，變成他就比較內向。後來他到台中在工廠做事，那個理髮廳在拉客的三七仔，會拉你，一去誤會，語言又不通，人家就欺負他，變成他內心差異化。加上本身內向又不善於言辭，他比較獨來獨往，到後來他個性就越來越封閉。（2003-10A-18）

　　從廣闊的大自然來到台灣複雜多元的環境，擠身於狹小的公寓，人與人正式的互動取代傳統部落"zipos"所延伸的人際支持網絡，都讓這些年僅15、16歲遷移來台的達悟人，一旦遭受挫折，很容易產生沒有安全感、退縮的心理。在他們遷移台灣的過程中，父

母親大多是缺席的，尤其早期電話不普及，父母輩未受國民教育，親子間亦無法透過書信往返聯絡。眞翎(No.15)就說到自己一個人在台的心境：「我很想念家鄉啊，在外面還是很想念。因爲你還沒有到可以很獨立，你會一直想念家，說家裡怎麼樣了，跑了那麼遠，還要隔一個海，還要坐飛機，然後一直想，還是想回家」。(2003-2A-9)

　　世代之間的代溝，使得同一代的兄弟姊妹代替父母親的角色，或者以血緣、姻親爲主，擴散出去的家族連帶網絡，成爲這些受訪者在台灣主要的支持系統。在台灣有親屬網絡的支持，會讓某些人發病後仍能順暢地遊走於蘭嶼與台灣。但大多數受訪者都面臨家族連帶與社會支持網絡不足的困境，一旦遇到工作或學業上的挫折，在孤立無援的情況下，特別容易誘發社會心理的適應問題。

八、個人成就與結構困境的雙重束縛

　　傳統達悟社會是個講求個人表現的平權社會，相當不同於貴族、首長制的排灣、魯凱族等。達悟部落中並沒有統一權威的社會領袖，依不同性質的公共事務選拔出不同的社會權威，包括：部落長老、漁團領袖、復仇戰鬥領袖、財富領袖、技術領袖，個人的聲望與地位並非先天繼承而來。因此，在達悟傳統文化中，如何凸顯自己的後天成就成爲一件極爲重要的事情，個人身處在這樣的社會中，必須依照自己的品德、技術、才能，或舉行盛大的家屋落成禮及新船下水禮，透過個人後天的努力提高自身的社會地位。

　　1960年代中期之後，當資本主義貨幣的力量開始滲透到蘭嶼，貨幣價值開始取代原先傳統社會的價值，成爲衡量個人成就的最重

要指標，使得來台的達悟人容易陷入一種雙重束縛（double-bind）的關係中。一方面，強調個人成就的達悟文化，無論來台工作或讀書的年輕人都想達成個人成就；另一方面，對少數族群不利的結構，使他們無法憑藉自身的努力取得成就。對於高度重視個人成就的達悟人而言，這往往是心理挫敗的主要來源。

分析上述受訪者的生命史，這些擁抱並接受現代性的生活標準、年紀輕輕就來台打拼的達悟人，幾乎絕大部分都無法有積蓄，有的甚至欠錢或留下信用卡債務。但弔詭的是，這些在台闖蕩多年，來台發病後被送回原鄉的精神失序者，台灣依然還是他們夢想的天堂。在大多數精神失序者的訪談中，他（她）們對台灣現代社會的嚮往，並不因為在台經歷種種挫折，而有所褪色。加上電視普及後，從媒體與偶像劇中所接收的訊息，也誘發這些人對資本主義成功角色的想像（如：大老闆、大明星等），台灣成為開始接受現代教育的青壯世代積極認同的方向。然而，少數族群的歷史宿命與不利結構，普遍限制了他（她）們爬往現代社會成功的階梯。在現代性的變遷與矛盾下，一些年輕的精神失序者在台發病後，仍來回游移於台灣與蘭嶼之間，不斷深陷於理想與現實雙重束縛的困境中。

28歲的陳安安（No.7），16歲來台、18歲在台發病，前後進出醫院高達12次，來台多年並沒有任何積蓄。2004年回蘭嶼養病的他，這麼告訴我：「覺得在台灣比較好，好很多。交通或者是便利。怎麼講，反正比這邊的生活繁榮。在這邊你都看不到那種什麼商業大樓」。（2004-26B-10）

林茵（No.16），18歲高中畢業後來台工作，23歲在台發病，2007年夏天病逝蘭嶼，享年34歲。林茵在台灣工作多年不但沒積蓄，反而信用卡欠了超過100,000元。她始終不甘心發病後就必須

留在蘭嶼協助家人經營雜貨店，生前她總是不斷地告訴我想到台灣：

> 蘭嶼的話是自己的家嘛，頂多是這樣子而已。在台灣比蘭
> 嶼好很多，就是蘭嶼沒有的，台灣都有啊！很多賺錢的地
> 方啊，可以滿足自己的虛榮心啊！要不然就像旅遊那種，
> 還有資訊也很好！在這邊沒有錢啊，所以要去台灣賺錢，
> 因爲在這邊沒有工作啊。（2004-2A-3）

53歲曾任議員的于順發（No.20），在一場嚴重車禍後，一度被醫師宣告爲植物人，在太太細心照料下逐漸康復。車禍後長期失業，加上當時太太爲了生計必須到台灣打工，留他獨自一人在家，而後逐漸出現不斷撿垃圾的異常行爲，被診斷爲器質性精神疾病。久居蘭嶼的他在2004年時告訴我，未來計畫是想到台灣：

> 順發：我自己的身體現在是殘障、一段時間等身體養好再
> 　　　講、想再找工作。
> 問：想在台灣、還是蘭嶼工作？
> 順發：我想去台灣，這裡沒有錢賺！能有什麼收入？除了
> 　　　種種地瓜、幫人放龍蝦網、沒有錢哪來的龍蝦網。
> 　　　（2004-2A-3）

47歲被診斷爲精神分裂症、不識字的陳土楠（No.30），曾隨姊夫在台中鞋廠工作。2005年底開始在車行擔任臨時工，雖然每天工資只有一、兩百元，他還是覺得到台灣工作比較好：

土楠：呃，我是因為錢不夠，那時才去台中工作。

問：如果你有錢你還會想去台灣？

土楠：想啊，可以上班做鞋子，我以前是做鞋子的啊。這
　　　邊的錢不滿意啊，很少喔。在台灣有一萬多呢，一個
　　　月一萬多。（2005-33B-23）

　　43歲的家進(No.17)，被診斷為精神分裂症，20歲在桃園鞋廠
工作時發病，生病後回蘭嶼已經20多年了，來台多次被打的他說：
「我喜歡台灣，因為我們這邊沒有工作沒有錢，這邊蓋房子也沒
錢，捉魚也沒錢。台灣比較好，比較有錢」（2003-9A-14）。

　　38歲的李強(No.21)，學歷僅有小學畢業，18歲來台，八年前
在台開始出現異常症狀。他的弟弟認為哥哥在台灣對病情較有幫
助：「如果是在台灣的話，是還比較好一點，因為他有工作可以做
嘛，就不會說去想那麼多。在蘭嶼沒有工作，然後又沒有出去找工
作，除了釣魚之外，還有什麼？所以說很不好啊」。（2003-8B-24）

　　2000年我第一次隨醫師到蘭嶼訪視被收案的陳土楠(No.30)的
媽媽，一位60多歲僅會說達悟語的老婦人，她透過護士翻譯告訴我
們：「我兒子很想去台灣工作，可是沒有錢去」。（2000-B-10）老
婦人滿臉都是對兒子的擔心與掛念。等不到兒子到台灣工作賺錢，
2002年土楠的媽媽病逝蘭嶼。田野中這些接受現代教育成長的受訪
者，返回蘭嶼病情穩定後，通常還是想回到「現代化」的台灣社
會。這個與世隔絕的小島，1960年代中期之後快速地被席捲入台灣
經濟體系的勞動分工中。這些成長在傳統與現代世界接軌的達悟青
壯年，遷移已不光是經濟誘因的需求，無論求學或工作，台灣已成
為走向更好世界的唯一途徑。分析這些在台發病達悟人的生命史可

以發現，這樣的想像並沒有因爲他們在台被毆、欠錢、挫折、精神失序而褪色。

九、結論

本章主要研究最早開始接受現代教育的第一代達悟人，亦即具有遷移來台經驗的青壯世代，來台求學、謀生等過程中所遭遇的困境與挫折，並且探究結構性、歷史性的源由。

1960年代中期之後，經濟壓力、維持生計是達悟青壯世代進入台灣本島社會的主要動力。移居到台灣，也等於走進資本主義的現代生活。然而，從整體的職業結構分析，可以發現第一代的達悟青壯世代移民，大多填補台灣經濟轉型中最邊陲的勞動位置。低學歷與缺乏技術，使得這些來台的達悟人大多只能不斷地在底層勞動市場進行橫向流動。頻繁更換工作、重建家屋的壓力，以及短期過客般地來回遷移於原鄉與本島之間，都使得這群從事體力勞動爲主的達悟人，無法長期開發個人的專長與累積技能，因而限制了職業選擇與往上流動的機會。升學受挫、存不到錢，對於強調個人成就的達悟人，更容易加深心理壓力。相較本島其他原住民族，達悟人口很少、遷移來台的歷史短、在台人口呈現年輕化與分散各縣市多核心的聚居模式，以及傳統"zipos"親屬關係所延伸的人際支持網絡在台灣明顯喪失等，這些因素都使得來台的達悟人生活在社會支持不足的情境。發病的受訪者有四分之三集中在未婚、半數以上是來台後處在無依的情況下逐漸出現不正常徵兆，這些都具體反映了上述遷移過程的受挫經驗與精神失序的密切關係。

經濟因素固然是達悟年輕人遷移台灣本島的外在動力，但是這

些接受現代教育世代遷移台灣的心理挫折感，同時反映他們的認同逐漸朝向現代的生活方式、標準與價值。本章中分析這些平均15、16歲開始就往來於蘭嶼原鄉與台灣本島升學或工作的青壯世代，他們絕大多數即使來台闖蕩多年，幾乎都沒有積蓄，其中有人甚至經常捉襟見肘，或者留下大量的信用卡債務。但弔詭的是，對這些在台發病後被送回原鄉的精神失序者來說，台灣依然是他們夢想所寄託的天地。在大多數訪談的受訪者中，他們對台灣現代社會的嚮往，並不因為經歷過的種種挫折而褪色。在長遠的社會變遷衝擊下，這個孤立小島的少數族群——尤其是他們的年輕世代的「世界觀」，已經不由分說地悄悄轉變。他們理想中的自我實現方式、生命價值的寄託、對美好生活的嚮往等形成認同的核心，已經朝著現代性所影響的方向移動。然而少數族群身分、不利的社會位置、文化傳統等因素，使他們不斷深陷於理想與現實雙重束縛的困境。

　　達悟人做為孤立小島上的少數族群，面對台灣本島與漢人社會，原本即處於政治、社會、文化等邊緣弱勢位置。在無可逃避地進入現代社會發展的歷史過程中，他們當中的絕大多數人，難以享受現代性可能帶來的美好生活，反而經常充滿進退失據的困窘與挫折。蘭嶼達悟人特殊的高比例精神失序現象，反映了他們在快速社會變遷下的集體失序。從一個更宏觀的角度來看，我們也許可以說，當代達悟人承受的高比例精神失序的苦痛，是長遠的現代性發展席捲世界，而對原本就處於不利地位的少數族群所造成的更不利後果。我們可以說，基因研究取徑顯然把涉及原住民疾病受苦的問題，以相當窄化的方式來理解。即使這種理解方式不完全錯誤，關注原住民健康議題的研究者，也必須尋求適當的超越。

圖3-1　達悟族2001年在台人口分布　　（單位：人）

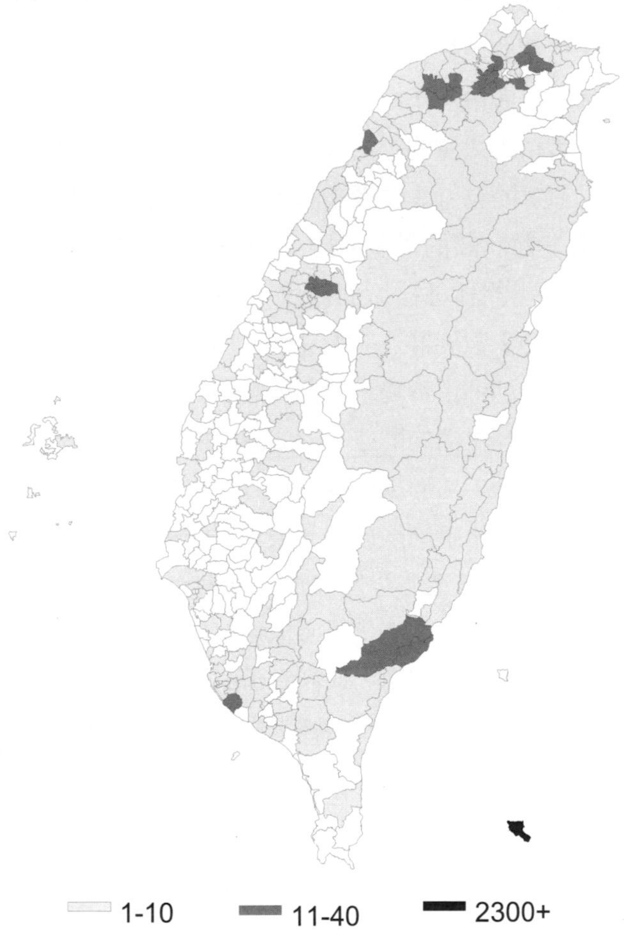

　　　　　　 1-10　　　　　 11-40　　　　　 2300+

資料來源：行政院原住民族委員會

http：//www.apc.gov.tw/upload/govinfo/aps_/9011/aprp5802.htm

查詢時間：2006年2月

第四章

家庭功能失調與精神失序

　　在評估遺傳特性，以及我們詮釋這樣的方法之間，有一個根本的差異。因為，至今仍沒有實際的方法可以區分基因的生物性及社會性的影響，所謂「遺傳」同時包括了生物性及社會性二者。遺傳評估往往低估了環境的解釋力，而不是高估。如果基因變異可以解釋百分之六十的智商變異，環境的變異必須解釋剩下的百分之四十。如果基因影響智商的比重是透過小孩的外表與行為而發揮影響力，而他們的外表與行為，又是透過在家或學校對待他們的方式不同而有所區別，那麼基因所能解釋的每件事，也將能夠被環境因素解釋。

Christopher Jencks,"Genes and Crime" [1]

一、前言

　　2004年夏天，我因為出國進修，暫時離開田野一年，2005年10

1　　Jencks, Christopher (1987), "Genes and Crime," *New York Review of Books* 34(2): 33-40, Feb. 2.

月，我重回以往常住的E部落。短短一年，我所研究的一些受訪
者、部落族人，以及他們的家庭，都經歷重大的變化。部落的人告
訴我，曾接受我訪談的鄭自時（No.40）的大哥自維，跑到台灣工
作，2005年9月在台東車禍身亡，享年只有46歲。我多次訪談的陳
海成（No.1）38歲的小弟海一，去年得了肝癌，一度病重在加護病房
觀察。難以接受事實的海一，跑到醫院頂樓企圖自殺，幸好被人拉
下。與我熟識的居家關懷工作人員香惠則告訴我，她38歲的大伯，
數月前因胃痛而到衛生所看診。他打完點滴回家後，原本意識還清
楚，當晚卻突然暴斃。大伯的家屬跑到衛生所詢問，值班的醫護人
員僅以「病人當晚生命徵象穩定」回覆。家人氣憤異常，不能接受
這樣的事實[2]。教會的牧師娘也告訴我，去年35歲的妹妹在台灣難
產，而突然死亡，留下錯愕的家屬，以及一出生就沒媽媽的小女
孩。另外，原本在蘭嶼工作的38歲的立琴（No.51），被調到台灣工
作，所以一個人帶著小孩，與先生分離兩地，最後因為情緒低落、
行為嚴重失控，在入院治療後，變成了憂鬱症患者。

　　根據2005年台東縣蘭嶼鄉各村里住戶人口統計表，E部落共有
158戶，每戶平均人口3.98人，總人口629人，但是其中約有半數在
台灣工作，因此實際居住在部落的大約只有307人[3]。上述E部落族
人的家，彼此相距不遠，走路都只有三、五分鐘的距離。我與他們
短短一年不見，僅有300多人的部落，突然的難產、意外死亡、癌
症、精神失序等，相繼降臨在他們的家庭成員身上。達悟人有一句
俗語"No mavyey tao am mangey ta do takey"，意思是說：如果明天

2　我查閱衛生所2005年蘭嶼鄉各村死亡人數及死因別統計資料，香惠大伯
　　的死因診斷登記為「急性心肺衰竭」。

3　資料來源：蘭嶼鄉戶政事務所。

「人」還活著的話，我們去山上。這句俗語，代表了達悟族對生命充滿了不確定性的深刻感受。對達悟人來說，明天將發生什麼事，無人能預料（謝永泉2004：3）。生命的不確定、人生的無常，大概是人類社會中許多個人常有的經歷與感受，不是只有達悟人如此。生命的意外與不幸，或許也難以免除那些個人獨特的源由，以及難以預料的時空偶然因素。但是，在這僅有300多人的部落裡，短短一年中所發生的意外與不幸，事實上反映出族群身分與社會位置而承受的集體命運。而這種對生命無常真實的體驗，大概也是我這些年田野過程最深沈的無奈。一些原住民健康報告的統計資料，經常指出他們的高自殺率、平均餘命遠低於漢人、意外事故頻繁、死亡率集中在青壯人口等現象（張苙雲1988；葛應欽2001：112-116；吳聖良2000）。在田野調查期間，這些統計所指出的情況，活生生地展現在我所見所聞的那些個人身上。在無可避免地被捲入現代社會發展的歷史過程中，達悟人所承受快速社會變遷的衝擊，也充分顯現在他們家庭功能的轉變上。而這種轉變，與他們高比例的精神失序現象，也密不可分。這一章的重點，就在於分析社會變遷下達悟人家庭功能變遷與精神失序的關係。

家庭是人類社會生活的最主要團體，許多研究從環境論的角度，指出精神疾病歷程與家庭之間的關連性。例如有研究指出，不良的家庭溝通模式，是精神分裂症發病與復發的重要來源。如果家中成員情感表達偏向敵對、過度批判，以及過度保護，這些負面的情緒，都會增加精神分裂症患者復發與入院的可能（Davison and Neale 2001：309）。另外，父母對子女冷漠，可能導致未來變態行為的發生。家中成員如果有法律、婚姻或精神疾病等相關的問題，也可能容易產生藥物濫用的情形。缺乏父母情感支持，則容易增加

家庭成員對香菸、酒、毒癮依賴的可能性（Davison and Neale 2001：368）。家庭系統理論則認爲，父母採用「雙重束縛」的溝通方式。例如「我愛你，但我打你」，子女容易成爲精神分裂症的患者（Gallagher III 1995：76）。上述的研究，都指出不良的家庭互動模式誘發精神疾病的可能性。不過也有研究者指出，到目前爲止，仍沒有充分證據支持高情緒表露即是發生精神分裂症的唯一原因。高情緒表露有時是家屬面對生活上無法妥善處理的問題時，一種正常情緒反應而已。將發病的癥結化約到家人溝通方式，有時反而造成精神病患家屬的罪惡感（楊延光1999：196）。換句話說，如果從環境論的角度與社會受苦的概念來看，那麼我們有必要理解究竟是哪些社會結構上的因素，足以引發那些家人不良的溝通方式與情緒反應。那些不良的溝通方式與情緒反應，往往是超乎家庭的社會或文化的根本因素所激發的後果，因此研究者不應單單著重在這些因素激發的溝通方式與情緒反應上。

　　既有的人類學研究，從親屬關係、經濟制度、性別分工等角度，研究台灣各個原住民族群，已累積了相當的成果。但是，從社會變遷角度探討原住民家庭型態，並關連到其酗酒、精神失序等現象的研究，則非常罕見。僅有少數的研究，譬如許木柱、鄭泰安（1991）透過人類學家與精神科醫師彼此的合作，討論泰雅族與阿美族兩族的社會文化特質對其成員心理健康的影響。他們的研究指出，不同族群的家庭型態，扮演了重要的影響力。泰雅族是以核心家庭爲主、偏父系的雙邊社會，較強調個人的獨立性，親屬群的凝聚力較弱，加上強烈遷村及年輕人大量外流的結果，導致傳統的社會組織崩潰，減低了對成員社會心理的支持。阿美族傳統上則是相當典型的母系社會，以母系的伸展家庭爲主，強調內部成員間的合

作與和諧，親屬範圍廣而且凝聚力較強，因此提供成員的心理支持較強。許木柱、鄭泰安兩人的研究指出，不同族群的社會、文化特徵與家庭型態，提供成員處理外在挑戰的不同機制。這樣的跨文化比較研究，為我們提供可貴的參照。但是對於類似達悟族經歷顯著社會變遷衝擊的原住民而言，我們毋寧更需要歷史分析的眼光，觀照到他們的家庭在社會變遷中可能的轉變，以及這種轉變與精神失序現象的關係。林憲於1949-1953年所做的四族原住民比較研究，曾指出泰雅族精神疾病比例與漢人一致（林憲1978）。不過四十年後，一些相關研究都指出，泰雅人酗酒、精神失序、社會脫序的問題嚴重（Cheng and Hsu 1992；黃淑玲2000）。對照許木柱與鄭泰安兩人的研究，我不禁要問：台灣原住民族的家庭型態在這四十年來，發生了什麼樣的改變？對這一類問題的回答，恐怕都必須注意社會變遷對原住民家庭的影響。

　　1960年代中期之後，隨著開放觀光、外來資本與商品的引入，貨幣經濟的觀念開始左右了達悟人的日常生活。達悟人為了取得貨幣，開始遷移到台灣工作而出賣自身的勞動力。受到各種外力的衝擊，這些傳統的達悟家庭，不管在生計方式、居住空間與生活型態上，都面臨明顯的變化。仔細分析這些精神疾病患者與家庭成員的生命經驗，可以發現驚人的共同點：失業、貧窮、酗酒、意外死亡、自殺、家庭暴力等，都充斥在他們的家庭中。這些家庭結構中的不穩定因素，往往對成員的精神狀態有嚴重的負面影響，因而在激發的精神失序上有密切的關係。因此我們有必要分析家庭結構對疾病經驗的影響，而這樣的分析，必須擺在達悟人集體經歷的歷史處境脈絡來討論。第三章的討論已指出，既有的遷移與精神疾病關係的研究文獻顯示，遷移並不必然誘發精神疾病，家庭結構等社會

文化支持因素，才是決定精神疾病發生的關鍵因素，同時對其癒後也相當重要。第三章也指出，大部分來台求學求職的年輕達悟人由於家庭處於社會經濟的不利位置，因此無法順利向上流動。同時在台灣大多數精神失序患者都處於家族連帶薄弱且社會支持網絡不足的情況，一旦遇到工作或學業上的挫折則孤立無援，容易產生社會心理的適應問題。因此循著第三章的分析與討論，當觀察到達悟精神失序患者是集中在接受現代教育且必須遷移台灣的青、壯世代時，我們必須進一步探討社會變遷對達悟人家庭所造成的衝擊，以及這種衝擊與特殊精神失序現象的關係。其中值得探究的問題，即在於家庭、親屬等原本可以提供心理支持力量，以及有助於防止精神失序與促進緩解療癒的社會文化因素，爲何逐漸式微？

在本章接下來的討論中，我將先討論達悟傳統文化中家的理想形象，接著以十個精神失序者家庭的現實狀況爲例，與傳統家庭理想對照，討論失業、酗酒、重大疾病、意外死亡、自殺、家庭暴力等，這些家庭不穩定因素與精神失序的密切關係。基於田野資料的分析，我們可以發現一些精神失序者是生活在子女數眾多而貧窮的家庭，同時國宅改建的經濟壓力形成雙重壓力，讓這些家庭普遍感到力不從心，因而使家庭成員感到挫折與自卑。面對諸如此類的問題，家庭內的男女兩性分別以不同的方式承擔其中的挫折與壓力。此外，大量年輕人口遷移台灣，達悟家庭的支持功能，一般而言已明顯地弱化，而其"zipos"所形塑的社會整合也已式微。這些家庭功能失調的面向，都與其特殊而高比例的精神失序現象，具有密切關係。

二、傳統達悟文化理想的家

(一)一個家asa ka vahai

　　什麼是達悟人理想的家庭圖像？達悟人的傳統家庭內涵，包含哪些重要成分？達悟語"asa ka vahai"的意思是「一個家」，也是「一家人」，即「住在一起的人」（劉欣怡2004：105）。"asa"是一，"vahai"是屋子、主屋。這個詞牽涉到兩個概念：「同居」和「共食」，即「同一家人吃同一口灶上所煮的食物」（黃郁茜2005：30）。

　　傳統的達悟人是平權的小家庭制，住在一起的人是以"miyaven do vahay"夫妻與未婚子女構成的核心家庭為主要內涵。衛惠林、劉斌雄對達悟(雅美)社會的調查指出，以核心家庭佔絕大多數。以1957年5月的紀錄為例，蘭嶼六社的戶口總數為416戶，1560人，每戶平均人口為3.75人(1962：30-31)。從衛惠林、劉斌雄調查至今四十多年，達悟社會一直維持核心的小家庭制，即夫妻與未婚子女同住的型態。

　　「一個家」意味著夫妻兩人同心，住在一起為家中的生計而努力。例如達悟語"ni vatekan"意指一艘已經雕刻好的船；雕刻船在達悟文化的意義是夫妻共造，是一體的概念（夏曼‧藍波安2003：83）。而沒有妻室的男人造一艘已雕刻好的船是禁忌，因為掌舵者是指婦女，沒有結婚就無人掌舵，夫妻兩人同心協力才能成家。家庭內的性別分工，也構成了經濟生產活動主要基調，男人主要的活動領域是在海洋撈捕魚類、山林伐木造屋建舟，女人主要的工作是在田裡種植薯芋、在家中紡織裁衣。

由夫妻與未婚子女組成的核心家庭，是達悟人基本的社會單位，並兼具生計，以及社會成員繁衍的目的。子女成婚以後都一定搬出老家，在老家的屋旁建造新屋，另立一戶，則是傳統達悟人的文化規範。

(二)一個家族as so inawan

一個家族"as so inawan"，指的是雙邊團體"zipos"及其婚姻所合起來的親屬範圍。衛惠林、劉斌雄(1962：57)指出，這個雙系近血親關係範圍是由父母雙方親屬所展開，以一個ego為中心，向上推兩代、下推兩代，旁系到第一從表兄弟姊妹爲止。即"zipos"的範圍包括「以一個血親家族的父母雙方向上追溯兩代至祖父母與外祖父母，以及父之兄弟姊妹，及其所出之從表兄弟姊妹，母之兄弟姊妹，及其所出的從表兄弟姊妹。」（圖4-1）

圖4-1　達悟族的zipos成員結構及親屬稱謂

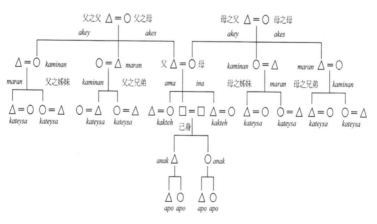

摘自：余光弘，2004年，《雅美族》，頁52。台北：三民書局。

夫妻爲核心所開展出來的雙邊親戚"zipos"，透過一連串的勞務與物質的交換行爲，成爲經濟生產與交換的核心。余光弘（1994：16-17）指出這：「由於蘭嶼全島各部落及各家庭所能生產的幾乎無甚差異，但傳統上達悟人並無市集也少見財物交易，一般財貨的流通以禮物交換形式進行，而這種交換不僅在強化交換者間的社會關係，明顯地也有以同易同（like exchange for like）實際的經濟效益」。黃郁茜（2005）的研究進一步擴大達悟社會對「交換」的理解，指出在達悟社會「交換」從來就不只是經濟的，必須以一整體現象來理解。透過交換構成了社會與親屬範疇，使傳統互惠得以在交換中延續且茁壯。

陳玉美（1994）以sharing of substance的概念界定了雙系家族：（1）在理念層次上，雙系是存在的；父系（水田）水源爲象徵、母系以母奶爲象徵。（2）夫妻（核心家庭）爲sharing of substance概念的具體表徵，以及社會組織的基本單位。（3）在實際社會生活中，是以家庭爲象徵的夫妻單位向雙邊開展的"zipos"（當地人稱親戚），在社會群體構成扮演最重要的角色。

事實上，"zipos"界定了一種相互的責任義務並形成禁婚的範圍，同時也是達悟社會重要的互助團體。一方面，傳統自給自足的經濟體系，是透過夫妻雙方延伸出來的雙邊體系進行生產與各種交換行爲，如分享食物、互贈禮物、建屋幫工、節日餽贈、魚獲分贈爲主。另一方面，彼此的建屋、造船、開地、生育婚喪場合，"zipos"成員均須參與，因不同功能形成相互幫忙的血仇團體、喪葬團體、婚宴團體等。一旦家中出現鰥、寡、孤、獨的情況，也是由"zipos"來承擔照護的責任。一位擔任公職的達悟人，向我解釋在達悟文化中，"zipos"成員對其個人社會地位的重要性：

> 在達悟的傳統什麼叫健全的家庭，就是父母、孩子全都要
> 在一起。會讓人瞧不起的，第一個是孤兒啊，第二個就是
> 殘廢、第三個是單親！孤兒、單親就是他父母親很早就死
> 了，然後就是沒有親戚！沒有親戚就無依無靠！這些人就
> 比較被人家瞧不起！(2005/11/3)

因此，由個人到家庭、家族、部落形成規模不同的生產單位和財產擁有，物質之間的流通亦是透過婚姻、繼承、交換、互惠而完成。我們可以說，夫妻與未婚子女所構成的核心家庭，是達悟家戶組成的基本原則，透過「家」擴大到「家族」，雙邊親戚頻繁地交換與互惠，隨著社會分工的層次不同，形構社會整合與凝聚的基礎。

(三)家屋asa ka vahay

在傳統的達悟文化中，家屋具有兩種象徵意義：一、住屋與夫妻(婚姻、核心家庭)互為表裡的象徵。二、住屋是屋主社會聲望與地位的具體象徵(陳玉美1996：437)。傳統達悟人的家庭，一個家的建立與成長，是夫妻共同努力的成果。傳統家屋的建造，從準備到完成，包括相關的建材、農作物、家畜畜養、儀式舉行，都必須由夫妻共同完成。

傳統家屋的發展也彰顯了個人生命週期的輩分，包括：出生、結婚、子嗣等。達悟族傳統家屋的發展與夫妻的生命週期配合，一個家的基本配備，包含了"vahay"主屋、"makarang"工作房及"tagakal"涼台。一對新婚夫婦，先住夫方父母的工作房，妻子懷孕後才離開夫之父家另建新居，通常為一、二門屋。以後在夫妻共同努力下，逐漸由二門改為三門，之後或加蓋"makarang"工作房，再

改建主屋爲四門屋 [4]。一、二門屋屬於臨時性，不必舉行落成禮，三門屋以上必須舉行落成禮。落成禮需要夫妻兩人合作，經三年長程的計畫才能竟全功。落成禮中需要大量的水芋，在典禮中用來覆蓋整個屋頂，並平均的分送來參加落成禮的親友及村中所有的家戶。個人藉落成禮的舉行來建立社會聲望與累積社會資本(陳玉美1996：427)。宅地與建築物的繼承基本上以父子相傳爲常態，通常父母會以最中意、最喜愛的孩子作爲繼承人，不限排行。

圖4-2　達悟族傳統家屋空間

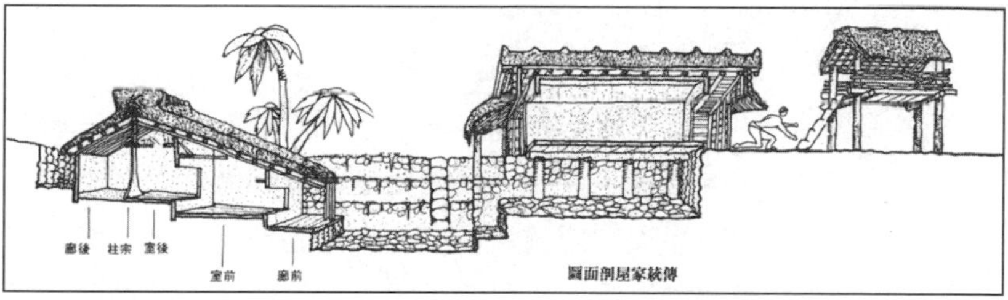

資料來源：黃旭，1995，《雅美族之住居文化及變遷》，稻鄉出版。附錄二。

因此，家屋的成長等於夫妻(關係)的成長。婚姻關係(包括夫妻與雙方近親的zipos)隨孩子出生而穩定，夫妻與父母分灶而食、築屋分居，家屋成長與夫妻關係成長一致，最後，透過落成禮確立

4　夏曼・藍波安(2003：65)指出，達悟人建屋與造船都是非常累人的事，蓋一個三門房完整的新屋，至少要砍伐一百多棵樹，從開工到房屋結構完成，需要三年的時間。四門房則需要兩百多棵樹。

個人的社會地位。

我們可以歸納未經歷快速變遷前傳統達悟人「家的圖像」：一、夫妻及未婚子女組成的核心小家庭，以此延伸出雙系的親屬關係"zipos"，形成家族的範圍。核心小家庭鑲嵌在家族的社會連帶，並以此形塑部落的凝聚力。二、個人生命週期與傳統「家屋」的發展一致，從家屋建造到落成禮，都是鑲嵌在既有的自主性生計經濟模式與社會秩序中。三、透過傳統生產方式和社會文化制度間的緊密結合，確保社會的生產與再生產，使個人能充分地整合於社會。

三、變調的家：十個家庭的現實

上述這些近年來人類學的相關研究，爲我們理解傳統達悟家庭提供了可貴的參照。但是，2000年我開始進入蘭嶼進行田野工作，這些人類學研究中所呈現的傳統達悟文化中家的理想形象，從1960年代中期快速社會變遷之後，早已發生重大的改變。部落裡面到處可見剛打地基、尚未完工的半成品房屋，或是窗戶大門被木板釘死的空屋。這些蓋了一半的房子，大多是建造房屋的經費不夠，房子的主人暫時離開蘭嶼跑到台灣工作，以賺取建屋的材料費。早期家家戶戶齊高，海天一色的景象已不復見。華麗的現代化國宅和鐵皮搭建簡陋的臨時屋，突兀地並置於蘭嶼各個部落。在長達四十年國宅改建的過程中，傳統的地下屋大多已被拆除，只剩野銀與朗島兩個部落，還殘存著一些零星或廢棄的傳統屋。家屋改建帶來的經濟壓力與生活方式的改變，使年輕人大量遷移台灣，造成夫妻、親子等家庭成員分離兩地。傳統「同居」和「共食」的家庭意義鬆動；隨著年輕人來台工作、求學，雙系的親屬關係"zipos"，彼此分享與

互惠的親密關係也開始淡化。上述種種的跡象顯示，達悟人理想的傳統家庭型態，已發生變革。家庭結構的變遷與達悟人高比例的精神失序現象有什麼選擇性親近的關係？家庭功能的轉變，與誘發青壯世代精神失序有何關係？對這些達悟人的疾病歷程又會帶來什麼樣的影響？接下來，我將以17個精神失序者所處的十個家庭爲腳本，進入精神失序者的家庭生活，思考上述的問題。

家庭一：父陳灣地、子陳安安，兩人皆被診斷爲精神分裂症，全家住在鐵皮搭蓋的臨時屋多年

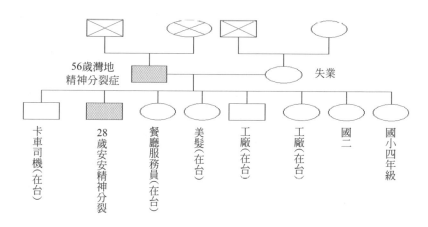

第一次走進這間鐵皮搭蓋簡陋的臨時屋，我很驚訝這對被診斷爲精神分裂症的父子與其他家庭成員，如何在這狹小的空間生活。屋內約5坪大的房間沒有任何隔間，全家人睡覺、飲食、烹飪都擠在這破舊、陰暗的空間。房內兩張雙人床拼在一起，兼具沙發與睡覺的功能，一台電視及簡單的烹煮用具，是這家人所有的家當。因爲經濟狀況不佳，這家人的國宅改建一直到2006年底都遲遲無法完工，臨時屋內沒有衛浴設備，所以這家人大多是在河邊洗澡或到附

近的小學使用衛浴設備。

56歲的陳灣地(No.06)國小畢業後，曾隨部落的人到台灣打零工。婚後由於台灣生活不易，他與太太回到蘭嶼，共育有8個孩子。衛生所的護士告訴我：「他是車禍後才變得這樣，有一陣子會在部落中遊走」。(2003/01/23)仔細追究他疾病的社會歷程，車禍導致的不正常可能是個過度簡化的歸因。曾騎摩托車在蘭嶼出車禍的陳灣地，車禍後左手雖變得較不靈活，但勉強還可以從事一些勞力臨時工作。他太太告訴我，灣地最先出現不正常徵兆的時點，是在車禍以後跑到台灣工作的第一個月。1983年當時33歲的灣地，由於家中眾多子女的巨大生活壓力，他和大多數的達悟年輕人一樣，在台灣製造業經濟起飛的年代，來台從事當時收入較爲優渥的板模工作。不料，工作不到一個月後，隻身在台的灣地，持續出現恐懼、害怕、幻聽等症狀，便自行返回蘭嶼。

在精神科醫師進入蘭嶼之前，中間約有十年，陳灣地一直未接受現代精神醫學的治療。他失序的狀況時好時壞，好的時候可以與太太上山種芋頭、下海捕魚、建造獨木舟。但狀況不好的時候，他太太說：「他有時生活作息極不正常、日夜混亂，常常自言自語聽不懂在講什麼，思考也不連貫」。(2004/7/11)陳灣地失序的狀況，使得他大部分的時間無法扮演好父親的角色，也讓年幼的子女必須承受原生家庭所帶來不正常的壓力。這個家庭另一個被診斷爲精神分裂症是二兒子安安(No.07)，父親發病時安安僅有11歲。回憶起父親從台返回後，與以往迥異的狀況，他自己告訴我說：「我爸爸就變得很奇怪啦！就會很害怕。就走來走去，走到別的地方，要不然就一直說話。但我當時不太了解那麼多啦！」(2004-26B-8)

從發病至今十多年，陳灣地與太太兩人都沒有正式的工作，靠

打臨時工、種地瓜、捕魚維持基本生活開銷。家庭功能失調、親職角色不彰的負面影響，使得排行老二的陳安安國中畢業後，就到搬家公司上班，賺取微薄的薪水來減輕家中的經濟負擔。安安18歲時，隻身在台開始出現恐懼、幻聽等症狀，不知所措的他，便自行跑回蘭嶼。由於父親也是精神科收案的個案，安安的發病很自然地被醫護人員歸為家族遺傳的個案。但是，安安自己這麼解釋當初發病的原因：

> 安安：那時候是想太多。
>
> 問：想什麼？
>
> 安安：想要不要換工作啊，找另外一個工作，因為領不到錢，領到就是很久，還有有時候就是一天等於沒有吃幾餐。
>
> 問：一天都沒有吃幾餐？那你同鄉的人會不會照顧你？
>
> 安安：也是會，但是我不敢跟他們借錢，才會回來蘭嶼。加上也聽到聲音。
>
> 問：你在台灣就聽到聲音了？就會害怕就回蘭嶼？
>
> 安安：對！就覺得很奇怪，怎麼會有這種聲音？
>
> 問：那個聲音都叫你做什麼？
>
> 安安：我看電視的時候，那個聲音就好像會責怪我。會一直想家裡的事。
>
> 問：家裡的什麼事？
>
> 安安：家裡的環境，心想說爸爸的病什麼時候才會好，因為那時候我在台灣，就是說很不放心家裡。（2004-26B-10）

　　父親的病，以及隨之而來的家庭壓力，讓隻身前來台灣打工的陳安安內心有極大的不安。從18歲時發病到2009年2月為止，他前後進出醫院12次，並不斷地往返台灣與蘭嶼尋求工作機會。2005年7月，長期失業、喝酒，使得安安的病情再度復發，一向溫馴的他開始對家人出現攻擊性行為。由於家中缺乏人手，只好由當卡車司機的大哥，暫時放下手邊的工作，緊急由台灣趕回蘭嶼，將他送入醫院治療，這是他第8次入院。2005年底出院後，一直到本書最後一次田野2009年2月底為止，安安大多時間都留在蘭嶼。每年頻繁的住院次數，以及他發作時無法控制的行為，讓他的媽媽與兄弟姐妹都承受巨大的壓力。

　　陳灣地與太太以露兩人失業多年，全家靠著陳灣地55歲以上一個月3,000元老人年金的補助，以及種田捕魚維持日常生活基本所需，家中只剩安安與兩個分別就讀國二與小學四年級的小女孩，其餘的孩子都在台工作。然而，多次陪同安安出入院，飛機往返台灣的交通費與照護的人力，也讓這個家庭更添雪上加霜的困境。灣地和安安兩人先後被精神科收案，家庭功能不彰也阻礙了其他成員向上流動的可能。安安不定期的發病，讓開大卡車的大哥，蘭嶼與台灣之間疲於奔命。原本成績優異的老三，高中畢業後原想升學，但因安安當時剛發病，便自動放棄了升學工作，選擇在餐廳當服務員。老四、老五則跟隨兄姐的步調，目前分別在美髮業與工廠工作。原在台東唸書的老六，也在哥哥第7次入院後，決定休學進入工廠工作。台灣昂貴的生活費，往返的交通費，工廠作業員、美髮、餐廳服務員，這些勞動階級平均一個月20,000元左右的收入，使得這個家並沒有因為孩子來台工作後，經濟獲得顯著的改善。相反的，父親與安安的病，反而讓其他家庭成員原本就不利的處境，

承載了更多壓力與挫折。經濟的窘困使得這一家人的國宅遲遲未能完工，只能窩身在狹小、陰暗的臨時屋長達七、八年之久，一直到2007年才搬到兩層樓的國宅。2005年底在台當卡車司機的老大，無預警地情況接到違規未繳的交通罰單，這突如其來的災難，更讓壓力沈重的他不知該如何是好。後來，國良轉到薪水較高的板模工作，不料不小心壓到左手大拇指，住院開刀後手的仍無法靈活活動，2009年初看到國良時，他失業在家已數月，他這麼告訴我：

> 弟弟去年底又被送到台灣住院，住院前他好不容易在貯存廠找到一個臨時工的機會，工作才三天，又開始出現幻聽、自言自語的徵兆。他平均每年要到台灣住院1、2次，從發病到現在已經十幾次了，我們的壓力真的很大，可是鄉公所會認為他的兄弟姊妹都有工作，不符合低收入戶。我們去年辦理低收入戶可是沒有過，低收入沒過，他住院的伙食費要自付，每次都要好多錢。（2009/2/1）

家庭二：兄Si-Yi、妹Sinan-She居住於玉里療養院超過十年，母親居住於國宅內

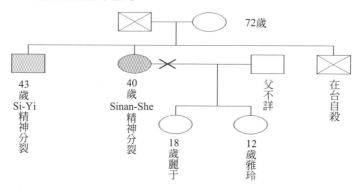

　　1996年一部關於蘭嶼5歲小女孩的紀錄片「希‧音拉珊」，成為報章媒體的焦點。當時片中出現的5歲小女孩希‧音拉珊、母親與叔叔住在精神疾病院長期療養，她父不詳，有個同母異父的姊姊。在疑似弱智的阿嬤Sypan Co照顧下成長，5歲的她不太會說話，喜歡用推拉的方式與人溝通，手腳有多個疥瘡的傷口，身上背負著「被詛咒的厄運」與「疑似發展遲緩精神異常」的標籤，一度被護士Si-Na帶到台灣給精神科醫師進行鑑定。

　　探究5歲的希‧音拉珊語言表達之所以遠較同年齡的孩子緩慢，背後更重要的原因，其實是家庭功能不健全所導致社會化過程學習的障礙。由於母親長期住院，她一直由70多歲的阿嬤Sypan Co照顧。Sypan Co先生已病逝多年，她育有3個孩子，大兒子Si-Yi（No.13）與二女兒Sinan-She（No.14）（希‧音拉珊的媽媽），兩人的診斷皆為精神分裂症。在兄姐相繼發生行為失序的狀況後，1993年這個家唯一正常的小兒子也在台自殺身亡。由於部落的親人擔心Si-Yi與Sinan-She回家後缺乏照顧，兩人被安置在在花蓮玉里療養院已有多年。雖然初入院時Si-Yi與Sinan-She多次表達想回家的心願，但是原生家庭功能不健全，住在蘭嶼的"zipos"親人也無法承擔照顧他們的責任，長期安置於玉里療養院，便成為兩兄妹在現實上不得不妥協的安排。

　　這個家庭的不幸開端，必須由阿嬤Sypan Co的三個孩子陸續到台灣工作開始談起。排行老二40歲的Sinan-She，一生際遇坎坷，她曾嫁到台灣，先生是殘障人士，先生死後返回蘭嶼，再嫁部落的一位外省人，不久這位外省人也病逝，後與人同居又被遺棄，留下了兩個同母異父的小孩，19歲的麗于，與12歲的希‧音拉珊。探訪部落的人，沒有人能夠確切地告訴我，Sinan-She開始變得異常的

精確時間點，但是，周圍的親人大多認定她從國小到台灣打工被人虐待後，就變得怪怪的。Sinan-She表妹陵娜就說到：

> 我表姊長得很漂亮，後來放暑假時，有台灣人來帶小姐出去工作，2、3個月回來後，她就變得怪怪的，好像被賣到妓女戶。只知道她回來後，人全身都是傷，又很瘦，走路都縮著身體，人變得很畏縮、又很怕。後來，她嫁到高雄，先生是殘障，她先生死了回來蘭嶼，又嫁給我們這邊漁人的外省人，外省人死後，她好像又嫁給我們這邊的人，可是人家不承認她生的孩子。她一生婚姻都很可憐，後來人家就說她精神狀況有問題。（2004-26A-21）

　　Sinan-She在生下女兒希‧音拉珊不久後，與哥哥Si-Yi分別在醫護人員的轉介下，被送到花蓮玉里療養院。43歲排行老大的Si-Yi，住在同部落的國中同學育枝告訴我，1978年國中畢業後，他們還一起到台灣工廠工作，Si-Yi當時一切都很正常。育枝認為Si-Yi的異樣行為源自於在台灣失業返回蘭嶼後，大約1984年左右，21歲的Si-Yi開始出現不斷的在部落亂跑、亂叫、發酒瘋等症狀，後來嚴重到開始毆打父母親，才被族人報警入院。在兄姊先後被精神科收案後，1993年Sypan Co在台工作的小兒子，從台灣住屋三樓跳下自殺身亡。根據報紙檔案的記載，「在蘭嶼旅台青年聚居的台中縣大雅鄉，一位做板模的年輕人，在與鄰居激烈爭吵打鬥並徹夜酗酒後，自三樓住處一躍而下，並結束短短二十多年的生命」[5]。

5　見〈讓雅美人回家系列報導五之一，誰偷了他們的靈魂〉，聯合報，

當時他是獨自在台中工作，身旁並無親人。因此，沒有人知道年輕的他，是難以承受兄姐發病的壓力，還是一人在台無法忍受衝突後的挫折，因而結束自己的生命。

孩子們的發瘋、自殺，導致這一家人視為遭受詛咒的家庭。老一輩人認為，為人父母不夠勤勞耕種芋頭田，才會使孩子一個個在外被詛咒；年輕一代則告訴我，這是家族基因遺傳的結果。1994年年幼的希·音拉珊因踢翻燭台，原本居住的傳統屋被燒成一片焦土。部落的老人家，更深信這是一個被惡靈詛咒與譴責的家庭。

1996年「希·音拉珊」紀錄片播出後，學校老師、醫護人員意識到小女孩因家庭功能不健全在社會化過程中所產生的問題，開始給予較多的關注與教導。2002年在部落看到這個小女孩時，她已經是個口語表達流利，喜歡與同伴嬉戲的國小五年級學生，她身上「發展遲緩」的標籤也逐漸褪落。在部落"zipos"的親人幫忙下，阿嬤Sypan Co與孫女已搬到國宅居住，學校老師還親自幫她們家鋪上塑膠地板。走進希·音拉珊的房間，有床、書桌、各式各樣的玩偶，牆上貼滿了老師與同學送她的卡片。她可以用國語與人流利地交談，並大聲的朗誦課本與寫字給我看。紀錄片播出後，希·音拉珊的成長過程開始受到更多人的關注，包括學校老師、護士Si-Na等，周邊有好多人努力幫她過得更好（也就是更符合現代人的標準，包括：知識學習、禮儀教養、生活方式、言行舉止、居家環境等），雖然對社會學家而言，這套朝向「現代性」改變的標準未必完全沒有問題，但是我相信現在的希·音拉珊必須經歷這樣的轉變，生命才有希望。護士Si-Na告訴我：「她本來就是很正常啊！

（續）——————————————
　　　　1995年6月5日。

當初只是適應的問題。」部落的人也肯定地說：「我覺得她算是很正常的，是沒有人帶，沒有學習的對象，家庭環境影響，才會那樣，學習很遲緩。其實她很正常」。（2004-26A-1）

2004年暑假，在部落叔叔、阿姨多次規勸下，原本極度不願孫女到台灣唸書的阿嬤Sypan Co，終於點頭答應讓希‧音拉珊接受社工的安排，居住在台東的寄養家庭。她的阿姨玲娜高興地告訴我，2005年初我看到寒假回來的希‧音拉珊變得乾淨、懂事、有禮貌，還會幫奶奶整理家務。至於希‧音拉珊同母異父的姊姊麗于，由於從小就想擺脫原生家庭所帶來的污名，成長過程中大部分的時間都待在同部落叔公（阿嬤Sypan Co的弟弟）家。國中一畢業後便迫不及待地離開蘭嶼來台從事美髮工作，在台與漢人結婚，已很少回蘭嶼。

2006年7月我拜訪花蓮玉里療養院，見到長期住在復健病房的Si-Yi、Sinan-She兩兄妹，他們二人住在復健病房，白天在庇護工廠工作，假日曾多次隨醫院的旅遊活動出遊。兩人告訴我，前陣子村長選舉時，曾在族人的安排下返回蘭嶼投票，一星期後才返院。Sinan-She高興地和我分享希‧音拉珊的照片，女兒被送至寄養家庭後，曾前來探望她。兩人似乎已適應療養院的生活，當我問及Si-Yi是否想回家，他還肯定地告訴我：「住在這邊比較好，也比較習慣。」

丈夫已逝，孩子發瘋、自殺，兩孫女到台灣工作、求學，Sypan Co並不明白為何子女會相繼出事，在惡靈文化的世界觀成長的Sypan Co告訴我：「這一切都是惡靈造成的。」在部落遠親的協助下，五年前阿嬤Sypan Co離開了傳統屋，寄居在"zipos"親戚所建造二房二廳的現代國宅中，2005年她不小心跌倒，行動受限無法到處走動，嫁到隔壁部落的妹妹定期會來為她打理家務。兒子女兒長

期住院療養，兩孫女前來台灣工作、求學後，空盪的屋子只剩她一人。2005年底拜訪她，透過翻譯Sypan Co這麼告訴我對家的嚮往：

> 我最大的希望，就是孩子能陪我一起吃飯。不管是哪一個都好，希望能夠在我旁邊，因為會很擔心他們在台灣。（問：想不想去台灣看他們？）想！可是我沒有錢。……他會帶我到台灣玩，還買了雞腿便當給我吃。他真的是個很好的孩子（正回憶起在台自殺的小兒子曾帶她到台灣的點滴）。（2005-33A-43）

　　一直到2009年2月初出書前去看她，她一直是處於行動不便由妹妹定期來照顧的狀況。看到我來訪時，她一臉期待並高興的告訴我，放寒假了，再過幾天希・音拉珊就要回蘭嶼看她。

家庭三：呂國輝、呂阿強、呂健永（兄弟），居住三樓的國宅內

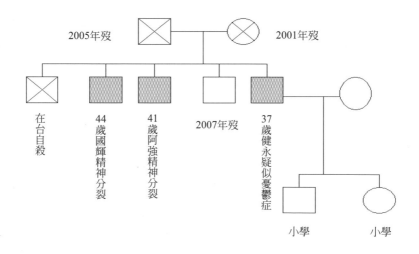

　　2004年我走進衛生所，剛調回故鄉一年目前負責該部落的達悟族護士Si-Loo就拉著我說：「我告訴你，我走進去呂國輝、呂阿強他們家，然後他們都在客廳看電視，還有他爸爸，可是我就覺得很奇怪的氣氛。那個家走進去的感覺，都是精神病人，三個人在看你，好像電影白癡的氣氛！反正一進去就想趕快出來」。(2004-4B-12)

　　2004年我第一次以研究者的身分走進呂家，由居家關懷義工的瑞芳帶路，被診斷為精神分裂症的呂國輝(No.8)、呂阿強(No.9)都在家門外，抽著煙走來走去。不久，住在他家隔壁被診斷為精神分裂症的林仁清(No.41)，也加入他們的陣營，沈默地在一旁抽菸。家中客廳的大門敞開，一入眼的是橫放在大廳的三張床。當時正在睡覺的老人家Sypan Gi，斷斷續續發出呻吟聲，我本來以為他生病，後來才知道是剛喝一瓶酒的結果。喝酒呻吟的老人，表情抑鬱蹲在屋外抽菸的呂阿強、呂國輝與林仁清，屋內凌亂的擺設、漬黑的地板、飛舞的蒼蠅，走進這樣的家，我想任誰都會感受到護士Si-Loo所說的那股窒息、想逃的壓力。

　　70多歲的Sypan Gi與老婆Sypan Na育有5個兒子，在傳統的達悟文化，這本是個令人羨慕、人口興旺的家庭。這個家庭不幸的開端，必須追溯到Sypan Gi的大兒子國洋在台自殺開始。國洋國中畢業後，便隨部落的族人到台灣工作，1986年他在桃園跳樓自殺身亡，部落有人說是感情因素，也有人說是精神壓力，由於父母、弟弟都不在身邊，沒有人知道這背後真正的原因。大哥的自殺是這個家庭揮之不去的創痛，並影響了這個家庭其他成員的生命際遇。從小和大哥感情篤厚的老二呂國輝，在大哥的支助下國中畢業後，得以來台繼續升學，並在高工畢業後，繼續留在台灣從事公共工程接水電的工作。大哥自殺那年，呂國輝因為失業返回蘭嶼，他告訴

我：「因為沒錢，所以沒辦法去參加大哥的喪禮。」之後，呂國輝
又隨著四弟到台灣工作，34歲那年他打破鏡子用玻璃切腹，自殺未
遂的結果，在腹部留下一道長達十多公分的疤痕。他認為這是自己
發病的起點，他這麼告訴我：

> 國輝：我那時也不知道，我來台灣是很想去找我大哥的靈
> 魂，可是我找不到他。
> 問：你哥哥的死讓你很難過？
> 國輝：真的很難過，我們兩個一起長大，我們是青梅竹馬
> 一起長大的。
> 問：那時會聽到什麼聲音嗎？
> 國輝：會，就耳朵嗡嗡的。還好沒有刀子，要不然我現在
> 就不在了。（2005-36B-7）

在台自殺未遂的國輝，再度返回蘭嶼，在長期失業無所事事的
情況下，陸續出現一些更嚴重的不正常徵兆，包括遊蕩、撿垃圾吃
等，而被納入精神科診斷。這家另一個納入精神科收案的是學歷只
有小學三年級的老三呂阿強。由於早期蘭嶼地處偏遠，犯人、不合
社會規範的教員和警員、不適任的公務人員才會被調到蘭嶼[6]。因
此，光復後一、二十年內島內國民教育素質極差，學生每日在教室
內的時間極短，常在山上海中按照教師指定的數量去捉青蛙、捕鰻
魚，或是採蘭花、挖羅漢松；未能在校長、老師規定的時間內取回

6　參見：夏鑄九等(1989)，〈蘭嶼地區社會發展與國家公園計畫〉。台
　　北：台灣大學建築與城鄉研究所。

指定數量山產的學童，一定遭到嚴重處罰（余光弘、董森永1998：
160）。教育素質的低落，以及老師不當的教學方式，根據呂家人表
示，阿強因為害怕老師常打人，國小讀到三年級便再也不願上學。
17歲時呂阿強便隨部落族人來台，也曾隨遠洋漁船出海工作，受限
於學歷，加上不識字，工作始終比較難找，失業回蘭嶼後長期無所
事事，也開始出現幻聽、自言自語、到處遊蕩等徵兆。

　　老四呂士強曾隨遠洋漁船出海四、五年，但工作所賺的錢，船
公司卻一直沒有如期兌現。類似呂士強的遭遇，並不是達悟年輕人
的特殊案例，2004年左右，法律基金會內義務的律師，正幫呂士強
及島內有相同遭遇的達悟人進行集體訴訟，官司也正在進行中。
2004年時在台灣失業回鄉的老四呂士強，每天和兩個哥哥生活在一
起，他無奈地告訴我：「他們喝酒的時侯，一直在那邊鬧，人家還
是會說話。酒，我看……看到他們先乾一杯再說啦。（問：你哥哥
他們平常日常生活都做什麼？）不是睡覺，就是每天躺在那邊，就
是坐在椅子上。老二就是往路邊走一走，我也是滿可憐他的，垃圾
桶那個剩菜，他在那邊撿啦。我看他也不忍心啦，我希望能夠有一
天，不要再發生那種的狀況啦。我看了真的會不忍心」。（2004-
17A-10）士強雖然會不斷的向我抱怨哥哥們喝酒失序的行為，但是
失業回鄉沒有工作的他，也加入了哥哥們的喝酒行列。

　　住在二樓的媳婦妮妮，也說到國輝、阿強失序的行為，對她帶
來的壓力：

> 壓力是精神方面啦，會怕啊，可是習慣了啦。老二以前是
> 作水電工的，不該敲的地方他就去敲啊，反正在家裡亂弄
> 啊，變成影響我們情緒啦！因為好好的東西去給他弄壞掉

啊，後面這幾年就比較嚴重啦。（2004-27A-2）

2004年過完年後，呂健永（No.10）安排從未住院的兩個哥哥到台灣住院治療，希望他們能變得比較「正常」後再回家。呂健永是部落公認非常上進的孩子，目前服務於蘭嶼派出所。他告訴我，當初選擇當警察，是想透過警察工作，找出大哥在台眞正的死因：

> 我會一直想大哥怎麼走的。那時候我考警察的動機，也是想去查大哥在台灣爲什麼會突然跳樓？我從小看他，都很好啊！另外我當時也血氣方剛嘛，我大哥走了我要幫他這樣子！現在，我看開了，人走了的話就走了，我也會走，下一代就不用再去揭這個瘡疤。（2005/11/15）

不再揭心中的瘡疤，不代表大哥自殺的傷痛已經平息。大哥自殺，二哥、三哥發瘋後，原在台東工作的健永，以家中事故爲由調回家鄉工作。25歲那年他與隔壁部落的妮妮結婚，育有一男一女，目前分別爲8歲與6歲，一家人住在二樓。沈重的家庭壓力，四年前重要支持者的母親病逝後，健永常常出現情緒不穩、酒後行爲失控的行爲。部落的人一度傳聞呂健永也變得怪怪的，同部落的瑞芳說：「他是壓力很大，才會導致有那種傾向，是他家庭造成的。」（2004/7/11）

圍繞在自殺、發瘋、生病、失業的親人，這個家幾乎大大小小的事，都是靠健永張羅。他並沒有納入精神科的診斷，但曾經短期透過藥物控制情緒。我認爲他人眼中變怪怪的健永，其實某種程度是長期承擔原生家庭生活壓力下的一種反彈。在訪談中他曾這麼解

釋自己的行為：

> 我媽媽是第一屆被教會送到台灣學習醫學的助手。但是，
> 我們整個家被父親拉垮，父親喜歡喝酒，沒事在村中會罵
> 很難聽的話，讓我當孩子的很丟臉。二哥、三哥發瘋後，
> 他們有時會去垃圾桶找東西吃，還去機場那遊蕩，自己哥
> 哥變這樣當然很心痛。他們又都喜歡喝酒，酒後就亂鬧。
> 我覺得我們這樣的家，有家但不像家。我整個人被他們拖
> 垮，所以會想喝酒，心想你們可以這樣，那我也和你們一
> 樣，就發起酒瘋。（2005-36B-30）

　　2005年愛喝酒的老人家Sypan Gi，因腹痛、體重急遽減輕而病
逝於蘭嶼，衛生所死因診斷為急性心肺衰竭。原以為Sypan Gi走
後，媳婦妮妮的壓力能夠減輕，不料， 2005年初妮妮的大哥自
時，因在蘭嶼失業多時，便跑到台東工作，工作不到一個月便不幸
車禍身亡，接著住在蘭嶼的母親又突然中風。由於姊妹大都外嫁到
台灣，照顧母親的重擔又都落在妮妮身上。這家的創傷、磨難似乎
仍沒有停歇，2008年11月與兩位精神分裂哥哥同住在一樓的老四呂
士強，疑似喝酒過量加上癲癇發作，突然的病逝於家中。健永無奈
的告訴我：「可能天氣太冷，他又喝酒喝太多，結果氣喘不過來就
走了。家裡人口已經越來越冷清了」。（2009/2/3）

　　2009年初看到健永與妮妮時，他們三層樓的國宅在兩人的努力
下已接近完工階段，不知是否為了掩蓋家中沈鬱的壓力，夫妻倆特
別選用亮麗的色彩，屋內屋外各式各樣粉紅、深藍、鵝黃、深綠五
彩繽紛的顏色，讓整棟屋子變得煥然一新。為了幫助兩位精神失序

的哥哥復健，健永還特別在附近的田地開闢了一個菜園，休假時他都會帶著哥哥到菜園種菜，或者用買賣的方式鼓勵哥哥下海捕魚。不過，根據我的觀察這些補魚賣給弟弟換來的現金，住在一樓的國輝、阿強大多消費在香菸、米酒、維士比等物品上，而非健永與妮妮所期望的，哥哥們能夠拿錢購買日常生活的必需品。

家庭四：陳海成、陳海妹（兄妹），居住於已完工二樓國宅

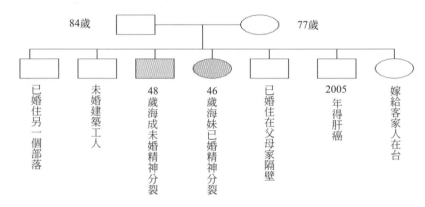

家庭五：陳海妹、趙懷光（母女）居住於一樓未完工的國宅

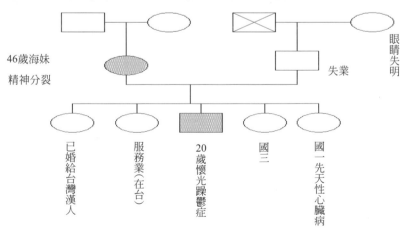

　　83歲的Sayban A與75歲的Sayban Aa，共有7個孩子，由於小兒子是室內裝潢師，現代化的三層樓水泥房，精心裝潢與設計過的房子，算是蘭嶼少見的高級住宅。Sayban A與Sayban Aa的孩子大多在台灣，目前兩位老人與被診斷為精神分裂症的兒子海成（No.01）同住，開早餐店的老五海剛住在隔壁。

　　老三陳海成國小畢業後追隨二哥在林班工作，後來又到工廠工作，問及當年20歲的他為何在台自殺，他告訴我：「我那時不斷的聽到叮叮鏘鏘的聲音，沒吃飯也不覺得餓，才會在羅東自殺。」（2005-32A-10）自殺獲救後，陳海成被接回蘭嶼與父母同住，待了一陣子，又自行來台灣工作，不久便因結夥搶劫入獄服刑七年，出獄後多次往返台灣、蘭嶼工作。1996年他38歲，在家拿刀割自己生殖器，被送入馬偕醫院治療，出院後被接回蘭嶼。當時部落正興建國宅，在島上待了一陣子後，又再度前往台中做板模工作，做了沒多久又跑回蘭嶼。2000年他42歲，吞下了所有精神科醫師所開的藥，緊急送入馬偕醫院洗胃後，被送入台東省立醫院精神科，住院一年。2003年他45歲，再度拿刀割自己脖子，弟弟發現血淋淋奄奄一息的他，緊急用直昇機送往台灣治療，這是他第四次自殺。Sayban A與Sayban Aa平時常吵架，這對於非常重視家庭和諧的達悟人而言，也是家庭成員挫折的來源。當我問海成，為何回蘭嶼後，又想再度自殺，他這麼告訴我：「因為生活壓力太大，父母親常常爭吵，讓我常常覺得很煩。他們都會罵我，罵很難聽的話。喜歡罵我！我哥哥我弟弟我妹妹都敢罵！罵很難聽的話！」（2005-32A-8）

　　根據我的觀察平日陳海成會隨著父親到山上耕種，也常在海邊看到他自行垂釣的身影。但是，他愛喝酒無法賺錢工作，兄弟姊妹

對他的行徑也多有抱怨，4次自殺、自殘的紀錄，更是讓身旁的家人承受了很大的壓力，小弟陳海一就說：

> 自從有了那個自殘的傾向之後，我爸都會說去了最好。受不了的時候，受不了那種壓力，他在非常不忍心的情況下，還是會說出這句話。……對他來說，（自殺）也許是一個解脫，他比慢性病更難照顧，比那個更難照顧。（2004-13A-19）

2006年5月傳來海成又要到台灣住院的消息，弟弟老五海剛說：

> 他好像又要發作了，一直叫一直叫，甚至不給我們睡覺，又是電視又是音樂，一個晚上故意放這麼大聲，他每天罵我媽媽，罵我們這樣啊。這次入院不要接他回來了，我爸爸都說不要回來了。（2006/5/12）

在醫院住了幾個月出院回蘭嶼後，海成恢復了暫時的穩定。不料隔了半年2007年底他又再度入院，2009年2月我看到他時，他告訴我，這回出院後便再也不喝酒了。家人告訴我，現在的海成每天都會到田裡耕作，這一年來是他最正常的時候，也希望這樣正常的光景能夠維持下去。

陳家另一個被納入精神科診斷的孩子，是排行老四嫁到隔壁的陳海妹（No.02）。46歲的陳海妹，她的父母、家人、部落的族人、與她自己對發病的淵源，都一致認為是小學五年級被部落的人用矛

嚇到而發作，精神醫學診斷為精神分裂症。國小五年級開始出現不正常徵兆，一直到精神科介入，這中間至少隔了十多年，她的狀況時好時壞，家人都說是斷斷續續的，好的時候很好，完全像個正常人。

　　22歲她和同部落的趙永強結婚後，兩人曾到台灣工作了一段時間，生了第一個孩子後，開始出現不正常的行為。陳海妹與趙永強的家，相隔娘家只有一條巷子，他們的家像是一個未完工的工寮，牆上是斑駁未上漆的水泥，凌亂的被褥散落一旁，客廳一台全新29吋平面電視，對照起整體凌亂、骯髒的環境頗不協調。陳海妹有5個孩子，大女兒嫁至台灣，二女兒高職畢業後在台灣從事美容工作，唯一的男孩老三趙懷光，是在2002年陳海妹因蓄意打破警局玻璃，被強制送入醫院長期治療後，開始出現一些怪異的行為，精神科的診斷為躁鬱症。她最小的兩個女兒，分別就讀國一與小五。夫妻兩人失業，房子蓋到一半，陳海妹自己認為，家庭壓力讓她再度發作：

> 問：那你為什麼會發作？
> 海妹：想得太多。
> 問：那你都想什麼？
> 海妹：生活、家庭問題，壓力很大。我的先生愛喝酒啊，
> 　　　會有壓力啊，而且我也愛喝酒，就會有壓力啊，就
> 　　　算是我沒有喝酒，他也是會喝酒。那小孩很可憐
> 　　　啊！沒有按時吃飯，他爸爸媽媽沒有上班啊！我們
> 　　　兩個都沒有上班啊！因為小孩子的學費、生活費沒
> 　　　有，隨便吃啊！（2004-14A-18）

每回看到趙永強，他總是沈默地在一旁喝酒，陳海妹的么弟就說到姊夫的狀況：「對，姊夫是喝酒，可能也多少他們兩個結合之後，姊姊的問題也給他的一種壓力吧，間歇性這樣的發病(指喝酒後大叫)。」(2004-13A-8)陳海妹也向我抱怨：「他常常喝，他喝的時候會兩三天一直喝一直喝，喝得醉醺醺，所以我們沒有固定的好的生活。」(2004-14A-15)部落的人對趙永強一家，總是圍繞著許多閒言閒語，五年前趙永強的弟弟在台自殺身亡，陳海妹的弟媳就這麼說：「這是報應啦！趙永強自殺的弟弟報應在他身上。他們兩個兄弟不和。嗯不和，最後人家報應了小孩」。(2004-14A-5)

2004年冬的田野期間，當時正值寒假期間，每每走進趙永強與陳海妹的家，趙懷光總是蜷身於紙箱鋪成的地板上，身上蓋著污黑被子，躺在地上看電視，大部分的時間都是他一個人在家。關於他的病，部落中有人認為是自殺叔叔的詛咒，也有人認為是基因遺傳，我曾問懷光，家中五個孩子為什麼是他發病？他不加思索地告訴我：

> 以前小時候，那時兩個妹妹還沒有出來，主要是我與上面兩個姊姊相依為命。爸爸在台灣工作，叔叔常會揍媽媽，當時大姊讀國中住校，二姐都去住她好朋友家，那時都只有我一人在家，只有我一個人。(2004-1-23)

家庭暴力的創傷是懷光自我詮釋的發病根源。他有時會告訴我，想到台灣一切重新開始；有時又煩惱地告訴我，家中房子蓋到一半沒蓋好。失業又酗酒的父親、精神失序的母親，不僅影響他的情緒與學習，也讓他對自己的家充滿著羞恥與自卑。2005年夏天懷

光至蘭嶼完全中學畢業，從2005夏到2009初，他不斷的來回遷移於
台灣與蘭嶼之間，這中間曾經三度在台灣發病，全由在台工作的姊
姊帶他住院治療。

家庭六：鄭齊國、鄭齊利（兄弟），父母離異後相繼發病

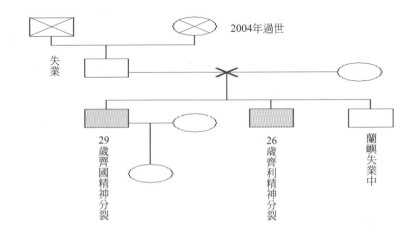

50歲的鄭官仁，一直處於打零工的半失業狀態。鄭官仁原是士
官長，與隔壁部落的彩琪結婚後，兩人在台生活並育有3個兒子，
軍中退伍下來後，台灣生活開銷大，兩人便返回蘭嶼居住，由於家
中經濟來源不穩，間接造成夫妻失和。12年前兩人協議離婚，離婚
後他獨自扶養3個小孩，當時老大鄭齊國才15歲。鄭齊國（No.11）高
中畢業後來台工作，22歲時出現幻聽、幻覺等異常行為。鄭官仁認
為兒子是因為父母離婚，加上在工廠工作時間長、錢又賺的少，生
活壓力大才會發病。父親與弟弟分別談到當時的狀況：

父親：他會怪怪的是因為家庭因素，家庭因素讓他就會開

　　　　始想一些東西。以前我還沒有離婚之前，家裡過的
　　　　生活還不錯。離婚之後，他媽媽又跟他住。他說：
　　　　媽媽，那我領到薪水，我交給你。結果媽媽用錢，
　　　　兒子沒有飯吃。反正生活是要兒子去想辦法。有一
　　　　陣子，他就跟我們透露，他除了早餐不吃，中午吃
　　　　公司的飯，下午也不確定可以吃到飯。

弟弟：他告訴我，他們做工廠的時候，經常趕夜車，幾乎
　　　　每天都沒有睡好覺，因為天氣太熱睡不著，想的事
　　　　又很多。（2004-22A-15）

　　在台灣發病而回蘭嶼的齊國，出現嚴重幻聽、幻覺，常常大聲
吼叫、隨意亂走，讓他家人為了照顧他疲於奔命。在家住了半年，
才在護士Si-Na的協助下，被送入精神科病房住院兩個月。出院
後，在父親的協助下，病情逐漸穩定，繼續返台工作。2006年初，
我在他家中看到齊國的喜帖，原來他在台認識了一個阿美族的女
子，生了一個小女嬰。兩人打算在春節時，補辦婚宴。父親鄭官仁
認為父母離異的創傷，以及在台工作壓力，是誘發齊國發病的主
因，並強調家人的愛與支持，才是幫助兒子病情穩定的重要機制。
為了幫助齊國重返台灣工作，父親鄭官仁初期是陪著兒子，和他一
起在台工作與生活，見他情況完全穩定且能勝任工作的要求，才回
蘭嶼。

　　鄭家另一個被納入精神科收案的是老三鄭齊利（No.12）。鄭齊
利原在蘭嶼就讀成功商水，當時面對哥哥突然判若兩人的舉動，加
上父母剛離婚，心理受到極大的打擊。大哥發病的二個月後，他也
出現幻覺、幻聽現象，而進入精神科住院一個月，齊利自己認為，

他的不正常與大哥當時突然的發病有關，他說：

> 我那時會到墳墓那邊大罵，我覺得大哥怎麼會突然變這
> 樣，明明原來好好的，怎麼會這樣，誰都不認識，自己是
> 誰都不知道。（問：你覺得你的情況與大哥有關嗎？）應該
> 是這樣。（2004-22A-35）

齊利出院後，一直住在蘭嶼，由於1500度的高度近視，找不到
正式工作。2006年初范醫師認為齊利病情穩定，原打算將他消案，
不料先天性血管阻塞造成的高血壓，使他突然昏倒，緊急轉送台灣
後，醫師診斷出齊利具有極為罕見的「高胱氨酸症」，2007年開
始，齊利幾乎每個月都必須飛到台灣進行複診，由於核廢場提供的
急難救助，一年只能補助四個月的機票費，每月往返昂貴的機票
費，也讓一直沒固定工作的父親鄭官仁傷透腦筋。

家庭七：于順發，與太太孫子居住一樓未完工的國宅內

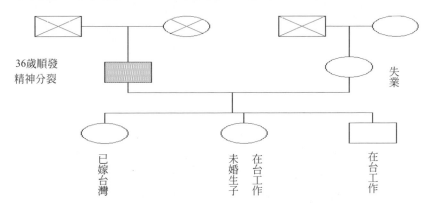

　　曾擔任過議員的于順發(No. 20)，已婚，育有兩女一男。年輕時熱衷政治事務，1976年曾當選縣議員。議員卸任之後原想競選連任，由於選舉失利，不得已的情況下返回蘭嶼。返回到故鄉不得志的順發，開始天天以酒精麻醉自己，1982年騎摩托車時於蘭嶼出車禍，由直昇機送入台東馬偕醫院腦部緊急開刀，開刀後整整昏迷了一個月，在太太鳳洋細心照料下，才開始從植物人狀態逐漸恢復知覺。

　　于順發後來出現不正常撿垃圾的行為，根據衛生所醫療紀錄的診斷分類，被歸類於車禍後腦傷所引發的器質性腦傷。但根據太太鳳洋表示，他開始大量撿垃圾堆置於家中，是發生在車禍康復後第三、四年，當時她因國宅改建缺錢到台灣打工，孩子進入國中的寄宿學校，順發一人獨居在家。鳳洋說：

> 三、四年之後他就一點點、一點點這樣撿。結果愈來愈多、一袋一袋這樣搬、不是用搬的就是用扛的、用推車、摩托車都有。有一次我去台灣打工，是我看他差不多可以照顧自己了。沒想到回來之後，我家沒有地方住，都是他的垃圾，我就哭起來怎麼變成這樣。因為家裡都沒地方可以住、好像個垃圾山。

　　每每經過順發的家，住家前面就好幾大袋的廢棄輪胎、保特瓶、雜物，屋內的兩個房間，其中一間堆滿了他撿來的垃圾，並發出陣陣的臭味。部落的村長曾不滿地告訴我：「社區的清潔比賽，因為這些垃圾而大受影響。」二女兒美黛也向我抱怨：

我們比較大的負擔是，看到他我們都會怕。他會撿一堆垃圾，讓我們覺得全家都沒有什麼面子，他堆了一大堆，好像我們都不是人，好像都跟他一樣神經神經這樣子。別人看到我們家裡的環境，就很像我們全家人都發瘋了這樣。（2004-12A-13）

于順發發病時，孩子正處高中與國中階段，學校取代了原生家庭的功能，國中週一到週五集體的住宿生活，也暫時隔絕了他們必須天天直接面對失序的家庭。目前大女兒已嫁到隔壁部落，二女兒美黛高中畢業後，就來台工作，原木認識一個客家籍的男性，由於對方家庭極力反對她原住民的背景，兩人情感破裂後，僅留下一個父不詳的小男孩。心疼女兒的鳳洋，只能靠著先生的殘障津貼，幫忙女兒帶孩子。處在長期照顧先生及孫子的壓力下，讓她身心都承受了極大的壓力。2003年4歲的孫子，在疏於看護的情況下，把爺爺的精神科用藥當成糖果服用，而被送入衛生所洗胃。面對家中你丟我撿搬不完的垃圾，2003年剛退伍的老三金樹與鳳洋看著滿堆的垃圾，難過地告訴我：

金樹：我壓力很大啊，我是男生啊，家裡獨子啊，我壓力
　　　也很大，想要把這個家裡給他用好，可是他撿的垃
　　　圾，就是唉……而且看這個也不習慣啊，我每天待在
　　　軍中，都那麼乾淨，那我待在家裡看著這些垃圾。
鳳洋：就是本來很有信心的，為家庭打拚。但他就是看到
　　　太多垃圾，爸爸又這樣子，就心冷起來了，就洩氣
　　　了。要怎麼樣做，怎麼走，他就不知道方向了。我

們家以前拿到好幾次那個模範家庭啊，他車禍以後，就完全變了一個人。（2004-12A-35）

2009年初看到不修邊幅的順發，他總是打著赤腳不斷地沿著海邊從一個部落走到另一個部落，思緒也不願離開過去的風光，與他對談，他多次得意的告訴我：「打算明年選鄉長」。從2000年第一次隨醫護人員到他家訪視，這麼多年來，順發不斷撿垃圾的行為讓家人傷透腦筋，不過這一、二年在醫護人員的教導下，他開始撿鋁罐與寶特瓶，學習垃圾分類向小販換錢。2009年初來到他堆積著垃圾的家，狹小凌亂的空間，還是可以直接感受到一股喘不過來的壓力，目前失業的金樹無奈的告訴我：

很希望能夠把他送到長期住院的機構，不要回來了。要不然他每天不斷的赤腳走路，走到腳都變形了還要走，要不就是三更半夜撿垃圾，和他住在一起壓力真的很大，這些垃圾都清不完。（2009/2/6）

家庭八：吳談，育有五個小孩，全家居住一樓未完工的國宅內

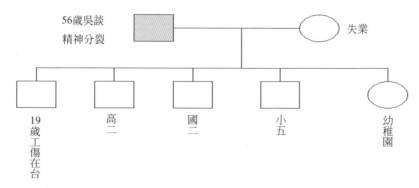

　　吳談(No.19)51歲，有5個小孩。原本與太太育娟在台灣工作，因生活壓力過大，30歲那年兩人回蘭嶼，回鄉後一如大多數年輕人一樣，並沒有穩定的工作，一年後他31歲時就開始出現異常行為，並有多次自殺紀錄，精神醫學診斷為精神分裂症。長期以來，吳談一直深受幻聽所苦惱，2002年底他跑到墳墓附近拿刀子刺自己腹部，而被緊急送往台灣開刀。2004年底訪談他時，他這麼理解自己的狀況：

> 問：你現在還會不會聽到聲音？
>
> 吳談：還有啊。會很害怕，一個晚上兩個小時時間就過了，都沒有睡覺。
>
> 問：你覺不覺得說這是生病了，才會聽到聲音？
>
> 吳談：你知道台灣給人家詛咒，你知道嗎？嗯……是這樣子，怎麼會聽到聲音。
>
> 問：這個房子是你蓋的嗎？
>
> 吳談：我兩夫妻蓋的啊！那時候一聽到聲音啊。那時候我瘋瘋癲癲的，那時候我頭腦已經是搞壞掉了。
>
> 問：你聽到聲音有多久了？
>
> 吳談：差不多一、二十年了，差不多二十年左右了。
>
> 問：二十年了？那你覺得說吃藥有沒有效？
>
> 吳談：沒有效。我有跟范醫師說那個藥吃了，上次我吃了一個禮拜都沒有起來啊。我就跟范醫師講說，那個很可惜啊，我不吃，然後也沒有效。因為我自己知道，這個病不是自己的病啦，自己的病沒有藥醫啊，這種東西喔，沒辦法用藥醫啦。

問：那你覺得用什麼，會對你比較有效？

吳談：對呀，人家要罵你的時候，就像你神經一樣的道
　　　理。

問：有沒有什麼方法，可以讓你比較聽不到聲音？

吳談：沒有，那個塞耳朵也是一樣。很多啦，台灣的喔，
　　　像詛咒的話，像叫你去。

問：有工作會不會對你比較好？

吳談：有工作的話，像我們那麼老了，沒有人要了。

問：你之前是不是有去馬偕住過院？

吳談：有。

問：為什麼住院？

吳談：就想自殺啊。就不知道。人家詛咒。聽到東西的時
　　　候，很不舒服喔！很多，有打架啊、殺人啊，很多
　　　喔！

問：很可怕喔？

吳談：對呀，有人說要來殺我這樣子。

問：你聽到聲音的時候都怎麼辦？

吳談：就這樣啊，順其自然。我有跟他(指醫師)講過，說
　　　我會聽到聲音，但沒有辦法。(2004-19A-45)

　　喜歡喝酒的吳談，發病後還是陸續生有5個孩子，由於長期深
受幻聽、幻覺所困擾，無法在子女成長過程中給予細心的照護，他
也不認為精神科醫師打針、吃藥的治療方式對他有什麼幫助。每次
經過他們還未完全完工的一樓國宅，牆壁上的水泥已有部分脫落，
屋內凌亂的被褥散落一旁，窗戶的紗窗破了好大一個洞，一群小孩

子就橫躺在客廳污黑破舊的床墊上看電視，吳談則與太太到田裡工作。吳談的太太告訴我：「我們回來蘭嶼二十年了，都沒收入。這邊沒臨時工，是靠低收入戶的9,000元過活。他有時會有幻聽，但不喜歡吃藥，所以藥都不願意吃。喜歡喝酒，一喝酒就罵小孩、罵我，並破壞家裡的東西」。（2004-19A-35）

　　家中經濟狀況不佳，使得原本在高中成績優異、多次領獎學金的大兒子建明，不顧母親的反對，高中畢業後便放棄升學的機會進入勞動市場工作。不料，工作不到一個月便因手指被壓傷而無法繼續工作。當時育娟擔心又難過地告訴我：

> 我很希望他可以繼續升學。因為現在小孩子都要靠著學歷，你不可能高中畢業去外面人家要僱用你，這樣生活會很累！外面那個工作方面都是要靠著學歷，那孩子為什麼會受傷，是要看會不會改善家中生活。高中畢業以後就沒辦法升學要拚命工作，他就是想要這個家重新建立，結果做了一個月就碰到那種事！（2005-37A-33）

　　2003年我見到寒假回家的建明，問他面對父親拿刀刺肚子的自殘行為，當時會不會怕？他無奈地說：「不會，只是覺得很煩。很討厭他喝酒」。太太育娟曾多次向我抱怨，吳談常常會有不正常的妄想、也很沒安全感，會限制她的行動，怕她會跑走。精神分裂症的老公、工作受傷的大兒子，以及4個分別就讀國中、國小、幼稚園的孩子，生活的重擔使她備感壓力。2006年底她與吳談開始參與鄉公所擴大就業方案臨時的勞力工作，一天有800元工資。她告訴我：「多多少少可以補貼家用，可是工作還是很不固定」。斷斷續

續工作了數個月，夫妻兩人又再度面臨失業。平日吳談雖會隨著太太到田裡耕種，幫忙餵豬，或是隨部落的人下海捕魚。但是，大多時候他只要有一點零錢，多是拿去買酒。2009年2月隨醫護人員到他家進行訪視，當時的他，拿著一瓶米酒與同部落的人在屋外的涼台聊天，受幻聽的症狀所苦惱的他，自認為喝酒會比較舒服。

家庭九：鄭自時，離婚，於花蓮玉里療養院長期療養

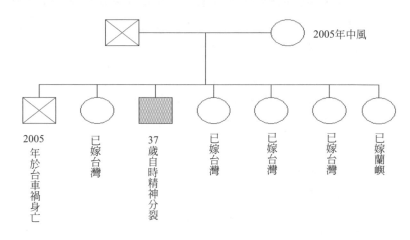

37歲的鄭自時（No.40），家中兄弟姊妹原有2男5女，他排行老三，大哥自維2005年在台工作時，因車禍不幸喪生，其他的姊妹多在台灣成家立業，唯一留在蘭嶼的妹妹是前述嫁到呂家（家庭三）的妮妮。蘭嶼衛生所的統計資料，鄭自時被歸因為車禍後腦傷引起的精神疾病，但是，追溯他的疾病史，與前述的于順發一樣，車禍後腦傷可能是過度簡化的歸因方式，會讓我們看不到問題的癥結。

和大多數蘭嶼的年輕人一樣，鄭自時國中畢業後，就隨部落的人到台灣工作。後來，他與同部落的行雯結婚，婚後兩人在台工

作，並育有一女。雖然兩人在台收入不高，但還可以維持基本生活，不料一天自時騎摩托車外出不小心出車禍，車禍出院後，由於行動變得較不靈活，接踵而來的是長期失業的困境。姊姊說到自時當時的狀況：

> 應該是車禍後，因為無所事事吧！然後他的行為能力喪失啊，沒辦法工作嘛，我們姊妹也都會想盡辦法幫他，……他說他要賣東西嘛，我大姊啊、二姊啊，買一些東西讓他賣啊，結果不是這樣子啊。什麼東西賣到了錢，又去喝酒，有時候還會喝一喝然後鬧商店啊！

欠缺安全感的行雯，毅然決然地帶著女兒與自時離婚。離婚後的自時，開始大量酗酒，他部落的一個好朋友，這麼形容自時當時的情況：

> 他在台灣在那裡車禍，然後一個受傷害肢體不是很健全的一個人，他太太又離他而去的話，這二度傷害，他就變成腦神經，看著自己的身體已經歪曲，又看著自己最親的人漸漸的遠離，那你能夠撐到什麼時候，而且孩子又被她帶走。他後來就變成無家的一個。只有他父母親啊，他藉酒來忘掉一些悲傷的事情，所以常常發洩，大聲吼叫，做一些連他自己都沒辦法接受的事。（2004-15B-23）

車禍、長期失業、家庭破裂，讓自時習慣用喝酒麻醉自己。失意的他開始出現自言自語、大聲吼叫、毆打父母等行為，2003年過

年前被兄姐送到花蓮玉里住院長期療養，送他住院的大姊告訴我：

> 因爲老婆和他離婚，又不准女兒來看他，加上喝酒才變得
> 這樣。喝酒後情緒起伏很大，又會打媽媽。送去住院不要
> 喝酒的環境對他比較好，但是，和一些奇怪的老榮民住在
> 一起，好像也不太好，人好像會愈變愈奇怪、愈退
> 化。……他會寫信來說要零用錢。（2004-1-22）

　　由於鄭家大哥2005年意外過世後，70多歲的母親也接著中風，姊妹們又都各自成家立業，自時至今已經在玉里療養院住院兩年。妹妹妮妮曾經擔憂地告訴我：「去花蓮看他，吃便當時，人虛弱得連筷子都拿不穩。大家都有自己的家庭要照顧，已經沒辦法照顧他了」。2008年過年時，姊姊曾接自時短暫的回鄉過年，但是害怕他賴在蘭嶼不走，年一過便趕快的送他回台住院。2008年中旬在療養院的自時，因爲出現類似癲癇的症狀，緊急轉診到門諾醫院治療，狀況穩定後才又轉回花蓮玉里，妮妮告訴我：

> 他從來沒有癲癇的症狀，不知道是不是藥吃太多才這樣。
> 我們有去花蓮玉里看他，我也有打電話給醫師，醫師說：
> 他的狀況，還不適合到庇護工廠工作。他現在人在那邊就
> 是吃藥，好像就愈來愈畏縮，我們很想接他出院，可是眞
> 的沒人可以照顧他，他回來如果又喝酒，又會打我父親，
> 我們姊妹都很怕。（2009/2/6）

家庭十：吳維凱，未婚，於花蓮玉里療養院長期療養

　　42歲的吳維凱（No.46），是衛生所收案但長期在花蓮玉里療養的患者，維凱父親過世的早，家中7個兄弟姊妹，他排行老三。國中畢業後，在台工作，曾無故被人追打，醒來時發現自己躺在甘蔗園。從台灣返回蘭嶼後，人就變得怪怪的，疑心病極重。1989年他26歲時，逐漸開始出現幻覺、多疑、懷疑大嫂煮飯下毒、要不到錢就會毆打媽媽等行為；1995年因毆打母親，第一次被送入醫院治療，精神醫學診斷為精神分裂症，在醫院治療一年後出院，同年母親過世。

　　出院返回蘭嶼的維凱，情緒起伏大、常有攻擊性行為，1997年他因向嫁到前村的妹妹要錢未遂，意圖放火燒妹妹的房子，因公共危險罪成為保護管束的現行犯。2000年我看到他時，他獨居在一間蓋到一半的水泥屋，陰暗、潮濕，屋內除了一個床墊，沒有任何家具擺設。當時，為了是否要吃藥的問題，他正與醫師爭執不下：

> 維凱：我會腦筋不清楚，想到這就很怕，怕會愈來愈嚴
> 　　　重。
> 醫師：你要吃藥啊！現在幫你換新藥，副作用不會那麼嚴
> 　　　重，你試試看嘛！
> 維凱：我可以用大自然療法，不要吃藥。
> 醫師：你想想看那時你不吃藥，以為整個蘭嶼島上只剩你
> 　　　一個活人，多可怕。
> 維凱：我不要吃藥。（2000-3-5）

　　脾氣暴躁且不願吃藥的維凱，一個月後就被強制送入療養院。

家中曾被維凱縱火的妹妹維莛，排行老五，她認爲哥哥失序的行
爲，對她的成長過程造成極大的傷害：

> 我哥哥對我們造成的陰影很重，常常因爲他會引起衝突，
> 會和大哥打來打去。小時候我不認爲他有病，他脾氣很
> 壞，我認爲是心理創傷。現在是因爲把他當病人，才不恨
> 他。（2005-11-12）

由於維凱父母親已逝、兄弟姊妹多已成家立業，沒有人願意照
料他出院後的生活，以及承擔可能的風險。於是，其他7個兄弟姊
妹寧願長期分擔維凱的住院費，也不願意他出院後返鄉再打亂彼此
的家庭。因此，2000年再度入院的維凱，目前就長期居住在玉里療
養院，缺乏家人的支持，也一直無法回家。

上述這十個家庭代表了處在快速社會變遷下達悟家庭的一個縮
影。根據蘭嶼衛生所統計資料，家族性遺傳的定義爲家中有兩人或
兩人以上被診斷爲精神疾病；目前共有七個家庭的14個個案符合這
個定義。這七個家庭並非聚集於同一部落，但是這些失序者全部都
屬於青、壯世代。目前蘭嶼約60位左右罹患精神疾病的患者，不管
是家庭中有一個或兩個精神失序者，他們所帶出來的家庭問題，包
括有失業、酗酒、重大疾病、意外死亡、自殺、家庭暴力，許多人
夫家、娘家同時都有精神失序、重大疾病（如癌症、車禍重傷）的患
者，沈重的照顧壓力也成爲本身發病的根源。例如呂家的老五健
永，在遭遇大哥自殺，二哥、三哥發瘋，父親酗酒的壓力下，當重
要支持的母親過世後，開始出現失序的行爲。這些客觀存在的家庭
不穩定因素，都對其成員的精神狀態產生明顯的負面影響，並造成

重大的心理壓力、挫折與焦慮等，對誘發他們的精神失序，有相當的作用。

　　在精神醫學走向科學的成果中，當生物性範型將精神疾病視為大腦、基因等生理結構的問題，引起人文社會學者共同關切的是：如何處理精神疾病與自我，以及它與廣大社會、文化脈絡之間的關係？對社會學家而言，「自我」呈現與形成，與當下社會情境與廣大的社會文化脈絡有關。精神疾病的特色，既然是與自我有關、涉及受傷的自我，那麼以病人為主體、病人如何理解那個「不正常」的自我，就變得很重要。從這些受訪者主觀的詮釋上，如家庭三的呂健永，家庭四的陳海成、家庭五的趙懷光，家庭六的鄭齊利，他們在主觀上都認為自己精神疾病的問題出自於家庭因素。從客觀的分析上，顯然這一些不穩定的家庭結構因素，也扮演了一股強大的壓力，誘發了這些人精神失序的可能。從上述十個家庭，我們可以明顯地發現快速社會變遷對傳統達悟家庭的衝擊，同時也顯示家庭功能失調對達悟人精神失序的重要影響。

四、變調的家：家庭功能失調的各種面向

　　上述十個家庭的精神失序者，就像本章一開始提到的E部落在短短一年中所發生的種種家庭變化一樣，不能僅僅被視為個別偶然的際遇，而是反映達悟人族群身分與社會位置所帶來的集體命運的呈現。它們是一種社會受苦，而非個人偶發的不幸而已。比較傳統達悟家庭與現代家庭不同的圖像（表4-1），我們可以發現傳統達悟家庭所衍生出來的勞動價值、維生方式、生活型態與居住空間，都非常不同於現今的家庭型態。

因此本章接下來的部分，就從達悟人所面對的社會變遷脈絡，分析那些導致上述家庭功能不彰的一般原因，這些因素是社會變遷所造成的家庭功能失調的各種面向。我將以三個面向分析，來說明文中所指涉的家庭功能失調。一、生計經濟模式走向貨幣經濟，造成不同性別家庭成員的壓力與依賴－救濟關係下的貧窮家庭增多。二、國宅改建對個人與家庭心理健康的衝擊。三、"zipos"所形塑的社會整合基礎式微，導致家庭成員心理社會的支持功能減弱。而本節的分析，目的就在於指出達悟人特殊的精神失序現象在家庭方面的結構性因素。

表4-1　傳統達悟家庭與現代家庭的比較

家的比較	傳統達悟家庭	現代家庭
勞動的價值	勞動是為了維持生產，彰顯在「交換」與「互惠」的社會關係上。	勞動是為了獲取薪資，以進行交換。
維生方式	魚撈、耕種等自給自足的生計經濟。	賺取薪資，以維持家庭開銷。
生活的型態	日出而作，日落而息，與大自然的循環結合的簡單生活。透過各種儀式祭典、時歲季儀，與傳統儀式結合，以部落為據點，生活在家族連帶中。	多數人的生活被納入到各種現代性組織中，如學校、工作、社團組織等，生活型態較為複雜而多元。
居住空間	達悟傳統地下屋	現代化水泥國宅

(一)經濟模式改變弱化家庭支持功能

1.不同性別角色的家庭壓力

1960年代中期開放觀光與投資，造成蘭嶼門戶開放，傳統的生

計經濟逐漸走向資本主義的商業邏輯，也加速島上居民對「貨幣」的接觸與嚮往。在這段變遷過程中，達悟人逐漸從既有的「生計經濟」與「交換互惠」的生活方式，走向資本主義勞動市場。年輕一代開始將勞動力當成一種商品，出賣勞動力獲取薪資，以符合現代家庭的生活所需。如同第一章所述，當生計經濟不足以維持既有生活所需，遷移台灣出賣勞動力，成為青壯世代的集體宿命，而經濟轉型的壓力也分別以不同的方式作用在男、女兩性的身上。

傳統的達悟男性角色是負責建造家屋、出海捕魚、臨終送葬等，宅地與建築物的繼承基本上以父子相傳為常態。一個男丁人口眾多的家庭，傳統上視為興旺的家庭，代表有豐足的勞動力，因為男性扮演了主要勞動生產者的角色。

對於接受現代教育的青壯世代而言，由於傳統生計不足以應付現代家庭的經濟功能，男性做為家庭生計的承擔者，便直接承擔家庭經濟的生活壓力。有無工作、會不會賺錢、能不能賺很多錢，取代傳統的文化價值（建舟、捕魚技術良好），成為評量達悟男性個人能力的重要表徵。

田野被登記為精神失序的51位受訪者中，38位男性、13位女性，男女比例3：1；38位男性中8個已婚、30個未婚，大部分的失序者明顯集中在未婚、失業的青壯世代男性。由他們發病過程的分析（見附錄一：受訪者基本資料），顯示許多發病的男性受訪者，都是在工作不順、長期失業的情況下，逐漸出現不正常的徵兆。許多研究都指出，精神疾病的發病率與社會的經濟變動有密切的關連，某些和經濟相關的因素，例如經濟大蕭條、失業、財務困難、不良的居住環境，被認為是導致某些群體心理不適應的關鍵因素。例如Richard Warner（1985）分析指出，精神分裂症的結果與盛行率是受

到政治經濟的狀況所制約。在發展中國家，那些容易受到勞動狀況與失業所影響的階級，得精神分裂症的風險較高；而嚴重精神疾病的最初發作年齡（onset），也受到男人與女人進入勞動市場的年齡所影響。

　　換言之，這些和經濟相關的因素，工作不順、長期失業、生活壓力等都是導致青壯世代心理壓力與誘發精神失序的關鍵因素。當生計經濟已無法滿足現代家庭的開銷，一旦遇到工作不順遂、經濟窘迫，會促使生活壓力變大，特別是身為一家之主的男性壓力更大。當這些已婚男性無法承擔家庭經濟，就容易面臨離婚、家庭功能失調的困境。例如家庭九被納入精神疾病診斷的鄭自時，他是車禍出院後長期失業，老婆帶著女兒與他離異，才逐漸出現精神失序的行為。或者，父母離異間接造成的家庭功能改變，也是子女心理創傷的來源，例如家庭六的鄭家長期經濟不穩定影響夫妻失和、繼而離婚，父母離異間接誘發兩個孩子的發病。

　　此外，達悟族異族通婚的人數，於年輕人口遷移台灣之後，有開始增加的趨勢。但是，這些真正擴大結婚對象，主要是以女性為主。這樣的改變，反而減少男性族內尋得配偶的機會，那些沒有工作、缺乏經濟基礎年輕世代的男性，更不容易得到族內女性的青睞。工作、情感的不穩定，也讓高比例的精神失序者集中在年輕未婚男性。

　　罹患精神失序的已婚男性面對工作不順遂的挫折，那些無法排解的壓力，在家庭中很容易轉嫁於女人身上。田野中被診斷憂鬱症的金鳳（No.38）、憂鬱症的恆雲（No.27）、精神分裂症的春菊（No.22），問題背後的根源都是家庭暴力，而家庭暴力的起因又糾結於先生處在失業、喝酒、生活經濟壓力的惡性循環中。

42歲的賴金鳳(No.38)爲例。金鳳家有8個兄弟姊妹，她排行老五，五年前她企圖遠離酗酒又長期毆打她的老公，在妹妹的支持下前來台灣工作。然而，國中學歷以及缺乏工作經驗，讓她找工作頻頻碰壁，沒多久便開始出現異常的徵兆，當時和她住在一起的妹妹說：

> 我姐姐的憂鬱症是家庭暴力所引起的，姊夫愛喝酒、工作表現也不是很好，對小孩也是亂教，工作不如意就打我姐姐，鄰人說話，他說：這是我家務事，你們別管。不過她發病的地點是在台灣，那時她和我姊夫離婚，我們就勸她來台灣工作，結果找工作也不順利，人家也不錄用她，就變得很沒自信。後來，又很想小孩就發病了。那時她發病的時候好恐怖，就會一個人好多天不睡覺，一直翻聖經，要不然就是說，看到什麼人，聽到什麼聲音。我才陪她到市療的急性病房。(2003-1-25)

至於43歲的黃恆雲(No.27)，高中畢業後隨同先生一起來台工作，夫妻兩人收入不穩，來台後又生3個小孩。面對沈重的家庭壓力，以及伴隨而來的家暴，恆雲開始出現幻聽、幻覺，她說到當時的狀況：

> 他在外面賭博很少回來，一回來他身子就受傷、流血。我很怕人家打電話找我說：丈夫在哪一家住院，什麼需要錢的，我說我自己也沒什麼著落，還得要付那個醫藥費。從那時候我覺得我好像沒有很好的依靠，大概就是這樣子一

　　　　直壓抑、一直壓抑，後來也不曉得怎麼搞得就很不好了，
　　　　然後我母親去世了以後，就開始更沒有依靠這樣子。我就
　　　　是對什麼事情都很恐懼啊，我怕睡覺，我怕我先生又回來
　　　　打我們，我怕人家打電話來又說我先生又幹嘛了，又需要
　　　　錢，交保證金這樣子。（2004-16B-32）

　　這些因為家庭經濟壓力所產生的夫妻關係緊張，使得婚姻關係
中應有的親密感與相互依賴的支持減弱，婚姻關係的緊張有時又是
這些失序者再度「發作」的最主要癥結。例如母子兩人皆被衛生所
收案的陳海妹與趙懷光（家庭五），他們的家環繞在自殺、失業、酗
酒、國宅改建蓋無法完工的陰影。陳海妹以「生活壓力大，想太
多」，解釋自己的疾病復發，兒子趙懷光也以父親在台工作，年幼
時叔叔毆打母親所造成的心理創傷，做為自己躁鬱症病發的自我詮
釋。

　　當金錢成為衡量現代家庭功能的重要指標，這種因為經濟型態
改變，造成家庭功能失調，正是當代達悟多數家庭所面臨的集體困
境。我們發現，個人家庭所遭遇的不幸事件（車禍、意外等），如果
伴隨著經濟的剝奪，人們將變得更無法忍受。快速社會變遷下，生
產模式改變對家庭成員帶來的經濟壓力，分別以不同的方式，複製
到青壯世代的男女兩性身上。男性最直接受到社會變遷經濟轉型的
衝擊，當遇到失業、工作不順遂，喝酒、發瘋、精神失序就成為個
人心理調適困難的結果。當身為一家之主男性，無法成功地應付角
色轉換帶來的壓力時，身邊的伴侶便成為男性宣洩壓力最直接的出
口。家庭暴力對妻子造成的身心創傷，也使得女性以不同方式承擔
了這波社會變遷經濟轉型下的挫折。

2.子女數眾多的貧窮家庭

　　以夫妻一體所成立的核心家庭型態，是達悟家庭的特色。這種對家庭的重視，背後所隱含的包括強調勞動價值、兩性關係、生育子嗣，以及透過一套傳統文化再生產所傳達理想達悟社會的價值觀。因此，達悟人特別重視婚姻關係下的子嗣傳承。綿延子孫除了確保婚姻的地位，也具有社會繁衍與再生產的目的。

　　方鏗雄(1984)提到1953年底達悟(雅美)族人口總數為1394人，嬰兒出生總數為57人，其出生率平均為40.8％，與當地人重視子嗣的文化傳統有關。同時，達悟人傳統的四門屋，若沒有子嗣是不可以興建。一個沒有子嗣的家庭，不僅家產無人繼承，也沒有辦法隨著兒子及孫子的出生改名為Sypan(夏本)級的老人。在達悟人的儀式中，有不少儀式的進行需要多子多孫的老人出面(例如晚輩的命名)，因此傳統上達悟人把多子多孫當作理想標準之一。一個多子多孫的家庭，不僅在生產的勞動力上有很大的助益，更重要的是透過子孫締結的婚姻關係建立交換網絡及親屬關係，有助於日常事務及飛魚季儀式的進行，並增加落成禮舉行次數的可能性，從中累積社會交換的密度(郭舒梅2000：54)。這種以傳統血緣所延伸出來的社會關係扮演了重要的角色，沒有親戚的人缺少後盾，在別人面前不敢大聲說話，也不敢隨便與人爭執。家庭成員人數眾多在傳統的達悟社會是一個重要的勢力，50歲的達悟人李飛，有8個兄弟姊妹，他這麼說到：

　　　　沒有親戚就比較被人家瞧不起，所以就是小孩子要生很
　　　　多。要人很旺！人旺，打漁打仗打人一大堆就會打勝仗，

> 人家不會欺負他。以前的話還沒有公權力嘛，大家會打架
> 打群架，爲了要佔地啊！或者是水啊，水源啊！人旺的
> 人，他們就會搶地，搶大一點啊！然後水源啊他們就可以
> 搶水源啊！那個人不旺的人，這些東西你打不過人家，人
> 家不要的地才就是你的。（2005-38A-25）

　　當台灣核心家庭的子女數日益減少，依據1991-1996台灣社會
變遷基本調查顯示，沒有孩子或1個孩子佔多數（林松齡1999：
307）。檢視田野中達悟核心家庭的子女數，可以發現每一代平均兄
弟姊妹大約在3-8人，即使到了年輕一代，仍複製了達悟傳統社會
強調多子多孫的家庭型態。在承擔龐大子女數的壓力下，那些已婚
的精神失序者，在經濟的壓力下，大都難以扮演稱職的父母親角
色。或者，當兄弟姊妹中有人出現精神失序的狀況，也加重了其他
手足的負擔。由傳統轉型到現代生活的家庭所面臨的壓力，也因家
庭成員的失序、酗酒、失業，進一步惡化家庭功能失調的問題。例
如父子兩人皆納入精神科個案的陳灣地與陳安安（家庭一），父親的
發病及兄弟姊妹眾多的生活壓力，誘發了年紀輕輕就獨自一人在台
工作的安安，出現精神失序的徵兆。

　　當現實家庭無法符合現代家庭的生活型態時，加深了家庭成員
的不滿。這樣的心理挫折，特別容易出現在殘疾、低社經背景與家
庭功能不彰的家庭成員身上。每每走進這些已婚精神失序者的家庭
內，最常看到一群年幼的孩子窩在床上看電視，而父母親到山上工
作。有次當我正詢問精神分裂症患者吳談（家庭八）家中經濟來源
時，一旁讀小學五年級的小男孩，突然插話要求要買電腦，面對兒
子的要求，吳談的太太育娟只有一臉無奈。罹患精神分裂症的陳灣

地（家庭一），有8個小孩，太太除了要兼顧生病的老公與兒子，夫妻兩人無正式工作，只能靠上山種芋頭、捕魚維持基本的生計。家中孩子眾多，太太曾疲憊地告訴我：「他們都已經吃不慣地瓜、芋頭了！」（2004/7/11）。

　　1982年蘭嶼開始供應電力，帶來了基本的照明需求，電視、電冰箱、電扇、電腦、冷氣、收音機等家電用品，也開始進入達悟人的家庭生活。現代化的房屋設計、家電設備、資本主義的消費習慣等，這些台灣現代家庭的生活方式，逐漸影響蘭嶼達悟人的家庭型態。電視是達悟人接收資訊的最佳管道，也是家家戶戶生活的必需品。由於朗島的舊部落與野銀兩部落是地下屋的關係，供電是到1990年代以後才有，在小孩子的眼中，因舊部落欠缺電力設備，被視為「落後」地區[7]。以往部落晚上涼台聊天的娛樂，逐漸被看電視所取代，也加速家戶個別化的發展。電視所傳達對台灣物質生活的嚮往，更使得世代間的代溝，傳統與現代的家庭生活的距離加大。精神科范醫師說到他多年在蘭嶼的觀察：

> 青少年接收的資訊是現代的資訊，過的生活是二、三十年前的生活，他們的資源是電視，電視演的是台北的生活、台灣現代化的生活、外國的生活。和他們過的是真的差很多啦。所以物質環境差很多。年輕人就算是出來，不過是在工業區裡面啦，對不對！比較不乖的他就是會不滿啊！或是留在那邊會變成混混啦，就會變成問題啦。（2005-12-25）

7　參見蔡筱君當時的田野訪談（1997:80）。

　　由於這些精神失序者的家庭，大多處於不利的社經結構，他們的子女幾乎沒有向上流動的可能性。如上述所描述的家庭圖像中，吳談的大兒子，陳灣地的子女，陳海妹的兒子，父母親的精神失序所造成的劣勢位置，又使得手足眾多的第二代家庭成員，仍複製了上一代不利的社經地位。

3.依賴與救濟下的家庭

　　當金錢成為維持現代家庭生活運作的重要條件，無法適應快速變遷所造成貧窮、功能不彰的達悟家庭數目與日俱增。根據台東縣統計要覽，1998-2002年蘭嶼鄉的低收入戶，約佔總人口的13％到17％，而且有逐年增加的趨勢（表4-2）。

　　加上近幾年來在外勞政策的衝擊下，失業人口大為增加，許多回鄉的年輕人，在蘭嶼也找不到工作，經濟上的困境對家中有精神疾病患者的家庭又更為明顯。田野描述的十個家庭，除了長期住院的吳維凱（家庭十），其他家庭的收入，大多是一半依賴生計經濟、一半依賴低收入救濟。十個家庭中有六家是社會局列管的低收入戶（家庭一、二、三、四、八、九），領有每月數千不等的生活補助。依台東縣政府規定，55歲以上的達悟人，可領一個月3000元的老人津貼，精神疾病患者依重、中、輕度，每月可領3000-7000元不等的身心障礙補助。此外，在蘭嶼的達悟人除了健保費用全免外，國中小的在學子女學雜費、國中集體住宿的費用也全部由國家負擔。

　　依賴社會福利的救濟，雖然減輕了部分的生活壓力，卻無法使精神失序者的家庭成員脫離貧窮鎖鍊，反而複製了貧窮家庭的生活慣行。Oscar Lewis（1959）提出「貧窮文化」的概念，他強調貧窮家庭本身具有特定的規範和價值體系，如：家庭結構、夫妻和親子關

表4-2　1998-2002年蘭嶼鄉低收入戶與人口狀況

項目 年代	戶數	人口數			低收入戶	
		小計	男性	女性	戶數	人口數
2002	869	3091	1704	1387	128(14.7%)	539(17.4%)
2001	837	2934	1636	1298	141(16.8%)	497(16.9%)
2000	822	2870	1612	1258	100(12.2%)	422(14.4%)
1999	808	2877	1615	1262	93(11.5%)	379(13.2%)
1998	791	2856	1595	1261	99(12.5%)	380(13.3%)

資料來源：〈1998-2002年各年度之台東縣統計要覽〉台東：台東縣政府。
註：括弧內為百分比。

係、消費模式等，都有驚人的共同點。這些貧窮文化的特質將代代傳遞下去，使貧窮文化再製。另一方面，由於社會結構的位置使得貧窮家庭的文化發展受到限制，因而有貧窮文化的形成和內衍的現象。如上節所言，父母親的精神失序所造成的劣勢位置，使得手足眾多的第二代家庭成員，複製了上一代不利的社經地位。隨著現代性力量滲透到小島，加深了達悟青壯世代對物質生活的嚮往，也加大對自身貧窮家庭的不滿與心理挫折。低學歷、缺乏資本主義現代生活的謀生技能、無長遠未來計畫的思考態度、消極被動的生活方式，使得這些精神失序者的第二代，更難以脫離貧窮的鎖鍊。此外，當家庭成員因精神失序發作必須不斷進出醫院時，往返台灣的機票、住院的費用，都可能耗費過半的家庭資源，引發其他家庭成員的焦慮與壓力。

　　將鄉公所低收入戶的補助名單對照我的田野觀察家庭，一些家庭經濟水準極差的精神失序者，反而不在社會福利的救助名單內。深入這些家庭內，我發現這些貧窮家庭的成員，往往並不熟悉各種

申請管道，也不擅長填寫各種表格。由於無力面對各種補助條款所需的證件，反而無法依賴各種社會福利救助紓解亟需。負責部落中低收入戶申請的村幹事，也大多是多一事不如少一事心態，很少主動提供資訊與協助。例如太太、兒子皆被納入衛生所精神科收案的患者，目前失業陳海妹的先生就告訴我：「因爲要繳交兩吋照片，沒錢到台灣照相，因此沒辦法申請今年度的低收入戶。」（2005/11/7）護士Si-Na也談到許多家庭無法順利申請補助的源由：「不是每個精神疾病患者都能夠拿到殘障手冊，可能是資料吧，不然就是醫師勾選輕度還是怎樣。因爲資料都是直接寄給病人，有的家屬不知道那個是什麼東西就放著。他們也不知道說文件上面記載什麼，可能要補什麼證件，可是他看不懂就一直放著啊，所以一直delay沒有申請」。（2004-29A-35）

一家8人委身於鐵皮臨時屋多年，父子兩人皆爲精神分裂症患者的陳灣地（家庭一），因有4個已成年子女，被視爲正當勞動人口，2006年開始已不符合低收入戶的條件。而陳灣地的子女，在台入不敷出，或者因失業、轉換工作所面臨的生計問題，這些風險都無法被計算在內。田野中也發現，這些因家庭成員精神失序而遭遇不幸的家庭，如果伴隨著經濟剝奪，則會使家庭成員變得更難以忍受，引發心理問題。

（二）貧窮、自卑與未完成的家屋

過去許多研究都提到達悟社會沒有頭目，是個非階級的平權化社會（衛惠林、劉斌雄1962；陳玉美1996:426）。然而，貨幣經濟進入蘭嶼，在政府國宅改建的政策下，隨著不同經濟能力出現的不同形式的家屋，階級的差異明顯地浮現，也造成年輕人競爭、比較的

心態。

　　1950年代國家以《台灣省山地人民生活改進運動辦法》推動「山地平民化」政策，這個政策並沒有什麼具體措施，只能說是針對原住民社會的意識型態宣告。1960年代山地政策由原先消極的意識型態宣告轉為「山地現代化」。首先，由政府補助興建的「示範住宅」從1966年起陸續在島上出現，到了1970年代後半，更在《改善蘭嶼山胞住宅計畫》推動下，開始引進鋼筋水泥的國宅，逐漸取代了傳統住宅（台灣大學建築與城鄉研究所1989：9-10）。政府對蘭嶼國宅的興建可分兩個階段，第一階段從1966年至1974年，主要以每年16戶，在各部落原有傳統聚落外另覓地興建的方式進行。1974年「中華婦女反共聯合會」赴蘭嶼考察後，建議省政府加強改善蘭嶼鄉山胞住宅，於是展開1975-1980年第二階段的大規模改建，到了1980年代為止總共興建了566戶。此階段不僅改建的戶數增加、在不同的部落同時進行，更重要的是開始拆除傳統家屋，對部落帶來相當大的衝擊（表4-3）（張興傑1998：19-20；陳玉美1996：417）。

　　從1966年起分兩階段的國宅改建，國宅一戶約12坪大，達悟人住進不到五、六年，房子開始掉落水泥塊、鋼筋外露鏽蝕，許多房屋形成危樓。1994年，由當時原住民行政局局長率同相關人員赴蘭嶼進行二日的實地勘查，以目測劃分了六類不同損壞程度住宅，並擬定「台東縣蘭嶼鄉達悟（Tao）族原住民住宅整（新）建五年計畫」（簡稱住宅五年計畫）。五年計畫是附於「台灣省原住民社會發展方案」中之「提高原住民生活素質計畫」項目，專案補助經費1,000萬元，另250萬由省府支出；主管機關為台灣省原住民行政局，主辦機關為台東縣政府，而實際執行機關為鄉公所。計畫補助原住民興建戶除了原有政府興建的住宅566戶之外，另經由政府補助原住

表4-3　蘭嶼鄉國宅計畫實施成果

年＼地區	椰油	漁人	紅頭	野銀	東清	朗島	計	元/每戶	共計
1966		16					16	26,250	420,000
1967		16					16	26,250	424,000
1968	16						16	28,950	463,200
1969	16						16	30,000	480,000
1970									
1971			16				16	350,000	560,000
1972			16				16	350,000	560,000
1973				16			16	350,000	560,000
1974	16						16	350,000	560,000
1975		28	20				48	62,500	3,000,000
1976	61	31	9	20			121	66,612	8,060,000
1977				23	81		104	85,000	8,840,000
1978	27				13	60	100	100,000	10,000,000
1979						65	65	120,000	7,800,000
總計	136	91	61	59	94	125	566		41,727,200

引自黃旭1995：132。原始資料來源：民政廳及蘭嶼鄉公所。

民自建戶19戶，合計爲585戶。依據原住民行政局「家戶住宅現況調查」損壞嚴重程度，配合每戶45萬的政府執行預算，共二億五千萬，按照不同等級損壞程度分作五個計畫年度(1995-1999)調配與執行完畢(蘭嶼鄉公所五年計畫前三年計畫執行簡報1997)。目前「住宅五年計畫」正在蘭嶼如火如荼地展開中，由於計畫範圍涵蓋全島588戶住宅，高達全島十分之九家戶。對於家屋空間的改造，其影響可說是相當重要。

　　長達三十年的國宅政策，許多家庭經歷了傳統屋拆除、偷工減料的海砂屋、國宅改建的浩劫，長期處在蓋屋子的壓力。年輕人除了必須自籌建屋經費，在人手不足的情況下，遷移台灣工作的年輕

人也必須回到原鄉協助蓋屋。先生罹患精神分裂症的太太育娟，說到當初夫妻兩人蓋房子的辛勞：

> 這是海砂屋的錢啊！別人領我們也跟著領來蓋。妳看我的身體瘦瘦的，沒辦法，孩子還這麼小，而且這個屋頂，那個水泥塊已經剝落了，水泥塊都出來了，怎麼能不蓋呢？都只有我們兩個自己蓋房子，搬石子什麼都是自己來！部落的人也有他們自己的房子要蓋。孩子都還很小，那時候我們住鐵皮屋，它下雨的時候，我們用那個（玻璃）去擋住漏水！（2006/12/23）

　　國宅政策是國家在現代化的美意下，企圖移植台灣現代化的家庭空間型態至蘭嶼，並未顧及到達悟人的文化與使用習慣，如傳統的規範下飛魚必須另灶煮食，於是國宅改建時，家家戶戶都會加蓋戶外廚房；或者搭建涼台以度酷暑。國宅改建以家戶為單位，並不重視整體規劃，使得部落的空間變得凌亂而無秩序。此外，老人無法幫忙年輕人蓋國宅，但是年輕人所蓋的水泥房卻仍須依循古禮進行落成禮。國宅改建凸顯了年輕人交雜在「傳統」與「現代」雙重的壓力。因此，2000年後島上也開始有人採用漢人社會辦桌宴請的方式，取代傳統誇富宴的房屋落成儀式，44歲在蘭嶼經營雜貨店的夏彩就這麼說：

> 房子落成禮，是我們以前很重要的慶典。可是現在文明進來，我覺得那浪費時間啊，對不對！我要工作、要顧孩子，所以我可能這些東西都省掉，我慶祝的話，我最多辦

桌給我們請，分享我的喜悅，我的新房子在哪裡，這樣而
已了嘛。因為蓋房子老人家不能幫忙！我們什麼都要重新
開始，像我們都是白手起家，上一代沒有錢給我，我又要
賺錢，我又要幫我的父母維護這些田地，很累耶。我又要
用錢養孩子，還要用錢養父母這樣子，真的很累！（2005-
32A-45）。

　　國宅改建的計畫，對於蘭嶼地區收入上相對貧窮的家庭，是更
為沈重的負荷。部落的青年美穗告訴我：「剛蓋房子這些年，有許
多年輕人受不了蓋房子的壓力自殺。」（2002-2-20）呂健永也說
到：「許多年輕人因蓋房子心理壓力，疲勞過度而死掉。老人家又
不懂，也不會幫忙。年輕人沒錢或錢不夠，就沒有辦法蓋。心理壓
力很大。」（2005-36A-5）根據1996-2000年蘭嶼鄉意外事故原因分
析，意外事件切割刺傷、車禍、意外墜落分別佔前三位，其中切
割刺傷、意外墜落的比例增高，顯然地與青壯人口投入建屋工作
有關[8]。訪談中許多青壯世代主觀認定家屋改建的壓力造成達悟人
自殺率增加，但實際的統計數字卻一直付之闕如。
　　國宅改建的壓力，雪上加霜地複製到貧窮的底層家庭。前述家
庭五趙永強與陳海妹沒錢改建完工的家，屋外的窗戶只有紙板糊
著，屋內只有兩個房間都沒有門，牆上是斑駁未上漆的水泥，凌亂
的被褥散落一旁，紙箱被拆開鋪在到處都是砂石的地下當墊子。客
廳一台全新29吋平面電視，對照起整體凌亂、骯髒的環境看起來有

8　見2000年，〈台東縣蘭嶼鄉衛生所山地離島醫療保健業務簡報〉。蘭
　　嶼：蘭嶼衛生所。

點刺眼。夫妻兩人失業，母子先後成爲精神科收案的患者，沈重的生活壓力，讓一家之主的趙永強常用喝酒來麻痺自己，而他們的家屋始終停留未能完工的半成品階段，外觀看起來像個破舊的工寮。2004年初，戶籍在蘭嶼的達悟人，每人第一次領到63,000元台電回饋金。原以爲這筆可觀的費用有助於他們建造家屋，不料，趙家五口近300,000元的回饋金，在沒有適當規劃下很快就歸零。海妹這麼說：

> 之前那個台電的補助金，我們用在房子啊。錢是用在我們的門60,000多元，63,800元嘛，連運費。買水泥、買一些用具，其他拖拖拉拉的東西。我要給小孩子的錢、零用錢、吃的、還有我們生活，就沒有收入啊。（2004-14A-22）

在重視個人成就與家族榮譽的達悟社會，未成形家屋是自卑來源，趙懷光這麼告訴我：

> 我這樣的家，生活在部落，很沒尊嚴。爸爸只會喝酒，別人會用異樣的眼光看我們。我覺得在這樣的家很沒尊嚴，沒希望。有時很想整理家，可是爸爸又會制止我丟東西。我爸爸會喝酒，亂花錢，回饋金又領太快了，又去買一大堆保力達B。有時候會想去台灣，沒有人認識我，重新開始。（2004-1-25）

類似趙懷光、陳海妹的情形，也出現在另一個被視爲家族遺傳

疾病的家庭。被納入精神科的陳灣地、陳安安父子，同時面臨失業，一家八口只能棲身於臨時屋，他們說到對家屋的無奈：

> 安安：住臨時屋住六年，剛開始一、兩年不習慣住這裡，
> 　　　很擠喔！很不舒服。沒有錢，我們的國宅只蓋到一
> 　　　半，就蓋不起來了。
> 媽媽：如果有些朋友到這邊，他們就會不好意思。會很自
> 　　　卑說家裡經濟不好，還有他的父母親，父親這樣
> 　　　啊，很多狀況。（2004-25B-33）

丈夫發病、女兒未婚生子，房子裡牆上沒漆油漆，地上佈滿著砂石，屋外堆滿了丈夫撿來的垃圾，獨自照顧孫子與丈夫的鳳洋（家庭七）自卑地說到自己的家屋：

> 有時部落的人都會說，唉！這個房子怎麼這樣蓋。我會聽
> 到他們一群人在這聊天，說房子都蓋不好。當縣議員的還
> 沒錢蓋、還蓋不好、就在嘲笑。（2004-12A-22）

住屋是社會地位的象徵，而住屋的興建也被視為男性權力的象徵。沒有結婚或沒有建造房子的中年人是「不完全的人」，在達悟文化中代表他們無法進入家屋發展的各階段。由傳統屋過渡到現代的水泥房，重建家屋的壓力，讓有些經濟不佳的家庭，更難以符合現代家庭的標準。年輕男性不斷地奔波於台灣與原鄉之間，也增加了他們的心理挫折。改建後的家屋也顯現家戶間明顯的貧富差距，使原先平權的達悟社會，因家屋改建凸顯了階級差異，形塑了各個

家庭間不平等的社經地位；不完全的家屋成為一種污名，烙印在貧窮家庭成員的心靈中，成為自卑、受挫的來源。此外，沈重的經濟壓力，不良的居住空間，也誘發了生病的可能。

(三)親密關係的變革

以上所提的若干外在環境因素，如遷移、失業等造成家庭功能不彰的問題，雖都不利於精神疾病的疾病歷程，但是相關的調查都顯示，全世界所有的原住民族，似乎都面臨了共同的困境。因此，我們還必須進一步地從達悟族社會文化的脈絡，去探索家庭功能變革對達悟族人精神失序的可能影響。

自從開始與台灣社會接觸後，蘭嶼原本以傳統生計為主的經濟活動，受到資本主義經濟型態的衝擊，加上1960年代中期開始大規模遷移力量的推動，年輕一代達悟人的離鄉背井，也反過來加速傳統家庭型態的解體。達悟語夫妻稱作"mitovon do vahay"，指共同住在同一個主屋之意，也說明在傳統家庭觀念中，非常強調夫妻婚後必須同住的居住型態。由於台灣生活費高，加上幼童在蘭嶼國民教育完全免費，在無法負擔一家人在台生活的壓力下，許多家庭是丈夫在台工作、妻兒住在蘭嶼，或夫妻在台工作、小孩托養祖父母。夫妻、親子分隔台灣蘭嶼兩地，已成為當今許多達悟家庭的寫照，無形中也導致傳統的家庭功能的弱化，並減低了對家庭成員的心理支持。例如家庭七曾任議員的于順發，車禍後逐漸康復，太太為了負擔生計獨自到台灣打工，他一人獨自在家，在缺乏家人的支持與照顧下開始出現異常徵兆。

進入田野受訪者的家庭中，一個個精神失序者所帶出來家庭問題，包括離婚、失業、酗酒、家庭暴力、意外死亡、自殺；許多人

的娘家、夫家同時都有精神失序、重大疾病(如癌症、車禍重傷)的患者，沈重的照顧壓力也成爲本身發病的根源。當生計方式改變，留在部落裡的多是老人、小孩與酗酒、失業的年輕人。這樣的現象反映了達悟年輕人在台的收入，並不足以維持全家人的生活，家人分隔兩地，弱化了原有的家庭功能與支持系統。田野的51個精神失序者，有五個家庭有核心家庭成員在台自殺身亡的紀錄，如呂家的老大、趙懷光的叔叔、被送入玉里長期療養的Si-Yi與Sinan-She兄妹唯一的弟弟。他們大多是在隻身一人在台灣，親人不在身邊的情況下自殺身亡，平均自殺年齡不到30歲。家庭四的陳海成與家庭八的吳談本身也有多次自殺、自殘的紀錄，家庭成員的自殺，也成爲家庭其他成員壓力與心理創傷的來源。

過去三、四十年，蘭嶼達悟人開始被納入台灣社會經濟變遷的一環，當傳統生計逐漸被資本主義經濟型態所取代，舊有的生計技術已無法支撐現代家庭日常生活所需。青壯世代集體遷移到台灣賺取薪資，這些因爲家庭成員分離，所導致社會心理支持減弱，以及進入貨幣經濟的挫折所帶來的種種家庭問題，這種因原生家庭功能不彰，也增加誘發田野中受訪者疾病發病的可能。

達悟傳統文化以核心家庭爲主軸，強調個人主義的價值觀，但是透過"zipos"所開展出來的緊密的親屬團體，使個人能夠高度地整合於部落社會的人際網絡中。當蘭嶼面臨快速社會變遷的衝擊，青壯世代的核心家庭與家族的連帶較以往淡薄，"zipos"所形構的互助團體功能也逐漸式微。45歲的沈辰就這麼形容達悟族家人親密關係的轉變：

以前家庭拉得比較長，現在是功利主義！以前就是看家

族，現在是看家庭。以前的家族是比如說我現在有東西，我一定叫我的叔叔過來，我抓到一條魚，或者我殺一頭豬來講，我就一定叫我叔叔、阿姨、伯伯來。現在當然還是有，不過慢慢比較淡！過去的話很細通通要分，每一個通通要分。現在功利主義，比較大的比如說叔叔、伯伯、阿姨就好了，其他的不管他了！（問：你會怎麼樣看這轉變？）因為過去東西很少嘛，那個時代比較缺乏，所以有東西大家都分享，大家就你有我有，哪怕是一點點，大家通通在一起，所以那時候比較親。因他有他一定會給你，如果我有東西我沒有給你的話，你下一次也不會再給我。現在因為東西太多了，從外面來的東西，什麼肉、水果你有錢就可以買，所以現在你不給我也沒關係，反正我有錢我也可以買。（2005-38A-34）

　　原本在傳統達悟社會，家中一旦出現鰥寡孤獨，都是由"zipos"來承擔照護的責任。如一位受訪者所說：「在蘭嶼的社會裡面，孤兒的話，他的親戚一定要收養，因為這是蘭嶼人的規定！」。（2000/3/5）如今在"zipos"式微的情況下，各種補助或社福單位開始介入，這些原本達悟社會不存在的現代化社會福利組織和制度，取代傳統血緣連帶的照護功能。前述分析的家庭二小女孩希·音拉珊，由於父不詳、母親於療養院長期照護，2004年在社工的安排以及叔叔阿姨的規勸下，阿嬤終於同意她進入寄養家庭就讀，就是社會福利取代"zipos"一明顯的例子。

　　Emile Durkheim關心現代社會由於分化帶來的危機，他指出一個正在解組的社會，社會連帶與功能不足將會大大地降低成員的心

理與社會支持。當社會整合低、社會支持低，個人的自殺機率就會變大(1951，1982)。在家庭、親屬團體及部落社會組織面對外來變遷的衝擊之下，原本對個人具有規範行為與透過交換、互惠所形塑的緊密親屬連帶受到破壞，因而急遽地降低對成員的社會心理支持，明顯影響達悟人的心理健康。家庭功能失調也使得遷移來台的年輕人心理挫折，難以獲得核心家庭成員的支持。自殺、酗酒、發瘋所反映的是這波快速社會變遷下，達悟族個人社會適應困難與家庭功能失調互為因果的困境。

五、結論

當我們深入田野後會發現那些精神失序者的家庭具有許多共同點，令人驚訝。離婚、失業、酗酒、家庭暴力、意外死亡、自殺等情況不斷出現，而許多人的娘家、夫家同時都有精神失序、重大疾病(如癌症、車禍重傷)的患者。照顧患者的沈重壓力，也成為一些達悟人發病的根源。顯然這些不穩定的家庭結構，是一股強大的推力，將這些人推向失序的狀態。家庭功能的失調與解組，這背後也顯示達悟族由於社會變遷衝擊所造成的傳統社會組織與規範式微的迷亂現象。生計經濟走向貨幣經濟、青壯人口遷移台灣帶來的夫妻分離、隔代教養問題、家屋改建帶來沈重的經濟壓力等，都造成一種個人適應不良與家庭功能失調互相影響的惡性循環。

1960年代中期之後，當這個原本孤立的小島開始與外界頻繁接觸，原來傳統的生計經濟基礎逐漸削弱。高比例的精神失序出現在青壯世代，是一種歷史與社會「關係」帶來的問題；而這種關係的產生與變化，並非出於他們的意願，而是不由自主的結果。因此，

我們探討達悟人家庭功能失調的問題，必須擺在社會變遷的歷史脈絡來省思，才能闡明家庭的變化如何對達悟人生活型態與身心狀態造成影響。達悟人特殊的精神失序現象顯示的是個人失序與家庭功能失調、社會整合缺乏，彼此交互影響的關係。

　　本章的討論以十個家庭的現實狀況為例，指出失業、酗酒、重大疾病、意外死亡、自殺、家庭暴力等家庭不穩定因素，與其成員精神失序有密切關係。前面的討論，進一步分析快速而顯著的社會變遷，如何改變達悟人的家庭，導致他們的家庭功能失調，因而對精神失序的發生有重要影響。這些分析指出，達悟部落存在著不少子女數眾多而貧窮的家庭，往往必須在依賴救濟下生活。政府強勢的國宅改建政策造成達悟人沉重的壓力，也使貧窮家庭更感到力不從心，使其家庭成員感到挫折與自卑。面對諸如此類的問題，社會變遷加諸於男性的壓力通常大過女性，女性往往是男性無法面對社會變遷壓力的另一波受害者。整體而言，達悟家庭的心理支持功能，歷經過去數十年的社會變遷，已普遍明顯地弱化。達悟傳統社會中"zipos"親屬關係所形塑的社會整合，也已式微。這些家庭功能失調的面向，都與其特殊而高比例的精神失序現象，具有密切關係。

　　本章指出快速社會變遷下，達悟人家庭功能失調的客觀面向，同時也指出這些精神失序者主觀上也認為自己的問題出於家庭因素。這些主觀理解，對於他們受傷的自我，深具影響。這些主、客觀的狀態都顯示，理解與對待精神失序，必須考慮到達悟族特殊的社會文化脈絡，同時也必須顧及社會受苦概念所提示的精神失序者的主觀感受與經驗。我們可以說，基因論顯然把涉及疾病受苦的問題，以相當窄化的方式來理解。基因論的研究者也許並不否認上述

家庭客觀環境因素的影響力，但是這樣的研究取徑，卻很少走進原住民部落中一個個飽經挫折、焦慮、掙扎與受苦的個人與家庭，並意識到其中的問題。即使這種理解方式不是完全錯誤，關注原住民健康議題的研究者，也必須尋求適當的反省與超越。

第五章

酒、失業與自我認同混亂

問：達悟人什麼時候開始喝酒？為什麼島上的人要喝酒？

因為跟台灣接觸的機會變得比較頻繁啊!現在大家都在喝，大大小小，老的、阿公阿嬤都在喝。（42歲Syaman Λ.）

這邊是有很多喝酒的問題。可能因為失業、也沒地方賺錢、變成一個家庭後續的惡性循環。（45歲Syaman W.）

我們以前是沒有人會自殺的，沒有，絕對沒有，是漢人進來之後才有，日據時代是沒有的。而現在會自殺多半是因為酒的緣故，如果他們的另一半是酒鬼，他們就會心痛，如果有人嗜賭不回家，如果他們埋怨另一半，就會喝毒藥。（76歲 Saypen D.）

一、前言

在深入蘭嶼達悟族青壯世代高比例的精神失序研究後，我發現「酒」是一個值得注意的社會心理問題。在部落的隨機訪談中，周遭親友或部落鄰居對那些被診斷為精神疾病的患者，常常會把誘發失序的主要原因歸諸於喝酒過多。根據蘭嶼衛生所2005年的檔案資

料，同時具有精神科疾病與酗酒診斷者共有7人（吳談No.19，李強No.21，尤家東No.24，黃耀敬No.25，鄭自時No.40，江家力No.47，黃樂獅No.48），全部集中在青壯世代的男性。在本研究中的51位精神失序者，扣除長期住院的4位男性患者，以及一位病逝醫院的老人，在日常生活中不喝酒者只有11位。這些不喝酒者清一色都是女性，而且多數都有宗教信仰。其餘的三十多位失序者，都有喝酒的習慣。從田野訪談與觀察中，我們可以發現飲酒的達悟人口相當廣泛，包括老、中、青三代，以開始接受現代教育的青壯世代最為明顯。本章希望透過歷史文獻與民族誌的田野觀察，分析酒與達悟青壯世代的高比例失業、認同混亂、個人與社會失序、世界觀錯亂等的交互影響關係。

近年來台灣各原住民族日益嚴重的飲酒問題，一直是個引人注意的議題。一些既有的研究指出，原住民酗酒的盛行率在近年迅速增加（林憲1978）。原住民人口的酒癮盛行率，1940年代的研究資料為0.1％，而1980年代的研究資料則為10.0％，增加了100倍。就台灣漢民族而言，1940年代的酒癮盛行率為0.01％，1980年代社區精神疾病流行病學發現都市、鎮與鄉居民的酒癮盛行率為1.5％、1.8％與1.2％，也增加100倍左右（胡海國2001：209）。比較1940與1980年代泰雅、排灣、賽夏與達悟（雅美）四族酒精中毒比例的研究，也發現四族原住民都有顯著增加的趨勢（胡海國1993：39）。晚近另一項研究調查也指出，1980年代後期，台灣原住民的酒癮盛行率高達44.2-55.5％（Cheng and Chen 1995）。雖然短短四十年間，不論漢民族或原住民，在台灣社會經濟發展過程中，均同樣有酒癮盛行率增加的現象，但是原住民酒癮盛行率增加的幅度，更是讓人感到怵目驚心。

　　事實上，台灣戰後研究者即陸續注意到原住民的飲酒問題。在探討原住民飲酒問題上，既有的文獻大致從兩個不同的角度提出解釋，亦即強調生物遺傳的因素，或者著重社會文化的作用。首先，西方學術界從生理遺傳角度來探討酒癮的形成，由來已久，兩項經常被提及的研究，亦即1960年左右針對雙胞胎，以及後來領養關係的研究，都認為遺傳因素的確導致酒癮的形成，而環境或社會因素並非重要因素(陳喬琪等1993：20)。就像本書第二章談到的，從類似的基因遺傳角度來檢視台灣原住民日益嚴重的酗酒問題，在晚近生物科技蓬勃發展後，逐漸增多。顏婉娟(2000：27)就指出，以生理因素為主來解釋台灣原住民的酒癮現象，是目前最主要的研究論述。不過這類的研究取向，事實上至今仍難以完全排除環境影響的因素。但是不論如何，這方面的探討的確逐漸成為主要的研究取向。

　　基因遺傳學的觀點，又是如何解釋晚近台灣原住民大幅增加的酒癮盛行率呢？Mark Munsterhjelm(2005)以基因取徑探索台灣原住民的酗酒問題，他區分四種類型的研究。第一類研究，著重於對偶基因中乙醇去氫酶(ADH)以及乙醛去氫酶(ALDH)在酒精代謝與過程中扮演的角色[1]。這類研究認為對偶基因與飲酒的不適反應(臉紅、不舒服)有關，所以上述這些對偶基因被認為可提供酒癮的保護機制。相較於漢人，台灣原住民較缺乏保護因素，因此容易出現飲酒過量的情形。第二類研究，是有關dopamine D2 receptor DRD2

1　乙醇去氫酶(ADH)以及乙醛去氫酶(ALDH)是影響人體酒精反應的重要基因。ADH在人體內主要負責將進入體內的酒精，即乙醇分解為乙醛，ALDH則進一步將乙醛分解為乙酸。目前可知乙醛在人體內累積會引起臉紅、心博快速、嘔吐等不適反應，因此飲酒者會停止飲酒。

gene[2]。第三類研究，是處理神經遞質(neurotransmitter)、Gamma-aminobutyric acid(GABA)與酒癮的關係。第四類研究，是強調特殊的細胞色素(a particular cytochrome)P4502E1特定基因型(genotype)所扮演的角色。Munsterhjelm認為上述的研究普遍是檢測酒癮與各種對偶基因在統計上是否有顯著的關連性。他在分析中特別指出，台灣原住民酗酒問題背後的歷史與社會脈絡，對基因研究者而言並不重要。關於台灣原住民酒癮盛行率為何會顯著增加？發表於國外期刊的十多篇文章中，僅有一篇文章簡單地提及台灣原住民酒癮盛行率是在過去四十年才快速增加。此外，不僅大部分的討論缺乏社會變遷的視野，某些研究者主觀認定的偏頗想法也摻雜其中，Munsterhjelm批判這些有關台灣原住民酒癮的基因研究，普遍地形構了生物殖民主義的觀點(Munsterhjelm 2005：10-12)。

　　此外，上述基因取向的研究，至今仍難以完全排除環境因素的影響，也常出現彼此不一致的結論。統計上所強調的原住民飲酒盛行率與基因的關連，其中推論與論證的邏輯也多有跳躍。例如科學家在這些研究中，如何界定種族、族群的概念，並排除外族通婚的影響？基因代表的是個人先天遺傳因素，又該如何推論到整體族群的酒癮盛行率？許多未定論的研究結果，在媒體的大肆宣傳與斷章取義的報導下，也形塑了社會大眾對原住民的刻板印象與認知方式。基因預設基本上是一種強調本質決定論的研究取徑，往往欠缺

2　　胡海國(1995)關於〈泰雅族飲酒問題的分子遺傳學研究〉的國科會研究
　　　計畫中也指出，原住民飲酒有高盛行率，並強調腦中mesolimbic區之多
　　　巴胺系統(dopamine)屬D2 receptor之所在，而此神經介質系統被發現與
　　　酒精或藥物濫飲(濫用)可能有密切的關係，其DRD2基因之多態性可供
　　　飲酒疾病、藥物濫用等精神疾病遺傳病因之探討。

歷史的觀點，並無法指出爲何台灣原住民酗酒盛行率在近四十年迅速增加。此外，由於缺乏原住民政治經濟結構歷史轉型的分析，也會讓我們忽略在快速社會變遷與台灣政治經濟轉型的壓力下，伴隨大量原住民由部落遷移台灣都市工作，原鄉青、壯世代人口大量減少，各原住民族產生高比例的貧困家庭、意外死亡、自殺、酗酒、家暴等，以及個人與社會解組、失序的現象，而這些問題無可避免地衝擊他們的身心狀態。

關於台灣原住民飲酒問題，另一個研究角度則是著重社會文化因素。這方面的探討，主要是強調原住民酗酒行爲來自社會整合與適應外在文化侵入所引起的涵化問題，以及原住民部落秩序瓦解所造成的迷亂行爲。例如台大醫院從1949年至1953年，林宗義與林憲醫師所主持的原住民（當時文獻稱高山族）四族之比較研究，林憲醫師的資料顯示阿美族的酒精中毒頻率最高，爲1.6‰，其他依序爲賽夏、泰雅與排灣，他指出阿美族酒精中毒率偏高的原因，可能是與涵化過程中引起的心理焦慮有關（林憲1978：5-16）。李亦園於1978年至1979年調查阿美、布農、排灣、達悟（雅美）等原住民，指出涵化程度較高的阿美族有較低的酒精消耗量。李亦園對照林憲早期的研究指出，1950年代阿美族的母性社會，其成年男性在面對父系漢文化的挫折大，而其他族群因爲大部分居住在山地，受到外來文化壓力較小，因此阿美族男性的酗酒頻率高於其他族群。此外，李亦園更進一步指出，1980年代之後阿美族涵化程度已深，可從他們世系傳承已經大部分轉變爲父系得到證明，涵化的壓力減緩後，阿美族男性酗酒行爲即減少（李亦園1979：23）。李亦園以涵化概念來理解阿美族的酗酒行爲，他的論證認爲當少數民族能夠逐漸適應、學習並融入到現代社會的主流價值，反映在飲酒行爲上的個人

的社會、心理適應問題，則會日益趨緩。基本上，李亦園的研究帶
有濃厚現代主義的觀點，我認為這樣的論證有兩點值得商榷之處。
第一，不是每一族的原住民都能走向阿美族一樣的涵化路徑，我於
本書第三章即指出，日據時期的封閉政策使達悟人與外界接觸較
晚，進入勞動力市場的準備相對不足，也較不熟悉資本主義社會中
生活、工作等邏輯。此外，達悟人口很少、遷移時間短而在台人口
呈現年輕化、新移民人口又呈現多核心的聚居模式，以及傳統
"zipos"親屬關係所延伸的人際支持網絡在台灣明顯喪失等，這些都
使得來台的達悟人未必能如同阿美族一般涵化於主流社會。第二，
從1990年代開始，多元文化的論述興起，對類似現代主義下同化架
構有諸多的批判。一些美國的族群研究就反對這種單一同化論的說
法，Cheryl Zarlenga Kerchis和Iris Marion Young(1995)分析晚近美
國一些受壓迫團體(黑人、印地安、同性戀、婦女)的運動，以差異
政治(politics of difference)下對差異的積極承認的主張來挑戰同化
的觀念，例如美國印地安運動的領導者強調紅色權力(red power)，
拒絕19、20世紀以來政府對印地安人的同化政策，並致力保護政府
同化政策下被迫害的印地安傳統，如宗教儀式、傳統技能、語言等
(Kerchis and Young 1995：1-27)。Charles Taylor(1994)則稱上述的
運動為多元文化主義的政治(politics of multiculturalism)，透過建立
認同與承認的論述，強調不同文化的平等價值，致力保存不同族群
間的認同與傳承，對個人與社會而言，都具有更多解放與進步的潛
能(Taylor 1994：25-73)。亦即，保存原住民對文化與自我認同的
信心，而非一昧同化於主流社會文化，才更有助於保護原住民的社
會心理適應機制。

　　上述從基因與社會文化角度思考台灣原住民飲酒問題的研究，

似乎都仍有不足之處，有兩點值得我們進一步思考。第一，不管是強調生物遺傳或是社會文化因素的研究，都缺乏長期歷史性的觀點，未能具體分析台灣原住民飲酒問題的長期變化。雖然一些既有研究已經從社會文化的因素探討酒對原住民部落的影響，以及所引發精神失序等相關的社會問題，但是對於酒進入原住民社會的歷史脈絡以及政治經濟邏輯等，仍然缺乏較充分的討論。就達悟人而言，如果說他們高比例精神失序、發病者九成五以上集中於青壯世代等特殊現象，是族群集體被捲入現代性的長期社會變遷的結果，那麼晚近酒在他們部落生活中的角色與作用，以及飲酒行為所帶來精神失序、迷亂與解組的現象，同樣也是這個長期社會變遷作用的展現。第二，這兩類的論述，都忽略以原住民為主體的角度去理解飲酒對他們的意義。換句話說，在充滿失業、家庭功能解組、社會適應困難等困境的生命經驗中，我們應該分析原住民本身如何理解酒在生活世界中的意義與作用？精神失序涉及自我及意義的受創與崩解，如果飲酒在精神失序者的生活中佔了重要角色，那麼我們有必要探討酗酒者或其相關的族人如何看待飲酒的行為。以達悟人為主體，對飲酒行為的理解與他們如何理解個人的或集體的自我，這兩者彼此密切相關，這個角度的探討，也是目前關於台灣原住民飲酒問題的兩類研究所比較缺乏的。

台灣原住民相對於漢人主流社會，處於邊緣的社會、政治、文化位置。1960年代之前，蘭嶼隔絕於外界，猶如封閉的孤立小島。1960年代中期之後，外來的各種力量才大舉進入蘭嶼並明顯改變達悟社會。然而從社會變遷的歷史過程來釐清達悟人飲酒的問題，以及理解行動者本身對飲酒行為的意義與詮釋，這方面的研究與討論至今非常缺乏。許功明較晚近的研究，是少數以社會變遷角度分析

排灣族部落社會在歷經日本殖民、光復後之新政治體系統治，以及西方基督宗教輸入的雙重影響之後，原有的組織制度逐漸解體，而控制社會行為的約束力式微，使得各村的酗酒問題嚴重(許功明、柯惠譯1998：187)。但是類似從社會變遷的角度切入的研究仍相當不足，本文則是企圖彌補這方面研究缺憾的一個努力。

本章延續建構論的角度，進而從歷史的視野出發，以三部分討論達悟人的飲酒問題。首先，我將分析達悟族飲酒的社會歷史過程，討論酒是在什麼樣的政治經濟脈絡中進入部落社會。其次，基於那些被診斷為酗酒的精神失序者疾病敘事，探討酒與達悟青壯世代的高比例失業、認同混亂、社會失序、世界觀錯亂等的交互影響關係。基於這部分的討論，我們可以釐清酒的引進對於達悟人心理健康的長遠作用。最後，針對報章媒體的達悟人「解酒基因」等報導，以及在蘭嶼所執行的基因研究計畫，分析基因論述對達悟人造成的污名，以及這種污名化在他們實際生活中的負面影響。事實上，不僅達悟人本身對飲酒的理解與他們如何理解自我密切相關，那些更廣大的社會如何看待達悟人與酒的關係，也影響他們如何看待自己。從基因的角度解釋達悟人的酗酒行為，正是台灣社會逐漸出現的新的理解方式。這種基因論對達悟人的具體影響，值得反省。但是除非研究者深入其生活世界，否則我們難以洞察。

二、達悟族飲酒的歷史脈絡

早在日據時代本島的許多原住民就懂得「嚼酒」，或者以糯米、糯粟釀酒，這與台灣原住民以山田燒墾種植旱稻、五穀的生產技術，以及傳統的生計型態有關。而釀酒的季節與飲酒的情境，也

配合著當地的農耕與節慶的時歲季儀，在慶典儀式或重要的落成
禮，酒都是不可或缺的要角。此外，在原住民部落尚未與外來文化
頻繁接觸之前，飲酒的行為只發生在特定的場合與時間，仍深受傳
統部落規範所制約。然而在台灣眾多的原住民各族中，達悟族是以
往唯一既不釀酒也不喝酒的原住民族。

1898年日本學者鳥居龍藏踏查蘭嶼，對於達悟族人沒有酒的文
化，大感意外。他說道：「……紅頭嶼（按：當時蘭嶼的名稱）的土
人完全不抽菸，也因此島上的山野，是看不到煙草的……。其次，
紅頭嶼沒有酒，雖然土人有芋頭和小米，但從不釀酒，這也是一件
怪事。無論如何，紅頭嶼的土人從沒有菸酒……」（鳥居龍藏著、
楊南郡譯1996：255）。

晚近日本學者土田滋的研究也指出，達悟族語言中，沒有表現
「酒」的詞語。語音系統非常接近達悟族語的，是菲律賓巴丹群島
上的語言。例如伊巴丹語稱「酒」為"palek"，伊特巴亞特語則稱做
"parek"。語源相同的達悟族語中的"parek"一詞卻不是「酒」，意
指「在壺中放入粟粒加水之物」。祝賀房屋建成時，達悟人一面唱
頌歌"mirawod"，一面用刀稍沾上這種水，"parek"就是做為這種儀
式的一環所使用。土田滋認為，"parek"大概原來是指酒，但可能
在15世紀至16世紀時，隨著和巴丹群島之間的交通中斷，達悟人也
漸漸忘記釀酒技術。事實上，在台灣、菲律賓一帶，不知酒的民族
非常少見（土田滋1997：51）。

上述的歷史記載與研究都指出蘭嶼島上的達悟族沒有飲酒文
化，非常的不同於其他本島原住民。那麼是在什麼樣的歷史脈絡
下，飲酒逐漸成為達悟部落的「社會問題」呢？達悟的母語並沒有
「酒」的語彙，對達悟族而言「酒」是一個外來語，酒在達悟語的

發音爲"Saki"，是由日本話"Sake"直接翻譯而來。1945年國民政府統治台灣後，外地商人被允許進入山地保留區設立商店，1957年7月1日政府正式下令禁止山地私家釀酒（凌純聲1957：13）。至此，在國家政策的保護下，菸酒公賣局體系所販賣的米酒、啤酒便取代了傳統原住民自釀的小米酒。酒在原住民村落的消費量急速增加，1989年開始15歲以上原住民每人平均的絕對酒精消費量達9.99公升，爲全台灣每人平均消費量的2.36倍，酗酒儼然成爲原住民社會最大的問題（陳獻明、汪明輝1993：99）。

國家政策保護下所推動的飲酒風潮，也同時衝擊了原無飲酒文化離島而居的達悟人。就像第三章所提到的，1960年代中期之後蘭嶼開始經歷快速的社會變遷，以往與外界相當隔絕的小島，開始受到台灣經濟的影響而產生商品交易與市場經濟的依賴關係。達悟人也逐漸成爲薪資受雇者，爲工資而勞動，開始有了商品消費行爲。酒類商品在蘭嶼銷售、達悟人養成飲酒習慣，是這個時期顯著社會變遷的一部分。蘭嶼大約在1950年代才開始有人設立商店，大多數是當時管訓隊隊員留下來與達悟女子通婚後，取得土地所有權者所經營。他們利用個人資本與台灣建立貨源管道，但是商店規模不大，數量也少（台灣大學建築與城鄉研究所1989：44）。李亦園等人的研究也指出，1970年代之前，酒還未進入達悟人的日常生活，而且達悟人的現金有限，商店販賣維士比與米酒的情形也不普遍，個人的飲酒行爲還不至於影響家庭生活與部落整體秩序。然而到了1970年之後，根據當時的調查報告指出，1979年全島的雜貨店已增加至11家，主要販賣菸酒與日常用品（1990：318）。1970年代之後，正是蘭嶼開放觀光，開始設置港口、機場的階段。當輪船、飛機開始定期往返台東與蘭嶼之間，觀光客逐漸來到蘭嶼，公賣局的

菸酒配銷也透過零售商、小雜貨店等進入這個小島，於是酒開始影響達悟人的生活世界。

根據1970-1978年菸酒公賣局的資料，從每人每年平均米酒、啤酒的消耗量來看，可以發現1970年代之後酒在蘭嶼的消耗量以等比級數增加。米酒的消耗量從1972年每人1.9瓶到1978年每人36.8瓶，啤酒的消耗量從1972年每人0.3瓶到1978年每人20.6瓶。1974年大致是轉變的關鍵點，從1974年開始，米酒、啤酒的消耗量不但逐年持續大增，而且都超過全省的平均量（表5-1、5-2）。短短不到十年的時間，原本不釀酒、沒有飲酒文化的達悟人，飲酒問題便日益明顯。

我在第三章指出，1970年代前後，在戰後開始接受現代學校教育的達悟人來台求職求學、來回遷移於蘭嶼與台灣之間。他們大多在國中、國小畢業後即離家，隻身來台工作或求學。根據李亦園的研究，酒進入達悟部落，也與這個年齡層的達悟人因社會變遷而來往於原鄉與台灣的遷移經驗有關。他提到「達悟（雅美）人開始接觸

表5-1　1969-1978年各族米酒消耗量（每人每年平均瓶數）

年度＼族別	1969	1970	1971	1972	1973	1974	1975	1976	1977	1978
泰雅	－	19.8	21.4	26.8	54.1	37.4	48.8	58.5	60.2	58.4
阿美	－	－	－	－	－	－	－	－	27.8	
布農	21.3	27.9	23.0	27.0	34.2	43.3	46.6	49.9	49.9	52.0
排灣	38.8	39.0	41.0	43.7	52.0	62.3	69.7	75.1	75.1	76.8
雅美				1.9	6.7	14.5	27.2	32.4	32.4	36.8
全省平均	6.0	7.0	7.6	8.4	8.8	11.0	12.7	13.2	12.3	－

原始資料：台灣區菸酒事業統計年報，各鄉鎮菸酒配銷年報表。

摘　　自：李亦園(1979)，〈社會文化變遷中的台灣高山族青少年問題：
　　　　　五個村落的比較研究〉。《中央研究院民族學研究所集刊》
　　　　　48：20。

表5-2　1969-1978年各族啤酒消耗量（每人每年平均瓶數）

年度 族別	1969	1970	1971	1972	1973	1974	1975	1976	1977	1978
泰雅		2.8	3.9	6.1	11.5	16.7	12.1	16.9	23.3	40.9
阿美									8.5	12.2
布農	0.7	1.0	1.3	1.9	4.3	3.0	2.2	4.0	11.0	24.3
排灣	1.1	1.3	1.6	3.2	6.2	2.6	2.5	3.7	9.6	18.7
雅美				0.3	0.6	1.1	3.1	3.1	7.5	20.6
全省 平均	6.3	7.7	8.4	9.6	13.0	9.5	10.3	11.5	15.5	

原始資料：台灣區菸酒事業統計年報，各鄉鎮菸酒配銷年報表。

摘　　自：李亦園(1979)，〈社會文化變遷中的台灣高山族青少年問題：
　　　　　五個村落的比較研究〉。《中央研究院民族學研究所集刊》
　　　　　48：20。

酒是在1969年時代，而到1972年以後才逐漸普遍起來，所以達悟族
酒類的消耗量都始於1972年。當1969年時有一批達悟年輕人被帶到
台灣來做雇工，因此開始學會喝酒，他們回去後，便把喝酒的習慣
帶回蘭嶼。達悟人接觸到酒後，最先是一種對刺激品的好奇，所以
想喝它，在當時喝酒是一種花費，只有有現金的人才能喝得起，因

此喝酒就成爲一種社會地位的象徵。在1971年前後，達悟人的喝酒實由於這種好奇與代表社會地位而出現，可是在最近兩三年來，達悟族人的喝酒已出現趨向於如其他本島高山族一樣是做爲一種發洩的作用。如表所示，達悟人酒類消費金額從1972年的每人平均不到30元，跳到1976年540元，1977年633元，而至於1978年的超過千元大關，這一逐年急增的現象，恰巧與達悟年輕人大量到台灣工作的年代相同」（1979：23-24，見表5-3）。

表5-3　1969-1978年各族酒類消費金額（每人每年平均金額）

年度\族別	1969	1970	1971	1972	1973	1974	1975	1976	1977	1978
泰雅	—	374.8	416.8	537.3	661.2	881.6	1061.5	1160.6	1455.6	1980.7
阿美	—	—	—	—	—	—	—	—	741.6	927.3
布農	235	293	253	308	410	504	504	228	816	1189
排灣	294.3	312.4	226.9	354.1	450.7	497.9	766.9	840.0	1124.4	1651.8
雅美				29.8	89.2	217.9	383.5	540.0	633.9	1056.7
全省平均	264.8	295.4	313.7	342.8	424.7	526.2	571.8	624.6	745.6	—

原始資料：台灣區菸酒事業統計年報，各鄉鎮菸酒配銷年報表。

摘　　自：李亦園(1979)，〈社會文化變遷中的台灣高山族青少年問題：五個村落的比較研究〉。《中央研究院民族學研究所集刊》48：21。

李亦園在上述的研究中，認爲後來這種飲酒發洩的行爲，可能與當時達悟人的異文化接觸及引起的心理挫折有關。一位46歲的受

訪者回顧族人的飲酒問題，即認為喝酒人數增加與族人和台灣的接觸日益頻繁有關。他這麼說：

> 酒是日本人帶來的，那時候日本軍人喜歡喝酒，但並沒有影響族人。早期我們也沒什麼錢買酒，那時候也沒進口的酒。現在賺錢比較容易賺，比較有錢做生意啊，去買酒。再加上這些年輕人到台灣工作以後，他接觸的大部分都是低勞工階級，素質就是喝酒的，所以這些人回來就養成了喝酒的習慣。（2005-38A-22）

實證資料已指出，1940-1980年代原住民在四十年內酒癮盛行率大幅提高。從歷史脈絡分析，達統達悟人並沒有酒的文化，酒的販賣在蘭嶼大幅提高是1970年代之後的事，如果過度強調生物遺傳因素對原住民酒癮、酒精中毒的影響，將會讓我們忽略問題的癥結。而關於長期以來遷移到台灣謀生的達悟人與飲酒行為的關係，尤其是他們在遷移經驗中所遭遇的焦慮挫折與飲酒行為的關係、飲酒在精神失序者的日常生活中的角色等，都值得我們進一步地探討。

三、酒、失業與社會失序

從1970年代開始，酒透過國家的菸酒公賣配銷與市場經濟的方式進入沒有釀酒文化的達悟部落，喝酒逐漸成為族人的日常生活習慣。許木柱（1993：30-37）在一項「五族青少年酗酒問題的比較研究」中，比較泰雅、阿美、布農、排灣、達悟（雅美）族酒醉頻率、飲酒頻率、飲酒持續時間等，研究結果指出，達悟族男性的酒醉頻

率爲五族中最高者（表5-4）。不過許木柱特別強調所謂酒醉頻率、
飲酒頻率、飲酒持續時間等，與酒癮、酒精中毒的程度仍有極大的
距離，而所指的只是一個高危險群（high risk group）而已。但是不論
如何，從1970年代到許木柱研究所針對的1990年代初的二十幾年
間，酒對達悟年輕一輩的重大影響已經相當明顯。

表5-4　五族青少年酗酒問題比較

| 變項名稱 | 性別 | 各族平均值 | | | | | 五族總平均（樣本數） | F值 | 顯著水準 |
		泰雅	阿美	布農	排灣	雅美			
酒醉頻率	男	3.00	2.75	2.31	2.10	3.08	2.63(179)	2.28	0.06
	女	1.41	0.47	0.95	0.00	1.20	0.82(129)	5.44	<0.05
飲酒頻率	男	2.31	2.04	1.21	1.88	1.65	1.79(179)	5.24	<0.001
	女	0.85	0.90	0.76	0.13	0.35	0.64(129)	5.44	<0.001
飲酒持續時間	男	1.06	1.58	1.18	1.41	1.28	1.28(179)	2.65	<0.05
	女	0.62	0.83	0.81	0.17	0.30	0.57(129)	5.52	<0.001

資料來源：許木柱（1993），〈台灣地區原住民飲酒行爲之社會文化基
　　　　　礎〉，收錄於《山胞（原住民）飲酒與健康問題研討會》，頁
　　　　　32-33。花蓮：慈濟醫學院。

　　如前所述本研究中的51位精神失序者，同時是酗酒診斷者有7
人，並有30多位有喝酒的習慣。飲酒的達悟人口相當廣泛，以失業
的男性居多，每次跟隨負責蘭嶼精神科業務的范醫師，進行每月固
定的家庭訪視，范醫師總是苦口婆心地不斷規勸受訪者不要喝酒。
例如2003年初我隨他訪視被診斷爲精神分裂症的橫平（No.28）時，
范醫師就勸橫平：「酒少喝，要不然你搬沙子的錢，全部繳給雜貨
店了。」當時站在一旁橫平的兩個朋友，就主動提及：「他精神不

錯，很正常啊。是有酒喝才有問題。」針對一些被納入精神科診斷
的達悟人，不少部落族人會說：「他很正常啊！是喝酒才這樣
的。」(2003/1/29)對部落的大部分族人而言，飲酒才是造成田野中
受訪者的精神與行為失序的主要原因。一些家屬也會向我抱怨，他
們喝酒後會有破壞家具、大聲吵鬧、胡言亂語等失序行為。許多的
家人認為，精神失序的根源是酒：「不喝酒還好，是一喝酒之後才
會有失序的行為」(No.28的太太)。「你家有這種人，你也會受不
了。他酒醉的時候，就是他發病的時候」(No.1的小弟)。「我們都
不敢買電視或太多的家具，他一喝酒就會破壞」(No.42的大弟)。
「那他在蘭嶼都沒有工作。我最怕的地方就是怕他喝酒。他會隨便
大聲大叫啊。我們這邊也不是很好啊，他們很討厭他，人家要阻止
他講話，他就更兇。」(No.24的姊姊)

　　現今在蘭嶼最常見的酒精飲料是維士比、啤酒、米酒。除了上
述家屬們對酒與精神失序者關係的看法之外，對精神失序者本身來
說，喝酒到底意味著什麼？在他們的日常生活中扮演什麼角色？為
什麼許多被納入精神科收案的達悟人仍喜歡喝酒？以下兩位具有代
表性的受訪者，分別說到他們喝酒的感受：

　　　　喝酒就是大家比較聊得開，如果聚在一起不喝酒會無法放
　　　　鬆。(No.10)
　　　　他們(指家人)會不喜歡我喝酒。(問那你為什麼還喝？)是
　　　　跟人家一起喝，部落的人會喜歡一起喝酒。有時候想改，
　　　　又有人來找我喝。(No.31)

　　被診斷為精神分裂症的陳安安(No.7)的母親也有類似的談話，

她說：「我很討厭，他每次在部落中，都會有人拉他喝酒。人家拉，他就過去喝了。」(2004/7/11)同樣患有精神分裂症的李強(No.21)，他的弟弟也說到這樣的現象：「他喝酒不會節制，就是朋友來嘛，他們總是坐在一起聊天啊，就來一瓶嘛，聊天啊，覺得還喝不夠，又再去買這樣子啊，人家看到你們在那裡，一、兩個在那邊坐，就會加進來一起喝酒，有人在一起他比較容易會喝醉，因為人家去找，他是總是會進來」。(2004/2/3)楊洋(No.33)的大哥一直認為弟弟精神失序的核心是酒，他這麼說：「我媽媽都會叫他不能喝酒，他會頂嘴說：你懂什麼？你還不是會喝酒！他會這樣。他有時候會亂講話，都聽不懂，自言自語的。不喝酒沒事啦，就很乖。我認為吃不吃藥對他來講，沒什麼很大的改變，我強調酒是不能碰。可是現在回饋金一有的話，蘭嶼人幾乎都是喝酒！」(2003/3/25)處在島上往來密切的人際網絡中，即使沒有錢買酒，遊走在部落中也很容易被其他人邀請一起小酌一番。從這些精神失序者及其家人的訪談中，我發現飲酒不只是出於個人的偏好，事實上還涉及人際網絡之類的社會文化因素。這些飲酒者的交往互動與情感的支持，強化了彼此喝酒的慣行。2004年7月，因為護士Si-Na即將到台灣讀書，她與一位當時寄居在F部落的藝術家阿根，邀請一些精神失序者在小天池舉行了烤肉會。阿根教導他們彩繪，希望透過藝術與娛樂的戶外活動方式，讓這些被族人視為不正常的人能夠獲得團體治療的效果。當天參與的人，包括林仁清(No.41)、陳土楠(No.30)、家進(No.17)、于順發(No.20)、吳談(No.19)、尤家東(No.24)等。在大夥兒堅持買酒後，使得原先彩繪與烤肉活動有些失控，許多人終於喝到醉醺醺後才回家。隔天，吳談的太太向我抱怨：「我就是很怕他和那群酒鬼碰在一起，碰到了就會一起喝得醉

醺醺的，自己也沒辦法克制。」這次聚會的過程與結果，典型地呈現交往互動與情感支持的脈絡與氣氛有誘發飲酒行為的作用；反之，飲酒也進一步強化了他們情感交流與相互支持的主觀感受。

這些失序者在交往互動與情感支持的脈絡和氣氛中的飲酒行為，又與他們到台灣求職謀生的挫折經驗、回到蘭嶼後工作不順遂、失業的處境有關。上面提到的那一次烤肉會後，護士Si-Na也無奈地談到飲酒的問題。她說：

> 不管是在台灣還是這邊，本來就都有酗酒的習慣，然後就會發病，像是有些人一喝酒他就是會有三天的時間在混亂期，那不喝酒的時候，是和正常人一樣。主要是他們沒有工作機會…他們回來就是很會喝醉，像那個江力家(No.47)很會喝酒、看到別人就會喝，還有陳海成(No.1)、尤家東(No.24)也是這樣，他們喝酒醉了，就沒法做事了，那種怪異行為就出現了…。(2004-29A-37)

在田野工作期間，我發現不管是房屋落成、祭典儀式、節慶活動等場合，酒都是大家共同歡樂的重要部分。在親朋好友等頻繁互動的人際網絡中，族人們需要喝酒的機會相當多。同時就像上述李亦園在1980年代初的研究早已窺見的，達悟人喝酒的態度從展示自己的社會地位，逐漸趨向一種發洩性的行為。而這正展現在許多田野的受訪者身上，反映了快速社會變遷衝擊下的影響。第四章分析許多達悟人的發病歷程，指出他們都是在工作不順利、失業時，開始出現異常徵兆。當這些失業的年輕人回鄉後，工作不順遂的打擊，加上家庭經濟壓力、追求現代生活的挫折對自我認同的打擊

等，都使得他們的心理狀態不穩定，喝酒於是成為一種心理發洩的
方式。一些精神失序的受訪者與他們的家屬說到他們的心情：

> 為什麼會想喝酒，是有時候很煩，為家裡生活壓力啊，被
> 什麼人罵啦，就像一種發洩吧！（No.15）
> 從台灣回來，一直待在這邊、在這邊也沒錢賺、走來走去
> 走投無路、想來想去很煩，所以就喝了酒。（No.33）
> 如果他喝酒，如果他喝剛剛好的話，當然不會怎樣，但是
> 他喝過量的時候就很容易鬧事嘛。他只會砸東西啊，就是
> 把一些情緒上的不穩，發洩一下。所以說他到台灣有工作
> 會比較好。（No.21的小弟）
> 當選縣議員卸任之後、然後他又要再競選代表、就沒有當
> 上，就喝酒灌自己、麻醉自己。（No.20的太太）

　　根據行政院主計處的資料顯示，1999年3月底前所調查的台灣
地區15歲以上勞動力人口的失業率為2.84%，而原住民失業率高達
7.55%。前蘭恩基金會執行長、達悟族的董恩慈指出，達悟族15歲
以上者有57.4%的教育程度在國中以下，同時因為達悟人多無技術
專長，因此大部分都只能從事低階的勞力工作。近年來台灣勞動市
場大量引進廉價的外勞，加上整體經濟景氣下降，造成失業人口急
遽增加。近幾年來，達悟年輕人失業回鄉的情形相當嚴重。回到家
鄉仍然沒有就業機會，使得許多年輕人往往借酒澆愁，逐漸產生問
題，影響家庭與部落生活（董恩慈2004：1-4）。2005年蘭嶼衛生所
統計資料顯示，那些青壯世代的精神失序者，絕大多數都處於長期
失業的狀況。范醫師就認為失業、經濟來源不穩定，是導致酗酒、

精神失序的主要原因之一。他說：「我認為他們（指精神疾病的患者）主要還是經濟面，因為這邊工作機會也少嘛！至少經濟沒有憂慮會比較好」。（2005-12-25）

　　酗酒的問題，特別容易出現在面臨失業、貧困與家庭解組的達悟人身上。因酒後大鬧警察局而被強制入院兩年的陳海妹，為了孩子她堅持戒酒。但是身處貧窮與功能失調的家庭，她想做一個好媽媽的意願，卻難以實現。以下是她與我的談話：

> 問：妳怎麼會去打派出所的玻璃呢？
>
> 海妹：因為我發作的時候，人家看不出來，我就想說去鬧
> 　　　他們啊！嗯，然後就鬧酒瘋啊！
>
> 問：妳覺得妳那一次不是發作？
>
> 海妹：我沒有發作，我是正常的。
>
> 問：妳為什麼會去打警察局？
>
> 海妹：以前我發作的時候也是亂七八糟啊，所以他們會找
> 　　　我麻煩阿！會打我喔！所以我在想的時候，你怎麼
> 　　　可以打我，我不服氣，我就去做。可是我現在我不
> 　　　喝酒了，後來，為了孩子我不喝酒了。
>
> 問：那妳為什麼有時會發作？
>
> 海妹：想得太多。
>
> 問：那妳都想什麼？
>
> 海妹：生活、家庭問題，壓力很大。我的先生愛喝酒啊，
> 　　　會有壓力啊！而且我也愛喝酒、會有壓力啊！就算
> 　　　是我沒有喝酒，他也是會喝酒。（2004-14A-2）

陳海妹的例子，顯示出喝酒及相關的行為，無疑是他們發洩心理壓力與挫折的一個方式。但是這種方式經常可能導致異常言行而破壞社會秩序，違反社區安全與衛生的要求，因而容易以精神失序的問題來處理。關於派出所、警察與衛生所、精神醫學在蘭嶼具有某種微妙而非正式的「合作」關係、共同成為部落秩序的重要維持者等現象，在第七章有進一步的分析。不論如何，在社會變遷導致的失業、貧困、家庭功能失調，進而到精神失序的問題變化環節中，喝酒無疑具有重要的角色。家庭中如果有長期酗酒的成員，也往往使整體家庭生活品質下降，干擾其他成員的正常生活與精神狀態。例如第四章描述的家庭八吳談，精神醫學診斷為精神分裂症與酗酒，吳談每天除了和太太上山栽種外，其餘在家的時間，大多是與保力達B與維士比之類的酒精飲料為伴。太太育娟這麼告訴我：

> 我的困擾就是因為他太常喝酒了。太常喝酒就是變成一團亂，你看我們家，這不是一般年輕人住的家裡，我已經懶得再整理，因為你再怎麼整理，他還是弄得亂七八糟，然後，很髒就是了。我自己都不願意看這個家。然後我弄得好好的，或是整理了，沒有幾天他都弄亂，弄髒。（2005-36B-17）

在參與教會禮拜時，常聽到牧師在台上不斷規勸族人少喝酒。如同前述，精神失序者中無宗教信仰者的飲酒行為，遠多於有宗教信仰者，顯示宗教信仰對於節制飲酒行為有一定作用。但是面對那些掙扎在失業與生活壓力中焦慮與挫折的心靈，宗教開示與相關的道德規勸所締造的效果相當有限。

四、酗酒、認同混亂與世界觀的錯亂

達悟的文化基調之一是獨善其身，亦即一種自立自主地各盡其份的自我要求，每個人因性別、年齡不同而有明確的社會分工，以及基於此種分工所衍生的權利義務關係。對他們而言，每個人各有本份而能夠獨善其身之後，行有餘力進而能幫助親友者，可以在部落中享有較高的地位。反之，無法完成社會期望與職責的個人，則淪落到社會底層(李亦園等1990：20)。這種獨善其身的強調，並不是孤立的個人主義，而是要透過勞動，充分地鑲嵌在社會整合的關係中。達悟人傳統生計主要以農漁生產為主，傳統文化對生命的肯定也來自每日不斷的勞動，一個人除非生病，否則每天都必須上山耕種、下海捕魚。女性負責農業採集，以種植芋頭、甘藷、花生與山檳榔為主；男人則主要在海洋撈捕魚類、在山林伐木以建屋造舟。會不會造舟、捕魚技術好壞，都是決定男人地位高低的重要因素。

不同於台灣其他各族的原住民，達悟族沒有酋長制、貴族制。衛惠林、劉斌雄(1962)認為達悟社會並沒有統一的權威。De Beauclair(1959)認為達悟族的交換為禮儀性的分配，是獲得個人地位的主要手段之一。個人沒有任何先天賦予的權威，而是透過各種交換場合，從分配與再分配的過程產生社會聲譽。而這種分配與再分配的過程則類似某種形式的誇富宴(potlatch)。透過勞動生產的分配與再分配也形塑社會關係，在傳統部落中是否舉行宴會、可以殺多少頭豬、擁有多少芋頭，以及請多少客人來等，都是建立個人社會地位的重要基礎。因此對達悟人來說，傳統的勞動價值除了維

生與彰顯個人能力外，還必須要能夠造福部落，並因此建立「交換」與「互惠」所延伸的社會關係。

1960年代中期之後，達悟部落歷經顯著而快速的社會變遷，各種外來的力量衝擊這個小島，改變了達悟的社會文化，也影響他們如何看待個人的職責、如何期望個人的家庭與社會角色。達悟傳統的勞動價值與資本主義社會的勞動力市場化，有極大的差異。傳統達悟人的勞動價值，並非建立在商品化以進行買賣、換取薪資上，然而隨著貨幣與現代勞動市場經濟的引進，傳統達悟文化所立基、所肯定的勞動價值、維生技能、生活型態、個人生命週期，以及世界觀等，都遭受顯著的衝擊。這些衝擊，重新形塑達悟人的生活方式，勞動的價值觀也逐漸傾向資本主義市場的買賣關係，進而影響他們的自我認同。那些接受現代教育的青壯世代，為了求職求學而來回於蘭嶼、台灣之間，往往經歷自我認同的明顯改變。這裡所指的自我認同，涉及一個人如何認識自己，如何理解自己與別人、家庭及社群的關係，如何看待自己在其中的角色與責任，如何達成這種關係、角色、責任中的理想自我等。本章前面的討論所指出在失業、貧困中達悟人藉酒抒發焦慮挫折的現象，夾雜的正是這種自我認同的改變。接下來，我將以同時被診斷為酗酒與精神分裂症耀敬（No.25）的生命敘事，探討勞動價值觀的改變如何影響個人的自我認同，分析其中酗酒、認同混亂、世界觀錯亂彼此糾結、互為因果的困境。

47歲的黃耀敬未婚，教育程度只有國小，精神醫學診斷為精神分裂症與酗酒，家中有8個兄弟姊妹，他排行老二。耀敬發病已十多年，在他出現喝酒鬧事、拿漁槍攻擊別人等嚴重的精神失序症狀之前，是老人家眼中非常優秀的青年。他會造舟，捕魚技術良好，

精通各種傳統技能。四弟形容他的時候說：

> 他一直在蘭嶼啊，很少出去啦。只是偶爾有人叫他去工作，他就去台灣幾個月再回來。幾乎在蘭嶼的時間比較長，而且接觸的傳統也比較長，因爲我大伯，還有我公公做小船，他也幫忙啊，所以比較會。我們這一代像他這麼會的已經比較少了，所以這邊的老年人就是稱讚他那麼年輕就會做船，而且也滿會打漁的。如果不喝酒，他都很好。他很會做事情，上山、做船都很會，但是壞就壞在喝酒，他幾乎天天喝醉。（2004-24A-25）

　　小學畢業後，耀敬便與同鄉來台灣從事林業工作，之後還從事建築、工廠勞工等工作。這些都以臨時工居多，因此他每次來台的工作時間都不長，最多不超過半年。耀敬雖經歷過台灣較爲現代化的生活，但在我所訪談的青壯世代中，他是極少數明白表示不喜歡台灣而喜歡傳統部落生活者之一。2004年我們曾有一段對話：

> 耀敬：我國小畢業就出去了。
>
> 問：你那個時候和誰到台灣的？
>
> 耀敬：哥哥還有弟弟一起工作。
>
> 問：後來你工作是大家一起回來，還是只有你一個回來？
>
> 耀敬：只有我回來啊！
>
> 問：爲什麼？
>
> 耀敬：他們不想回來啊。
>
> 問：你爲什麼會想回來？

耀敬：會想回家啊！

問：你比較喜歡台灣，還是蘭嶼？

耀敬：這邊。我不喜歡台灣。我人生都在蘭嶼成長。

（2004-16B-11）

由於父親已逝、母親改嫁，兄弟姊妹全都在台灣工作，因此在國宅改建之前，耀敬都是一人獨居於蘭嶼，從家人發現他出現異常徵兆到現在，已經過了十多年。一直到1992年精神科醫師開始進入蘭嶼，他才成為精神科的病患。耀敬不太清楚自己發生了什麼事，教育程度不高，加上與現代生活接觸不多，他並無法用精神醫學的知識解釋自己的狀況，也對「精神疾病」的污名極為排斥。十多年來，他就與精神失序帶來的不舒服感覺共存著。由於罹患精神分裂症的緣故，他長期飽受幻聽、幻覺所苦惱。由於沒有人督促，他也不認為吃藥對自己有什麼幫助，因此精神科醫師開的藥，他也從未定期服用。每當他喝酒後，總是喜歡不斷地開門、關門，住在隔壁開早餐店的陳海一，就曾經向我抱怨，談到自己住的地方一堆酒鬼、晚上吵得人家不能安寧之類的話。家人與族人都把耀敬的異常歸因於喝酒，目前和他同住的四弟與弟媳，就說到他的情況：

弟媳：之前我們都在台灣，到我們發現的時候，是因為他
　　　喝酒，他會砸人，他不高興他就會拿東西，有時候
　　　可能是不小心啦，砸到別人窗戶，別人就跟我們
　　　講，要我們賠啊。

問：那時候你們認為他有生病嗎？

弟媳：我們不曉得。只知道他會去破壞人家的東西啦。要

賠的話，就是我們家人賠。他喝酒不好，會走來走
去啦。

四弟：他會晚上睡覺躺下去不久，又跑出來，又巡，就兩
條路這邊這樣來回，之後再回來。他跟我們講，他
會想睡覺，但是有很多聲音會叫他起來說，全村的
人都在騷動啊，打群架啊，怎麼就只有你一個人在
這邊睡覺。所以他又會爬起來去看，繞一圈，沒有
了，他又再回來睡。就這樣一直陸陸續續躺回來，
又被叫出去這樣。一個晚上十幾二十幾次，我們都
睡不著。其實所謂的發病期我們是不清楚，因為只
要他不喝酒，我們就不覺得他發病。他是喝酒，才
會這樣。（2004-24B-45）

　　平日耀敬會上山下海捕魚，每年3月到8月飛魚季時則會和堂姊
夫、堂哥等人捉飛魚。然而優異的捕魚技術，已經無法成為他維生
的來源，以及獲取族人尊敬、建立自我認同的基礎。對他而言，這
樣優越的傳統技能，目前只是進行買賣以換取酒喝的一個憑藉。住
在一起的弟媳這麼說：

　　我們的困擾是，就算他沒有精神殘障的補助、生活津貼，
　　但是他也會捉魚，也會去山上拿一些他可以拿去賣，然後
　　買酒喝。賣了之後有了錢，就拿去喝酒。（2004-24B-45）

　　有一回部落招魚季時，我看到耀敬只是沈默地坐在一旁觀望，
並未參與漁船組的活動。家人告訴我，只有親戚才會找他一起捉

魚。他對我解釋自己的情況：

> 耀敬：我會看到鬼影子啊，看三秒鐘就沒有了。是碰到一
> 　　　些不好的東西才這樣子。
>
> 問：你知不知道說范醫師為什麼要來看你？
>
> 耀敬：我最近有去台東省立醫院，因為我喝酒就會怪怪
> 　　　的，他們就要把我抓去住院。
>
> 問：你送去馬偕醫院的是什麼科，你知道嗎？
>
> 耀敬：我也不曉得。我喝酒，會想到那些不愉快的事情，
> 　　　才會那樣呱呱叫。我是身體不愉快，才會發生喝酒
> 　　　的關係。
>
> 問：什麼才會發生喝酒關係？
>
> 耀敬：因為心裡會怕。
>
> 問：那你怕什麼？
>
> 耀敬：都會想到那些被吃了、被吃人了。被鯊魚吃人了。
> 　　　我喝酒就像那個，像大白鯊那樣子，會怕怕的。
>
> 問：那你覺得你自己有沒有病？
>
> 耀敬：就是腦這個，腦子這個比較不好。
>
> 問：那你這個腦部不好是什麼原因引起的？
>
> 耀敬：被人家打啊，對，已經很久了。發作的時候，沒有
> 　　　辦法出去外面。頭會很痛，沒有辦法工作，心情比
> 　　　較好的時候，就去捉魚出去了。
>
> 問：那你那個買酒的錢哪裡來的？
>
> 耀敬：剛抓來的魚。（2004-16B-43）

　　達悟族是海洋民族，所以在傳統文化中男子必須學會造船技術，否則無法在社會立足。然而，耀敬不太明白自己優異的造舟、捕魚技能，為何已經不再獲得別人的肯定。現從台灣回鄉後，他必須面對失業、酗酒、加上被醫師診斷為精神分裂症的壓力。2003年耀敬在醫師的鼓勵下，重拾打造獨木舟的工作。固定探訪他多年的精神科范醫師，也希望透過這樣的活動，減少他喝酒的機會，並找回他原有的自信。耀敬說：「別人一台獨木舟要賣20萬，我只要賣10萬。」只是船並沒有完工，因為始終找不到買主。弟弟告訴我說：「他很認真地做了三、四個月，還找堂弟去砍樹找木材。那陣子他都很少喝酒，後來獨木舟賣不出去，他又開始酗酒了。」[3]

　　在過去，造舟、捕魚等維持生計的勞動技能，鑲嵌在達悟傳統社會組織與文化價值規範中，足以成為個人社會地位與自我認同的重要基礎。一旦這些社會組織與文化價值規範逐漸式微，個人所擁有的這些傳統技能，如果不能換取金錢，也變得無所依託，喪失意義與目的。現代化家庭用具、房屋、消費的能力等，成為新的社經地位的表徵。對青壯世代的達悟人而言，勞動既不再是造船、捕魚、種植，也與可以交換互惠而造福部落、建立聲譽等少有關連，而是能夠謀得工作、賺錢養家。習慣於傳統生計模式與部落生活的耀敬，在無法適應現代生活與勞動方式之下，酗酒、精神失序事實上反映他的自我認同與世界觀在歷經挑戰之後的混亂、掙扎、焦慮

3　希南‧巴娜妲燕指出，達悟的拼板船tatala no tao，是由21塊木材拼成，大小船結構相同。達悟族人認為船是男人身體的一部分，造船是神聖的使命，從選材到完成，大約需要半年時間，但是船板樹材須經數十年培育，所以常常是父祖種樹，兒孫取材，造船技術一代傳一代（摘自孫大川編著，《飛魚之神》，2003：108）。

與挫折。飲酒過度所引發的各種問題，與失業、貧窮、認同混亂的
經驗交互作用，形成惡性循環，讓類似耀敬而酗酒、失業的青壯世
代，更難再找到可以容身的工作。四弟談到他的觀察時，如此說
道：

> 現在找工作的人那麼多，我們這邊擴大就業方案，一定是
> 固定一個月21天的工。如果像他那個樣子，酒醉他就不上
> 工，一定會被辭掉啊。而且他很隨性，他今天不要去做，
> 他就不會去做，如果說今天去山上幹嘛，或者是去海邊打
> 魚，他可能也不會想說我要去上班。要做那種一個月要多
> 少天的，他可能沒有辦法持續天天去工作。不要說他會想
> 要去哪裡，就光說他喝酒，比如說他今天喝，喝一天了，
> 他一個晚上不睡覺，他到明天甚至到下午他還是沒有醒。
> （2004-24A-45）

　　2004年6月，因為耀敬常常酒後不斷開門、關門而擾亂他人的
行為，逐漸令族人難以容忍。在鄰居的抗議下，同住的四弟與弟媳
不得已，終於決定將他送入台灣的精神科病房治療。在這個進一步
被迫接受更嚴格的現代精神醫學處置，與家人及社區隔離的過程
中，精神失序並非關鍵的因素，而是飲酒與失序的行為。他的弟媳
這麼說：

> 他很會做船啊，他會上山，這些他都很會，很勤勞。但是
> 壞就壞在他喝酒，他幾乎天天喝醉，然後都會吵到隔壁做
> 早餐的，晚上沒辦法睡。他們常常跟我們反應，說你們為

什麼不送你哥哥出去(指到台灣住院)？但是我婆婆她不願意啊。我的先生也不忍心，畢竟只是說酒醉的時候會吵這樣子啊，吵到街坊鄰居都不得安寧這樣子。……我先生是有講，你不要再喝酒了，你一喝酒你就把我們的家弄成什麼樣子了！你看我們的家不像家，爲了你喔，家裡都不整理了啦，門都被你震壞了，我們鍋子也被你燒焦好幾個了。(2005-33B-32)

2004年初訪問耀敬時，大部分的時間他都能對答如流，離開時還堅持送我兩條上好的白毛(爲蘭嶼的女人魚)。但是，隔天在部落中見他拿著酒瓶走過，想要叫他，他卻一臉醉茫茫，什麼人都不認識的樣子。四弟、弟媳對於他常常晚上不睡覺，不斷地開門關門傷透腦筋。他自己告訴我：「是因爲常常聽到門外有聲音，所以，才要不斷的開門，去確定屋外是否有人」。(2004-16B-45)與他同住的弟弟在不堪其擾的情況，2004年6月將他送入台東署立醫院精神科入院治療，一年後醫院在無預警的情況下，醫院通知家人必須付清欠繳伙食費50,000元，由於耀敬的四弟與弟媳長期沒有固定工作，對他們而言，生活又添加一筆額外的負擔。2006月11月住了兩年院的耀敬，終於被家人接回家。出院前弟弟嚴正的警告他：「如果再喝酒，下次就會送到台灣永遠的住在醫院。」出院後的耀敬，果眞沒有再碰任何的酒精飲料。2006年聖誕節時，在我的邀約下，他與部落的人一同參與教會的聯歡晚會。當晚的他雖然略顯靦腆，但不一會時間就和部落的人玩在一起，看的出來他很開心，這是我對他最後停格的畫面。據家人表示，2008年夏天他還曾代表家族擔任建造大船的工作。家中平日的耕作、打魚都是他一手包辦，不再

喝酒又勤於勞作生產的耀敬，成為家中讓人尊敬、疼惜的長輩。
2008年10月10日，耀敬與弟弟連同其他的堂兄弟，一起下海網魚，
當魚網撒好其他人都在岸邊等待、聊天時，耀敬不願浪費時間便自
行潛水捕魚，不料這一去讓他命喪在自小最熟悉的海域，2009年2
月我再度拜訪他家，同住的弟媳難掩心中的傷痛，不斷流著淚說：

> 我們之前是很氣這個大伯，那時他會喝酒，把我們的生活
> 弄的不得安寧。可是他出院回家以後，人都變好了。即使
> 他的堂兄弟在那邊要他喝酒，他也不喝，只會喝咖啡。他
> 不喝酒後，就變成一個很會照顧我們的長輩，常常捉魚給
> 我們吃，家裡的勞動都是他在做。他這樣善於潛水捕魚的
> 人，會喪命於大海，真的是讓我們很難接受。他為什麼在
> 大家都在岸邊等，他還會再度潛水捕魚，因為他知道我們
> 喜歡吃月光貝，可能是為了找我們喜歡吃的。他自己是並
> 不在意吃，可是他喜歡看我們大家高興吃他捕來的魚、貝
> 類的樣子。他出事那天，我女兒都很急著想從台灣趕回來
> 看他最後一面……（哭泣）。（2009/02/04）

出院後勤勞造船、蓋屋、耕作、捕魚的耀敬，每日不再喝酒、
規律的勞動，重新獲得了家人的接納與尊重。但是田野中大部分的
青壯世代男性精神失序者，夾雜在失業、喝酒惡性循環的彼此交互
作用，反映了在台工作不順遂而返回故鄉達悟人生活的真實處境。
在快速顯著的社會變遷下，傳統達悟社會文化中的勞動價值、維生
技能、生活型態、個人生命週期、世界觀等都備受衝擊。對大多數
的達悟人而言，他們並不明白這樣的社會變遷過程如何形塑個人的

宿命，喝酒作為一種心理發洩作用的行為，也呈現了青壯世代夾雜在傳統與現代之間的生活困境與精神苦悶。精神失序者飲酒過度使其異常言行更形惡化，既使家人或族人對這些精神失序患者失序的行為更難以忍受，也將他們推往現代精神醫學處置方式，與家人及社區隔離。酒在達悟精神失序者疾病的社會歷程中，以及精神失序進一步醫療化過程中，都扮演重要角色。就像本章一開始所指出的，不僅達悟人高比例精神失序與發病者多集中於青壯世代等特殊現象是他們集體被捲入現代性的長期社會變遷之結果，而且晚近酒在他們部落生活中的影響，以及飲酒與精神失序者的密切關係，同樣也是這個長期社會變遷作用的展現。

五、達悟族的「解酒基因」與污名

晚近達悟人的飲酒問題逐漸引起公立醫療單位的注意，因此成為另一個醫學計畫的對象。2001年3月，新聞媒體出現這樣一則報導：

> 衛生署署立台東醫院進行的「台東縣醫療現況與發展」研究發現，台東縣人口約77,000人，其中30%為原住民；而18%山地鄉原住民有酒精濫用情形，推估縣內原住民的酒癮患者約有4000、5000人，而且成癮的年齡層有逐年下降的趨勢，令人憂心。
> 署立台東醫院院長鍾蝶起指出，原住民痛風、高血壓、精神病等盛行率都遠較其他地區高，背後酒精作祟的成分極大。他以蘭嶼為例，全島僅有3,000多人，但被衛生單位列管的精神病患就有38人，盛行率為台灣地區的4倍；而

且常常一戶就有2-3名精神病患，這除了與基因遺傳有關
外，也有不少是飲酒過量而引發精神症狀者。

鍾蝶起表示，該院已在院區規畫20床的酒癮勒戒病房，希
望提供台東縣及蘭嶼居民更完善、專業的戒酒治療，進一
步控制其因酒癮引發的精神疾病；不過，由於許多原住民
經濟環境不佳，酒癮戒斷療程需一個月，粗估醫療費用加
上病房費，每名患者需50,000元，他希望政府或健保局能
酌予補助[4]。（民生報2001/3/22）

民生報報導鍾蝶起院長表示已規畫20床的酒癮勒戒病房，希望
提供台東縣及蘭嶼居民更完善、專業的戒酒治療，進一步控制其因
酒癮引發的精神疾病。這個酒癮勒戒計畫的構思與署立醫院主管的
談話，從基因與遺傳角度理解達悟人的特殊精神疾病與酗酒現象，
將基因、精神疾病與酗酒三者一併關連起來，無疑是基因論的進一
步深化。我在本章一開始即指出，目前關於台灣原住民飲酒問題的
研究，不管是強調基因或是社會文化因素，普遍不重視長期歷史性
的觀點，對於酒進入原住民社會的歷史脈絡與政治經濟邏輯等缺乏
討論；這些研究也未能從原住民為主體的角度去理解飲酒對他們的
意義，分析在他們失業、貧困、家庭功能解組而焦慮挫折中喝酒的
作用。前面基於歷史資料與田野訪查的分析指出，酒類輸入蘭嶼，
喝酒成為達悟人日常行為，有其特定的歷史因素與過程。達悟人酒
癮勒戒計畫中將基因、精神疾病與酗酒三者關連起來的看法，既忽

4　楊惠君(2001)，〈沈溺杯中物，兩成縣內原住民一身病痛：署立台東醫
　　院將成立酒癮勒戒病房〉，《民生報》，3月22日。

略長期歷史的理解，也未能深入瞭解具體的部落生活。

　　進入聯合知識庫的網站，我們以「原住民基因」為關鍵字，搜尋1995年至2006年的報紙，共出現314筆新聞，其中不乏「酒癮－從基因找解藥」[5]、「酒鬼是會遺傳的」[6]標題與類似報導。媒體的論述不但將原住民高比例酒癮的現象，其中複雜的機轉化約到基因來理解，「酒鬼是會遺傳的」這樣的標題也容易加深社會大眾的誤解。當原住民的健康議題成為生物醫學關注的焦點時，所謂「酒癮」與生物性基因的關連，也輕易地被套用在達悟人身上，遮掩了社會文化因素在酒癮議題上的重要性，簡化酒癮問題背後的複雜因素。公立醫療單位關於解酒基因、精神疾病的「家族聚集的傾向」，「原住民罹患精神疾病的原因，可能與基因有關」，「導致精神疾病另一個主要原因，應該與原住民喜歡喝酒脫離不了關係」等之類的說法，透過傳播媒體的報導，無疑加深了大眾原有對於原住民愛喝酒的偏見，將達悟人進一步污名化。

5　呂玲玲(1998)，〈酒癮──從基因找解藥〉，《聯合報》，9月9日。國家科學委員會與中央研究院、衛生署、環保署共同進行一項為期三年的「基因醫藥衛生」尖端研究計畫。中央研究院研究員楊文光中午在記者會上表示，這項研究計畫初期選定肝癌、鼻咽癌、肺癌、腦癌、心臟血管等疾病，展開臨床試驗前的各種基礎研究，相關研究技術也要應用於台灣逐漸嚴重的酒癮。楊文光指出，國內雖然發現原住民嗜酒，但西方人發生酒癮的比率高於東方人，可能與基因遺傳有關。這項基因研究計畫將鎖定表現異常的遺傳基因後，根據基因產生的酵素，找出藥物改善基因表現，達到戒除酒癮的目的。

6　游淑綺(2004)，〈酒鬼是會遺傳的〉，《星報》，11月8日。原住民愛喝酒眾所皆知，一般人也多認為這是環境的關係。但陳喬琪卻表示，其實是生理差異導致他們喝酒沒有節制，原住民身上擁有可以代謝酒精的酵素比非原住民多。也就是說，一般人喝酒多了會產生臉紅、頭暈的酒醉狀態，而被迫停止喝酒，然而原住民酒精代謝得快，不容易有醉意，所以一不小心就容易喝更多而染上酒癮。

　　蘭嶼當地的醫護人員，對於喝酒在部落生活中的角色與達悟人飲酒的程度，大致相當熟悉，因此對於這些報導感受深刻。2003年我訪談的蘭嶼前任衛生所主任王德惠就認為，媒體的不實報導是一個需要澄清的污名，他表示：

　　　　酗酒的定義大家不一樣，這邊的精神疾病不算酗酒，是沒有酒大家不會說話，消遣沒事幹。台東署立醫院根本是誤導，說精神疾病多是因為喝酒產生的，還上報。（2003/1/18）

　　另一位達悟族的護理長，在訪談中，也對這樣的污名有所抗議：

　　護理長：酗酒在這裡比較沒有很大的問題，因為通常就是在家裡碎碎唸而已，沒有去外面幹嘛。對我來講，酗酒沒有像外面的（其他原住民）那麼離譜，早上睜開眼睛就喝酒到睡著這樣。
　　問：可是收案就有幾個是被定義是酗酒啊？
　　護理長：酗酒的定義在胡海國教授，不是有一個定義，你大概一天喝多少就被歸類酗酒的病。可是這裡不是啊，這裡的喝酒的方式不一樣。但是跟外面的人比較，這邊酗酒還沒嚴重到說我睡在馬路沒人理我，我不知道回家的路。（2004-10B-21）

　　當地醫護人員所對於酗酒定義的質疑，以及喝酒在部落日常生活中的角色，都提醒我們將達悟人喝酒問題簡化到基因之說，值得

反省。未能關照當地長期的歷史變化，忽略其社會文化脈絡，而在島外成立一個針對達悟人的酒癮勒戒所，這樣的計畫是否有助於他們解決問題、面對生活，值得再商榷[7]。但是不論如何，這一類醫學訊息的媒體報導，已產生不可避免的社會效應。除了加深大眾的偏見而將達悟人進一步污名化，事實上當我們深入田野，可以發現這些基因論已經影響著達悟人如何看待自己與族人。關於酗酒與精神失序的基因論，已成為一個新污名，逐漸烙印在那些被登記為遺傳性家庭的成員上，影響他們與其他族人的觀感。陳叔倬、陳志軒有關台灣原住民對遺傳基因的認知研究，指出原住民受訪者不了解研究者為什麼對原住民這麼有興趣，不清楚研究為什麼都是研究不好的方面；若研究出疾病結果與基因有關，又怕被歧視認為是「種」不好的原因。居住在部落的原住民表示曾經聽過或看過原住民痛風基因或是飲酒基因的報導，但報導內容的偏頗使他們心理的感受很差。受訪者常有人這樣表示：「又不是只有原住民喝酒，他們為什麼不研究漢人的飲酒基因呢？」(2001：158)

處在社會變遷所帶來現代性的衝擊下，達悟部落看待精神失序者的方式，夾雜了超自然認知與精神醫學的詮釋(下一章將深入討論這部分)。對於那些家中同時有兩人發病的精神疾病患者，基因

7　上述2001年3月22日民生報醫療新聞版的報導同時提到，鍾院長指出酒癮戒斷療程需一個月，粗估醫療費用加上病房費，每名患者需50,000元，而許多原住民經濟環境不佳，因此他希望政府或健保局能酌予補助。但中央健保局醫務管理處經理林金龍表示，戒酒、戒毒等都已是健保法第三十九條中排除給付的項目，同時因為健保給付的原則是針對疾病狀態，而非致病原因，所以若因酒癮引發的精神疾病必須入院治療，此一部分的醫療費用和病房費仍可使用健保資源，但對於控制成癮的藥物及處置等，仍必須由病患自付。換句話說，對於那些原本即在失業、貧困等問題中掙扎的達悟人而言，這種昂貴的療程恐怕不切實際。

遺傳的新論述逐漸取代家族上一代做了不好的事而禍延子孫、報應到下一代等傳統的歸因方式，建構了一個新的污名。在日常生活的閒聊中，我會聽到護士Si-Na好心地規勸族人，那些有家族遺傳的未婚男性不要嫁。由於哥哥、姊姊、姪子被納入精神醫學診斷，38歲的陳海一有所顧慮，至今仍不敢結婚，他說：「所以我說，這個一定是基因遺傳。家中有三個我都怕了。所以我一直不敢結婚。」(2004/1/18)至詳的二哥與小弟先後被納入精神醫學的診斷，他也說到難以成婚的壓力：「在人家看法中，會讓我不太能夠結婚。別人會認為家裡有人生病，這會遺傳，就是這樣子啊！所以我婚姻會耽誤掉。」(2005/11/14)在台灣工作時出現異常行為的林茵(No.16)，和她有血緣關係的爸爸、妹妹也都被抽了血，她爸爸也以基因的角度看待女兒的異常，他說：「她還是有這種基因出現，還是有這種毛病。你看現在，她就比較那個智商很遲鈍，一定很遲鈍，不一樣……後天和基因，一定是雙向。」(2004/2/2)被診斷為精神分裂症與酗酒的黃耀敬(No.25)，他的弟媳也曾擔憂精神疾病的基因遺傳，她這麼說：

> 我媽媽說像他會這樣子，好像是因為遺傳的關係。因為我媽媽說，以前我婆婆小時候也是那樣，不是說不正常，只是說她的那個，她那個怎麼講，思想不是像一般的那個老人那樣子會想得很周到。例如說，我們這邊的老人都不吃男人魚。但是我的婆婆就是，她就會講說有什麼好不敢吃的，除非你吃了會吐出來。她就會這樣，那一般的老人就會覺得說為什麼她要這樣子？……所以，他們會講說是遺傳，所以那時候我生那個老大的時候，小孩子不是在玩家

家酒會自言自語嗎？我都會一直胡思亂想，我講說我的小
孩子是不是也有遺傳……（笑）。（2005-36B-5）

在關於自己所屬族群的新污名逐漸形成的過程中，有些達悟人
雖然抗拒，但卻仍以基因論來理解其他族人。34歲的楊洋（No.33）
被診斷爲精神分裂症。他的大哥會用基因論述來解釋同部落的陳海
成、陳海妹的異常行爲，卻反對將精神醫學的診斷套用在自己的弟
弟身上。他說：

陳海成那從20歲就開始了，那是遺傳性，我們家族沒有那
個神經質的家族的遺傳，所以我不相信我們的家族是神經
質的，可能護士的判定是錯的，那只是因爲壓力的關係。
沒錢賺、走來走去走投無路、想來想去就喝了酒、就操煩
呢！他不是生病，只是有壓力，他還會酒醉去喝酒來作
亂。（2003-8B-5）

基因論所傳遞的是一種生物本質論的認知，關於這一點，當地
醫護人員也不可避免地受到影響。曾經協助醫療單位研究計畫的達
悟族護理長也肯定地告訴我：「許多罹患精神疾病的個案，他們從
小就怪怪的」。以下是我對她的訪談：

問：如果他們在台灣發病，到底是他們遇到了一些挫折，
　　是不是能夠有比較好的支持？
護理長：我之前也有想過類似的問題，因爲我之前跑部
　　　　落，我幾乎島上精神科的病人我都有跟家屬稍微

　　　　　有過座談，因爲那時當然有跟葛教授做過一些資
　　　　　料，所以幾乎都跑遍了，很多人幾乎是從小父母
　　　　　親就有感覺他和其他的孩子不一樣，他只是覺得
　　　　　不一樣，但是沒有覺得是那裡不一樣。
　　問：例如什麼？
　護理長：可能不太講話，就是有的人家的孩子會比較活
　　　　　潑，可是他們家的孩子不活潑，或者是別人的孩
　　　　　子比較靜，可是他的孩子就三更半夜不睡覺，他
　　　　　只是覺得不一樣。（2003-9B-32）

　　由於對複雜的基因機轉相關知識了解不足，基因論述在原住民部落中以相當化約的方式被詮釋、理解、散播。這套基因論述宣稱立基於客觀、中立的生物性因素，而且基因具有無法改變的本質作用，因此基因論帶來的污名化，對於它所指涉的人群，具有嚴重傷害的潛能。晚近精神醫學中的生物基因論，已經影響達悟人對於他們集體的自我理解。相較於其他理解與對待精神失序的方式，基因論述所帶來新的社會效應，對於原本即處於社會、經濟、文化弱勢位置的達悟或其他原住民而言，更加不利。

六、結論

　　我在前面幾章的分析指出，這二、三十年來，蘭嶼達悟族人的精神疾病比例大幅增高的趨勢，與他們歷經前所未有的社會變遷密切相關。這些社會變遷的過程與結果，包括被迫遷移求學謀生而受挫、游移往返於原鄉與台灣之間的無奈、國宅改建的負擔、家庭功

能解組、自我認同的危機等，是這個少數族群——尤其是青壯世代——經常感受到沒有前途、毫無希望的壓力來源。這些反映在個人身上的，是自殺、車禍、意外死亡、精神疾病等在部落中司空見慣的受苦。這種痛苦，是長期歷史與社會因素造成的社會受苦。所謂酗酒，與他們特殊的精神失序類似，不過是這種社會受苦的不同展現。

1999年美國人類學會宣言已明確指出，在人類所定義的種族團體內，比起不同的族群團體，往往有較多的基因變異性。Troy Duster(1990)批判遺傳與基因適切性的觀念，是立基於已建構良好的社會秩序的社會建構。回顧以基因來探究某種族有關犯罪、酒癮、心理疾病、智商的歷史，Duster認為這些研究大多不是源自科學調查的基因證據，而是科學企圖以基因的方式來解釋這些社會問題。Jennifer D. Poudrier指出，連結種族、族群與基因的脆弱性的研究預設，近年來在醫學研究具有很大的吸引力，當某族群的人口在流行病學上被標定為具有風險，往往很容易形塑出一個申請健康資源的通道，在努力尋找基因種族的脆弱性過程的背後，醫學也越穩固地建立其科學的地位(2004：25)。

當我們深入田野，如實地面對精神失序者本身與家庭成員複雜多樣的身心痛苦，釐清其受苦的長遠歷史源由時，我們會理解到：不管是針對飲酒行為或精神失序現象，當醫學將關注的重點與資源，過度地放在基因研究方面，未能同時兼顧社會環境的因素，那麼一個非意圖的後果是對精神失序者與其家庭成員，形成另一個難以擺脫的新污名。對於原本即處於政治、社會、文化邊緣弱勢位置而經常被污名化的原住民，基因論無疑又建構了一個負面的新標籤。複雜的基因知識被簡單化約地理解、傳播，不僅影響一般社會

大眾對原住民的看法，事實上也逐漸形塑達悟人集體的自我認同，形成一種新的社會效應。在田野調查過程中，受訪者的一些反應，的確顯示這種先天生物因素決定的論述，對於形塑個人與集體自我認同的作用。

第二部
精神失序者的
社會文化處境與生活經驗

2000年我第一次到蘭嶼，對於部落中的精神失序者、殘障者、失智老人、弱智的小孩，大多可以自然地遊走，而居民也習以為常的現象，感到相當訝異。在部落中，隨時可見這些身心障礙者自由自在行走的身影，他們生活的空間並不局限在屋內。對照台灣的精神疾病療養機構，或許蘭嶼島上自然遊走的「不正常的人」，是比較幸運的。然而，當我慢慢深入探究這些精神失序者的生命史與疾病歷程、進一步了解時，我原先對於達悟精神失序者浪漫的圖像，逐漸複雜起來。

　　本書的第一部是關於達悟人精神失序受苦的社會根源，而接下來的第二部(第六、七、八章)則是處理精神失序者發病後在部落的社會文化處境與生活經驗，並尋求緩解之道。第六章是從歷史脈絡分析基督宗教、現代精神醫學如何進入蘭嶼、如何逐漸改變精神失序者與家屬的認知與詮釋，以及它們與達悟傳統文化的關係。第七章分析達悟精神失序者在部落中的日常經驗，尤其著重在以「世代」為切入點，探討傳統部落的生活條件對老、中、青三代的精神失序者所具有的不同作用與意義。第八章則回歸到不同世代精神失序者的主觀經驗，從他們所親身經歷的異感，以及各自經歷的緩解與復原的機制，思考達悟傳統文化、基督宗教、現代精神醫學三者各自該如何定位。

　　第二部的分析，將使我們認識到：唯有先理解現代性與達悟人深層的精神苦難之間的複雜密切關係，同時體認到現在與未來，這個孤立的小島都難以置身於現代社會變遷的洪流之外，我們才能夠務實地思考緩解其社會受苦之道，尋求達悟人的本土療癒機制，如此對於社會學知識分析，也才能善盡其用。

第六章
達悟社會文化與不正常的人

一、前言

　　何謂健康？何謂疾病？一個人會覺得自己生病，除了主觀上出現不舒服的「症狀」之外，同時也受到身邊他人及所屬社會文化的影響。既有的一些人類學研究指出，一些部落社會對疾病的歸因與處置，非常不同於西方社會（Kleinman 1980，O'Nell 1996，Cohen 1999：14-15）。人類學家與社會學家也經常提出下列的質疑：現代精神醫學的精神疾病診斷與概念，能夠應用於所有或大多數的社會嗎？世界上眾多的社會中，它們關於正常／不正常的判準，如何受到社會文化的影響？精神疾病的意涵，具有文化的差異性嗎？基於這種反省的人文社會科學研究，經常強調將精神疾病擺回當地的社會文化脈絡，對於社會文化因素如何影響精神醫療診斷發病表現方式、疾病的形成與處置等，進行認識論的反省。

　　如同本書第二章的文獻探討所指出的，上述這些人文社會科學研究，特別是以人類學為主的跨文化研究，對我們理解達悟人特殊的精神失序現象與緩解疾病受苦的方向，深具啟發。但是這些研究，一般而言比較缺乏社會變遷的分析角度。這些研究在「現代」與原住民「傳統」文化的二分架構下，「文化」彷彿處於靜止的真

空中，而不是一個經歷逐漸改變的過程與結果。事實上，如同前面幾章所指出的，源自於蘭嶼小島之外的各種社會變遷的力量，正快速改變達悟社會。某些表面上看起來是傳統文化的展現，事實上在當代部落生活中的意義與作用，已不同於過往。當基督宗教、現代精神醫學的力量進入後，它們在某種程度上已影響達悟人關於「不正常的人」的認知與對待方式。傳統文化與外來的基督宗教、現代精神醫學持續地互動，而這種互動對這些被診斷為精神疾病患者的疾病經驗與生活世界深具影響。因此，當我們強調文化因素對於精神疾病患者治療方針的重要性時，必須意識到當代原住民的文化本身在社會變遷中所可能產生的變化。文化角度的分析，不能忽略社會變遷的作用。

藍忠孚、許木柱（1992：55-81）曾經在1990年到1992年，針對阿美、泰雅、排灣及布農四族，進行「現代醫療體系對社會規範的衝擊－台灣原住民社會的實證研究」。他們的分析結果顯示，現今的原住民無論在宗教上，或是對原有傳統醫療的觀念與運用上，已經改變許多。在各種疾病的致病因方面，幾乎所有的受訪者都認同現代方式的解釋，而少有人認同傳統的病因解釋方式。而求醫選擇，也多以西醫為主。不過他們的求醫行為即使幾乎完全西醫化，但對傳統的信仰態度，仍然有相當的保留，甚至還有大約20%的受訪者，認為冥冥之中有神監護。但是，這個「神」已經轉換成西方的神。因此，48%的受訪者認為向耶穌或聖母祈禱可以很快復原。在「嚴重的精神不濟」一項，泰雅族有40%，其餘各族則有10%以上的受訪者，仍相信傳統的病因解釋。藍忠孚與許木柱的研究顯示，原住民對於疾病的理解與處置，已逐漸趨向現代醫療，但仍有新舊雜陳、傳統與現代認知交錯的情形。然而即使在訴諸非現代醫

療、傾向傳統的疾病認知中，其中的認知要素也可能有所變化，譬如轉向基督宗教等。

　　面對田野中那些深受精神失序所苦的研究對象，研究者恐怕不得不思考可能有助於他們舒緩受苦的較佳方式。在重視原住民傳統文化、同時又關照社會變遷的視野下，研究達悟人特殊的精神失序現象的一個重要議題，是釐清新舊雜陳、傳統與現代的疾病認知及處置交錯的動態。這誠然是一件不容易達成的任務，然而從理解人們受苦的根源，到思考如何舒緩其受苦，這是一個必要的工作。各種面對精神失序的方式，是人們認知與行動的參考架構，既影響他們對精神失序來源的詮釋，也形塑他們的處置方法。研究達悟人的精神失序現象，我們有必要了解在達悟傳統文化、基督宗教與現代精神醫學並置交錯下，他們對自己與他人的精神失序的主觀經驗，釐清他們各自不同的詮釋與處置方式，以及對緩解受苦可能具有的效應，這些正是本章的討論重點。

　　1950年代開始西方傳教士把基督教與天主教帶入蘭嶼。1959年島上成立至今唯一的現代化醫療單位，亦即蘭嶼衛生所。從那個時候到現在的半世紀多，外來的西方宗教與現代醫療，逐漸發揮影響力。目前達悟人對於精神失序的歸因，夾雜了達悟傳統文化、基督宗教與現代精神醫學，經常在三個不同典範之間轉換。這種情形，具現了這個處在現代性衝擊下的原住民部落社會今日的處境。短短的數十年間，達悟人在蘭嶼小島上，面對了許多社會在幾個世紀才經歷的由玄學到神學、由神學到科學（精神醫學）的歷史進程。我們如要探討達悟傳統文化、基督宗教與現代精神醫學如何互動、如何並存於蘭嶼，那麼就必須將這些問題關連到達悟社會所處的劇烈社會變遷的歷史脈絡中來分析。達悟人高比例的精神失序及相關現

象，都反映了一個原住民少數族群在當代社會的特殊處境。

　　Arthur Kleinman(1980)、Byron J.Good(1992)對精神疾病的研究取徑，提醒我們必須進入疾病的語意詮釋系統，將精神疾病擺回社會文化脈絡，來尋找適當的理解。Good強調我們可以將「瘋狂」的研究，當成一種「被詮釋的失序」(interpreted disorder)，是一種「象徵化的經驗」(symbolized experience)，是屬於相互主體性意義的領域，是鑲嵌在象徵性意義的複雜網絡(1992：197)。Kleinman將疾病的語意詮釋系統擴大鑲嵌社會的認知系統來分析，他認為任何社會的健康照顧部門，可能都存在三個相互關連的部門：大眾部門(popular sector)、俗民部門 (folk sector)與專業部門(professional sector)。專業部門包括西醫與中醫兩種專業；俗民部門包括宗教的與世俗的療癒傳統，前者與超自然有關，如乩童，後者沒有超自然力量涉入其中，如接骨、按摩、草藥等；常民部門是包括一般民眾在所居住的社區與家庭中，藉著社會網絡中成員的知識與技能進行療癒，並未特別求助於那一類人員。而每一個部門有它自己解釋和治療疾病與健康的方式，定義誰是病人、誰是治療者，在治療情境中，二者該如何互動(Kleinman，1980)。在Kleinman的研究架構中(圖6-1)，三個相互關連的部門是一個靜態、平面的圖像，較缺乏歷史面的分析，無法讓我們看清醫療專業化的過程中，專業部門與俗民部門權力的消長，進而如何影響大眾部門。

　　依循Kleinman、Good的研究取徑，本章將從社會變遷的歷史分析，針對達悟傳統文化、基督宗教與現代精神醫學三個不同典範，比較分析其各自形成的歷史脈絡與背景、理念、不正常精神狀態的指標、治療的儀式行為與制度、治療者與被治療者的關係等。

圖6-1 Kleinman三個健康照顧系統的研究架構

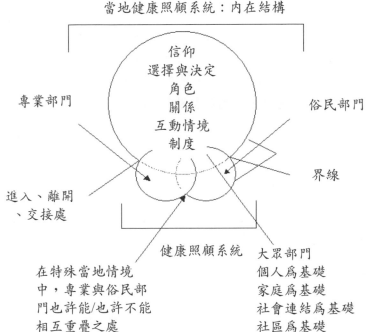

當地健康照顧系統：內在結構

信仰
選擇與決定
角色
關係
互動情境
制度

專業部門

俗民部門

界線

進入、離開
、交接處

健康照顧系統 大眾部門

在特殊當地情境
中，專業與俗民部
門也許能/也許不能
相互重疊之處

個人為基礎
家庭為基礎
社會連結為基礎
社區為基礎

摘　　　自：Kleinman, Arthur(1980), *Patient and Healer in the Context of Culture: An Exploration of the Borderland Between Anthropology, Medicine and Psychiatry.* Berkeley: University of California Press. p. 50.

　　本章也進一步分析這三個典範如何對達悟社會有不同作用，以及各自如何影響精神失序現象所涉及的不同世代行動者(包括：失序者、失序者的家屬、部落族人、醫護人員)的認知與行為方式。

　　在達悟社會交雜並存的這三個典範，涉及對「不正常」的定

義、解釋、歸因、分類、治療等過程。當部落中有人出現不正常徵
兆時，不同的人如何解釋發生的原因、判斷不正常徵兆的嚴重性、
決定要不要加以處理、用什麼方式治療等，這些都涉及了不同典範
所主導的疾病認知與行為方式。我認為探討達悟部落對「不正常」
的歸因方式，將有助於我們深化現代醫療定義下「精神疾病」這個
概念的理解，也有助於我們反省社會變遷下原住民社會文化與現代
醫療的關係。

二、達悟傳統：這不是生病

在現代醫學還未進入蘭嶼之前，凡是遇到疾病或死亡，達悟人
會認為是Anito惡靈作祟。Anito惡靈所開展出的世界觀，建構了傳
統達悟文化對任何無法預測事件的理解，並形塑了達悟族的文化基
調。過去已累積了不少關於惡靈的研究，例如衛惠林、劉斌雄
（1962）提到達悟（雅美）族對疾病的歸因與Anito的信仰有關，傳統
達悟認為，生病是人的游離魂被Anito捉住而做掙扎之情況。若游
離魂能掙脫而返回體內就是病癒，若失去抵抗而遭到Anito帶走即
為死亡[1]。劉斌雄描述達悟人對Anito恐懼厭惡的態度時，指出「惡
靈所衍伸的禁忌，也使得達悟人無論男女老幼，不分儀式或平時，
有意識或無意識，行為言談，甚至夢中，均對Anito表現一種極端
的畏懼與憎恨」（1959：162-163）。

李亦園的研究，則從功能論的角度，指出惡靈文化對達悟人心

---

[1]　達悟族對Anito的定義，可分成兩個部分：（1）死去人的總稱，（2）魔鬼
　　（見希南・巴娜妲燕，2003：20）。

理健康功能的影響。他認為，達悟人把所有的疾病、災害都歸咎於
Anito。從正面來看，在達悟（雅美）族社會中，無論個人或群體，
都用Anito解釋一切人生的不幸，減輕他們無法對環境有效控制所
發生的焦慮。當他們的社會中心價值受到若干少數成員破壞時，他
們也利用Anito作祟做為解釋，以鞏固他們的價值觀。Anito的存
在，鞏固了達悟人的社會心理健康。對個人來說，它防止社會成員
的崩潰；在社會方面，它鞏固了因適應環境而形成的社會中心價值
觀，同時也免除整個社會解體的危機。另一方面，李亦園則認為，
達悟人對Anito的迷信，完全抹殺了科學解釋疾病的其他可能，阻
止文化的向前發展（1960：5-9）。不過李亦園的研究是在1960年出
版，而其田野調查更在此之前。在第三章，我曾指出1960年代中期
之後，蘭嶼才面臨快速社會變遷的階段，各種現代性的制度，譬如
政治制度、貨幣經濟、國民教育、現代醫療等開始進入蘭嶼。這些
變化，也開始對傳統的Anito文化禁忌逐漸產生影響。在歷經四十
餘年快速而顯著的社會變遷，而Anito文化受到現代科學世界觀解
除魔咒的衝擊之後，我們必須探究Anito超自然的疾病歸因方式，
以及強烈地防堵與驅逐惡靈的文化傳統，是否還能鞏固達悟人的心
理健康？

　　劉欣怡（2004）以她對1998年成立的蘭嶼居家關懷協會的研究，
說明達悟人所組成的居家關懷協會，這種現代的義工組織，如何改
變仍存在老一輩心中的惡靈禁忌，並使得家庭內的照護界線改變。
她認為，一方面居家關懷協會利用基督宗教做為教育族人的基礎，
突破原有達悟人的惡靈禁忌。在傳統達悟文化下，許多人年邁時，
為了怕生病會招致惡靈並殃及子孫，會主動搬離子女的房子，而居
住在附近的臨時屋。為了給老人適當的照護，並化解照顧過程中被

惡靈附著的危險，居家關懷義工在探訪老人時，都會同聲禱告，並藉由耶穌基督的寶血覆蓋，使達悟志工免於傳統惡靈的侵擾。她的研究，顯示惡靈信仰雖然式微，但沒有完全消失，而基督宗教被當地人用來對抗惡靈或轉移對惡靈的恐懼。

在我的田野調查期間，當與受訪者談到那些被精神科診斷為精神疾病的族人，受訪者最常見、最直接的回應是：「這不是病啦！」在傳統的達悟文化中，母語"yamara'ete o kataotao na"，意味著「生病或身體不好」。所謂「病」的定義，一定要包含疼痛與不舒服的感覺，並且無法從事日常生活的勞動。達悟傳統文化所理解的精神失序者，並不納入「病人」的範疇，非常不同於現代醫療的界定與處理。一位45歲的達悟人如此陳述他們的傳統信仰：

> 我們認為的生病就是不能吃飯哪，不能走路啊！一直躺在那裡叫生病。精神疾病不是生病，他只是靈魂不在身上而已，有一天他會回來的話他就正常了，所以那只是短暫的錯亂，那是什麼干擾，答案就是他們靈魂被鬼嚇到。（2004-16A-32）

在達悟的傳統文化，有一些特殊的語彙解釋異常行為，如靈魂飛走了"soma'lap so pa'ade"、被未知的鬼附身"namikovotan"、被特定的鬼附身"damikovo tan"、不可理喻的瘋子"miramlawan"、遇到月半"nanimasazi do vean"、突然失神或具有神力的巫醫"zomyak"等。這些概念是屬於特定的語意象徵系統，具有當地醫療信仰與行為的社會文化基礎。以下我將運用田野調查資料，分析它們如何影響族人對於精神失序的理解詮釋。

(一)達悟傳統的語彙

1.靈魂飛走了soma'lap so pa'ade、被未知的鬼附身da-nikovotan、被特定的鬼附身nanikovotan

這些傳統惡靈的觀念，顯示達悟人是個相當怕鬼的民族，對惡靈、死亡、鬼魂存有極大的敬畏。達悟人並不認為精神失序、行為異常的人，是屬於疾病的範疇。靈魂飛走了、被未知的鬼附身、被特定的鬼附身等這些與鬼有關的語彙，顯示達悟文化是透過超自然的歸因方式，來看待這些精神失序、行為異常的人。

靈魂飛走了，意思是某人被嚇到之後，靈魂跑掉，才會出現一些行為異常的舉動。通常這種情形是可逆轉的，只要靈魂再回來，就可恢復正常。

被未知的鬼附身、被特定的鬼附身這兩個詞彙，代表比靈魂飛走了更嚴重的情形。不過這兩個彙所代表的程度不同。"da-nikovotan"指的是還不確定被誰附身。較為嚴重的是"nanikovotan"，通常是指被特定對象的鬼附身。特定的鬼可能指某個死去的親人、結怨的族人等，因此所遭受的報復與詛咒也更加嚴厲。

在傳統惡靈觀念形塑的世界觀中，惡靈代表了恐懼、災難、死亡，達悟人將所有不可知的事物都推向惡靈招致的厄運。由於對惡靈的敬畏與恐懼，開展出達悟人許多文化禁忌與規範。惡靈象徵了達悟人內在深層對鬼的恐懼，鬼成為許多精神失序者幻聽、幻覺的主要內容。有鬼、怕鬼、看到鬼，是我在訪談過程中，常常聽到失序者本身或家人最早覺得不對勁的徵兆。例如家進（No.17）20歲在台灣工作時，出現不正常的徵兆，精神醫學診斷為精神分裂症。他

以「遇到鬼」來解釋當初自己異樣的行為。他這麼片段地告訴我：

> 問：你現在還會不會聽到聲音，會不會看到什麼？
>
> 家進：不會。
>
> 問：那時候是在台灣或是回蘭嶼聽到聲音？
>
> 家進：在台灣。
>
> 問：那你那時候會不會很害怕？
>
> 家進：會。在台灣就有聽到，回蘭嶼就不會。以前那個鬼
> 　　　很多啊，自己的身體都遇到鬼啊。那個鬼很厲害，
> 　　　鬼很厲害。（2003-5A-21）

　　小學六年級發病，曾經住院1次的陳海妹（No.02），精神醫學診斷為精神分裂症。她雖可以明白地告訴我精神醫學的診斷，但她並不具備足夠的現代醫學知識來理解精神醫學診斷背後的意義。因此，她不覺得自己有「病」，認為自己的不對勁是被鬼嚇到的：

> 海妹：就是有一個棍子小小的、尖尖的，被拿到墓場那裡
> 　　　趕鬼的，被嚇到的，我本來好好的。
>
> 問：嚇到後就常常會發作嗎？
>
> 海妹：沒有沒有，偶而啦，很少才會發作啦，我現在沒有
> 　　　發作。
>
> 問：會發作是因為生病還是說……
>
> 海妹：我沒有生病，就是偶爾發作。
>
> 問：為什麼發作？
>
> 海妹：我不曉得，就是靈魂走來走去，看到什麼。嗯，遇

到惡靈會發作。

問：所以你這個不是病？

海妹：這個不是病。

問：可是不是病你為什麼要吃藥？

海妹：我不曉得啊！就是靈魂怕怕的！對不對，我身體好
　　　好的啊！(2004-14A-1)

曾擔任過議員的于順發(No.20)，精神醫學診斷為器質性精神
疾病。他不正常的徵兆，始於大量撿垃圾堆置於屋內。同部落的人
對我抱怨他囤積垃圾，影響他們社區的整潔比賽。對於這樣的行
為，太太無奈地向我訴苦：

當然啦！大家都說惡靈。(問：是說生病、還是被惡靈附
身？)當然是說被惡靈。人家是不直接說給我聽，但是也
是風風雨雨。(2004-12A-32)

對於同部落另一位被診斷為精神分裂症的春菊(No.22)，于順
發的太太也用惡靈的觀念來解釋。春菊發病後常出現語言不連貫、
答非所問等情形，她這麼形容春菊的失序行為：

春菊是我們的家族。那也是她結婚了以後、她的老祖母、
媽媽的媽媽死了以後作怪。因為他們都不孝、所以惡靈就
纏著她。(2004-12A-32)

47歲的黃耀敬(No.25)，精神醫學診斷為精神分裂症與酗酒。

父親已逝，和他同住的四弟與弟媳把他的失序歸咎於喝酒的結果，但是傳統文化長大的老母親，認為兒子失序的行為是惡鬼嚇到的結果，弟媳這麼說：

> 我的婆婆給他下的解釋是，他被嚇到，所以才會有精神狀
> 況這樣子。要不然就是我們祖先擾亂他，我們那些的往生
> 的長輩。所以婆婆說每次我二伯酒醉，他的行為不是他個
> 人的行為，是我們往生的那些親戚喔，附身在他身上，然
> 後去擾亂那些以前欺負他們的啦，或者以前看不起他的
> 啦！這個是我婆婆對我二伯的註解，她不相信醫師的說
> 法，她只是說他兒子是被嚇到過，往生者很容易附身在他
> 身上，所以才會造成他現在這樣子。（2004-24B-32）

在傳統達悟文化中，歸因於惡靈，是對未知事物與不確定風險的普遍解釋。這種歸因與解釋，是面對不可預測的事物獨特的回應方式。1974年行政院原委會開始核廢場設置蘭嶼計畫，1978年政府以宣稱要蓋魚罐頭工廠的方式，將核廢料儲存場設立於蘭嶼，引發後來達悟人的憤恨不平，「核廢料」也成為達悟族的新惡靈。「核廢」這種高科技產物，原來不存在於達悟人的母語與認知中，當時六個部落內的長老教會，是島內推動反核的重要力量。曾經帶領反核的達悟族牧師張海嶼，就說到當初如何教育族人理解「核廢」這樣高度科技的產品：

> 核廢料、核能這東西對於偏遠地區，沒受過教育的、不知
> 道相關科技知識的人來說，這是外行，這個新的名詞，島

內的人也不懂。但是我們唯一可以用的名詞就是
"bolisu"，就是像惡靈，會毒害人類的生命，這樣的轉換
來讓他們了解。達悟人沒有這個名詞，台灣人你說核廢是
什麼，那阿媽、阿公你也解釋不來啊，那你唯一解釋它會
傷害人體的一個髒的東西，我們就是用這樣一個東西來轉
換，這樣他們才恍然大悟，才團結在一起。(2003-8A-11)

透過達悟人對惡靈畏懼、恐懼的心理，反核人士將核廢與惡靈
觀念結合，「打倒惡靈」於是成為達悟人當時反核最重要的標語。
根據李亦園的調查研究，大部分的達悟人的確有強烈的「恐核
症」，一致將儲存場視為唯一或首要的嫌惡對象。他們普遍對儲存
場表現出恐懼、不安的態度，甚至害怕會因而全族滅亡(1990：
422)。核廢料所帶來未知的風險，使它被視為島上的新惡靈。一位
70歲的老婦人Sypan-G，談到核廢場放置蘭嶼，透過女兒翻譯生氣
地告訴我：

核廢料對我們造成很大的影響。以前長命百歲的人很多，
已經拿枴杖，已經腰都彎了，都還可以去山上。但是，現
在島上見不到這麼老的老人了，就是命比較短了，島上的
老人都死光了，你自己看看還有多少老人，現在實在是太
多奇怪的病產生。(2004/1/13)

核廢料被達悟人當成新惡靈的同時，也成為達悟人解釋島內日
漸增多的癌症、精神失序、意外災害的重要因素。例如罹患精神分
裂症的李強(No.21)，目前正在吃藥控制，他這麼解釋自己的病

因：

> 我這是被核廢料感染，整個腦細胞都被感染了才會生病。
> 我們當兵時，有被教育過核廢料會影響我們的腦細胞。我
> 才會變得這樣。（2000/03/4）

70多歲的老人Sypan-Dan（No.23），精神醫學診斷為妄想症，他妄想對象的來源也與其對核廢料的深層恐懼有關。Sypan-Dan大約60多歲開始，即出現多疑、脾氣暴躁、妄想等症狀，經女兒告知衛生所護士，約在1998年左右成為衛生所精神科收案的對象。2003年3月，Sypan-Dan恐懼田裡的電線桿是核廢場故意設立用來危害島上居民的安危，因而用斧頭加以破壞，隨後就被警察送到台灣住院。在蘭嶼開雜貨店的女兒這麼說：

> 那時候我找護士，因為高壓電電線桿已經被他砍得差不
> 多，電線桿快要被他砍掉了，電線桿是在他們的山上地瓜
> 田那邊。我的媽媽每次都被罵，他說那是廢料場放的，然
> 後要給它砍倒這樣子。（2004-20A-32）

近來一些人類學的研究，指出整個社會心理疾病的發生率有一致的傾向，同時這些症狀會受到每個文化的習俗所形塑。例如Paul R. McHugh與Phillip R. Slavney（1986）認為生物學的因素是決定精神疾病的形式（the forms of mental disease），而文化與社會因素才是決定失序的內容（the content of disorder）。這些「以文化為歸依的失序」（culture-bound disorder），可以說是一組特殊的俗民疾病（a group of folk illnesses），是人們對一個特殊文化或地理區域的回應結果（Kleinman 1988:2-3）。達悟人基於惡靈信仰而對自我或他人精神失序的理解，尤其是晚近以新惡靈來看待核廢料所產生的特殊精神狀態，彰顯上述研究的洞見。早期處在惡靈信仰下，一些精神失序者，固然展現怕鬼的典型文化徵兆。核廢料儲存場設立於蘭嶼，核廢逐漸成為島上的新惡靈，成為妄想症者所恐懼投射的對象，也成為其他失序者解釋自身精神疾病的緣由。這種現象，代表達悟人的文化脈絡與社會處境所造成的獨特精神失序與相關行為。類似上述Sypan dan妄想的文化內容，無疑可視為他們對核廢場設置最無奈的回應。

2.不守規範、不可理喻的瘋子miramlawan

除了惡靈信仰之外，達悟人對精神失序的理解，一部分是與傳統社會規範與習俗有關的。在田野訪談中，有的受訪者指出，這些精神失序者是做了不好的事，例如不孝順父母親、偷拿別人東西、為人過於誇耀而不懂得謙虛等，才會遭受詛咒。這些人所出現的「不正常」行為，被視為不遵守社會文化規範而遭受的詛咒與懲罰。同時受訪者當中，也有一種看法，認為上一代過於興旺或祖先做了不好的事，才會使下一代不幸。家族上一代過於興旺，會把好運用光，因而使下一代遭殃；家族上一代如果做了不好的事，例如祖先搶別人的水源、殺人等，因而禍延子孫，報應到下一代身上。這種不可太過與不及的中庸態度，代表傳統達悟人安身立命的某種文化準則。這些資料顯示，分析人們對於不正常的精神狀態與行為的歸因，不能離開他們所屬的社會群體生活脈絡。這些被視為不正常的人，代表的是破壞了既定的社會規範，因而遭受詛咒。規範所

劃分的正常與不正常的界線，也維持了既有的道德體系與社會秩序。

國中畢業40歲的春香，談到同部落的于順發（No.20）出現失序行為的經過，這麼說道：

> 他以前的報應太多了啦，他以前在當代表的時候，都搶他人的地啊，欺負人啊，所以人家說到最後會有報應，就是這個問題出來。（2004-12A-11）

70多歲獨居的婦人Sypan-Co，有3個孩子。一個兒子與一個女兒在花蓮玉里療養院長期療養，唯一正常的小兒子多年前在台自殺身亡。這個不幸的家庭，是衛生所登記具有家族性遺傳精神疾病的家庭。但是住在同部落的Sypan Co的姪女卻用傳統文化的詮釋架構告訴我：

> 我一直在想，她們家為什麼有那麼多苦難呢？我們這裡說，如果上一代太旺，下一代就會不幸。他們的祖先是旺族，所以好運用完，到了子孫代就倒楣了。（2003-5A-31）

部落居家關懷協會的義工瑞芳，說到呂家3個被納入精神科診斷的患者，她也這麼說：「部落的人，有的時候會認為這一家是被詛咒，祖先對他們不滿，才會把恩怨留給下一代。」（2004-17A-11）

此外，"miramlawan"代表瘋子、不可理喻的人，他們的行為違反了達悟人的社會規範，例如女人吃男人魚、沒事到墓地等。如果

有人做出這些一般正常人不會出現的行為舉動，就會被人咒罵是
"miramlawan"。當「酒」進入達悟人的世界後，有人因為喝酒而成
為不可理喻的瘋子，那麼他人也可能用"miramlawan"一詞來咒罵他
們。一位72歲的老人家這麼解釋：

> "miramlawan"可說是發酒瘋啊！像說今天我孩子喝醉啦！
> 我就會罵他說：你又在神經病了，就會罵他，其實他是在
> 發酒瘋，你又發酒瘋了這樣子。（2004-14B-17）

　　在惡靈觀念所開展的各種文化傳統中，與死有關的事物是最為
嚴重的禁忌。譬如正常的達悟人在日常生活中是不能說死人的名
字、不准到墓地、不能靠近臨終重病的人、不可出現死者的照片
等。許多被精神醫學診斷為精神失序者，在日常生活中被族人視為
「不正常」，甚至受到排斥，不是由於精神醫學診斷下「精神疾
病」的污名標籤，而是他們觸碰了當地的禁忌，打破正常人所依循
的文化規範。例如黃耀敬（No.25）在日常生活中常提及死人的名
字，趙懷光（No.03）發作時會於墓地遊走等[2]。而這些達悟傳統文
化下對正常與不正常的定義，牽涉了維持社群秩序的一套社會控制

2　各村社所屬之墳墓區多在村落附近靠海的小樹林或海邊珊瑚礁岩下。此
　　區對達悟人而言，是最忌諱的「惡靈居住之村」，故平時除了喪葬活
　　動，絕少其他活動發生。棄穢地則供達悟人丟棄死者生前的衣物、用
　　品，以及喪葬期間曾使用過的用具。在喪禮回來時，尚要在海邊的水泉
　　處淨手腳，這些地方可謂為由「惡人之村」回到「活人之村」的中介地
　　帶，通過丟棄與潔淨活動，才不會將惡靈帶回人間。這兩項聚落元素——
　　墳墓、棄穢處皆具有濃厚的儀式性意義，被達悟人視為禁忌，而不容易
　　輕易進入（黃旭1995：60）。

的規範系統。53歲的阿凌，教育程度是國小畢業，在說到弟弟黃町峰(No.26)與表弟黃耀敬同時被診斷為精神分裂症時，她的歸因方式就與這種禁忌有關。她說：

> 以前我們祖先殺人，瞧不起人才會這樣。像黃耀敬「遇到了」就不是人了，他會說遇到我死去的媽媽，又會一直說死去人的名字，所以，只要他一發作，我們大家都很討厭他。(2004-18A-34)

3.遇到月半或沒有月亮nanimasazi do vean

蘭嶼可供居住的陸地有限，可開墾的面積也不大。以海為生的達悟人，面對無限延伸的海洋，形塑出不同於本島其他原住民的特殊海洋文化。由於月亮圓缺受到海的潮汐所影響，達悟語中於是有"nanimasazi do vean"，意指碰到月亮的周期，表示狀況不好的人要發作了，旁人要特別小心。2002年我隨精神科醫師每月固定的巡迴訪視，來到被診斷精神分裂症橫平(No.28)的家。他的太太夏藍主動告訴前來探訪的精神科醫師說：「他月半時，好像都會有幻聽」。夏藍不太接受精神醫師的介入，也不認為自己的先生有病，她習慣以月亮的圓缺做為判斷先生的重要指標。達悟族護士Si-Na也曾主動和醫師提及：「這邊的精神疾病的發作好像都和月亮、潮汐有關」。我在部落的田野調查期間所進行的隨機訪談與觀察，發覺以月亮做為精神失序發作的指標，在達悟人(特別是老一代)的認知與詮釋中至今仍非常普遍。例如高中學歷、任職於鄉公所，46歲的美理談到部落裡被診斷為精神分裂症的家進(No.17)時，就說道：

平常在跟我聊天的時候，我都覺得很正常。可是好像到一定的時間，月圓月缺的時候，他的精神就會變得很奇怪。而且他每次發病的時間，都是他們在講的那個時候。月亮變沒有的時候，他就開始發病。（2003-9B-15）

45歲的尤逸，高中畢業後，在台灣工作十多年，最近才回蘭嶼居家關懷協會工作，談到同部落罹患精神分裂症的同學春菊（No.22），也這麼對我說：

尤逸：他們就是週期性會好的，他們也會去山上耕田，去下海抓螃蟹，但是偶爾就狀況不好了，月半了就不好了。

問：狀況不好的時候你們怎麼辦？

尤逸：狀況不好的時候我們就不要去計較，不要去理他，有一次我就跟我同學春菊在聊天。我爸走進來他會講一句話，讓我知道她今天會遇到，我就知道我爸的意思，就不要跟她講話。她從台灣回來就這樣子十年了，所以我跟你講，她不是每天的狀況，週期性的，可能每個月的月圓，搞不好是每個月的下弦月，這邊的人都是這樣子。

問：為什麼？

尤逸：不清楚耶，他們不是像瘋子這樣每天都瘋。不是，有時候他狀況很好還去海邊打漁什麼的，就跟你聊天什麼的。但是好奇怪，哇有時候就開始了。我們這邊的都是週期性的那精神狀況不好，不是像台灣

一直全年的都是不好。他們是週期性的，為什麼會
這樣咧！(2003-1B-15)

在台灣被診斷為憂鬱症的賴金鳳(No.38)，她約60歲的母親透
過妹妹的翻譯告訴我：「她這不是病，是月亮一半時，就會情緒不
穩。現在還是偶爾情緒不穩」。

47歲小學沒畢業的陳土楠(No.30)，診斷為精神分裂症，居住
在同部落已嫁的小妹是他主要的照顧者，他的小妹也是以月亮做為
關照哥哥狀況的依據，田野期間她這麼告訴我：

妹：有時候月亮一半的時候，他會就是心情不一樣。不洗
　　澡，反正他不洗澡就對了，又不出門這樣，就會變得
　　怪怪的。
問：那他會自己好嗎？
妹：會啊，月亮很漂亮的時候他就好了。他會看那些日子
　　啊，像初一、十五就不一樣啦，他每個月都這樣啊！
　　(2004-33B-15)

達悟語"nanimasazi do vean"遇到月半週期，代表達悟人面對這
些「不正常」的人，一種自然的態度。在達悟傳統文化的信仰中，
正常與不正常的界線是流動、可逆的。這些人有如月亮圓缺受到大
自然時序的變化影響，不正常的行為並非是長期不可逆的狀況，它
會隨月亮週期自然而然地變好。檢視這些失序者的疾病史，許多人
從開始出現他人眼中不正常的徵兆，到精神科醫師的介入，這中間
至少隔了十多年。在沒有現代醫療藥物、針劑的介入下，他們大多

是斷斷續續的發病。狀況穩定的時候，有的人還可以到台工作、捕魚耕作、結婚生子。環繞在失序者身邊的受訪者（如親朋好友、部落族人），都會以他們是「遇到了才會這樣」、「斷斷續續的發作」來形容。精神醫學知識架構下所定義的精神「疾病」範疇，是不存在傳統達悟文化中。只要這些被診斷為精神疾病的患者還有活動能力，族人們並不把這些怪異行為、不正常狀態當成是一種病。大部分的時間，他們對這些人大多抱持著自由放任、不積極處理的態度。

4.突然失神或具有神力的巫醫zomyak

"zomyak"在傳統的達悟語中，同時代表了具有神力的巫醫，以及突然失神、精神恍惚之意。究竟具有神力的巫醫與突然失神的人是同一種人，還是彼此之間仍有差別？部落的受訪者指出，這二者之間是有等級的差別。

55歲曾任世界展望會幹事的林勇，他的叔叔曾經是部落的巫醫"zomyak"。四年前林勇的大女兒林茵（No.16）在台灣工作時，出現妄想、幻聽等症狀，精神醫學診斷為精神分裂症。林勇向我解釋巫醫"zomyak"與精神疾病的差異：

> 林勇：我爸爸說大概是發生在民國三十年到三十七年之間。我叔叔有過人的天賦，他還有一種是先見之明。有靈感的，有特異功能，是全島公認，可以說是驅鬼，也可以說是巫師，這樣的人叫"zomyak"。
>
> 問：什麼樣的人可以被選到當巫師？
>
> 林勇：神仙，這個有兩種，一種是鬼魂附身的，一種是神

仙附身。神仙附身是不會受害而且有先見之明。有
一個所謂的比較低層的，會害人的，就是所謂的精
神異常，叫"miramlawan"。

問：一般人怎麼判說他是神仙級的？

林勇：會知道喔！我跟你講他的事蹟，你就知道了。他指
著一個小鳥，小鳥馬上掉下來！這是他第一次開始
的時侯。還有以前美軍不是一直在轟炸台灣？他
說，小心，等一下馬上有敵軍的飛機要過來，突
然，馬上就過來這樣。他有先見之明。他有一次
說，你們要注意一下，大家要愛乾淨一下，最近可
能會有霍亂出現，沒有多久，就有人送葬。過去沒
有醫療的時侯，是這樣判分，神仙的話，會有先見
之明，精神異常的，他們沒有先見之明。所以每一
個部落有事情一定會找他，那時侯，最紅的就是
他。(2004-19B-19)

42歲的春菊(No.22)，精神醫學診斷為精神分裂症，她的祖母
是部落以前的巫婆。妹妹春芳告訴我，當巫婆祖母在世前，早有預
言春菊現今的狀況：

春芳：她本來是沒有問題，就跟我們這樣正常的。就有一
次我巫師阿嬤啊，就叮嚀跟她講說，妳不要嫁到外
面去，妳現在出社會去外面工作，不要在台灣交外
面的朋友。如果妳嫁出去，一定會出問題。我二姊
在台灣工作那時她交了一個男朋友，她前夫嘛。後

　　　來我那個巫師阿嬤，告訴我媽媽，你們家其中一個
　　　小孩喔，會跟我一樣。

問：跟我一樣是怎麼樣？

春芳：就是意思說，像我們平常人不知道的事情，她知
　　　道。因為我阿嬤也有這樣子跟她講說，如果妳講不
　　　聽，我會去害妳。可是她還是嫁了外面的，後來生
　　　小孩子之後，生完兩、三個就開始。

問：她是怎麼了，妳知道嗎？

春芳：嗯，就是因為在台灣她的先生常常喝酒醉嘛，常常
　　　被她先生罵啊、打啊，後來就變成這個樣子
　　　了。……因為之前她沒有過這種情形啊，然後後來
　　　我爸爸跟我媽媽講，就想一想，是不是我們以前那
　　　個巫婆阿嬤講的？就是我以前阿嬤所說的話，實現
　　　了，就一直到現在這樣子。

問：那你二姊在台灣時，你們家有沒有人帶她去看醫師還
　　　是怎麼樣？

春芳：沒有沒有，因為突然的啊！

問：那你們怎麼會知道？

春芳：後來她發病之後，兩、三年之後回蘭嶼，就問她
　　　說，今天四姊他們在台灣做什麼？她說：他們在陽
　　　台外面聊天。結果打電話過去問，就說對呀，我們
　　　在外面聊天。那時候有一陣子，她講得很準。我二
　　　哥也是酒鬼，她就跟我那個弟弟說：你會走二哥的
　　　路線就是酒鬼啊，沒有錯啊，嗯，講對了。所以有
　　　些我就是在懷疑巫婆講的話啊，就會像她這樣。很

多啦，但是，她現在一天到晚亂罵人，現在就沒有
人再問她了。（2003-14A-22）

相對於較爲現代化、經歷相當理性化除魅過程的社會，達悟部
落社會的巫醫"zomyak"所具有異於常人的特質，通常被視爲一種特
殊的能力。然而在逐漸經歷理性化除魅過程中，隨著現代教育、科
學知識、醫療系統等現代性的各種力量發展，巫醫本身與其所具有
的神力，已逐漸消失。在2006年左右的達悟部落中，我們已經看不
到巫醫了。

從既有達悟傳統有關精神失序的語彙，我們可以歸納出幾個看
法：

第一，達悟傳統看待精神疾病病人的方式，主要是超自然的歸
因方式。"Anito"惡靈所開展出的一套文化禁忌與規範，顯示達悟
人對生命的觀念是建立在對死亡、鬼的敬畏上，而這也反映在對精
神失序病人的超自然解釋上。靈魂跑走了"soma'lap so pa'ade"、鬼
附身"nanikovotan" "da-nikovotan"等語彙，指這些不正常的人是因
爲被鬼嚇了，靈魂出竅的結果，只要靈魂回來後，人就會變好。對
鬼的畏懼，形塑出達悟人典型的文化症候群，看到鬼、害怕鬼、很
多鬼出現，成爲田野中一些失序者最初幻聽、幻覺的主要內容。
1978年國民政府在達悟人不知情的情況下，將核廢料放置蘭嶼。核
廢料所帶來的風險，使生活在小島上的達悟人心生恐懼。核廢被建
構成一種新惡靈，代表達悟人憑藉傳統信仰而回應不確定事物與其
未知風險的無奈。田野訪談顯示，核廢已被眾多達悟人視爲島內日
益增多的癌症、精神失序等疾病的來源之一。有的精神失序者會認
爲核廢是自身罹患精神疾病的原因，或以核廢場爲妄想症所投射的

對象。他們上對精神失序理解中的惡靈世界觀、晚近將疾病病因與新惡靈核廢料關連起來，這些都顯示他們的精神失序現象具有充分的文化症狀與特質。

第二，處於達悟傳統文化下，大部分的精神失序者不會因為出現精神醫學所認為的「疾病」徵兆，如幻聽、幻覺、自言自語等，就被貼上「不正常」的標籤。對族人而言，不正常行為必須關連到社群的傳統文化規範，例如說死人的名字、到墓地遊走、女人吃男人魚等等。部落傳統文化也將瘋子視為來自上一代的詛咒、自身做了不好的事的懲罰等，這些都衍生於社群規範的作用。因此，人們對於不正常的認知，不能脫離個人所屬的群體脈絡。達悟人對於自身與他人的精神失序的理解，顯示社會文化形塑的作用。這些不正常，正是Kleinman所謂的「以文化為歸依的失序」（1988：2-3）。

第三，以海為生的達悟人，眾多的文化內容建立在對海洋的知識上。月亮和海的潮汐有關，達悟語"nanimasazi do vean"意指「碰到月亮一半」、「正逢週期」，表示狀況不好的人會隨著月亮的圓缺而發作。傳統的達悟文化認為這些人的失序，並不是一種病。他們看待這些不正常的人，與精神醫學的定義有很大不同。正常與不正常，如同大自然的變化一般。不正常不是獨立出來的病徵，而是有如大自然變化循環的一個過程。因此在傳統達悟文化中，人們對這些被精神醫學診斷為不正常的人，抱持著一種不積極處置、相當放任的態度。

第四，巫醫、薩滿(shaman)或乩童通靈等經驗，在一些傳統的部落社會代表了某種神奇的力量。在相對現代化的社會中，薩滿等的心理特徵被認為是對個人、社會的一種威脅，因此，必須把薩滿等送入精神病院。但是在許多尚未明顯現代化的社會中，這類相同

的行為卻具有很高的價值，甚至被鼓勵。Ackerknecht(1971)指出，我們不能把薩滿簡單地看做精神疾病病理學上的異常，因為薩滿在一些社會中適應良好，扮演著有益的角色(引自Foster and Anderson 1992[1978]：126)。由田野中春芳對被診斷為精神分裂症二姐春菊(No.22)的疾病歸因，我們可以發現無論是早期或晚期，當人們以傳統方式來理解時，巫醫與精神疾病這兩者的區別並不明顯。精神病人有時會被視為具有某種奇力斯瑪(charisma)，理性與非理性的界線並非嚴格區分。巫醫在傳統的達悟社會，是族人吉凶問卜所諮詢的對象、族人糾紛的調解仲裁者，以及族人疾病的治療者。但隨著政治、經濟、文化、教育、醫療等各方面現代力量深入日常生活，改變人們的認知與行為，春菊不正常的言行舉止，已不再被家屬視為一種神力，而是一個不可理喻、不正常的狀態。社會變遷的種種力量，改變達悟人對於不正常的理解與處置。

(二)巫醫的驅鬼儀式

達悟人傳統觀念中認為鬼魂是致病的原因，因此驅除惡靈就成為他們面對不可解釋的病徵或異常行為的重要儀式。傳統處理疾病的方式，是由家人在住宅四周扮作窮兇惡極的樣子，並揮刀趕鬼。他們或在病人頸上掛金片或青色珠串，藉以增加抵抗力，或在身上纏掛一種鬼魂所懼怕的蔓草，藉以驅除鬼魂，或延請巫醫來驅除鬼魂。他們相信凡與死人接觸過的人、物、地，都可能有鬼魂的存在(劉斌雄1959；姚克明1982：1)。

在早期缺乏現代醫療資源的年代，對待精神失序、行為異常的患者，老一輩的達悟人唯一能做的，便是採用傳統的驅魔方式。43歲的家進(No.17)，從20歲在台灣發病後就回到蘭嶼。哥哥說：

「他一、二十年來，沒有吃藥也沒有完全好」。一直到1996年透過護士收案，家進被納入精神科的診斷，才開始接受精神科醫師定期的會診。面對他在台出現的異常行為，父母採取的是傳統達悟的民俗療法。當初陪在一旁的大哥這麼說：

問：爸爸媽媽怎麼看他這個病？

大哥：就台灣嚇壞了。

問：爸爸媽媽有沒有用你們達悟傳統？

大哥：我們在桃園時候，我們就開始穿達悟族的傳統服裝，瑪瑙，就是有幫他招靈魂。

問：是不是老一輩的都知道怎麼招靈魂？

大哥：對，他們懂。回來蘭嶼也是像在台灣那樣把靈魂招回來。

問：誰幫他弄的？

大哥：我媽媽，我母親就這樣，既然沒有成功了，就是魔鬼擾亂。達悟族的習俗，好像有這種狀況的人，……頭上……衣服，在他頭上燒，然後他就這樣轉。（2003-9A-11）

70多歲天主教傳道人Sypan Syas，也談到部落面對這些不正常的人的傳統處理方式：

Sypan Syas：對於這位被鬼附的人，如何能夠去處理面對，只能哀求。

Sypan Syas的女兒：（怎麼哀求？）

Sypan Syas：死去的祖父和過世的父親哪！請你們處理吧！這就是當時還沒有上帝時的作為，我們會說，我們捉一隻豬吧！因為他們認為是惡靈所以讓此人生病了，因此在以前我們會殺一頭豬，在吃肉的同時會說：拿去吧！我死去的祖父、過世的父親，請你讓此人痊癒吧！這就是我們以前的作為，可是如果沒有神，他們怎麼可能會好，這樣的事是沒有用的，這就是我們過去的風俗習慣，現在我們只有全心依靠神了。（2004-14B-19）

一位達悟族的牧師，也告訴我傳統的驅鬼方式：

牧師：我們傳統就是他的父母親拿那個竹竿，一定拿竹竿，用吊的，某某人的靈魂請你跟著來，回他家裡，這樣子慢慢……從他發生的那個地點，然後再……，過去他們都是用這種啊。

問：現在還有沒有？

牧師：我們沒有用，我們不信，因為我們是宗教，我們就沒有信這個。基督教的話，我們用禱告的方式。

田野中共有6個精神失序者的父母曾經採用傳統的驅鬼儀式。這些精神失序者的年齡大多是40歲以上，他們的父母全部是未接受現代教育、生活在傳統達悟文化的老人家。平日這些失序者的父母對待被診斷為精神疾病的兒女，大多採取自由放任的態度。若出現

嚴重的失序行為，才會求助巫醫，進行民俗療法。隨著現代醫療與精神科醫師進入蘭嶼，巫醫及其作用大多已沒落凋零。27歲的鄭齊國（No.11），22歲時發病，精神醫學診斷為精神分裂症，由於他2002年才過世的祖母曾是部落的巫醫，所以他是我在田野期間遇到，現階段唯一接受巫醫治療的年輕患者。他的治療過程，涵蓋了達悟傳統儀式、台灣寺廟的民間宗教、牧師祈禱、還有精神科治療。他父親說：「什麼都碰！心安啦！」。說到達悟傳統的治療方式，他的父親、叔叔這麼告訴我：

> 父親：家裡沒有辦法照顧啊，神智都已經不清了啊！都不
> 　　　認識人。
> 問：那時候你們怎麼辦？有沒有看醫師？
> 父親：要怎麼去看？都請像教會啊，或者是有關這方面
> 　　　的，我們原住民還有……你們台灣人說什麼「巫
> 　　　師」。
> 叔叔（一旁補充）：就是我們原住民所謂的那個「先知」。
> 問：那時候這裡的巫師還在？
> 父親：到現在還有啊！準不準不知道，至少心裡有個寄
> 　　　託。
> 問：巫師怎麼幫他處理？
> 父親：就是驅一驅啊，然後跟我們講說應該要怎麼做。最
> 　　　起碼，按照道理講喔，你神經錯亂應該沒有知覺
> 　　　了，可是被他講一講，他會乖乖的。
> 叔叔：巫醫說一個是台灣人，一個是本地的。本地的是他
> 　　　外公。另外一個是他同學。他同學是車禍死掉，出

殯的時候剛好他下班，就是從外面回來的時候，碰
到他們出殯。被沖到！就有兩個惡靈要跟著他。

問：巫醫這樣跟他講一講之後呢？

父親：這樣一講，他就比較乖。可是意識不清。

問：意識不清？這樣的情況多久？

父親：在蘭嶼待了半年，半年後碰到一個玉里觀護所的主
任。所以護士就帶到我們家裡去，才有機會把他帶
去玉里觀護所治療，治療回來。（2003-22A-33）

　　被納入精神科診斷的陳海成（No.01）與陳海妹（No.02），早期他
們的父母也曾經請過巫醫進行傳統的驅魔儀式。後來兩位老人家受
到教會的影響，也會用禱告的方式來對待發病的兩個子女。弟弟陳
海一說：「他們老人家，最早是驅魔，後來就是禱告，現在兩者並
用啦！」

　　如同前面提到的，傳統巫醫除了以超自然方式解釋與處理達悟
人的病痛問題，也同時是吉凶問卜的諮詢者與族人紛爭的仲裁者，
扮演了維持部落社會秩序的角色，但是這些角色普遍都已式微。其
中巫醫驅鬼的民俗儀式效用，一向建立在巫醫個人所顯現的神蹟
上，而缺乏制度化的方式使它得以延續與傳承。同時一旦神蹟在經
驗上無法持續顯現，人們對其神力的信仰也就消失，例如前述所提
的春菊（No.22）。就我的田野觀察，2006年左右的達悟部落，已經
沒有巫醫。當有病痛或是家人出現不正常的行為舉止時，隨著巫醫
的凋零，現今的達悟人已不再求助於傳統的民俗療法。

三、基督宗教的詮釋系統與處理方式

（一）西方宗教的傳入

　　西方教會與傳教士進入第三世界或原住民社會後，對這些地方的社會、文化，都產生重大的影響。達悟族在過去半世紀以來，即深受西方基督宗教的影響。1951年駱先春牧師由台東新港搭船到蘭嶼，這是基督教傳入達悟社會的開始。1954年天主教紀守常神父也至蘭嶼傳教。接著，長老教會總會指派宣教士孫雅各牧師、內地會高甘霖牧師和基督醫療團到蘭嶼進行傳福音及醫療工作（余光弘、董森永1998：152）。早期這些西方宗教，主要是藉由物資救濟，以及教育與醫療協助，加上傳教士與達悟居民生活在一起，因而逐漸建立起傳教的基礎。

　　1951年到1970年，是達悟族本身傳道人才培養與廣設教堂的時期。朗島村最先設置教會，之後才陸陸續續地在各村設置。不僅各村廣設各種查經班及主日學課程，傳道人還將各種聖詩歌曲改編為達悟語，教導村民讀聖經，同時更在1991年完成翻譯達悟語聖經的工作。從1966年左右開始，教會也推薦婦女前往花蓮進行保母訓練，以培養育兒及衛生知識。教會經常舉行各種神學訓練，包括早期傳道者接受的短期囑託傳道訓練，以及各級神學院的教育。對於教會擔任長老與職事的信徒，也會經常指導聖經的閱讀，以及教會日常事務的訓練，例如基礎會計與舉辦活動的方法等（郭舒梅2000：85）。1972年基督教蘭恩基金會成立，是島內第一個非營利組織。往後世界展望會於1980年成立東區辦事處，1992年在蘭嶼鄉正式設立服務據點。

2006年底為止，漁人、紅頭、椰油、朗島、野銀、東清等部落，共有天主教教會6間與基督教教會9間（包括6間長老教會、2間神召會、1間真耶穌會），而長老教會為當地最龐大的基督教會。大部分蘭嶼人皈依基督教各教會，小部分皈依天主教，而極少數屬於漢人為主的一貫道、漢人民間信仰（如瑤池金母）等。根據1975年的一項統計，鄉內共有基督教各教派信徒832人，佔33.68％，天主教徒685人，佔27.73％（劉清榕1979：182）。當時合計將近六成以上的達悟人，已開始接受西方宗教信仰。

從1950年代開始，國民黨政府將犯人、不合格的教員和警員、核廢料等在台灣社會不受歡迎的人與物放置在這個隔離的小島，對當地造成種種傷害，因而使居民對國民黨政府有某種的不信任。相對的，教會與傳教士深入達悟族人的部落，帶來必要物資與日常生活結合的教育訓練、簡單的衛生知識教育、提供生活協助等，對於族人有明顯影響。藉由這些方式，傳教士傳遞上帝的旨意，使基督宗教逐漸改變達悟人傳統的信仰，重構他們的世界觀。

進入田野後，我發現宗教的禱告，漸漸成為現今達悟人面對疾病、病痛的重要儀式。在部落中，幾乎每天晚上都會有人相互邀約到某某人的家，為感冒、頭痛、中風、癌病的患者禱告。相較現代醫學打針、吃藥的治療方式，這些族人相信主耶穌有醫治病痛的能力，希望透過本身的禱告、教友的祈禱等儀式而戰勝身心方面的痛苦。

基督教傳入蘭嶼，使得達悟社會疾病歸因與處置方式產生了轉變。例如在達悟傳統文化中，如果要探望重病者，除了患者的至親之外，在惡靈禁忌的威脅下，其他人皆被視為嚴格的「禁忌」"makannyow"。但隨著基督教的傳入，為病人代禱成為一件重要的事。在家庭禮拜時，教友會事先詢問是否有人願意接受探訪與代

禱。透過禱告儀式，即使是與患者非親非故的教友也可以前去探
病。為打破惡靈禁忌使得老人獨居、缺乏照料，1999年蘭嶼居家關
懷協會最初成立時，也是透過基督教的教義來改變傳統達悟文化的
探病禁忌，以號召族人參與，成為義工。

　　隨著1951年後教會力量逐漸在蘭嶼的生根茁壯，達悟傳統文化
受到基督宗教傳入後的影響，牧師逐漸取代了傳統的巫醫，傳統惡
靈漸漸變成基督教中的「撒旦」，因此基督教的詮釋與處置方式，
也開始作用在精神失序者身上。有一次，當我問本身是基督徒的護
士Si-Na：「如何區別精神病人與基督教被鬼附身的差別？」她拿
了本台北靈糧堂編著的《釋放純潔》的禱告手冊給我看，書中內容
詳細記載了如何針對言語、異常、眼瞼、聽覺、自我意識、人格分
裂、身體的力量、失常等各種現象來判別，以及趕鬼或趕邪靈的禱
告儀式（表6-1）。

表6-1　精神疾病與鬼附的分辨

	精　神　病　患	鬼　附　上　身
言語現象	很健談，語無倫次，對信仰之術語無反應，而且能跟你複誦。	大聲恐怖嘶吼，男聲忽變女聲，女聲忽變男聲，有時出現多人之聲。
異常現象	失去理智，傻頭傻腦，有畏縮作用的行為。	不一定失去理智，有時有驚人能力，常能揭發隱私。
眼瞼現象	呆滯、不靈活、似昏沉睡醒狀，眼翻白且大，或傻笑。	眼神銳利，帶有兇氣，臉能變形，但偶爾裝成睡狀、逃避。
聽覺現象	帶有恐嚇、命令性，無中生有，且相信體內、腦內有幻聽現象。	能聽見人所聽不見的言語，且有超時空的預測力。
自我意識	自大妄為，自認玉皇大帝，情緒低潮時，感覺人生乏	遠避人群，獨自一隅，喪失原有自我，無法控制自我意識。

	味，有自殺之念頭。	
人格分裂	內在分裂成兩個人，產生矛盾心理，故為精神分裂症。	「內外」兩個人，言論和外在人不同，有時多人、多口、多聲調出現。
身體力量	瘋狂、力大，但多人可控制住。	有時癱瘓，有時力大如牛，無人能制止。
失常現象	記憶力、智識、思想和運動意識失常，忽哭忽笑。	生活言行異於常人，懼怕聽到和十字架、羔羊寶血相關之詞或事。不認主為道成肉身，不願接受主入其心。

摘自：台北靈糧堂編著(2000)，《釋放純潔禱告手冊》，頁31。

當地一位牧師也告訴我如何區別精神疾病與魔鬼附身。他說：

> 在這邊說到不正常的人，也有人說這是惡靈的，也有人說
> 這是真正精神失常的，另外一種是他們說的是魔鬼附身。
> 從宗教的角度，這個看得出來，從他的語言他的肢體，可
> 以通過禱告把鬼趕走，過一段時間他就會慢慢恢復過來。
> (2003-6B-16)

在我的田野觀察中，失序者精神不正常的狀態與行為，是否會被其他人以基督教的方式來理解與對待，在於失序者本身的言行是否牽涉基督教與其教義，例如說到撒旦的名字、自己認為是耶穌（如黃町峰No. 26）、在教會裡出現異常行為（如曾玲如No.35）等。或者精神失序者周遭的重要他人為虔誠的教徒（如趙懷光No.3，陳安安No.7，衫明No.37，國玄No.36，曾玲如No.35，小柔No.44等），就容易被以基督教的詮釋與治療方式來對待。現在就讀大學

的美穗說到被親友認定是撒旦附身的大姑玲如(No.35)時就說：

> 我大姑因爲自身宗教信仰的關係，被歸因爲撒旦附身。因
> 爲她說家裡要成爲教會的聚所，並把所有的東西送別人。
> 她的媽媽是在禱告時死去。那時她的媽媽本來要帶到台灣
> 看病，後來帶到禱告山禁食，吃恢復餐時，就死去。加上
> 她妹妹自殺。人家會說，這是我阿嬤、小姑附身。我爸爸
> 會很生氣認爲，她發病時爲什麼要聽魔鬼的話，講聽不懂
> 的話，那是邪靈的話，力量又大到無法壓制。(2003/3/11)

　　25歲高中畢業的小柔(No.44)，22歲時一人獨自在台灣的電子工廠工作，當時開始出現不止常的徵兆，精神醫學診斷爲精神分裂症。她告訴我，最初自覺不對勁，是聽見恐怖的聲音，並看見妖魔鬼怪。後來，因媽媽是虔誠的教徒，她被帶到花蓮加密山教會。她告訴我：「我媽媽帶我去花蓮加密山教會，趕出6個鬼。是有髒東西附身才會這樣」。(2005-11-10)。

　　54歲的以露，她的先生陳灣地(No.06)與兒子陳安安(No.07)，先後都成爲精神科收案的患者。她說沈重的家庭負擔，若沒有教會的支持，早已撐不下去了。這些年來，信仰是她重要的力量，她自己這麼說到：

> 問：你覺得會不會是生病，你會怎麼看？
> 以露：喔，我覺得是邪靈(指撒旦)，宗教方面是邪靈。
> 　　　(2004-25B-17)

上述的例子都顯示，惡靈文化所形塑的世界觀，以及開展出來的理解與處置精神失序的文化模式，一方面已明顯式微；另一方面隨著基督教力量在當地的發展，新的世界觀也逐漸傳布，取而代之。撒旦、邪靈逐漸取代達悟傳統的惡靈信仰，成爲族人理解正常與不正常的新方式。

(二)宗教的治療儀式

達悟族的張海嶼牧師在他的研究(1992)提到，在傳教初期教會發放救濟品，使得物質協助與族人對台灣的印象相互結合，有助於教會形成一種新的權力型態。同時他認爲，蘭嶼的地方領袖人物，從傳統的長者演變到民意代表，又演變到現在以教會領導人物爲主。早期教會培養達悟族的人才，使這些傳道人與牧師透過教會而較快接觸到現代知識，包括文字書寫的訓練、團體組織制度的建立技巧等。這種過程，造就他們成爲達悟新一代的菁英，並且逐漸擔任一些重要的公職，如反核的領導者、原民會代表等。

基督教傳入蘭嶼，撒旦逐漸取代了達悟傳統的惡靈；牧師也取代了傳統的巫醫，被認爲具有某種神力，成爲不正常、精神失序者新的治療者。一位牧師和我說到如何進行驅鬼禱告的儀式：

> 牧師：有啊！啊……一個年輕人，被魔鬼附身了。他們的
> 　　　家人會找牧師啊，請牧師來替他禱告，他突然會有
> 　　　一些狀況。
> 問：那時候是怎麼樣，在蘭嶼發作？
> 牧師：他就是一直亂講話，行爲怪異，他會亂跑。
> 問：家人會先找牧師，不是先找衛生所？

牧師：他們不會去找衛生所，因為他們知道衛生所沒有辦
　　　法處理這個，他們會給他打那個鎮定劑什麼的，但
　　　是藥效沒有了又開始。那牧師有什麼特殊，就是我
　　　們所謂的信仰，有我們的禱告，靈巫和靈界之間互
　　　相抗衡，我們的經驗是透過耶穌，沒有一個鬼不會
　　　怕，沒有一個鬼不會跑，只要是奉耶穌的名的話，
　　　這是受過這樣的案例的牧師，做過很多次這樣的。

問：像陳海成(No.01)你會不會去幫他做？

牧師：他不是魔鬼的問題，是精神疾病，他發病是好像家
　　　族有遺傳。

問：還有一個他的姪子趙懷光(No.3)呢？

牧師：那個也是去教會，我們也是在這邊趕，後來送到台
　　　灣的一個教會去專門去給他趕，有一個時間比較
　　　好。他那個好是跟他父母有關係，因為他父親愛喝
　　　酒，我們知道酒和鬼是有關係的，他一喝酒，鬼就
　　　到他父親那裡去了，他一喝酒這個孩子就開始發
　　　作，因為這個孩子不希望看到父親喝酒，他喝酒就
　　　整個亂掉。

問：像教會會不會主動幫忙這些？

牧師：他們有來要求就會做，因為來要求就代表相信，因
　　　為你不相信就不會來求。不是說我去，但是你自己
　　　本身要配合啊。你要要求，有這個需要我們就做，
　　　同樣的有同理心，我們才有辦法啊！(2003-8A-21)

　　達悟族的護士Si-Na她70多歲的父親Sypan Syas，是天主教會的

傳道人。他會利用宗教儀式趕鬼，在蘭嶼頗負盛名。在訪談時，他們談到這方面的經驗：

> Si-Na的姊姊：對，我爸醫治趕鬼已經很多年了，他在蘭
> 　　　　　　　嶼蠻有名的。但是我爸是很謙卑的人，他
> 　　　　　　　認為說，你今天訪問他，他才跟你講，不
> 　　　　　　　然好像在要張顯他的神能。
> 問：我其實很想知道他是透過什麼樣的力量去幫助人？
> Sypan Syas：（透過Si-Na的姊姊翻譯）你仔細聽，那時我已
> 　　　　　　　經常上教堂了，這是我講述的起源。因為當
> 　　　　　　　我成為一個傳教員時，他們（神父）帶我去了
> 　　　　　　　台灣。到了台灣有一個神父有上帝的神力，
> 　　　　　　　後來他對我們說：人之島的人啊！上帝要託
> 　　　　　　　付給你們一件事。但是我們沒有人知道是什
> 　　　　　　　麼事，神父說：會有神恩給你們蘭嶼人，你
> 　　　　　　　們不要著急，因為神靈會降臨在你們的身
> 　　　　　　　上。過了很久，沒有人明白。……後來，我
> 　　　　　　　和你媽在休息的時候kaloko突然說：哥哥呀，
> 　　　　　　　我們可否先去為某某人禱告。因為她腳痛一
> 　　　　　　　直在哭，我就跟去了。我說，好，走去為她
> 　　　　　　　禱告。我們好像有5位，我抵達時，我看到她
> 　　　　　　　不停地為腳痛而哭泣，無緣無故的突然出現
> 　　　　　　　腳痛的狀況，我問候她，但她沒有回應，因
> 　　　　　　　為腳很痛，我就為她不斷地禱告。過不久她
> 　　　　　　　說：哥哥我好了吶，我的腳痛好了。事情就

到此，但我的心很疑惑，她怎麼突然間好起來，我心這樣想著，才恍然大悟想起了神父所說的話，這會不會就是他說的事情。

問：那些不正常的人的家屬，如何找到你？

Si-Na的姊姊：對，他人家都知道要找他，都會叫他。

Sypan Syas：如果去爲這些不正常的人禱告的話，其實人數不要多，最好是對上帝堅信不移，然後相信有神的存在，然後就是要非常的虔誠，不可說像半路出家，還有一些比較半信半疑不可以，因爲他認爲說，因爲我們在驅鬼嗎？因爲這個神經病是被鬼纏身才讓他這樣子，那我們要做驅鬼的動作，如果說好這個鬼從他身上出來了，它會找裡面最弱的，就是說，不信的那個人他就會附身，因爲它專門找那個意志力非常薄弱的人去附身。所以那時候不是幾個人幾人，那個是自己的意念，你認爲說我可以，所以沒辦法說我們幾個人幾個去。多少比較好呢，沒有，是自己的意念說我可以的，其實很少人去參加這樣的，他們也很怕可能會被附啊！

Si-Na的姊姊：那如果教友知道他這家人需要禱告，但那個家屬並沒有請，那你們可以主動去爲他禱告嗎？

Sypan Syas：一定要徵求他們同意。一定要通知耶！我們想要爲你們禱告，你們意下怎麼樣。有的爲

> 了自己的隱私，他會指定說幾人，有的人會
> 講說他要越多人越好。（2004-14B-5）

　　田野調查的51位精神失序者中，共有7位的精神患者與家屬明確地告訴我，他們曾進行宗教驅鬼與禱告儀式。相較於曾尋求巫醫傳統儀式協助的受訪者，這些訴諸基督教治療方式者，屬於比較年輕的精神失序者（如衫明No.37、國玄No.36、懷光No.03、安安No.07、齊國No.11、玲如No.35），年紀大都在30歲以下。被診斷為精神分裂症的安安，在2004年時第5次入院。在他出院前夕，他的大哥這麼告訴我：「等出了院就先去作靈療，然後再帶到教會，會比較安心。還是要去試試看。」安安的母親以露，是虔誠的基督徒，這些年來她靠著相信神，才有力量面對先生、兒子相繼失序的事實，但是安安卻不像母親一般擁有對神堅實的信仰：

問：那時候牧師有去幫你禱告的時候，你覺得有沒有用？

安安：牧師？他會要我戒煙。

問：你不敢太相信，是怕他叫你戒煙是不是？

安安：還有戒酒。

以露：那時候牧師幫他禱告的時候，真的那個邪靈。我在台東的時候就請教會的牧師幫他禱告，他本來就是真的沒有辦法走路，就像老人沒有辦法走路，這個背後就是沒有辦法用直，這個腳又沒有辦法用，就像那個老人的走法。那時候我很緊張，我還跟那個醫師說，是不是你們給錯藥。我就請教會的牧師幫他禱告，他真的可以站得很穩，站起來走路、挺胸

> 啊，奇怪，真的如果你相信神的話，他就真的這
> 樣，他用那個宗教信仰的方式，靈魂的力量可以站
> 得好好的。（2004-25B-33）

38歲的偉成是基督徒，曾替姪子衫明(No.37)、國玄(No.36)進行驅鬼儀式。他用不同的詮釋系統，解釋同樣被診斷為精神疾病的族人。他認為擔任公職的達悟族同事呂健永是精神疾病，但是姪子衫明、國玄的行為異常不是精神疾病，而是恐懼的靈造成的。偉成曾經主動為衫明驅鬼，他告訴我：「驅鬼一定要當事人同意。」在台灣被診斷為憂鬱症的衫明，他的堂姐美昭也提到如何進行基督教的驅鬼儀式：

> 我們一起就幫它禱告、驅鬼啊！其實我有點害怕，可是就
> 大家一起用力的禱告，一次進行2、3個小時，很累啊！體
> 力不好的，是不能加入的。（問：衫明呢？）他也很配合，
> 就是大家一起用力禱告。（2004-19A-32）

衫明(No.37)在台讀大學時罹患憂鬱症，返回蘭嶼後自認為大自然環境，以及禱告、信仰的力量，讓他逐漸好轉。他本身雖是基督徒，但對於當初被親友半強迫參與驅鬼儀式，有點生氣。他談到自己的經驗：

> 衫明：那時候我很想給他罵，就是很想給他打下去，奇
> 　　　怪，很無聊耶，我覺得他們很無聊耶。你們跑過來
> 　　　給我做什麼，那時候我的心態是這樣子的，好，你

要表演，我就表演給你看，就配合啊，就配合你
們。……他們就一直拍我，要我吐出來。

問：所以你覺得那2、3次對你來講，你覺得是沒有用的？

衫明：我覺得那時候是在我心裡不平衡的情況之下，那根
本對我來講沒有意義。

問：那如果有一天你當牧師的時候，遇到這樣子的人，你
會如何幫助他恢復？

衫明：當然我經驗沒有那麼多啊，我還是在累積這個經
驗，以後我們碰到這樣子的問題，當然是先陪伴
你，陪伴你之後再試著去了解，他可能一開始都不
會講，這是很正常的，就是要試著去慢慢了解問
題。（2004-11A-32）

由衫明的例子可見，任何的治療儀式如果缺乏耐心的陪伴與瞭
解，儀式可能只有形式上的意義，沒有任何實質療癒的功能。處在
多元的典範與治療系統交會之際，並不是只有精神失序者本身與親
人（譬如上述的偉成）會採取不同的詮釋與處置方式。即使是接受現
代精神醫學訓練的達悟族護理人員，也可能如此。例如護理長與護
士Si-Na在面對族人的精神疾病患者，也有不同的對待方式。護士
Si-Na除了發藥之外，有時會用信仰的力量鼓勵他們，這對有宗教
信仰的患者，具有很大的心理支持作用。同樣是達悟族的護理長，
卻認為醫學專業仍必須凌駕於宗教的治療方式：

就我自己的感覺，Si-Na有時候不覺得他的病人是病人，
她有時候會跳脫自己是護理人員，她有時候會站在自己是

達悟族的立場。我不反對說，傳統醫療和我們目前的醫
療，但是你必須自己要覺得這個醫療是屬於專業的，傳統
醫療是不違反病人跟你自己的關係的情況可以試用，但是
我不太贊成你全部用傳統醫療的觀點來看待精神科這個問
題，你懂得我的意思嗎？Si-Na她認為，我自己是當地
人，我認為他不是精神科，所以我們只要給他禱告就好
了。(2003-10B-31)

1950年代基督宗教進入蘭嶼後，傳教士深入部落生活。透過教
會的支持，基督宗教逐漸在達悟社會中建立起重要地位。基督教的
治療方式，主要是以牧師、傳道人帶領的驅鬼禱告儀式為主。傳道
人、牧師取代傳統巫醫，成為部落中具有神力的人。與尋求巫醫的
協助類似，精神失序者與家屬也是期待牧師、傳教士所傳達的奇力
斯瑪特質，能發揮治療的效果。通常是精神失序者家屬主動求助於
教會，教會並非強制性地介入。親朋好友也可參與儀式，大家一起
為失序者禱告。這種宗教治療，與達悟傳統巫醫治療方式一樣，並
無法以科學標準來客觀驗證，效果也因人而異。即使如此，但牧師
與傳教士畢竟不同於達悟傳統的巫醫。在蘭嶼，基督教有教會組織
與正式制度運作的支持，使它們在當地的信仰傳播與其他活動，得
以持續進行。雖然基督教禱告、醫病趕鬼等治療方式，在達悟的精
神失序處理中，並不是特別盛行，但在傳統巫醫明顯消逝之後，卻
逐漸與現代精神醫學並存，成為一種新的理解與處置上的重要模
式。宗教治療，所提供的是心靈上的緩解，是一種個人層次的舒
緩。對於許多達悟人因家庭功能不彰而陷入的困境，失業、酗酒、
家暴所造成的心理創傷，以及年輕人遷移台灣所面臨的挫折，現有

在蘭嶼的教會系統，還沒有提供更進一步在制度上的資源與協助。

四、現代精神醫學傳入蘭嶼

(一)現代精神醫學的知識系統

　　相較於現代醫學在台灣長久以來所建立的專業權威，早期蘭嶼一直是醫療資源極為匱乏的地區。現代醫學進入蘭嶼始於日據時期，而有正式制度化組織，則始於國民黨政府戰後統治初期。

　　蘭嶼在日據時代開始有日本醫師進駐。然而，日據時代醫師主要為居留島上的日本人看病，偶爾服務到蘭嶼觀光的日本觀光客。學校兒童健康的維護，是日本醫師主要職責之一，他們為學生治病、打預防針，很少為達悟人服務。達悟人生病到衛生所，日本醫師也不會拒絕（余光弘、董森永1998：127）。達悟人稱醫師為"Mangavavaw"，稱衛生所為"Koysang"。1945年國民黨政府來台，但是直到1959年才於紅頭成立蘭嶼衛生所。衛生所原隸屬鄉公所，1975年改隸台東縣衛生局。1983年衛生署依行政院所核定的「加強基層建設提高農民所得方案─醫療保健計畫」，推動其中繼續改善基層醫療保健設施、加強偏遠地區醫療服務的工作項目。在這個計畫的推動下，衛生所進行重建，並於1984年正式啓用。1998年蘭嶼鄉衛生所醫療大樓由前省府衛生處補助經費七千一百多萬元，前後歷經五年多籌辦、6次公開招標，終於動土興建，並於2001年6月12日正式啓用。

　　根據鄭守夏（1998）針對衛生所滿意度的調查報告，蘭嶼鄉的達悟人普遍對衛生所提供的醫療服務抱持非常負面的態度。387位受訪者，僅有0.5%對衛生所的醫療服務覺得非常滿意，17.5%覺得滿

意，31.4%覺得普通，30.4%覺得不滿意，19.5%覺得非常不滿意，
0.8%覺得沒意見。換言之，近一半以上的人不滿意衛生所的服
務。居民對衛生所不滿的地方，包括設備不足、對於衛生所醫護人
員不信任、提供藥物品質太差而無法治癒疾病等，另外也有人覺得
護理人員服務態度不好，以致於對衛生所產生相當大的反感。2001
年「台東縣蘭嶼鄉醫療給付效益提昇計畫執行報告」中，也指出當
地居民對衛生所批評不斷，包括衛生所設備不足、醫師不夠專業、
轉送台灣就醫次數過多等等，其中提出頻率最高的是藥物品質不
良。在我田野觀察期間，位於醫療大樓二樓的產房、開刀房，平日
大門深鎖，裡面堆滿許多申請而來、但醫護人員卻無法使用的儀
器，一樓的急診室，也幾乎沒有發揮任何功能。當地民眾醫療資源
不足的問題，並沒有隨著衛生所的擴建而有顯著的改善[3]。

在蘭嶼，達悟人對現代醫療的可選擇性很低，長期以來只有衛
生所可以提供現代醫療服務。健保納保初期，蘭嶼居民普遍出現繳
不起保費的窘境[4]。在傳統惡靈文化下，老人家也多將衛生所視為

3　當地的受訪者也曾經向我抱怨：「衛生所花了七、八千萬在那邊，但什
　　麼事情都要坐飛機出去。（問：為什麼會這樣？）我寧可你小小的，但你
　　蓋那麼大，你為什麼不把手術房放在一樓，你放到二樓去幹什麼？而且
　　現在病房的使用率幾乎是零，為什麼？這裡有一些惡靈的觀念啊，覺得
　　衛生所有很多死人的惡靈，不喜歡到衛生所。再加上這邊的護士醫生，
　　他們的想法也是覺得說多一事不如少一事那種感覺，你儘量是不要住在
　　這裡，因為你住在這晚上我還要陪你啊！一方面也是離島的工作真的也
　　是壓力比較大，24小時備戰，但是政府要重視這個問題啊，既然有辦法
　　蓋到八千多萬的房舍，你為什麼不去好好規畫人力怎麼調配。醫生一請
　　假，我們就都沒有醫生，我們連看個牙齒都沒有。所以這是第一個大問
　　題，就是說整個醫療系統出了狀況。第二個就是惡靈的觀念，其實幫助
　　醫療系統做了很多不做事的藉口。」（2004/2/1）
4　在1998年4月1日以前，蘭嶼的納保率一直是最低的一個鄉，始終只有

骯髒、不潔的禁地。地理上的邊陲位置、文化隔閡、資源不足，以及衛生所功能不彰等，都使得醫療社會學中在現代醫學驅動下的「醫療化」過程，在達悟社會中的進展，並不順遂。

姚克明(1982)所進行當地公共衛生的調查報告指出，達悟受訪者相信人生病是與惡靈有關的，佔50%。亦即在一般疾病原因的詮釋上，有一半以上的受訪者仍接受傳統信仰。不過吳炳輝(1993)後來的研究顯示，達悟人對傳統文化中健康觀念的信仰，已經比過去姚克明的研究所指出的，要薄弱許多，而生病時也是以西醫療法為主，但是在腹瀉時有50.5%的受訪者、關節疼痛時有58.3%的受訪者，仍會使用傳統的方法治療。雖然西醫療法已逐漸成為達悟人面對疾病與病痛時的主要處理方式，但是上述傳統文化與現代醫療交錯並置、甚至有時衝突的情況，同時也出現在老人照護、精神疾病詮釋與處置等問題上。

在蘭嶼，現代精神醫學主要透過國家所支持的制度運作，將其理念與治療方式帶入原住民部落。1992年8月起，台東縣衛生局委託省立台東醫院及馬偕紀念醫院，以兩位精神科專科醫師輪流每個月到蘭嶼1至2次的方式，配合當地醫護人員，進行診斷及治療 [5]。1998年7月，馬偕紀念醫院台東分院受中央健保局東區分局委託辦理「蘭嶼、綠島醫療改善計畫」（簡稱「蘭綠計畫」），提

(續)────────

63%到66%之間。為了解決山地離島居民的低納保率，自1998年4月1日起，設籍於蘭嶼鄉之第二類、第三類、第六類第二目原住民健保自付保險費，由台灣省原住民事務委員會補助。自1998年8月1日起，未滿20歲及年滿55歲之第六類第二目原住民應自付之保險費，由行政院原住民委員會全額補助。見民生報，1998年9月17日。

5　參見1993年離島精神醫學研討會，劉珣瑛在蘭嶼精神醫療概況的研究報告(1993：4)。

供每個月兩次的精神科、家醫科、內科等專科的巡迴門診。1999年
10月，馬偕紀念醫院台東分院依據中央健保局頒布的「全民健康保
險山地離島地區醫療給付效益提升計畫」，思考轉型的可行性。中
央健保局於2000年10月召開的「研商山地離島地區醫療給付效益提
升計畫」會議中，建議將蘭綠計畫轉型為整合性醫療服務的經營模
式。2001年7月開始由馬偕紀念醫院台東分院所執行的「醫療給付
效益提升計畫」，當時該份報告也指出蘭嶼達悟人罹患精神疾病比
例偏高的現象，並針對當地特有健康問題提供專案醫療保健服務，
設立精神科醫療專案[6]。換句話說，雖然從日據時期已有醫師進
駐，但是國民政府來台後才成立簡單的衛生所，一直到1992年以
後，所謂「精神科醫師」才開始配合國家制度進入蘭嶼。

　　在達悟傳統文化的影響下，大部分的精神失序者與家庭成員的
精神醫學知識，也相當貧乏。現代精神醫學所謂不正常的行為，並
不屬於達悟人向來理解疾病的範疇。雖然醫師、護士每個月都會定
期探視這些被診斷具有「精神疾病」收案的患者，但是由於在達悟
的文化傳統中，這些人並不被認為是生病，所以大部分精神失序者
本身與親人，並不會積極地從精神醫學的角度來理解精神失序的狀
況。

　　就像前文指出的，傳統巫醫或教會牧師是被動地介入失序者的
治療歷程。現代精神醫學與精神失序者及家屬的關係，則相當不同

6　參見2001年〈台東縣蘭嶼鄉醫療給付效益提升計畫〉。這個報告在精神
　　科醫療專案中指出，蘭嶼鄉罹患精神疾病比例約為百分之一，較全台灣
　　千分之三到四的比例高出許多，其中以體質性引發的精神分裂症居多，
　　其次是由酒精與車禍等因素造成的器質性精神疾病、老人失智症及躁鬱
　　症（2001：12）。

於傳統信仰與基督宗教。現代精神醫學擁有國家醫療制度的支持，以及經費的補助。精神醫師的治療與介入，具有國家醫療政策所賦予的正當性，有常規性的制度與現代醫療組織來維持例行的運作。憑藉這些條件，現代精神醫學以主動、相對積極的方式介入患者的治療歷程。針對島內逐漸增多的精神疾病患者，做為島內唯一現代醫學機構的蘭嶼鄉衛生所，已舉行兩次相關的衛教。2002年10月16日，舉辦「91年度精神衛生業務工作聯繫座談會」，主題為認識精神疾病，內容包括(1)簡介精神疾病種類、如何治療及照顧不同的精神疾病的患者；(2)說明精神疾病常見的行為與症狀；(3)精神病人有攻擊、破壞行為之處理與通報。2004年則舉行「精神科座談會」，由醫師針對島內人數眾多的精神分裂症，進行衛教與講解，並舉行家屬座談會。這兩次衛教活動參加的患者與家屬，都未及三分之一。但是即使如此，這些活動顯示精神醫學憑藉國家支持的制度化機制運作，具有積極干預的性質。同時現代精神醫學對失序者理解方式的傳播，以及其處置方法在原住民部落中的確立，在未來恐怕也具有比傳統信仰與基督宗教更大的潛力。

當醫學、教育、媒體等方面的現代力量逐漸在蘭嶼發展，種種具有現代社會特色的世界觀，也逐漸在原住民部落發揮影響力，而精神醫學正是其中之一。一般現代精神醫學對精神疾病的歸因，主要包括生物、心理、社會等因素。有一些在台發病的患者，周遭的親友也會從社會心理成因的角度，認為他們是工作或學校環境壓力大、適應不良、父母離異、感情受挫等因素誘發疾病（見第三章的分析）。此外，面對年輕人日益嚴重的喝酒問題，喝酒過多也成為解釋行為異常的另一種常見的歸因方式（見第五章的分析）。在生物成因上，如果家中同時有兩人或兩人以上被精神醫學診斷為病患，

那麼族人也開始從遺傳的角度去理解這些人。在部落的田野觀察中，我發現人們在「家族遭受詛咒」的傳統理解之外，也逐漸提出「基因遺傳」的詮釋方式。

在田野調查中，觀察族人們如何看待一家至少有兩人被精神科診斷爲精神病患的家庭，例如陳家、呂家，以及希音拉珊的媽媽與叔叔，我們可以說精神醫學的基因遺傳新論述慢慢取代傳統的詛咒論述，成爲一個新的污名，作用在這些受訪者身上。就像眾多部落社會一樣，達悟人傳統上以超自然的方式詮釋這些失序者的不正常行爲，相當不同於現代醫學的疾病因果關係。1990年代初期，精神醫學的論述開始進入原住民部落，對於傳統信仰理解精神失序的超自然方式，有除魅的作用。雖然精神醫學並非只側重基因研究，但是那些強調生物基因解釋角度的精神醫學論述在部落中所引發的社會效應，值得我們注意與反省。

(二)現代精神醫學的治療模式

傳統達悟文化對於疾病的治療方式，如巫醫驅鬼、以油擦肚等，並無法有效治療瘧疾、天花、外傷流血等疾病。早期傳教士有計畫地培育蘭嶼當地的醫療護佐，以及現代醫療制度設立後，都帶來一些具體的醫療效果，使得現代醫學的知識與治療方式逐漸在達悟社會中被接受。就精神醫學而言，其治療方式相當廣泛，涵蓋藥物、針劑、心理治療、家族治療、精神分析等。然而在生物醫學範型的影響下，藥物、針劑卻成爲精神醫學最主要的治療方式。

現代精神醫學針對達悟精神失序者所提供的醫療方向，主要以藥物配合長效的針劑爲主，並輔以轉診到台灣進行機構化治療的方式。雖然醫師、護士每個月都會定期探視患者，但是大部分的精神失

序者與家庭成員，由於缺乏精神醫學知識，或是受文化傳統影響，也不認為是生病。因此不會從精神醫學的角度來詮釋與理解。任職於衛生所的達悟族護理長，就說到現今多元體系彼此衝突的情況：

> 護理長：這邊的人對精神科名詞不是很重視，也不懂，因為他一直認為是他做了壞事，因為他做了什麼，或者說是因為什麼附身或是什麼的。
>
> 問：那他們治療方式呢？
>
> 護理長：他們是用宗教或者是說通靈人士，就是靈媒或者說是有靈性的人。
>
> 問：蘭嶼還有哦？
>
> 護理長：這個要翻成國語我不太會講。就是他能直達天聽，可以跟天溝通什麼的。
>
> 問：什麼樣的人會被認為有這樣的能力？
>
> 護理長：有的是教會的，有的有靈的人哦，不是一輩子跟著他，是只有那一個時段才有，沒了就沒了。一個部落通常會找1個到2個，如果這個部落沒了，他們會去尋求別的部落的人。我記得我在小時候有別的部落，那種人到我們的部落去幫人做驅趕的動作。
>
> 問：那現在還有這樣的嗎？
>
> 護理長：現在他們利用宗教了，因為現在島上只有兩個宗教較那個嘛！現在是用教會的方式。
>
> 問：所以他們也不會認為這是有病要來看精神科？
>
> 護理長：我剛剛有講大概只有中生代比較了解一點，我們

　　當地的人回來（指從台灣），就是有一些訊息會
一直發出去。（2003-9B-15）

　　因此，進入精神失序者的家庭，很容易發現，精神科醫師一個
月進行1至2次訪視所開的藥物，大部分患者與家屬對按時服藥的配
合度都不高。一個月1至2次訪視的過程中，發藥和評估「吃藥」的
狀況，成為醫師與病人或家屬的主要對話內容。在這些對話中，常
常可以聽到患者抱怨服藥的副作用。譬如下列的情形：

【例子一】
　　28歲的陳安安（No.07），18歲發病，前後進出醫院12次，診斷
為精神分裂症。他斷斷續續服藥約六、七年，住在蘭嶼時，他談到
對服藥的感受：

　　問：像你聽到聲音的時候，吃藥有用？還是禱告有用？或
　　　　者有人陪你有用？
　　安安：是吃藥。
　　問：你覺得吃藥會比較有用？就是會讓你聽不到這樣？
　　安安：對。比較不會聽到什麼聲音。但肚子會變得很大，
　　　　　因為每天要喝很多開水。
　　媽媽：嗯，可是現在沒有藥，他會不想再吃了，因為他覺
　　　　　得肚子變得很大。（2004-26B-13）

　　安安不喜歡吃藥，同住的媽媽雖會監督他服藥的狀況。但是，對
安安與同住的家人而言，藥物似乎不能有效緩解他疾病受苦的歷程，

平均每年1、2次的發病住院，讓他們疲於奔命，也無力招架。

【例子二】

27歲的齊國（No.11），22歲發病，診斷爲精神分裂症，曾有2次入院記錄，目前在台灣工作，這三、四年狀況穩定。由於入院時吃藥副作用過大，出院後便不再服藥，他說：

> 因爲那個精神科的藥都很重啦，所以你一吃，你一吃那個藥的話就會精神都會有問題。在馬偕住院吃的，只要吃那個精神科的藥，就是怪怪的啊。沒有吃還好啊。一吃人整個人都起不來，癱在那裡。出院回來這邊，就沒有吃了。（2004-22A-11）

2009年初再度拜訪他家，根據齊國的父親表示，之前到台灣工作睡不著時，偶爾會吃藥。現在工作穩定，與一位阿美族的女子結婚後，育有兩女，已經完全沒有吃藥了。

【例子三】

33歲的林茵（No.16），23歲發病，診斷爲精神分裂症，前後進出醫院6次，從發病以來，斷斷續續服藥已有十年，關於服藥經驗，她說：

> 我覺得那個藥量太大。嗯啊，吃了會睡不著覺。會不想吃，可是那個醫生說還要再吃一年。是最初的時候，那時候去看精神科，他們有在旁邊「指導」，都會說什麼你要

吃藥。吃了藥人就開始變得很胖。（2003-13B-41）

　　林茵雖討厭吃藥，但是仍屬於配合醫囑定期服藥的患者。2005年年底，她因狀況不穩定再度入院治療，出院後她拿著一大包藥袋，很生氣地問我：

> 你說，我是不是一輩子就是要吃這麼多藥，我這種病到底會不會好。吃這麼多藥有什麼用，有用嗎？我看了一大包藥都想吐。（2005-32A）

　　2006年林茵又曾被家人送到台灣住院，一直到2007年8月，她突然病逝蘭嶼為止，大部分時間她都還是配合醫囑定期服藥。三年前由於結識一名大她十歲同族的男友，曾考慮懷孕。不過由於醫護人員認為她的病況不穩，並不適合停藥，也建議她必須做好適當的避孕措施。

【例子四】

　　29歲的小靈（No.39），18歲發病，診斷為躁鬱症，發病十一年前後進出醫院12次，陸陸續續服藥已有十多年，在媽媽的照料下，她雖按時服藥，但是並未因此穩定病情，她說到服藥的經驗：

> 剛開始會手抖、流口水，因為那時候在高醫治療，藥給我下得很重，而且整個人就是被病魔侵略的臉型。精神疾病藥它是一天四餐啊，那時候我小弟才國小，然後我媽媽叫我小弟一手端水，一手拿藥這樣子給我吃，我還把他的藥

丟掉了。你知道嗎，我媽媽跟我弟弟都拿我沒輒啊！我很生氣的時候，我還會把家裡的東西都踢掉，把自己完全封閉起來，不跟外界接觸。我覺得在精神科醫生他們好像就只能用藥物把我們控制，這樣子很不好，就是不會針對病人的心理去解決。（2004-11A-21）

小靈的用藥史與安安類似，兩人雖然都不喜歡吃藥、排斥藥物的副作用，在媽媽與兄弟姊妹的監督下，大多勉強配合的遵循醫囑服藥。但是，順服於現代精神醫學的藥物治療方針，並不必然保證這些青壯世代的患者，因此享有穩定的疾病歷程、恢復正常的療效。大部分受訪者除了對吃藥副作用極度的排斥外，在缺乏家人照護的情況下，譬如家進(No.17)就曾聽錯護士的指示，而一次服下一整罐藥水。服藥造成極度不舒服的印象，使得他至今仍非常排斥吃藥。對於不吃藥的精神失序者，有的家屬會主動要求醫護人員替患者打針。這些家屬多半是接受現代教育的一代，而不是那些仍深受傳統影響的老一代。

對於成長於惡靈世界觀的3位老人世代，不會以精神醫學的知識架構來理解自身狀況，因此完全不會採用藥物治療的方式。田野中被診斷爲精神分裂症、妄想症的70多歲老人Sypan-Dan(No.23)，是在被送入台灣的精神療養院後，才在醫護人員的強制介入後，才開始被迫接受現代精神醫學的打針與藥物治療，入院兩年後，即病逝於醫院。到2004年爲止，田野訪談中的51個精神失序者(不包括長期安置於玉里療養院與住院者)，其中只有4位會依精神醫師的指示而定期服藥(表6-2)。

表6-2 老、中、青三代接受精神醫學治療的比較

世代 ＼ 精神醫學治療	完全配合服藥	部分配合服藥	很少配合服藥	不服藥採注射	完全拒絕	目前住院	總數
老年世代（60歲以上）	0	0	0	0	3	0	3
中年世代（25-60歲）	4	14	6	7	5	7	43
年輕世代（25歲以下）	0	4	0	0	1	0	5
總數	4	18	6	7	9	7	51

＊本表是研究者透過精神失序者、精神失序者的家屬、醫護人員的訪談與
　觀察繪製。

　　蘭嶼精神疾病患者的後送醫院，主要是馬偕紀念醫院與花蓮玉
里療養院。除了幾個零星的患者在花蓮長期療養，對其餘大多數精
神失序者而言，由於來台就醫不便、文化差異、語言隔閡等因素，
住院治療並非他們會選擇的慣常治療方式。如果不具有攻擊性行
為，或嚴重擾亂家人生活作息，那麼家人通常不會主動將他們送入
醫院而與外界隔離。和一般疾病的求診者不同，達悟族中如果有精
神失序者住院，大多都是由家人或警察介入被強制入院，而且幾乎
所有田野中精神科收案的患者，都相當排斥住院。小靈（No.39）18
歲在台讀高三時，首度出現不正常徵兆，至今進出醫院9次。她談
及住院的感受：

　　　　我這幾年比較好，進去就比較沒有被綁。可是我看到那些
　　　病患他們被綁的時候，你就會想到你自己以前也跟他們一

樣，被綁很緊，就會很難過。我討厭住醫院，在醫院的時候，我都會打電話回家跟我媽說，我不想住醫院，我很想回家。我覺得精神病病人很可憐，一被送進去醫院裡就沒有自由，每天在那麼小的空間裡生活，所以那個時候我真的很難過，我打電話跟我媽講，叫我媽趕快來看我，真的是很難過，我就痛哭流涕耶，……結果醫生就說我情緒還不平穩，又不讓我出院了，我覺得住院簡直不是人在過的生活，而且那個護士啊，就是只會一直叫你吃藥而已。（2004-11A-13）

林茵（No.16）23歲在台工作時，首度出現不正常徵兆，精神醫學診斷為精神分裂症。一直到34歲病逝蘭嶼為止，共有6次進出醫院的紀錄。生前她曾對我這麼說：

我在台東的是比較屬害，啊～～一直叫，啊～～就是一直掙脫，然後也有警察，也有那個給我打鎮定劑，就是一直抗拒啊，我在台北也是一直抗拒，根本不喜歡住院。就一直給我打鎮定劑啊，然後就睡著了啊，之後就已經是晚上了，醒來就是在醫院了。護士對你態度不好，我們一定要聽他們的這樣子，我不會很配合。他們很不友善，就是他們是老大的樣子，在醫院那裡。（2004-13B-32）

48歲的陳海成（No.1），國小畢業，精神醫學診斷為精神分裂症，發病至今共有4次自殺自殘的紀錄，曾住院治療7次，他說到住院的感受：

海成：精神科醫院住院住了2次！

問：去住哪家醫院，你記不記得？

海成：台東省立醫院啊！還有玉里喔！上次出去是住玉里。

問：住院他們都叫你做什麼？

海成：台東省立醫院在那裡抹地板。

問：住院會不會讓你心裡比較平靜，還是你不喜歡住院？

海成：會想家！我很像小孩子的個性，也會想家，可是沒
　　　辦法回家。

問：他們爲什麼不讓你回家？

海成：我也不知道！

問：那在玉里呢？

海成：那邊更差勁啊，很痛苦，有人會打架，沒有安全
　　　感，很恐怖就對了。看他們的臉啊，他們的說話，
　　　感覺他們都會打架！（2005-32A-14）

　　32歲的眞翎(No.15)，精神醫學診斷爲「情感性精神疾病」。
當初她因過度沈默、瘦得不成人形，與平時表現大相逕庭，同學告
知衛生所的醫護人員，才被送入台東馬偕精神科治療。她有點生氣
地告訴我，住院對當時的她幫助不大。她說：

有一次護士Si-Na有來，我就和護士Si-Na講：我想出院：
我根本沒有什麼精神疾病。她說：你要好好在這邊養病。
我說：我都是看到那些奇奇怪怪的人，我怎麼會好？我第
一次看到這麼多那種人，我會好嗎？我都覺得他們很奇怪
了，住在這我還會正常哦！我看，我都會變不正常了。我

想說：我這邊會好才怪，我看過他們都這樣，阿達了。
（2003-2A-12）

不喜歡吃藥、討厭住院，幾乎是達悟所有被診斷為精神疾病患者的共同經驗。做為一個現代化、理性化程度都相對較低的少數族群社會，達悟部落並存著對精神失序的不同歸因系統，以及相關的不同處置方式。這種對精神失序的詮釋與處置方式交錯並置，有時也有互相衝突的情形，在田野調查中經常可見。同時與那些相當現代化、社會運作邏輯高度理性化的社會比較，在蘭嶼的原住民社會中，人們對那些被精神醫學認定為「不正常」的族人，通常有較高的容忍度，也普遍對他們採取自由放任的態度。這種容忍與放任，使他們不會遭受其他高度現代化、理性化社會中對精神失序者的嚴厲排斥與隔離。身處蘭嶼的自然與社區環境，與家人親友仍保持一定的關係，這些與機構化的精神醫療處置比較，也對那些心靈受苦者有一定程度的幫助。然而長遠來看，尤其是面對無可避免的社會變遷，以及現代社會變化的命運，這種自由放任，對那些精神失序者、甚至對整個達悟社會而言，是否仍是最佳的選擇？一旦我們正視精神失序者與親人、甚至達悟人集體的社會受苦，關注如何舒緩人們的受苦，那麼我們必須進一步釐清三個典範可能的較佳關係，尋求適合達悟人的本土療癒機制，這點我將在第八章做進一步的討論。

五、三個典範的並存與衝突

(一)任一典範下都是不正常

傳統部落社會對待精神失序者與不正常行為的方式，以及這些

方式所代表的社會文化價值，都非常不同於現代化的社會。既有的研究，對這種差異早已累積了相當豐盛的成果（O'Nell 1996，Kleinman 1988，Helman 1994）。這些對部落社會精神失序者的研究，讓我們反省到正常／不正常的區分與社會文化脈絡息息相關，並非只有一套標準。不過一般而言，這些研究值得商榷的地方，在於它們常見的部落社會與現代社會二分的架構。在這種架構的視野下，經常呈現的是一種靜態、橫切面觀察，忽略社會變遷對達悟傳統文化的衝擊，未能深入探究在當前部落生活中，那些傳統與外來的理解「不正常的人」的方式，其實際地位與作用如何。在20世紀後半葉以來，廣播、電視、報紙等各種媒體深入達悟的部落社會，對他們的世界觀有重要影響，對年輕世代更是如此。因此我們必須從動態的社會變遷、歷史的比較分析角度來思考。

從時間縱向的角度來看，目前交錯影響達悟精神失序者的三個典範，亦即達悟傳統文化、基督宗教與現代精神醫學，從古老的時代到晚近的時期，漸次對達悟人產生影響。「達悟傳統文化→基督宗教→現代醫學」，這樣的進展，大致相當於Max Weber所說：「一個逐漸解除魔咒的理性化過程」。晚近達悟人如何理解與處置精神失序者，也深受這個變化過程的影響。從不同世代面對的社會變遷而言，他們的老、中、青三個世代，分別經歷主要世界觀的轉換。

比較這三個典範中「不正常」的定義與徵兆（見表6-3），達悟傳統文化是透過惡靈禁忌開展其世界觀，以破壞文化規範與違背日常生活慣習做為不正常的徵兆的判準，主要治療方式是家屬主動尋求巫醫驅鬼儀式，不過由於缺乏制度化的維繫與支持，2000年後的蘭嶼巫醫大多已經凋零，傳統文化所提供的保護機制也已逐漸式微。

表6-3　三個典範的比較

*三種認知典範	達悟傳統	基督宗教	現代精神醫學
理念與世界觀	惡靈所開展超自然的世界觀	上帝是萬物的主宰	科學的世界觀，排除超自然的解釋
歷史	在日據時代以前，達悟人是島上唯一的居民[7]。其傳統文化源遠流長。	1951年駱先春牧師由台東新港搭船到蘭嶼，1954年天主教至蘭嶼傳教，之後逐漸傳佈。	1959年成立衛生所，1992年第一位精神科醫師進入蘭嶼之後逐漸傳佈。
不正常的歸因與判準	1.被魔鬼嚇了2.觸犯禁忌或社會規範3.遇到月半4.奇力斯瑪的特質	不正常的徵兆，與宗教的象徵有關。	幻聽、幻覺等
失序者本身與相關人士的認知	被鬼(惡靈)纏身	被撒旦附身	精神疾病具有生物、心理、社會的基礎
制度	無正式組織	教會組織	衛生所以及各種接受國家補助的偏遠醫療計畫
治療者	傳統部落巫醫	牧師或傳道人	精神科醫師、公衛護士
儀式治療行為	傳統驅鬼(惡靈)儀式。	基督教驅鬼(撒旦)儀式，眾人集體禱告為主。	精神科醫師與護士每個月一至兩次訪視全島精神疾病病人。以打針、吃藥為主。
對失序者的介入	家屬主動求助	家屬主動求助	家屬主動求醫或醫護人員主動強制介入

7　見2001《台東縣史雅美篇》，頁81，台東縣政府編印。

基督宗教是將不正常的徵兆，關連到宗教上的象徵，主要由家屬主動尋求牧師或傳道人一起進行驅鬼禱告儀式。而現代精神醫學則是精神科醫師以DSM診斷系統做爲專業的判斷基礎，強調幻聽、幻覺等不正常徵兆作爲判準，在國家制度的支持下，精神科醫師與護士每個月一至兩次訪視全島被診斷爲精神疾病收案的患者，治療方式以打針、吃藥爲主。

Mary Douglas在《潔淨與危險》（*Purity and Danger*, 1966）一書中，透過潔淨與汙穢的劃分，討論污穢在人類社會中的性質與作用。她認爲我們若仔細分析人們對汙穢的看法，拋開其中病原論與衛生學的成分，所見的便是一個對汙穢的古老看法，亦即認爲它是脫序的事物。首先，汙穢是系統分類下的副產品，因爲秩序管理過程都不免要摒除不合宜的成分。其次，汙穢是相對性的概念，例如鞋子本身並不髒，可是把它放在桌上就成爲不潔。最後，脫序雖然會破壞既定的模式，卻也爲模式提供了構成要素，亦即它本身有助於維持既有的道德體系。因此Douglas認爲，所謂不正常，主要衍生於規範的力量。類似Douglas的文化相對論，以及從強烈建構論的立場來反省正常與不正常界線劃分的看法（如Foucault 1971，Goffman 1961，Szasz 1970，Douglas 1966等），長久以來，也成爲人文社會科學批判精神醫學常見的論點與命題。

對照我的田野發現，並不必然能夠完全呼應這些強烈建構論者的論點。如果我們深入理解精神失序者的實際經驗，我們會發現，在達悟傳統文化、基督宗教與現代精神醫學任何一個典範下，這些人都被視爲「不正常」，只是這三個典範對不正常的定義與對待方式並不相同。並非如強烈建構論者所強調，這些精神醫學診斷下爲不正常的人，回到達悟的傳統文化也許就變得正常了。此外，在多

年的田野經驗，我也發現被診斷為精神疾病的受訪者，他(她)們在主觀經驗上都經歷了一段不為人知非常痛苦的歷程。雖然這三個典範中對異常的區分指標並不相同，但這並不意味精神疾病患者所謂的不正常徵兆，有如文化相對論或強烈建構論者所主張的，僅是社會文化規範加諸社會成員的結果，因而不具有本質上的要素。這樣的論述，如果用來理解類似精神失序帶給當事人深沈痛苦的「不正常」，可以說它只強調不同認識論的角度帶來的社會後果，相對地忽略本體的問題，沒有充分正視這些人是否因疾病成因，帶來不舒服的異感與病痛的受苦經驗，這點正是Kleinman(1986，1988)與Good(1992)等人，強調透過民族誌的深入觀察，進入患者的疾病、病痛歷程做細緻的分析與反省。在我田野中大部分受訪者主觀經驗上，也都經歷外人所難以理解思維、情感和行為上的異感。有些精神失序者在經歷失序、混亂的歷程時，甚至會出現一些違反人性的行為，例如多日不吃不喝也不覺得餓、毆打親人、吃餿水等等。在精神科醫師未進入蘭嶼之前，許多已出現異狀數十年的精神失序者，如海妹(No.2)、家進(No.17)、Sypan-Dan(No.23)、耀敬(No.25)、玲如(No.35)等，周遭人不管是從達悟傳統文化、基督宗教與現代精神醫學的角度來詮釋與處理，他們的行為、舉止都有異於其他大多數人，而被視為不正常(進一步的分析見第八章)。

從建構論或社會標籤論的角度，固然可以理解精神失序者在不同的詮釋典範中，如何被以不同的方式歸類與處置，但是將他們確實異於他人、異於過去的自己而使本身與家庭都深受磨難的言行，僅僅歸諸於社會的規範與他人的標籤，事實上對於理解他們當下所面臨的危險與不確定的處境，也往往少有幫助。一如Alex Cohen就提出反省：「醫療人類學家與社會學家，太常指控精神醫師將社會

問題窄化到醫療狀況。但是，社會科學家把疾病完全置於社會領域來討論，也無視於疾病受苦的個人經驗」（Cohen 1999：28）。我將在接下來的兩章，針對精神失序者的疾病歷程，進一步討論這個問題。

（二）任一典範下都具有污名

從時間的橫斷面來看，1990年代後達悟傳統文化、基督宗教與現代精神醫學三個典範彼此錯綜複雜並存於蘭嶼。巫醫雖已式微，但惡靈信仰對達悟人理解被精神失序醫學診斷為不正常的人，仍有一定重要的影響。基督教的撒旦附身觀念、祈禱、趕鬼等，在蘭嶼也經常可見。現代精神醫學，則透過國家的衛生組織與制度，在蘭嶼以每月例行訪視等方式在運作，對精神失序的理解方式，也逐漸被年輕一代族人接受。在精神失序的理解與處置上，我們很難說目前在達悟社會中有一個獨占的系統，而這種三個典範多元混亂並置的情形，正是1960年代中期之後快速社會變遷的結果。

相較於現代精神醫學，達悟傳統文化、基督宗教這兩個認知典範中，正常與不正常的界線往往是流動的、可逆的。由於不是採取明確嚴格的正常、不正常的劃分標準，在這兩個典範下，對被精神醫療診斷為精神病人的容忍範圍通常比較大，也較容易接受失序者「不正常」徵兆的緩解。被診斷為精神分裂症的陳灣地（No.6），現今仍是衛生所精神科收案的患者，每個月醫護人員會定期探望他。由於他每天和太太固定上山下海，同部落的族人玲娜就認為他曾有一陣子怪怪的，但現在已經恢復正常，她說：「他很會做船啊，我們這些很正常的都不會做船了，他很正常。他只有很久以前怪怪的，會一直在村裡走動。現在都很好啊！都恢復了」（2003-5A-

22)。精神分裂症發病多年的陳土楠(No.30)，嚴重的幻聽、幻覺讓他有多次毆打母親進出醫院的紀錄，2005年由於狀況好轉，每天開始固定到隔壁部落的車行工作。能夠規律的工作，讓部落的族人認為他已從不正常進入到正常狀態，當時就有同部落的人這麼形容他：「他現在很好耶！變正常了。現在每天都可以到車行工作耶！已經很正常了。」(2005/01/26)

雖然生活在一起的家人，還是能敏感地察覺陳灣地的異狀，譬如常常詞不達意、意念飛馳等。或者，居住在陳土楠附近的小妹，也表示哥哥有時又會變的不正常。但是部落的日常生活中，大部分的人不會以相對現代化、理性化社會的文明禮儀規範來嚴格評斷、監控其一般言行。只要還有勞動力，能夠從事生產活動，就能相對地減低他們被以異常對待的機會與程度。如果不是在急性的發作期，部落的族人大多會把精神失序者的不正常徵兆，視為是暫時的、可逆的。

從部落社會的巫醫治療，到基督教的驅鬼禱告，乃至於現代社會的精神醫療方式，都顯現了如何對那些被視為不正常者展現了不同的治療權力，所衍生的社會控制力量。達悟傳統是從惡靈禁忌的世界觀建立起群體的道德基礎，失序者代表破壞規範、觸犯惡靈禁忌的一種懲罰。基督宗教由教義中賦予受苦正向的意義，將失序者無法控制的怪異行為連結到撒旦的附身、詛咒。相較於另外兩個典範，精神醫學的知識系統對於「正常」的定義最為嚴明。一旦被懷疑為罹患某種精神疾病，配合國家的醫療制度，醫護人員採取主動介入的方式加以處置，每個月定期訪視配合打針、吃藥追蹤病患的疾病歷程。另一方面，對於生活在小島的大多數達悟人而言，他們正在經歷達悟傳統文化→基督宗教→現代醫學理性化的除魅歷程。

由於對現代精神醫學的不熟悉，加上許多人由電視上習得對「精神病人」極為負面的刻板印象，因此，精神醫學論述下所界定的「精神病人」、「基因遺傳」的標籤，對達悟人而言污名化的程度也最為嚴重。如前述田野資料顯示，一些有宗教信仰的達悟人，寧願認為自己的親人是被邪靈附身，也不願意被貼上「精神疾病」的標籤。

雖然達悟傳統文化、基督宗教與現代精神醫學下的規範與標籤相異，但是，三個認知典範對待「不正常」的人，同時都帶有某種污名、排擠的效果。對於這些被周遭人視為不正常的精神失序者，不管是自身所感受到的異感，或客觀環境所遭受的排斥與歧視，對當事人而言都是一種真實存在的受苦經驗。

(三)三個典範的交錯

傳統部落社會的巫醫治療與基督教的驅鬼禱告，基本上是立基於神鬼對立的世界觀，二者的世界觀是銜接的。相對的，現代醫學強調科學理性的除魅過程，因此與現代性的涵化程度有相當程度的關連。目前達悟傳統文化、基督宗教與現代精神醫學這三個典範都不是單一獨大，而是以一種極為混亂的方式並存於蘭嶼。如同前面指出的，傳統部落的巫醫治療儀式所代表的信仰，雖逐漸被基督宗教與現代精神醫學所取代，但對現今的達悟人仍有一定的影響力。族人們對精神失序的解釋，呈現多元的認知體系，遇到月半、被鬼附身、詛咒、觸犯禁忌、撒旦、基因、壓力過大等，各種理解方式交錯混雜，而三個不同系統的認知典範與詮釋，可能同時並存於精神失序者對自己或旁人對他(她)的理解上。周遭親人的歸因方式，更常常跳躍在不同的認知典範之間，如何決定哪一種求助系統，主

要在於周遭重要他人的態度。通常第一步是周遭親人意識到失序者的異狀，詮釋這不正常的徵兆；第二步是重要他人採取某種認知歸因系統，決定求助的方向；第三步是如果先前採用的治療方式未見效果，則尋求其他的系統支援。

在家屬身上我看到的是一種「求助不同的神」（如死去的祖先、上帝），巫醫、牧師、精神科醫師的多元交錯的求助系統。雖然在台灣的漢人社會中，精神失序者也會尋求中醫、民俗醫療等各種協助，不過不管如何，在類似台灣這樣的現代社會，現代精神醫學在短短的一百年間，已經成為主流的治療方式。蘭嶼的部落社會則不同，能夠完全接受現代精神醫學的知識與治療方式，仍屬於島內的極少數，且大多是學歷高中以上與台灣社會接觸頻繁的年輕世代。處在不同世界觀相互撞擊的蘭嶼，老、中、青三世代形塑出不同的態度面對精神醫學。尤其是老一輩幾乎完全在達悟傳統文化下成長，會認為這些精神科診斷為精神病人不正常的狀況是暫時的，週期過後便會恢復正常，並不會以「疾病」視之。因此那些發病較早現今40歲以上的精神失序者，他們的父母大多是採用自由放任的態度或巫醫治療的方式，並沒有較為積極地處理這些人主觀上所經驗到不舒服的異感。如果我們從未來發展的長遠角度來看，自由放任、消極處理的態度，恐怕未必有利於當事人受苦的療癒與緩解，尤其這對年輕一代的達悟人來說，更是如此。

田野調查顯示，通常精神失序者的父母接受現代教育，或自身與兄弟姊妹教育程度較高者，比較容易接受現代精神醫學的歸因理解與治療方式。不過教育背景上的差別，又並非唯一的因素。除了本身與親人的教育程度之外，求醫模式又受到宗教信仰、家庭結構、重要他人的影響。特別是那些高比例精神失序所集中的青壯世

代,他(她)們大多是國中、國小教育程度,有的人從台灣發病回蘭
嶼,已有一、二十年,由於受教程度不高,與外在世界的接觸時間
也有限,大多數的人以一種極為混亂的態度面對自己的「異感」。
例如有的人可以說出自己精神醫學的診斷,但是同時又認為自己的
「異狀」是惡靈附身的結果。這些受教程度不高的患者,大多是經
由電視等大眾傳播媒體習得極為負面的「精神病人」印象,卻並不
具備足夠的現代醫學知識來理解不同診斷所代表的意義。多數青壯
世代的男性患者,更普遍處在長期失業、喝酒、無法理解自身情形
的處境中,他們自己對未來也不抱有任何希望。

　　達悟傳統文化、基督宗教與現代精神醫學這三個典範未來該如
何整合各自的優缺點,發展有助於緩解不同世代失序者疾病受苦的
機制?這三個典範未來又該如何相互補充,而非混亂地並存於蘭
嶼,同時結合這些失序者、家人、教會、部落的社會網絡進行衛
教,創造適合達悟人的本土療癒機制。在接下來的兩章,我將深入
的討論這些問題。

六、結論

　　從本章的分析,我們可以看到在達悟傳統文化、基督宗教與現
代精神醫學這三個典範中,對於所謂的「不正常」,各有不同的定
義與認定的徵兆。然而,從我的田野經驗發現,無論在哪一個詮釋
系統下,這些人還是會被周圍的人視為不正常。當我們依循
Kleinman、Good的詮釋取徑,將精神疾病視為一種「現象的實
體」來分析,那麼觀察分析田野中51位精神失序者的疾病歷程,即
使彼此之間病痛受苦的經驗有所不同,但是他們斷斷續續出現的一

此特殊言行，不僅被大多數族人視爲不正常，他(她)們本身也經歷主觀上的異常感受(進一步見第八章分析)。

在探討達悟精神失序者在部落的日常生活經驗時，我們首先要釐清影響疾病的社會歷程之不同的認知參考架構。本章從社會變遷的歷史面剖析，達悟傳統文化、基督宗教與現代精神醫學三個典範的發展。一旦我們從宏觀的歷史角度來分析，同時正視達悟精神失序者的病痛、受苦經驗，那麼我們將會理解，使他們身心遭受磨難，難以擺脫厄運的，不僅是建構論所強調的那些加諸在精神病人的社會規範與標籤，而更重要的，是他們面臨明顯社會變遷衝擊下的個人與社會失序的受苦。

事實上，達悟傳統文化、基督宗教與現代精神醫學三個典範，在面對失序者疾病的受苦經驗，各自都有所限制。面對蘭嶼島上三個典範並存的複雜情形，我們更應該思考如何尋求三個不同系統分工互助的可能，而非在衝突中削減彼此可能的機制。面對達悟人複雜多樣的精神失序源由，我認爲思考緩解之道，同樣需要多方面的努力。

第七章

部落、世代與疾病歷程

一、前言

　　本書第二章所回顧的一些西方文獻都指出，非西方部落社會精神分裂症的患者，由於處在一個未開發國家、遠離資本主義競爭的環境，生活壓力較小，他人對患者的社會期望與要求都不高，因此他們的生活適應會比工業化社會的患者佳，癒後的情形也較為良好。早期世界衛生組織(1973、1979)、以及本地的林憲（1978)等所進行的研究，也都支持這樣的論點。

　　以1973年與1979年世界衛生組織所進行精神分裂症跨國的前導研究(the International Pilot Study of Schizophrenia, IPSS)以及1978年嚴重精神失序結果的決定因素研究(the Determinants of Outcome of Severe Mental Disorder, DOSMD)為例，這兩個研究總共包括19個國家、30個地點。研究結果一致發現，西方工業化國家比起發展中的國家，那些臨床診斷為精神分裂症與相關失序的患者，有較不好的癒後（Kleinman 1991: 18-33；Hopper 2004: 62-80）。Cooper 與 Sartorious（1977)的研究也認為，在大家庭組成的自給自足社區中，病患面對的不是精神醫療專業性的技巧，生活反而較有彈性，同時仍可扮演適應他們自己與社區的工作角色，並且生活在宗教與

神力所形塑的世界觀中，這些仍為第三世界文化常見而現今西方社會已罕見的特性，可以解釋精神分裂症患者為何在第三世界復原與癒後都較好。

上述以開發中國家對照於歐美先進國家的跨國、跨文化比較研究，有助於我們釐清社會文化機制對精神失序者復原的影響，不過這些研究仍有值得反省商榷之處。譬如Kim Hopper就批評在WHO的研究計畫中，「文化」的意涵不清。他指出WHO這方面的研究文獻，都以一種那裡(there)對照於這裡(here)的方式來指涉文化。那裡意味著非洲、亞洲、拉丁美洲，這裡指的是歐美各國，而這種區分，亦即晚近常見的「發展中國家」與「已發展國家」的二分法。Hopper批評，採用已發展、發展中國家的分類法從事精神失序的研究，以大範圍國家為單位，在分析上是否令人信服，不無疑問（2004：62-67）。類似這種將發展中、已發展國家完全對立，而將文化過度二分所造成的問題，就如同我在第二章已經指出的，在於缺乏歷史分析，尤其是忽略當代各種外來社會變遷力量對原住民社會的形塑與改變，在理解原住民社會現象上，容易流於對文化的某種過度「本質化」與「同質化」的假設，忽略原住民日常生活中許多不同文化要素雜糅的實際動態。這種假設，有時也容易產生對所謂傳統文化的過度浪漫化想像。在第六章我也強調，在部落社會與現代社會二分架構的視野下，呈現的是靜態、橫切面觀察，忽略社會變遷對原住民傳統文化的衝擊，因而未能深入探究在當前部落生活中，那些傳統與外來的理解精神失序者的方式，其實際地位與作用究竟是如何。第六章也指出，達悟傳統巫醫文化已式微，目前交錯影響達悟精神失序者的三個典範沒有單一獨大的情形，而這種多元並置的情形，正是社會變遷的結果。上述跨國、跨文化的比較研

究，有助於我們認識類似達悟的低度現代化社會中可能促進精神失序者復原的社會文化機制，但是我們必須超越其社會文化的二分視野，既深入部落生活，又觀照歷史社會變遷，才能恰當理解那些少數族群的精神失序者所面對的機會與限制。本章的重點，就在於分析達悟精神失序者在部落生活中所面對的機會與限制，釐清他們的社會文化特徵對失序者復原與癒後的影響。我將以世代的角度切入，省思原住民部落的生活條件對老、中、青三代疾病與病痛經驗不同的影響。他們所面臨的機會與限制，事實上反映的不只是那些被視為失序者的境遇，而是他們所屬的少數族群在歷經快速的社會變遷中的一般處境。

　　早期歐美精神醫療對精神疾病的治療方式，主要是以機構化的方式為主。然而長期住院，往往導致病人自閉、生活功能退化、生活自理功能喪失等問題。許多精神病療養院中非人性的管理方式，也造成大眾對這些機構的負面印象，使它們似乎惡名昭彰。1960年代開始，歐美社會出現一波精神醫療「去機構化」（de-institutionalization）運動，並發展為世界精神醫療的趨勢。不過一些研究也都指出，在高度現代化、理性化的社會，精神病人回歸社區的運動，實踐上仍有一定的困難。例如美國去機構化運動的發展，反而導致流落街頭、無家可歸的精神病人增加，又如許多出院病人的社會連帶缺乏，使他們雖生活在社區，但不能夠獲得社區歸屬感的庇護。大部分出院的病人，依然只能和其他精神病人或醫護人員維持社會互動，而不是和主流社會成員有所互動（Prior 1991）。

　　在台灣，1990年代末以來的一些研究，也指出去機構化、回歸社區的治療方向的問題。黃嬡齡以花蓮玉里療養院的個案研究為例，指出在台灣漢人社會中，罹患精神疾病的病人出院回家，不等

於回歸社區；許多病患長期滯留醫院，是家庭支持系統不足以支持病患需要的結果(1997：67)。張苙雲的研究指出，機構爲主的精神科復健計畫，往往以醫院爲中心，然後發展到社區，所以相當依賴醫院專業人員的人力支持與政府經費支助，造成復健計畫與經費共存亡的情形。因此近年來的社區復健計畫，是將原本在院內的庇護性工作站繼續延伸到社區，徒具「院外」的形式，但終究走不出機構(2002：27)。精神科醫師楊延光則認爲，精神疾病患者長期被收容在療養院，會出現嚴重人際關係退縮、被動、思考貧乏等現象。若給予病人適當的復健工作，則病人退化的程度較不嚴重。但是楊延光也指出，台灣的社區復健中心往往讓病人從事很單調的工作，例如數螺絲、貼標籤等，而且大多數的工作人員都是病患，因此距離社會化的目標仍有一段距離(1999：182)。

上述西方與台灣的研究，都指出精神失序者在現代社會中要回歸社區的不易。現代精神醫學發展已經有長遠歷史與豐富經驗的西方，由早期機構化處置到晚近去機構化而回歸社區方案，也都遭遇許多困難。不過這些研究也大多肯定融入社區對於精神失序者病情穩定的正面意義。換句話說，理想的治療方針，必須涵蓋社區的力量。本章將基於精神失序受訪者在部落生活的實際經驗，分析部落的生活方式與不同世代精神失序者疾病歷程的關係，反省達悟人傳統文化在哪些部分有助於舒緩精神失序者的受苦？哪些部分又可能限制精神失序者，使他們無法獲得更好的照護？被診斷爲精神疾病的達悟人在部落的生活世界，不只呈現當地的社會文化特性，也呈現社會變遷過程中不同世代對於自我與世界的不同想像，而這些想像以不同方式又回過頭來形塑了精神失序者在部落的生活經驗。

那些僻處小島、自由遊走於部落的達悟精神失序者，可以給我

們什麼啓發？我在第六章指出，特別是對於那些已遠離傳統信仰、較易於接受現代醫療觀念、必須面對現代生活與長遠未來的年輕世代來說，現代精神醫學如果尋找比目前更好的定位與方式，也許可以給予他們較爲明確的幫助。就此來說，那些自然遊走的精神失序者，對於我們認識現代精神醫學的發展，有什麼樣的啓示？究竟傳統部落文化中那些部分是有助於緩解精神失序者的受苦，那些部分又是不利因素？對於年輕世代，以及目前與未來精神醫學在當地的地位與作用的關注，我們必須進一步分析這個少數族群在什麼樣的歷史脈絡被捲入現代社會變遷。這種面對未來的關注與分析，對於像台灣這樣相對現代化的社會而言，同樣深具意義。雖然達悟人的社會受苦有其獨特的歷史源由，特殊的社會文化因素導致他們高比例的精神失序，但是分析其精神失序者所面臨的機會與限制，可以使我們對於現代精神醫學已在其中佔有主要地位相對現代化的社會，有深入的對照與理解。釐清達悟精神失序者疾病的社會歷程，就在於理解「現代性」的社會變遷對這個少數族群的深刻衝擊；而理解這個少數族群的歷史處境，同樣也在於反思現代性發展給予其他社會長遠而普遍的影響。

二、去機構化的天然社區

根據日據時期高砂族調查報告的資料顯示，達悟（雅美）族原有七社，Iwatas社位於溪流之沖積扇面上，由於領域裡已無適當地點可營立新聚落，只好選擇與椰油社合併（張文傑1990：86）。從此之後，蘭嶼就一直維持六個部落，位置也沒有遷移，維持一種天然社區的型態。達悟語稱部落爲"ili"，每個部落都是自給自足的小型社

會。衛惠林、劉斌雄(1962)在《蘭嶼雅美的社會組織》一書中指出，達悟(雅美)族有村社(village-community)單位，無統一的權威，六個部落社區"ili"，都是位於海灘滿潮線以上的半山坡。部落中有許多社會調節與社會控制制度，例如敬重老人、財富競賽、集體責任與禁忌等。衛惠林、劉斌雄以父系世系群探討其繼嗣法則與居住法則，並透過漁船組織等資料，認為達悟族的親族結構組織，基本上是父系世系。另外，有關婚姻禁忌、工作互助、餽贈分配、血仇責任等，也運用著雙系血親的法則。在衛、劉的研究中，部落具有地域化的、同質性高的，以及密切的人際關係。部落的社會生活主要是靠居住的地緣關係及親族的血緣關係交織而成，親屬關係所延伸的社會網絡，才是當地社會組織的原則。

位於海岸旁的六個部落，是各自獨立自主的社會單位。每個部落都有自己的疆界、田地、碼頭、墓場，以及海上捕魚的區域等等，其他部落的居民不能擅自進入。傳統部落生活是以自然條件為基礎的自給經濟，具有若干特徵。第一，依附於自然條件，以農(水田定耕、山田燒墾)、漁及少量的放牧(豬、山羊、雞)為主要內容。第二，限於耕作方式、自然條件及工具特性，不論農、漁生產力都不高，得以與自然生態保持平衡。第三，以村落為範圍，透過各種習俗，以性別、家庭、家族、生產團體等為分工單位，建立共勞共享的共產關係。第四，配合獨特的祭儀、土地財產繼承制度，以及餽贈方式，達成有限社會資源的再分配。第五，社會組織中蘊涵一套複雜、微妙的社會權威認定方式，以及制裁、復仇等習俗，有效地強化了既有的社會關係(台灣大學建築與城鄉研究所1989：37)。

換言之，傳統達悟人劃分地理區域的部落生活方式，鑲嵌於當

地的自然條件中，以生計經濟為基礎，而透過家庭、家族與不同的
生產團體，建立社會關係網絡。但是在過去幾十年的社會變遷過程
中，這種自然條件與生計經濟的基礎，雖然沒有完全消失，但已明
顯削弱，而相關的生活型態與社會關係也產生變化。究竟晚近的部
落生活條件，對於精神失序者的疾病經驗影響如何？對他們重新獲
取面對生活的力量，有什麼有利與不利的作用？

（一）大自然、非工業化的環境

2000年第一次走進部落的生活世界，我所看到達悟精神失序
者、殘障者、失智老人、弱智的小孩等在蘭嶼的生活相當不同於台
灣的都市生活，他們的空間並不局限在屋內。在這個四周環海的小
島上，隨時可見這些身心障礙者自由移動的身影。再者，一些被精
神醫學診斷為精神疾病的達悟人（如 Sypan-Ta No.32，黃樂獅
No.48，春菊No.22），在獨居的狀態下生活也已有數十年。只要他
們不主動攻擊他人，周遭的親人很少認為他們需要住院隔離之類的
機構化處置。

相較於台灣乃至於歐美國家，現代精神醫學進入蘭嶼的時間非
常晚，1992年才有精神科醫師正式進入蘭嶼。比較老、中、青三代
從開始出現不正常的徵兆，到精神科介入，老、中兩代中許多精神
失序者有很長的時間是處於無任何現代醫療干預的情況下，51個失
序者其中有10個從發現不正常徵兆到精神科介入隔了十年以上，馬
上求醫的只有9個，且多為年紀較輕的達悟人。老年人與中年人的
世代從出現不正常徵兆到精神科介入的時間間距，明顯比年輕的世
代來得長（見表7-1）。

表7-1　精神失序者出現異常徵兆到精神科介入的時間

出現異常徵兆到精神科介入的時間　　世代	約一個月內	半年內	一年內	一至五年	五至十年	十年以上	其他	總數
老一代（60歲以上）	0	0	0	0	0	3	0	3
中生代（25-60歲）	6	6	8	9	5	8	1	43
年輕一代（25歲下）	3	0	0	0	0	0	2	5
總　　數	9	6	8	9	5	10	3	51

註：研究者根據衛生所醫護人員、精神失序者與家人的訪談繪製而成。

　　一些被診斷為精神疾病的達悟人，如海成（No.01）、海妹（No.02）、家進（No.17）、Sypan-Dan（No.23）、林山（No.45）等等，從被人發現有不正常的徵兆，到精神科醫師介入並接受診斷，中間至少十多年以上。這段期間，他們並未接受任何現代精神醫學的積極治療，長期處於自由放任的情況。這些被診斷為精神疾病的達悟人，日常生活中大多還可以上山耕種、下海捕魚，有的還可以結婚生子等。以下就以春菊（No.22）、林仁清（No.41）為例，詳細說明這種情形。

【春菊42歲。約30歲出現不正常徵兆，5年以上才有精神科介入】

　　第一次看到春菊（No.22）是在部落的黃昏市場，她的攤位擺放著她剛從海邊捕獲的貝類、海帶。當時瘦高、黝黑的她，沈默地坐在一旁，相較其他攤位的婦女彼此熱絡的閒聊，她與其他人並無任何言語互動。看到我走近時，她熟練地向我兜售一包150元的貝

類。從台灣發病回來的春菊（No.22），高中畢業後即到台灣工廠工作，後來嫁給一位漢人，育有兩男兩女，因家庭經濟不佳一女從小送給別人扶養，家人說這一直是她的傷心事。先生愛喝酒，時常毆打她，她在不堪虐待的情況下自行返回蘭嶼，30歲那年逐漸出現自言自語、幻聽、幻覺等症狀，精神醫學的診斷為精神分裂症。

　　春菊父親已歿，家中9個兄弟姊妹，她排行老六，她的先生已逝，兒女都在台灣工作。從首度出現不正常徵兆到現在，十多年來，她自己一人獨居於E部落一間木頭搭蓋的臨時屋內。母親、兩個已嫁的妹妹都住在同部落，住在隔壁的大妹就說：

> 我姊姊都不會去依靠人，我們越靠近她喔，她脾氣越壞！
> 她已經習慣（指獨居）了。我們常聽不懂她在講什麼，我媽
> 媽住在附近，有時候會拿東西給她，看她缺什麼。
> （2003/1/24）

　　成為精神科收案的對象後，醫師每月探訪她，但對於醫師所開的藥，在缺乏家人監督的情況下，她幾乎都原封不動地放在屋內一角。春菊不吃藥、拒絕打針，也不具有任何精神醫學的知識可以理解自身情況。醫護人員會固定探訪她，但不給予她任何生物性的治療。她一個人住在臨時屋，上山種田、下海捕魚，精神分裂症引發的幻聽、幻覺、思考混亂、語言不連貫等，使得我每每走近她的屋外，都常聽到她說一些完全不連貫的話語，住在一旁部落的鄰居就這麼形容她：

> 我是不會怕，她不會怎麼樣，她只有講那一些什麼聽不懂

的話，好像沒有看到人，她會說你走開，結果前面的人根本都不在嘛！你這個不行、你這個不行，你這樣子……，都沒有人，她也一直說。（2006/12/24）

根據我長期的田野觀察，春菊每天都會固定到海邊或沿岸，捕獲自己日常生活所需的食物。每日固定的生計勞動的大自然節奏，使得拒絕精神醫學治療的春菊，發病十多年來，仍以極為緩慢的方式惡化著，並能自食其力。每每在部落中遇到她時，她還會主動向我兜售海產。雖說是獨居，住在一旁的媽媽、妹妹會定期探望她，定期為她添補日用品。每逢過年她的孩子都會來蘭嶼探望她。

【林仁清37歲。約24歲出現不正常徵兆，5年以上才有精神科介入】

瘦高、一頭長髮的林仁清（No.41），最常見他坐在岸邊梳著他一頭烏黑的長髮。林仁清國中肄業，17歲時隨同部落的人來台，24歲時在台中工廠不斷走來走去、自言自語等異常行為，精神醫學的診斷為精神分裂症。

家中有6個兄弟姊妹的林仁清，排行老三，目前與父母和失業在家的小弟同住，經營旅館的大哥則住在隔壁部落。從台灣發病回蘭嶼後，十多年林仁清一直靠捕魚、栽種與一些短暫的臨時工維持生活。家中附近的雜貨店，有時會以極為低廉的工資，請他幫忙搬貨。雜貨店老闆娘這麼說到他的狀況：

他有幫我們做臨時工。對，我先生是說，對他們這種人，不要用異樣的眼光去看，就把他當做正常人，……其實我

們對他是沒有惡意的啦，所以他滿喜歡跟我先生那一伙人在一起。他也滿認真的，所以我們東西運到港口時，有時會請他來搬。（2003/1/18）

從事旅館業的大哥，有時也會找他幫忙打掃。大哥說到他的情況：

也是自己照顧自己，吃飯就在家裡吃，也沒有刻意照顧。就你過你的生活，我過我的生活這樣，所以他在這邊當然是比較好啊。以前他很會抓魚，現在比較懶。有時候我會鼓勵他，你去抓，我給你零用錢，他就會去抓。我現在也是不是很穩定，我房子也要做，但是我還是希望有能力的話可以幫助他。（2003-10A-03）

就我觀察平日林仁清大部分的時間都會跑到戶外遊走，最常見他在馬路上抽煙、閒逛。大部分的時間，他雖然不愛說話，但都還能與人做簡單溝通。他不吃藥、醫師也不認為他需要打針，在沒有接受現代精神醫學治療的情況下，蘭嶼大自然的環境，提供他維持一定的生活功能所需。常見他拿著大魚網到海邊捕魚，從撒網到撈捕往往一次就要耗費好幾個小時，他俐落在海邊行動，完全不需要他人的幫忙，精湛的捕魚技術，很少看到他空手上岸。

類似春菊、林仁清，周大官（No.42）、林山（No.45）、江家力（No.47）等被診斷為精神疾病的患者也是拒絕打針、吃藥，完全無視於精神科醫師每月的探訪，他們並沒有所謂「精神病人」的認知架構與角色模式，精神醫療的介入，對他們少有具體的效果。這些

達悟人大多發病超過一、二十年，處在蘭嶼大自然的環境與生活條件中，他們幫別人修馬路、蓋房子、做臨時工，也隨家人或自行上山種田、下海捕魚，都是非常普遍的現象。平日我也常在海邊看見有些精神失序者在礁石上垂釣，上教會做禮拜時，有時他（她）們就坐在一旁。相對於類似台灣的現代化、甚至都市化的生活環境，這些遊走於部落間的精神失序者，處在一個去機構化的天然社區，似乎自在許多。

在第六章已經提過，對達悟的精神失序者，公共衛生政策下精神科所提供的醫療方式，在於醫師每個月兩次定期的訪視，主要以藥物配合長效的針劑為主。但是實際上這些針劑與藥物，對患者而言效果並不顯著。打針、服藥伴隨而來的副作用，使得大部分失序者與家屬，對於服用藥物的配合度都不高（見表5-2）。觀察這些人的疾病歷程，在醫療資源有限、藥物治療效果也普遍不彰的情況下，蘭嶼還未高度工業化、現代化的部落環境，遠離了高度競爭與壓力的生活，的確提供了精神失序者一個穩定病情的空間。一些在台灣發病回鄉養病的達悟人，病情大多能獲得暫時的控制。從台灣發病回到蘭嶼的眞翎（No.15），就覺得是蘭嶼大自然的環境，讓她病情好轉。她曾這麼告訴我：

> 是在這邊才幫我那麼多忙啊，蘭嶼唯一的環境就是這樣養病啊，看看海，種田所有的煩惱就不見了。早上6點多起來，7點然後炒一炒菜，有時候10點了不知道是吃中餐還是早餐，看個電視電影看一看，晚上就讀書這樣，一天的生活就很簡單，每天固定生活就這樣。（2003-3B-14）

蘭嶼達悟部落還多少留存的自然環境與生活條件，在多數較爲現代化的社會中，早已消逝無蹤。雖然眞翎逐漸穩定後，仍急著回台灣工作，但眞翎的情形，以及她所說的話，說明了處在蘭嶼大自然的環境中，回歸傳統達悟人的日常生活步調，確實讓這些精神失序者，還能發揮一定的生活功能，從事某些基本的經濟生產（耕種、捕魚），建立一定的人際關係（結婚、生子）等，這些都是較爲現代化的社會的精神失序者所不可能擁有的條件與機會。

(二)生計經濟、貨幣與疾病歷程

達悟傳統文化的傳承，來自於向父母習得跟大自然互動的生計知識。蘭嶼四周環海，漁產豐富，同時家家戶戶在山地都有專屬的範圍可供種植。耕地的使用權利可分兩種，一爲私人累世傳承的水田，另一則爲以先佔權爲主的旱地（衛惠林、劉斌雄1962：131）。1960年代初，漁業與農業仍是島內居民的主業，男性大多從事與海直接相關的生產，學習捕魚、造船、建屋等基本的文化知識與技術；女性則在母親的教導下，在水芋田工作，或從事海邊礁岸的採集工作。

根據蘭嶼歷年就業人口的統計，達悟（雅美）族人1978年開始顯著地由傳統生計的方式轉換成其他謀生的職業。1977年之前，蘭嶼地區人口中，農漁牧業占90%以上，1978年則降到80%以下。1978與1979兩年，有相當大量的人口投入製造業。如果比較1974年與1988年，那麼在蘭嶼非農漁牧業的就業人口比例，由7.8%上升到23.4%，足足上升達三倍之多。這些非傳統的行業中，以製造和服務業佔了近一半（李亦園等1990：304-308）。如果比較1978到1988這十年，那麼從事農漁牧業的就業人口雖有減少，由1978年92.2%

到1988年76.6%，但是達悟人受限於偏遠地區的就業機會，職業絕大多數仍為農漁牧業。夏鑄九、陳志梧(1988：241)則提到他們當時進行研究時，蘭嶼島上商品依賴與傳統生計特殊接合(articulation)的現象。他們指出：「蘭嶼的社會已經逐漸遠離傳統的部落社會，而呈現出前資本主義與資本主義社會的特殊(且矛盾的)接合(articulation)：表現在經濟層面上的是達悟(雅美)族自給經濟的急速萎縮、青年大量外流、台灣商品與資本不斷進入，而且與台灣社會中支配性的僱傭勞動，以及市場經濟日益結合在一起，形成勞動力出賣及商品依賴(以取得主要的生活物資)與傳統生計(做為補充)的特殊接合。」即使晚近達悟部落的傳統生計或自給經濟如同夏、陳兩人所指出的明顯萎縮，但是與台灣等較現代化的社會比較，仍留存有一定的範圍與程度。

在快速社會變遷的衝擊下，對年輕一代的達悟人而言，貨幣的取得已經成為現代生活必要的條件，而這使得他們大量外移到台灣工作。但是在蘭嶼，傳統的生計經濟模式，依然主導40歲以上者的日常生活基調。就如一位從台灣失業後返回蘭嶼45歲的受訪者，他說到：「去台灣要住哪裡？買一棟房子要好幾百萬，你去哪裡賺好幾百萬？自己一個人生活就花得差不多了，你怎麼去買房子？回到這邊可以種田捕魚，生活花費也不大。」(2005/01/27)這樣的生活環境，使得像他一樣在台灣失業或工作不順遂的達悟人，還可以透過基本的生計經濟，維持生活上的自給自足，暫時緩解了經濟壓力。在台灣生了3個小孩，先生工作不穩定又酗酒，恆雲(No.27)因而罹患憂鬱症，2000年舉家遷回蘭嶼後，夫妻雖然仍失業，但是可以捕魚、種地瓜，自己也做手工藝品販賣。同時他們的孩子在蘭嶼國小、國中的教育費用全免，也部分地緩解了他們在台灣的生活壓

力。這些都讓恆雲的憂鬱症好轉，2003年她與我談話時，肯定故鄉的自然環境與生活機會對她自己的病情與家人的益處。

> 恆雲：我會覺得那個風好可愛啊，太陽好可愛啊，去山上
> 　　　大自然讓我很舒服，我都把事情都看得好好的，來
> 　　　平衡我對我丈夫的恐懼症這樣子。
> 問：那你覺得回蘭嶼會不會對你比較有幫助，還是在台
> 　　灣？
> 恆雲：我覺得回來好啦，因為在這邊再怎麼沒有錢用，自
> 　　　己還有地瓜可以挖來吃嘛，在台灣，在台灣你也沒
> 　　　地方沒辦法種，因為那是人家的地啊。生活方面，
> 　　　心情方面是鬆懈了下來，不會為了三餐去賺錢，為
> 　　　了小孩子的學雜費煩惱，這些都已經沒有了，因為
> 　　　小孩的學費、住宿費都是免費啊！(2003/01/15)

在傳統部落的生計經濟型態中，一個人最大的價值在於能夠勞動，而勤勞耕種也是達悟人最重要的美德。在部落中，年齡已經80、90歲的老人家，只要健康條件允許，還可以走動，還是會到山上工作。這種對勞動的肯定，足以讓他們繼續勞動的自然與生活環境，無形中強化精神失序者重新回歸生活步調的意志力。絕大多數發病而仍留在蘭嶼的老、中世代，還能夠透過栽種、餵豬、捕魚等工作，維持病情的穩定。2004年9月，被診斷為精神分裂的陳海成(No.1)因騎摩托車載父親去買東西，不幸車禍而左手骨折後，連續一個月不能勞動，他煩惱地告訴我，很希望能趕快工作。對他而言，工作不是出賣勞動力以換取薪資，而是維持日常生活的所需。

他這麼告訴我：「我很想趕快工作，我們家有很大的地。對啊，我很希望趕快拔草、種地瓜、種香蕉，因爲我爸爸不會用瓦斯，我必須撿柴火。」(2005-32A)

在台灣讀大學而罹患憂鬱症的衫明(No.37)，媽媽談到當初如何透過日常生活的勞動，幫助他穩定病情：

> 他從台北下來，整個人就是不一樣。我們盡量引導他，甚至帶他和我們一起到山上，然後鼓勵他和我們去田裡。以前是他健步如飛在前面，回來後就走得很慢，我們就在旁邊陪他慢慢走上去，那這段時間大概二、三個月，是非常嚴重，他幾乎都不出門。但是，他有一個釣魚的習慣，我們就鼓勵他，他走出去到外面裡面，在釣魚裡面，他可以暫時紓解，忘記他的壓力，所以我們這段時間，我們也會鼓勵他，雖然你不會工作啊，但你會釣魚給我們吃，爸爸養你也是沒有白養。(2005-38A)

這些精神失序者的情形顯示，生計經濟所必須的基本勞動，一方面使他們在與大自然互動的情形下，維持日常生活的步調。另一方面，這些勞動也使他們在一定程度上可以參與親人或族人的共同活動，維持了一定的社會關係。就後者而言，對達悟的傳統文化來說，更爲重要。傳統達悟人的勞動，除了滿足個人生活所需外，還必須能夠造福部落。傳統部落的生產活動，諸如灌溉水渠的闢建、捕捉飛魚、栗作旱田的開墾等，都需要大量的勞動力來達成。因此傳統達悟社會組織的運作，是透過集體合作的勞作團體以維持生存。這些勞動的性質，都不是資本主義社會中具有異化傾向的薪資

勞動。這種傳統勞動的生活方式，使發病的達悟人只要身心狀況許可，就可以透過勞動與他人建立一定的社會關係。譬如一些男性的精神失序者，在飛魚季時與族人一起捕捉飛魚，協助親友改建家屋等，充分融入社群生活中，發揮一定的社會功能，有助於他們舒緩病情，維持良好的狀態。這些機制都是現代化的社會所缺乏的，而達悟部落所具有的傳統社會文化成分，提供年紀較長的精神失序者相當的庇護。

(三)親屬連帶與部落的支持網絡

蘭嶼的部落中，家家戶戶比鄰而居。幾乎所有在部落的精神失序者，都生活在一個具有強聯繫的家族連帶社區網絡中。就傳統慣習來說，達悟人透過"zipos"親屬之間日常的食物與勞務的分享、交換，維持了社群的凝聚力量，而個人則必須盡可能將自己鑲嵌在這種集體的人際網絡連帶中。在這個只有3,000多人的島嶼，任何一位精神失序者，都可能是某某人的近親或遠親。住在島上的任何人，幾乎都無法完全置身於這種血緣或婚姻所開展出來的人際連帶網絡之外。這些由"zipos"親屬所延伸出來的「照顧」邏輯，也提供失序者面對生活時一定的力量。尤其對那些家庭解組而獨居的失序者，更是如此。以下就以一些獨居者為例，說明這種情形：

【80歲獨居老人Sypan-Ta，58歲時出現不正常徵兆，已獨居二十多年】

2000年，我第一次隨范醫師訪視島內的病患。當時精神科列管的獨居老人Sypan-Ta（No.32），一個人睡在一間未完工的水泥房間。陰暗的房間內，沒有任何家具，只見他蜷曲著身體，睡在房內

骯髒的床墊。當時我心想，如果是在台灣，那麼面對這樣精神失序的老人，鄰居應該很快會向里長或警察等通報，將他送入醫院處理。面對這樣的景象，當時的我實在不明白，一個被診斷為精神分裂症的獨居老人，如何自理生活？我不解地問一旁的護士Si-Na：「他需要轉診嗎？」達悟族的Si-Na卻趁機教育我：「他並不需要，如果從他的角度，這樣的生活反而對他自在。」（2000/03/04）

80歲的Sypan-Ta，因為居留在台的時間較久，是唯一可以用簡單國語與醫師交談的老一代受訪者。他年輕時曾在台從事林班、割稻等工作。後來在台認識一阿美族女子，兩人結婚育有3名子女。因在台生活壓力大，Sypan-Ta大約在40多歲時，回到蘭嶼定居。數年後妻子因病過世，3個孩子陸續到台工作後，Sypan-Ta開始出現自言自語、畏縮、退化等異常徵兆。住在同部落的遠親，同時也是居家關懷的志工月理告訴我：「他是老婆過世，3個孩子都在台灣，才會發病，現在孩子都已經不管他了。」（2005/11/5）在往後的田野期間，我才發現看似獨居的Sypan-Ta並非處於完全孤立無援的狀況。從發病至今已十多年，他平日大多倚賴"zipos"雙邊的親戚照顧他的生活起居。他目前居住相當簡陋的一樓國宅，也是同部落的親戚合力建造而成。住在隔壁、開雜貨店的姪女美靈，每日會為他送飯，但通常多以飲料、麵包打發。這就像一般"zipos"親屬所提供的照顧一樣，通常限於送飯、打掃等簡單的家務工作。由於他獨居、年邁，2002年開始被納入居家關懷協會，成為收案需要照顧的老人，居家關懷的志工每星期都會定期探訪他，並協助他整理家務，提供簡單的飲食、清潔等照料。

雖然2006年時，年邁的Sypan-Ta的視力已逐漸惡化，姪女美靈曾告訴我：「曾想把他轉介到台灣的安養院，但又怕他不習慣」

(2006/12/25)。於是，80歲的Sypan-Ta終究繼續以往的獨居生活，而從外表看來，缺乏子女照料的他，雖然全身髒兮兮，看起來身體還很健朗。

【60歲獨居老人黃樂獅，躁鬱症，已獨居三十多年】

　　罹患躁鬱症，60歲的黃樂獅(No.48)，多年前曾在島上某個小學的操場內，拿著衣服對直昇機猛揮，不知情的駕駛員以為發生了什麼事，將直昇機緊急降落在小學操場內。這個笑話是和他同部落的族人，談到他每每必說的笑話。和他住在同部落的美穗就這麼形容他：「他很浪漫，很會吹口琴。吹得很好聽。偶爾，會依賴我爸爸，沒瓦斯還會來和我爸爸借錢。」身體看似健朗的黃樂獅，年輕時曾與同部落的一女子同居，因他會打人，於是同居一段時間後，那名女子便離去。黃樂獅就一直維持著單身、獨居的狀態至今。

　　他有一個同父異母的弟弟，已結婚生子並育有兩男一女。弟弟的一家人，是他的主要照顧者。他弟弟的女兒，是目前在衛生所服務的護士Si-Loo。Si-Loo這麼描述黃樂獅的狀況：

> 我媽媽知道他發病的症狀是什麼。她說看到他拿一張紙一隻筆一直寫東西就知道他發作了，他沒有喝酒會比較好，他昨天還給我紅包100元咧。我說：不要啦！不要給我，我已經上班了，是我們晚輩給你，你不要這樣，拿去買你該買的東西。我有時候也是會去找他，是他沒有喝醉的時候。他生日也有幫他過，我覺得這種人他要的是關心而已，不是要什麼。(2003/1/26)

2005年獨居的黃樂獅，因酒後不慎打翻蠟燭，房間內的用具、文物，全部付之一炬。所有的文件申請，如殘障手冊、老人年金，都是由當護士的姪女Si-Loo替他重新申請。相較於總是畏縮地躲在屋內的老人Sypan-Ta，同樣被診斷爲精神疾病的黃樂獅，平日可以捕魚、養豬，也常常見他拿著藤心、貝類到附近的雜貨店或農會販賣。他對金錢很有概念，月底會固定到郵局去提領他一個月3,000元的老人年金。部落的人多認爲他是喝酒，才會出現胡言亂語、失序的行爲。醫師開給他的藥，由於缺乏家人的照料，他並沒有固定服用。沒有受過現代教育的黃樂獅，也沒有足夠的現代醫學知識來解釋精神疾病診斷的意義，成爲精神病人直接的好處是每個月6,000元的中度殘障津貼。同部落的年輕人達剛就曾告訴我，黃樂獅會炫耀地對他們說：「我有這個（指6,000元殘障津貼），你們有嗎？」每天與大自然互動的勞動生活，生活在部落人際連帶的網絡中，也讓他這一、二十年來身體機能並未顯著的退化。

達悟人緊密的家族連帶所形成的相互支持照顧，以及前述大自然、非工業化的環境與相對傳統的生活條件及步調、部落留存的生計經濟等，都是現代化、理性化的社會所欠缺的特質。這些都創造了一個有利的環境，使那些被診斷爲精神疾病的達悟人，病情能夠維持一定程度的穩定。負責蘭嶼精神醫療專案計畫七年以上的范醫師，他認爲相較於台灣，蘭嶼達悟人的嚴重退化性精神疾病患者，極爲少見。他說：

> 我們在蘭嶼看到典型退化性的病人，其實不多啦！像台灣
> 很多退化會需要在療養院住好幾年，或住一輩子的。蘭嶼
> 好像比較少！他們甚至都還可以自理，而且他們族群裡面

包容度好像也比較好一點，不會像我們這樣子動不動就送
醫院啊！他們那邊是某一個程度是包容性好，可是某個程
度也比較疏遠，也比較少主動關心啦！（2005/12/14）

達悟人的精神失序者極少成爲嚴重退化性患者的各種原因，也
許還有待進一步的探討。但是蘭嶼自然環境與部落生活做爲去機構
化的天然社區的特質，如大自然、非工業化的環境，生計經濟下的
勞動生活，家族連帶的相互支持系統等，顯然扮演一定程度的重要
角色。

三、變遷中的部落

我們對於蘭嶼自然環境與部落生活做爲去機構化的天然社區的
特質，就像我們對於達悟傳統文化一樣，都不應該有過度浪漫的想
像與寄託。在蘭嶼的精神失序者，固然擁有那些較爲現代化、理性
化社會的精神失序者所缺乏的機會，然而他們也面對這個去機構化
的天然社區的特殊限制。這些限制，基本上是達悟社會被快速地捲
入現代社會變遷、受到現代性發展所衝擊的後果。第三章探討達悟
人遷移經驗與精神失序的關係時，我曾指出由於別無選擇地被捲入
現代社會發展的歷史軌道，達悟人普遍充滿進退失據的困窘與挫
折，而這種集體困境，集中呈現在目前25到60歲之間的青壯人口身
上，使他們成爲晚近精神失序集中的世代。面對未來，那些更遠離
傳統的25歲以下的年輕世代，他們之中的精神失序者，較不能從這
個大自然環境與部落生活中汲取力量，以重新面對生活。蘭嶼故鄉
做爲去機構化的天然社區，在社會變遷過程中所形成對精神失序者

的不利限制，對這些更年輕的世代而言，也更加明顯。

　　爲何蘭嶼的部落環境，未必有利於精神失序者病情的穩定與康復？本身是達悟族的衛生所護士Si-Na，認爲缺乏醫療專業的監督與家屬的配合等過度放任的情況，才會使得一些患者病情惡化。以下是我對她的訪談：

　　問：你覺得他們回到蘭嶼對他們病情會不會比較有幫助？

　　Si-Na：不會，因爲那個不固定吃藥沒辦法。

　　問：他們回來沒辦法固定吃藥？

　　Si-Na：對啊！像我們這個沒有辦法追蹤啊，我們也沒有
　　　　　　辦法定期跟他們講要吃藥要吃藥。那個家屬也這
　　　　　　樣，你也知道精神科的病人不是要他能吃藥就能
　　　　　　吃藥的，所以藥物追蹤非常困難。

　　問：你覺得他們回來在島上怎麼做比較好？

　　Si-Na：好像就是說可以固定叮嚀他們要吃藥，可以安排
　　　　　　他們的作息，因爲他們在部落裡面就是沒有工
　　　　　　作，就是會四處遊盪，當然這樣的狀況他們的病
　　　　　　情會越來越嚴重，不可能越好嘛！部落裡面有的
　　　　　　小朋友會笑啊！那個精神疾病的來了！人也會有
　　　　　　自尊啊，就是在那種狀況之下，在部落裡面其實
　　　　　　有的眞的就是很辛苦。

　　問：有的都還可以去捉魚啊？

　　Si-Na：可以啊，那是針對那些比較隨和的，但是像是那
　　　　　　種急性的，到醫院，像是那個陳土楠（No.30），不
　　　　　　知道你認不認識，他才剛出院回來，現在又開始

發病。

問：他是怎麼樣被送回來的？

Si-Na：已經好了，就是他的狀況都不錯了，就是判定說
他可以回來了啊。就是在醫院的時候就是有三班
的護理人員會叮嚀他要吃藥，可是他在家裡就沒
有人去勸他啊！在這邊比較自由啦！所以要追蹤
比較麻煩。（2003-4A-4）

2004年達悟族的衛生所護士Si-Na，因為到台灣唸書，精神科
的業務改由另一位剛調回來的達悟護士Si-May接替，工作了一年後
Si-May告訴我她的觀察：

他們(指失序者的家人)有點……怎麼講，說什麼他吃藥
吃太多了，會怎麼樣怎麼樣，加上父母親不見得會每天督
促說你要吃藥，因為這些藥不是每天每天吃的，有些病人
會忘記了，然後家屬也會忘記了，因為他還要去山上啊，
要做什麼事的，所以說我是覺得他們在吃藥方面有很大的
問號。我是覺得年輕人應該是可以溝通啦！啊老年人不好
溝通。還有家屬的支持很重要，像那個小柔(No.44)，家
屬就會安慰她。（2005/01/21）

達悟族的護士Si-Na、Si-May從醫療專業的觀點，認為無法固
定服用藥物等因素，是這些精神病人病情復發的根源。不過影響他
們病情穩定與康復的，是否只限於藥物的因素呢？我在本書第一部
已指出，我們必須深入探討達悟精神失序現象的歷史社會根源，才

能理解他們的多重受苦源由。同樣地，唯有進入田野，觀察他們在部落實際生活中的各種病痛經驗，我們才可能嘗試思考有助於舒緩其受苦的方式。達悟精神失序者的疾病社會歷程，與其世代身分有關，亦即與不同年齡層所受到社會變遷的不同影響有關。因此以下的討論，我將特別從世代的角度切入。

(一)歧視、偏見與剝削

如同前文討論過的，達悟精神失序者在穩定期間，大多可以從事生計經濟的勞動、自由地參與部落捕捉飛魚、改建家屋等活動，而這種客觀上存在的部落生活環境，對於他們精神狀態的穩定，有一定的助益。多數的族人，也不會覺得這些精神失序者需要住院之類的特別照料。就像一位年輕人所描述的：「這邊人會認爲精神病人是做了不好的行爲才會這樣，不過這邊的精神病人只是行爲異常，大多很柔順，只有很少的有攻擊性與性妄想，我們也不會排斥他。假如沒有危害的，我們就看成是正常人。」(2003/2/20)但是，如同在第一章所述，在達悟傳統文化、基督宗教與現代精神醫學的三個典範中，對於異常的辨識指標並不相同，但是從部落社會的巫醫治療、到基督教的驅鬼禱告，乃至於現代社會的精神醫療打針、吃藥的方式，都對那些被視爲不正常者展現了各自不同的治療權力，企圖發揮某種社會控制的力量。它們對待這些「不正常」的人，不同典範的詮釋系統都帶有某種污名的效果。這些精神失序者持續出現特殊言行，不管是在那個典範下，終究被視爲與大多數人不同的異狀，而被旁人視爲某種「不正常」。對於污名、排斥的覺察，在一定程度上影響這些失序者的自我認同。同時對大部分的失序者而言，處在一個具有緊密人際連帶網絡的部落社會中，終究難

以避免他人的流言蜚語、有意無意的排斥等。這種在部落緊密人際互動中所形成的「鏡中自我」效果，往往都不經意地加深了他(她)們的自卑、心理壓力與傷害。

　　例如48歲的陳海成，20歲在台工作時開始出現幻聽，精神科診斷爲精神分裂症。目前他在部落與父母親同住，而已成家的弟弟、妹妹住在隔壁。他並不認爲自己有病，也不會用精神醫學的方式解釋自身的情況，但他對自己不正常徵兆所遭受的排斥，仍然相當敏感。以下是我對他的訪談：

> 問：你覺得部落的人會不會排斥你？
>
> 海成：現在就這樣，會壓力很大，有時候去散散步啊，跟他們打招呼啊！也不理你！以前跟他們打招呼都嘻嘻哈哈，現在都不一樣，習慣了啊！
>
> 問：他們爲什麼這樣對你？
>
> 海成：因爲曾經神經病過二次！有的會跟我打招呼，有的不打招呼，因爲我們這裡的風俗啊，在路上看到阿姨、阿嬤啊，就打招呼啊！可是現在有的很少跟我打交道！
>
> 問：很少跟你打交道，所以你會覺得很孤單？
>
> 海成：對！
>
> 問：你這邊比較好的朋友？
>
> 海成：都死掉了！車禍死掉的啊、生病死掉！(2005-32B-14)

　　32歲的慧珊(No.18)，父親爲外省老兵，當初被派到蘭嶼工作後娶了一名達悟女子，便在蘭嶼長久定居。排行老大的慧珊對自己

一直有很高的企圖心，原想繼續升學，不料卻發病返回蘭嶼。她不喜歡待在蘭嶼，覺得自己生病會被部落的人看笑話，更不甘心未來生活被限制在這個小島。她父親這麼告訴說：

> 台東有我們的房子啊，她不回來住，她回來的意思就是，感覺上心情上有點怪怪的，我在這個地方長大的，又找不到工作，她說我好馬不吃回頭草，難道嚴重了，給人家看笑話嗎？這邊流言可畏，部落的人說來說去的，她不喜歡。(2006/1/20)

43歲的家進(No.17)，在島上更曾遭受暴力的對待，以及出賣勞力而被人剝削的情形。家進17歲國中畢業後便到台灣，20歲在桃園工廠工作時，開始出現幻聽、幻覺等異樣行為，因此由家人接回蘭嶼。一直到1995年精神科醫師開始固定一個月兩次到蘭嶼之後，他才接受衛生所的醫療處理，精神科診斷為精神分裂症。從出現不正常徵兆到精神醫學的介入與處理，中間隔了十八年，而他就一直處在沒有醫療介入的情況中。他哥哥這麼告訴我：

> 他回來以後沒有去看醫師。沒有吃藥，也沒有完全好。那個衛生所的護士Si-Na來，才開始有吃藥。他每次發作的時候，全村的人都會聽到，有時候會到警察那邊去鬧事。警察會打他，如果你發現這種狀況你就把他抓嘛，把他收押就好了，你為什麼把他抓了以後就到裡面，就這樣打。(2003-9A-5)

2003年我隨范醫師訪視，看到家進時他正很認眞地幫別人蓋房子。不過護士Si-Na在一旁說：「他都拿到很少的工資，有時一天100元就打發他了」。工作賣力、經常與老闆配合良好的家進，可以說成爲部落裡的廉價勞工。他哥哥不滿地告訴我：

> 部落的人會找他去蓋房子，可是都沒有給他錢。一個長期在蘭嶼包工程的漢人，也常找他去做勞力。我說：你的工錢多少了，他說好像有兩、三萬塊了。他一直這樣想，他根本就沒有領到錢，很多人就利用他幫他們，沒有給他錢。（2003-9A-4）

又譬如罹患精神分裂症多年已婚的吳談（No.19），他和太太都向我抱怨工作後領不到錢的窘境，他說：

> 臨時工啊，做馬路，後來沒有領到錢。（問：沒有領喔？爲什麼？）那個我不知道。是我們這裡的找我去啊，在那邊工作啦，有好幾個也都是領不到錢。（2004-28A-14）

類似家進的哥哥、吳談所提到精神失序者成爲廉價的勞力，或者受到漢人工頭的剝削，又或者精神失序者所製作的手工藝品，被漢人便宜地收購，再以高價轉賣給觀光客等，這些事情在部落中時有所聞。上述精神失序者在日常生活中的點點滴滴，都顯示他們在部落中還是必須面臨種種歧視與不平等對待。

（二）生計經濟與自我期許的衝突

　　一些在台發病而返回蘭嶼的年輕失序者，如果他們過了數年仍無法再到台灣工作、求學，那麼上述那些有助於他們病情穩定或康復的自然環境與生計經濟等條件，事實上也無法滿足他們對自我的期待。許多青壯世代精神失序者發病後，仍不斷地來回遷移於台灣與原鄉之間，而年輕的患者不斷地住院、出院，頻率也開始增高。這些都與不同世代的疾病、病痛經驗有關，因此這一小節的討論特別從「世代」的角度切入。在第三章探討達悟人的遷移經驗與精神失序的關係時，我已將田野的精神失序者劃分為老、中、青三代，但第三章偏重討論的是比較這三個世代的遷移模式與社會經濟結構轉型的關係（見第三章的表3-1）。這一小節的討論，則著重在他們發病後在部落中的不同處境與自我認同的改變。

　　在本書的討論中，老一代指的是日據時代至民國初年出生者，他們成長於蘭嶼與台灣的往來尚不頻繁的階段。就像第三章指出的，在達悟部落逐漸捲入現代社會發展軌道的過程中，他們之中的一些人也陸續來台，零星而短期地從事林業、造林等工作，開始接觸貨幣經濟與勞動方式。但是除了這種短暫零星的工作之外，他們平日絕大部分仍從事傳統的生計活動，過著日出而作、日落而息的生活。這個年齡層的達悟老人，至今仍大多保有較為接近傳統文化的生活方式，例如被納入精神科診斷的Sypan-Ta（No.32）與Sypan-Dan（No23），發病的年齡都很晚。因為經歷快速而顯著的社會變遷而遭致的焦慮與挫折，在老一代身上，遠不如那些青壯世代來得大。同時就那些精神失序者而言，他們在病情穩定期間或康復之後所繼續感受的生活壓力、追求現代生活的物質等成就而來的焦慮，青壯世代也遠比老一代嚴重。老一代相對遠離現代生活而較為深重的傳統性，彷彿是一種保護層，舒減他們受到社會變遷衝擊的程

度，同樣地也較為遠離精神失序的威脅。

中年的青壯世代，則是出生於第二次世界大戰之後。第三章已指出，他們的成長歷程是從蘭嶼和台灣的接觸尚不頻繁的第二階段，橫跨到整個部落開始受到現代性的政治、經濟等力量劇烈衝擊的第三階段。這些中年世代，雖然經歷部落的社會價值與生活方式的改變，但由於深受傳統的影響，仍保有相當程度的傳統生計經濟所需的技能。因此當中年一代的達悟人如果在台灣面臨裁員、失業等困境而回到蘭嶼時，尚可依靠傳統生計經濟維生，並過著簡單勞動的生活方式。就精神失序者來說，正由於他們仍然保留的傳統性，使這個年齡層的達悟人還能夠充分倚賴前述部落做為一個去機構化的天然社區的有利因素，給自己繼續穩定病情的機會。從現代社會變遷的角度來看，蘭嶼自然環境或達悟社會文化尚未被現代性各種力量所削弱摧殘的部分，或者說它們相對的「落後」，反而提供那些來台追求現代生活成就而挫敗的精神失序者一個退路。

經歷快速變遷的蘭嶼，上述那些對一般中年青壯世代成員，以及他們之中的精神失序者有利的因素，對年輕一代而言正逐漸喪失瓦解。這些25歲以下的世代，出生於1980年代之後。他們的父母屬於青壯世代中較高年齡者，多已接受現代教育。與他們的父母相比，這些年輕世代的成員又更遠離達悟的傳統性。他們已不太會說母語，對傳統祭典儀式等也不熟悉，他們的生活方式、飲食習慣、消費方式、認同的價值等，大多比較趨近於台灣之類較為現代的社會。由於缺乏傳統的漁獵、種植等技能，他們無法如老年世代一樣可單純依賴生計經濟的基本勞動來維生。其中更重要的是貨幣與商品改變了年輕人的維生與建立自我認同的方式。同時也因為如此，他們能夠透過傳統勞動融入社群互動的機會，明顯已不如中年以上

的世代。那些年輕世代當中遭受精神失序之苦的成員，絕大多數已無法像他們的父母、祖父母一樣，仰賴生計經濟過活，回到日出而作、日落而息的步調。對這些更為遠離達悟傳統、更接近現代性的年輕世代來說，達悟傳統部落的環境，未必有利於病情的穩定與康復。

以25歲的小柔(No.44)為例，皮膚較為白皙的小柔，國中畢業後因為嚮往台灣的生活，不顧家人的反對，來台進入高職的建教合作班半工半讀，高職畢業後留在台灣工作。部落的表姊說她在發病之前，是個時髦、愛打扮、喜歡學習新事物的女孩。2002年她在台灣出現幻聽、幻覺，常會看到各種血腥的畫面等徵兆，精神科診斷為精神分裂症，2003年發病回到蘭嶼後被收入衛生所精神科管理的個案。小柔回到蘭嶼後，靠著父母、親戚等社會網絡的引介，曾在民宿、理髮店、郵局打工，由於工資低廉加上她自身狀況不穩定，她在每個地方任職的時間都不長。

小柔排行老大，下面有兩個妹妹、一個弟弟，回鄉養病的她，平日大多待在家裡讀經、看電視。母親是虔誠的基督教徒，受到母親的影響，她每天都有讀經禱告的習慣。由於父母是接受現代教育的第一代，而小柔自己成長於1980年代之後快速變遷的蘭嶼，因此她並不熟悉傳統的生計勞動方式，偶爾才會和媽媽去田裡。病發後回蘭嶼，小柔的日常生活與傳統的生計經濟及相關的時歲祭典儀式等，已相當疏遠。這些傳統的因素，已經不太能幫助她維持穩定的生活步調。2005年探訪小柔時，她這麼告訴我：

> 在部落中，和我同年紀的大部分都到台灣工作了。平時我
> 在家會幫媽媽料理家事，但是，我不太習慣到山上種地

瓜、芋頭。都是媽媽找我去山上，我才會去。以前我有去織布班學織布，但是現在也沒去了，媽媽也會在意別人用異樣的眼光看我。（2005/11/10）

當時的她告訴我，未來的希望是希望到神學院就讀，也很希望為能夠與男朋友早日結婚。只是這位和她年紀相仿的漢人男朋友，雖然曾來蘭嶼遊玩過，在她發病後就特意地和小柔疏遠。2006年之後小柔的病況變得起伏不定，同年底看到她左手的中指少了三分之一，她自己告訴我：「我後來又聽到雜音，聲音說我會再來找你、你死、你去死。後來覺得有一股力量攻擊我，我並不是要自殺。我只是自己也沒辦法控制，就拿刀把左手中指一小節斷掉。我媽媽那時很緊張，看到血也忘記要找到那一節小指，就趕快送我到醫院。我那時人是清醒的，可是失去意識，也忘記痛是怎樣，也失去控制。」（2006/12/21）2006年6月自殘切斷手指的小柔再度被送入台灣，在精神科病房住了三個月才出院，出院後她喜歡在部落閒晃與一些失業的年輕人聚在一起抽煙、喝酒。2008年初媽媽覺得她狀況又變得不穩，主動的將她送到台東榮民醫院住院。不料，有天半夜她趁著醫護人員不注意企圖從醫院二樓跳樓逃跑，導致雙腿骨折，住院開刀休養一陣子才返回蘭嶼。回家僅二、三個月，小柔又開始變得焦躁、不安，大量的抽煙、喝酒，時常三更半夜跑出去不回家，騎著別人的摩特車到處亂跑。媽媽擔心她的病況惡化，2008年底又再度帶她到台灣住院，一直到2009年2月都還沒有出院。

另外，33歲的林茵（No.16），父母離異，她排行老大，下有兩個妹妹。林茵18歲在蘭嶼唸完高職後，隻身來台。23歲在台工作時，出現幻聽、無端畏懼害怕等症狀。前後發病九年，她已有6次

入院治療的紀錄，精神醫學診斷為精神分裂症。這些年她不斷徘徊在台灣與蘭嶼之間，往往在蘭嶼待了一陣子，就想到台灣工作，2002年底，她因為在台工作不順遂而再度病發入院，之後便回蘭嶼靜養。她這麼解釋自己發病的原因：

> 對，工作也沒有，家裡的父母親又離異，然後你會想很多，你的腦袋又會開始亂想，然後你的頭腦就是會一下子就是會亂想，去年就是有亂想過，就去住進醫院。（問：為什麼待一陣子又想去台灣？）沒有錢啊，所以要去賺錢啊，因為在這邊沒有工作啊！（2004-13B-2）

林茵嚮往台北都會生活，回到蘭嶼後，平日多在家中協助父親與妹妹經營雜貨店，並在雜貨店外兼賣炸雞。2003年拜訪她時，她告訴我：「過年生意好時，光晚上賣炸雞，一個月就有一萬多元的收入。」但她一直不滿意自己的生命被局限於小島上。吃藥後發胖走樣的身材，也讓她對自己的身體形象感到極度厭惡。2004年我再度看到她時，她正與同部落大她10歲的男友交往，每天都固定隨男朋友到山上耕種。我原以為感情的歸宿，會讓她病況轉好漸漸穩定。不料2005年11月，她又因為情緒失控、無法入睡，再度被送到醫院。出院後的她，當時生氣地告訴我：

> 我這個病到底會不會好？是不是要一直進出醫院。我不想待在這裡了，過一陣子我想要到台灣，準備基層特考，半工半讀都好（問：你不想和男朋友留在這邊？）。不要，我想去台灣。我妹妹他們經營民宿，所以只想我留在這邊幫

忙。可是，我不要生命只有這樣。(2005-32A-15)

2005年11月入院，住了兩個多月，林茵一直到過年前才再度返家。從2002年我第一次拜訪她，到她2007年8月病逝於島上為止，這些年她一直反覆的進出醫院，掙扎在台灣與原鄉之間。她曾試圖到台灣工作，往往工作幾個月後就再度發病入院，不甘心被限制在小島發展，周遭卻沒有資源與協助能夠幫助她實踐向上流動的夢想。

28歲的陳安安(No.7)，與他54歲的父親陳灣地，同是精神科診斷的精神分裂症患者，但兩人有著截然不同的疾病歷程。父親陳灣地已經發病十二年，這十多年來，他雖仍有詞不達意、自言自語、思想不連貫的情況，但是並沒有完全依靠藥物幫助，也沒有住院的經驗。靠著每天與太太固定到山上種地瓜、芋頭，自己建造獨木舟而下海捕魚，十幾年來，精神狀態仍可維持一定的穩定程度。而18歲那年陳安安一人獨自在台工作，出現幻聽、畏懼等症狀而自行跑回蘭嶼，發病以來的十年當中，他共有12次入院治療的紀錄。

2003年初探訪陳安安時，在他家破舊、狹小的臨時屋內，他主動向我談及未來的工作目標：「我將來要到台灣去做網際網路。」陳安安的回應，換來家人的一陣苦笑，他媽告訴我：「他連電腦都沒碰過，說什麼網際網路。」陳安安立志未來要從事網際網路的日子，那天，正是他第四度出院後的第一天。

父親所習慣的生計勞動的維生方式，已經無法提供安安一個安全、穩定的保障。他不嫻熟傳統的勞動技能，母語也不夠流利，很少隨父母上山工作。他也沒有繼承父親精湛的造船技術，只能偶爾到海邊垂釣。一旦精神失序發作時，安安會一反平時溫和柔順的個性，有時甚至會出現情緒暴躁地攻擊家人的行為。不斷地於蘭嶼與

台灣兩地遊移、來回地進出醫院，成為他這幾年生命的寫照。他媽這麼告訴我：

> 這個家會讓他覺得很自卑，他想要工作賺錢。因為他們從小的時候，就出去台灣去找工作做，就沒有跟父母去做傳統的工作，現在也不會和我們上山。在部落，他沒工作只會釣魚，有時人家又會拿酒給他吃，很不好。我最困擾的事，就是他常常會住院，聽到聲音就會有暴力傾向。（2003-19B-10）

　　類似小柔、林茵與安安這些受訪者疾病的社會歷程，反映了年輕一代在社會變遷中，逐漸遠離傳統而受現代性影響的典型生命際遇。在這些年輕世代的精神失序者當中，男性似乎又承受了更大的壓力，蘭嶼的自然環境與部落生計經濟勞動的條件，對他們而言，相對地較難成為他們可以重新面對生活的助益。與這些年輕世代類似的，是那些屬於高比例精神失序者所集中的中年青壯世代，年齡大約30至40歲的男性。他們許多是未婚，病發後在島上沒事做，喝酒成為發洩生命精力與情緒的主要方式。在隨精神科醫師進行家庭訪視的過程中，可以發現許多中年男性受訪者，頻頻抱怨「待在蘭嶼很無聊」。小柔、林茵與安安，以及其他那些無所事事、以酒為伴的男性受訪者，顯示的是原鄉能夠協助他們重建自我、重新面對生活的機會，已逐漸喪失。對他們而言，原鄉的一切反而逐漸形成限制。他們對自我的期許、對現代生活的渴望，已難以在部落充分實現。就像本書第一部所指出的，達悟族高比例精神疾病現象，反映的是社會失序下的集體社會受苦，而其受苦經驗是多重的，源自

他們在快速社會變遷中遷移、家庭功能失調、社會解組下的認同混亂。達悟部落無可奈何地被捲入現代社會變遷的歷史軌道，而那些現代性的力量，不只改變了蘭嶼的自然環境與達悟族的傳統文化，也改造了達悟人本身，尤其是他們的年輕世代。那些現代性的種種力量，既形塑了年輕世代的渴望與自我期許，也帶來了他們在實現這些渴望與期許所伴隨的挫折、焦慮與失望，同時也對精神失序者的疾病經驗與生命歷程發揮一定的作用。在下一節，我將分析達悟精神失序者如何成為衛生所登記有案的「精神病人」，並進一步闡明他們病痛的社會歷程與理性化現代社會的控制關係。

四、轉型中的現代生活與精神醫學

Erving Goffman在1950、1960年代之交，曾經觀察美國精神病人的疾病歷程，並區分為住院前、住院中與出院後三個階段，以分析精神病人「生涯發展」。首先，Goffman指出大部分的精神病人都不是自願入院的。他們之所以會進入精神病院，是因為他們出現喪失自我控制的「證據」。再者，大部分被送進精神病院的病人文件顯示：他們在入院之前，往往違反了一些在家庭、工作場所、半公開組織（如教堂、公園、街上等公共區域）的日常生活安排（1961：133–134）。Goffman認為，病人入院、出院的生涯，非取決於病情，而是受制於結構的偶遇性（contingency），如社經地位、違反情境可被看見的程度、精神病院的接近性、可獲取的治療設備、在社區醫院所給予的治療類型等等，這些因素都影響著病人入院的可能性。同時出院也不見得是依賴病情好轉，家人是否期待他出院、是否可以找到適當的工作等，才是決定病人能否出院的主要

因素(1961：135)。

對Goffman而言，精神病人所遭受的獨特的苦，不是來自精神疾病本身，而是來自上述的偶遇性。如同我在第二章與第六章指出的，Goffman與其他可被歸爲強烈建構論者，企圖擺脫本質論的觀點，強調社會、文化因素形塑人們如何理解精神失序成因、看待精神失序，以及處置精神失序者等方式。我也指出，強烈建構論固然有助於我們從認識論上反省主流社會的價值標準如何影響人們對正常與不正常的理解對待，但是這個觀點卻未充分正視精神失序者的實際處境如何導致他們難逃病痛受苦的命運，而且它也與基因生物論相似，都忽略失序者的主觀個別受苦經驗。不過即使如此，Goffman對於那些影響精神失序者疾病生涯偶遇性因素的觀察，仍然值得參考，可以用來理解達悟不同世代失序者疾病的社會歷程。

這一節的討論，重點在達悟精神失序者如何成爲現代精神醫學的「精神病人」。基於51個被納入衛生所收案達悟人的疾病、病痛歷程，我在下面的分析指出，他們爲何會被歸入衛生所的病歷檔案，接受精神科的診斷與治療，終於成爲其定義下的「精神病人」，可歸納出三個主要原因：1、醫護人員主動收案；2、家人或親人主動求醫或轉介；3、違反社區安全衛生要求（包括破壞公物、干擾鄰居安寧、違反社區規範等等）。這些使達悟精神失序者成爲精神科處置對象的因素，正具有Goffman所指出的偶遇性質。我將指出，這些因素反映的是達悟部落被捲入現代社會變遷過程中，一種趨向現代社會理性的規約力量，也逐漸在其中發展。而衛生所與現代精神醫學出現與介入，既出於部落生活逐漸趨向理性化的約束與要求，事實上也反映了現代生活理性規約控制力量開始作用在達悟人的生活世界。

(一)現代精神醫學診斷下的精神病人

1.醫護人員主動收案

　　爲何部落的精神失序者會被納入精神科診斷與收案的個案，並成爲公共衛生負責管理的對象？原來負責這項業務的護士Si-Na如此說道：

> 有些鄰居啊，或是其他在部落裡面的人，發現這個人不一樣，他們會通知我說你們要不要醫生來的時候做個鑑定，有的是部落裡的人在跟我們聊天的時候講的。如果是家屬或村裡的人通報，說那個人怪怪的，那我就會安排醫師，因爲醫師是每個月過來，就安排醫師去會診，看看是不是符合精神科，如果符合我們就收案。（2003-4A-2）

　　從1998年到2007年開始負責島內精神科業務的范醫師，也說到收案的標準：

> 雙方的標準一直沒有很硬，我們是很有彈性的，他願意是一個先決條件，第二個我們評估有需要，等於說他願意就有需要嘛，再來就是說假如這二點可能不符合，這第三點就是，雖然他不願意，可是我們覺得他有需要，他有危險性了！（問：有沒有只是酗酒，就被收案的個案？）假如是這樣子我們是暫時沒有收案！因爲喝酒實在滿多的，一群啦！現在我們擔心有些錯誤的想法，你收案之後啊，你就可以辦一些福利，辦一些有的沒有的，所以我們還是主要

以精神疾病患者為主啊！（2000/3/5）

眞翎(No.15)精神科診斷是「情感性精神病」，本章前面的討論，也提到她在台灣發病後回到蘭嶼。當時住在部落的同學覺得她突然變得沈默寡言，極其消瘦，與先前活潑好動的個性相比，判若兩人。由於眞翎同部落的同學覺得她的情況有異，主動將她的情形告訴衛生所的護士，於是經由醫師診斷後，成為衛生所精神科收案的患者。由於曾經住院過，她漸漸學會以現代精神醫學的診斷來解釋自己的病，她說到自己當初的症狀：

> 在台灣怪怪的嘛，要不然我怎麼回來，我就是覺得怪怪的我才回來。有一個東西在胸口堵塞這樣，很悶，那種悶眞的讓你很難去說。在我生病的時候我不知道要怎麼講，覺得有人在罵我，有人在唸我啊，可能是幻覺，還有什麼症狀，怎麼都快樂不起來。（2003-3B-16）

78歲的老人家Sypan-Wu(No.49)，老婆早逝，育有一兒一女，兒子目前失業，女兒離婚後獨自在部落經營檳榔攤。早年他是部落公認能夠與魔界溝通，驅魔趕鬼的巫醫，現在則是被診斷為精神分裂症，並且得了老年癡呆症。他的主要照顧者是女兒，她說到父親如何成為衛生所精神科收案的患者：「他就是常常自言自語，晚上也不睡覺，有時明明沒吃東西。我問他，他都說吃得很飽。後來，我和護士談到我爸爸的情形，才把他收案。」（2005-35A）

黃恆雲(No.27)，高中肄業後嫁給同是達悟人的先生，兩人在

台灣工作，2000年在台灣出現行為異常症狀後，年底由娘家的人帶回蘭嶼，她一直未接受治療，直到回蘭嶼第二年，因島內進行精神病人的抽血研究，才被收為精神科的個案，她說到當初被收案的經過：

問：那妳回來蘭嶼之後，開始吃藥是什麼時候？

恆雲：開始吃藥是回來第二年。他們（指醫護人員）是自己
　　　找上來的。我先生他們不知道我幹嘛，因為我自己
　　　不會說啊，我吃什麼東西，我得問我先生，我好像
　　　精神已經退化到我不知道是幾歲了，啊我這個可不
　　　可以吃，那個可不可以吃，我會問，我很奇怪的地
　　　方，就好像精神退化這樣子。

問：那然後呢？

恆雲：他們就覺得我很奇怪啊，跟正常人不一樣。第一次
　　　拿名片給我的大概就是陳醫師，後來就換醫生了。
　　　第一個醫生就跟我講大概就是什麼恐慌症，還是什
　　　麼恐懼症，然後給我吃什麼，這個就是他給我的名
　　　片。他們有給我們身體檢查啦，抽血檢驗。

問：那抽血之後有沒有說什麼？

恆雲：他們高雄那邊檢驗出來，給我寄一張就是那個脂溶
　　　酸百分之多少，啊在正常範圍裡之內，他都有標，
　　　我都記得。

問：那他有沒有說妳到底是怎麼了？

恆雲：他們就是講說我是恐懼症，然後那個什麼，殘障卡
　　　裡面就寫什麼感情重大傷害這樣子。是這樣，我是

看那個卡上這樣子寫的。（2004-25B-1）

　　部落是以一個緊密的人際連帶網絡為運作基礎。成員們從小顯現的性格、生活習性與行為舉止等，往往為其他族人所熟知。他們一旦出現異於以往的言行、甚至與過去判若兩人的徵兆，通常很快就會被周遭的族人所察覺。這種緊密的人際連帶，是部落成員的言行容易被定位為「不正常」的一個重要的機遇性因素。同時在第六章已指出，他們的異常一旦被察覺，無論在傳統達悟文化、基督宗教或現代精神醫學的詮釋系統與處置方式下，這些人都會被視為不正常而承受污名，會經歷他人的某種排斥與歧視。

　　上述人際連帶中所呈現的世代面向，也與這些失序者是否會迅速地接受精神科的診治有關。老一代受傳統文化的深刻影響，不會以現代精神醫學的眼光詮釋這些失序者所出現的不正常。而周遭接受現代教育的年輕親友，往往才是通報醫護人員、尋求醫療協助的主要人物。眞翎(No.15)、恆雲(No.27)、Sypan-Wu(No.49)成為衛生所與精神科診治對象的過程，正顯示這一點。第六章也指出現代精神醫學對於「正常」的定義最為嚴明，對於正常與不正常的劃分最為明確，並且在蘭嶼透過國家衛生組織與制度，以例行訪視等方式在運作。達悟人一旦被懷疑為精神疾病患者，那麼醫護人員也往往採取主動介入的方式加以診治，進入這些人的生活世界。此外，當醫師談論收案標準時提及「收案之後，你就可以辦一些福利」，顯示成為「精神病人」的背後還有國家福利體制的運作與支持。

2.家人主動求醫或由他人轉介

　　21歲的游珠珠(No.34)染著金髮，戴著大大的耳環，國三時被

診斷為憂鬱症,她是目前衛生所收案中最年輕的發病者。父母都認為是當初反對她與一名部落的年輕男孩交往,才會出現精神失序的行為。國中的舍監就這麼形容珠珠不對勁的情況:

> 她是那種不是很合群的小孩,但很聰明。之前男朋友在高中部,一放學兩人就膩在一起,後來男的先畢業。之後,她就開始變得很奇怪,有時上課到一半就會突然跑出去,也不管別人。反正人突然變得,行為都不太一樣。(2004/7/11)

珠珠的父母這麼告訴我:

> 媽媽:她本來是很活潑的孩子,國中的時候,那時她男朋友先畢業嗎!我也反對他們交往,那個男的什麼都沒有。然後,她就開始在學校怪怪的,人變得很憂鬱,會聽到雜音,會在課本寫要自殺。
>
> 問:那時怎麼會想到帶她去精神科?
>
> 爸爸:她國二剛發生的時候,她都不吃飯,有時候三、四天也不吃飯,也不會餓。
>
> 媽媽:她是我的孩子,和我生活了那麼久,我很明顯的感受到她不一樣啊!加上我也讀過一些資訊啊!我大姊,現在嫁到台東,會睡不著必須吃藥才能睡,都在三總看,我就帶她到三總,醫師就說,憂鬱症。(2004-20A-2)

　　發病時在台灣念高中的程小靈（No.39），家中排行老大，下有兩個弟弟。她自己與家人都認為是當時父親過世的創傷，以及一人在台灣唸書才會出現精神失序的行為。她描述自己當初病發的經過：

> 小靈：我的情緒就是睡也睡不好，然後吃也吃不好。那時候大家都在準備升學考試，然後我竟然一個人喔，從台東坐火車到高雄去找我二舅。然後我二舅就說怎麼會這麼奇怪，我怎麼沒事卻突然跑去高雄去找他，因為我小時候就跟我二舅感情很好，我跟我二舅感情很好，他就覺得我很奇怪，整個人都不對勁，他就是第一個發現。
>
> 問：可能是有問題？
>
> 小靈：對，就帶我去檢查，然後那時候在高醫檢查的時候，我就一直哭啊，那個醫師就問我，我就說是因為我爸爸死了。我媽媽就陪我去啊，我媽媽也一直哭啊，醫生給我住院住一個禮拜，然後就連續吃藥，那整個臉就很難看，因為就被病魔侵入啊，那時候整個臉就是...
>
> 問：那時候你知道妳怎麼了嗎？
>
> 小靈：病人不知道自己生病啊，還有一種最不好就是病人不願意承認自己生病。
>
> 問：那妳呢？
>
> 小靈：我就是有一段時間就是這樣子。
>
> 問：妳為什麼那時候不願意承認自己生病？

小靈：就是很討厭吃藥，會很反感。（2004-11A-2）

田野中51個被納入精神醫學診斷的精神失序者，有4個，如林茵（No.16）、莊慧珊（No.18）、游珠珠（No.34）、賴金鳳（No.38），一出現幻聽、幻覺或怪異的舉動，家屬就馬上以精神科的專業做為治療途徑，這些人大多屬於衛生所收案較年輕的患者。發病時身邊的重要他人，全是接受過現代教育，學歷大多在高中職以上或與台灣社會接觸較多的一群人。

在台灣發病的年輕精神失序者，多數是處於孤立無援社會資源不多的情況，因此大部分在台灣出現異常徵兆的失序者，多是自行返回，或是被周遭的親友帶回蘭嶼。只有少部分的失序者才由周遭的人直接轉介至精神科。如罹患憂鬱症的衫明，因就讀大學，他是在學校的老師建議下，通知父母帶他到精神科求診。

3.違反社區安全

達悟人傳統上解決衝突與糾紛的方式，與血緣和姻親關係有關。以往部落的人打架或起爭執，大多是由雙邊的父系家族直系血親"asa so inawan"成立復仇團體，以解決糾紛。從日本殖民統治到戰後時期，現代國家做為現代性的一個主要力量進入蘭嶼之後，逐漸改變上述解決衝突紛爭的傳統方式。在這個偏遠小島，晚近的派出所與警察人員，無疑是現代國家維持社會秩序的最直接代表與工具。在這個具有高比例精神失序者的小島上，從某個角度來看，精神醫學與警察維持某種微妙、非正式的「合作」關係，共同成為當前部落秩序的重要維持者。 一些精神失序者之所以開始成為衛生所精神科管理的對象，並強制送醫治療，經常是因為他們的異常言

行，已經嚴重干擾到他人，違反社區安全的要求，因而派出所與警察介入，而後轉交衛生所處理的結果。前面的討論指出，緊密的人際連帶，是部落精神失序者是否會迅速接受精神科診治的重要機遇性因素之一。警察與司法力量的介入，可說是另一個重要的機遇性因素。

被診斷為躁鬱症的林東茂（No.29），由於有丟石頭之類的危險行為，被認為破壞部落的安寧，遭人報警，然後才透過衛生所而接受精神科診斷，成為衛生所登記有案的精神科病人。衛生所護理長就這麼向我描述他的狀況：

> 護理長：他之前是公費養成計畫班的，唸的是檢驗科，後來是唸到六年級，他就為了賭氣兩個學分不修，就是可能情緒上認為家人不重視他，後來行為就開始不一樣了。他回來的時候，行為就變成怪怪的。有時候會騷擾他的同學，晚上或半夜，反正就是行為模式很怪。不是家屬跟我們說的，是被騷擾的那個同學跟我們講，那時候我們剛好有醫師進來，我們就請他做鑑定。第一次是我帶醫師去他家的，不過他躲起來沒有讓我們知道，後來是他有攻擊的行為，就是丟石頭，有人報警，家人才很緊張。因為像這種通常都是別人告知，家人不覺得他有問題。我後來有去找他大哥，我說你們這個一定要處理，如果不處理到時候，你又沒有做精神鑑定的診斷，他到時候對別人還是有攻擊性的行為，他要負刑責。

問：後來就做了精神科的診斷？

護理長：對，做鑑定。我說如果你做鑑定，第一個是你要
　　　　保護他，家屬也是，因爲你們要負連帶責任。如
　　　　果說你有這一張証明的話，就醫治療你也方便，
　　　　然後定期拿藥，定期回診，他的大哥是老師嘛，
　　　　後來還滿配合。（2003-9B-2）

　　45歲的姚勤(No.50)，是另一個類似的例子。他國中畢業後到
台灣工作，因爲經濟不景氣，返回蘭嶼，開了一家鋁門窗行，後因
營運不善而倒閉。2004年哥哥癌症過世，他原本愛喝酒的行爲變本
加厲。後來因爲他無故破壞家具、砸別人的房子，所以由部落的遠
親向派出所與衛生所報案，2005年年底醫護人員連同警員將他帶到
台灣住院治療，住院了一年後才出院。住在同部落的表妹這麼說：

　　他從台灣回來也差不多有十年吧，工作機會不好找啊！之
　　前在這邊開一家鋁門窗行，請工人，但是他比較不積極，
　　後來營運不好就休息了！就靠我們家族，吃一頓飯過來，
　　不然100元給你，大家互相接濟這樣，不然怎麼辦？靠他
　　媽媽3,000元老年年金那裡夠吃！可是偏偏他們就很容易
　　遇到失意，很喪志時候，就會腦袋就會亂轉！……他那樣
　　子精神狀況那麼爛，什麼都想不起來，然後答非所問，妳
　　說那不是生病，那是什麼！我是有看過那個書，我才會比
　　較知道，有的人不懂。因爲我們要防範，還是要用一些措
　　施什麼，看他這樣子，我們總是要有預備嘛。他以前在廣
　　場，他一個人在那邊唸唸唸，我就覺得他不對，可是別人

把他看成正常人，我的話，我就覺得他要看精神科醫師！
兩、三年前嘛，就看到他自言自語，一直講話不知道講什
麼。這次他的動作比較大，去砸人家房子！我們會覺得他
這樣會亂打人怎麼辦，是不是有暴力傾向！（2005/11/12）

雖然從台灣社會或歐美社會的標準來看，達悟精神失序者延遲
求醫的情況非常普遍，但是從不少被衛生所收案、接受精神科診治
的方式與過程來看，精神醫學的力量，除了藉助於衛生所等國家醫
療公衛的制度與組織之外，也藉助於派出所等國家的司法機構，逐
漸在這個部落社會確立發展。上述精神失序者違反社區安全與衛生
要求，因而派出所與警察介入，然後轉交衛生所處理的例子與過
程，顯示了在這個小島上，派出所與警察人員是爲了追求現代國家
統治秩序而存在，而精神醫療在這種追求中，扮演一種微妙的輔助
配合的角色。就這一點而言，精神醫療與司法兩者，既是理性規約
的現代生活的一部分，而它們本身也扮演了捍衛這種生活秩序的角
色。

(二)機構化治療vs.家人照顧的問題

對於精神病人失序的行爲，每天與他們生活在一起的家庭成
員，承受了最直接的壓力。大部分的家屬普遍擔心照顧上的問題，
以及精神失序者他們的未來？許多家屬都會和醫師抱怨照顧上的問
題，以下列兩位精神失序者的家人抱怨爲例：

在褲子內大小便，行爲能力退化，而且他吃藥很不規律，
都隨便吃藥，自我意識很混亂，我照顧他很累，不知該如

何照顧他。(No.31的父親)

他會說你現在不和我睡，我要刺死你，一直撿垃圾，照顧
他壓力大。(No.10的太太)。

　　根據我的田野資料，當這些被診斷出精神疾病的達悟人出現嚴
重失序的行為時，主要是由核心家戶成員提供必要的生活照護。如
果核心家戶成員因死亡、生病沒有能力照護時，才由部落中"zipos"
雙邊的親戚，分擔家庭的照護責任。如果核心家庭功能瓦解，以
及"zipos"雙邊的親戚也無力照料，則會被送到花蓮玉里療養院長期
療養。但是，機構化的治療方式是否適合這些成長在蘭嶼大自然環
境的達悟人？

　　以被診斷為精神分裂症、妄想症的70多歲老人Sypan-
Dan(No.23)的疾病歷程為例，2000年當我第一次隨著醫師、護士
去找他時，他與老婆在山上，兩人都只會說達悟族母語，身體健朗
的他，不斷地對著醫師唱日本歌，並高興地和醫師握手。當時，一
旁的女兒不斷地詢問醫師，Sypan-Dan是否需要住院？摘錄當時家
屬與醫師的對話如下：

　女兒：他是老的時候才變得這樣，十多年了。不高興的時
　　　　候還會打破燈，有時會忘記事情，是不是需要住
　　　　院？每次半夜會起來，都是我媽媽照顧他，像炸彈
　　　　一樣，我媽媽照顧他很累。
　醫師：他現在的情況，還是不適合。他住院語言不通，萬
　　　　一又不聽話，住院會被人約束起來。醫護人員也會
　　　　很難區分他是疾病的關係不好，還是適應不良，住

> 院對他並不好。先吃藥再觀察。（2000/3/5）

　　范醫師的勸告，暫時安撫了家屬。但是，被診斷爲妄想症的 Sypan-Dan，2003年3月因認定田中的電線桿是核廢場設立來危害他們，因而用斧頭破壞電線桿。家屬在不堪照顧的情況下，將他送入馬偕精神科治療，後輾轉至花蓮玉里。僅會說達悟語的 Sypan-Dan，一入院就被醫護人員用約束帶束縛起來，以防他掙扎逃走。住院一年後 Sypan-Dan 健康情況逐漸惡化，進入加護病房觀察。當時女兒這麼告訴我：

> 那時候我也是不得已，不是我這個女兒太無情，因爲我怕那個電線桿砍掉，他會不會有罪？那個警察跟我說：喔！你的爸爸比我們還兇，他還拿那個鐵棍來追我們。去醫院看他的時候，他整個人都癱瘓啊。有一次我問護士小姐：爲什麼我的爸爸會這樣子？她說：你的爸爸很大聲講話，就是好像要揍人那種，我們也不知道他在罵誰，還是幹什麼，因爲我們很怕他會傷害那些老人，所以我們給他綁起來。……我哥哥剛結婚，剛有小孩。我也有很多負擔，結婚了也不能每天都給你照顧得好好的，何況現在小孩處處都要用錢。還好他們有老人年金，才有辦法去看他，要不然……。我也要考慮到另外一個家庭，爲了這件事你跟先生吵，也是不好。（2004/7/10）

　　一如范醫師的預料，機構化的治療方式，反而加速 Sypan-Dan 病況的惡化，2005年4月從部落的報導人傳來他病逝於醫院的消

息。蘭嶼精神疾病患者的後送醫院，主要是台東馬偕、台東署立醫院與花蓮玉里療養院。由於來台就醫不便，加上文化差異與語言的隔閡，大部分的精神失序者除非具有攻擊性行為，家人通常不會主動將他們送入醫院隔離。Sypan-Dan與越來越多被安置在花蓮玉里長期療養的達悟人，也凸顯了家庭功能轉型下的照顧問題。

(三)符合現代生活標準的正常人

本章在前面指出，達悟精神失序者大多自然地遊走在部落中。同時在討論部落生活有利於精神失序者病情穩定與康復的條件時，強調蘭嶼大自然而非工業化的環境、部落尚存的生計經濟，以及緊密家族連帶的支持等，都有助於精神失序者舒緩壓力與獲得照護。范醫師一段關於蘭嶼與台灣的精神失序者區別的談話，就扼要地描述這種情況。他說：

> 在蘭嶼也是知道他們(指精神疾病患者)已經又不穩定了，但他們比較不會說。就是各過各的就是了，不會像台灣就是有一些隔離或抗拒，他們是不會抗拒，只是會不大理啦，不要怎樣鬧事就好了，就是不大理你就是了。在蘭嶼自我照顧的定義，和台灣不一樣，台灣你要乾淨，能夠工作……等等。在這邊你不工作，也不會餓死，有時鄰居會給他一點東西吃，或者他會跑到鄰居那邊吃。我覺得某種程度你說不care，某種程度也是還好，不會要求他，過多有的沒有這樣子！我是認為說要求太多其實不好啦！可是要求不夠多比較沒關係啦！(2005/12/25)

　　不過這一章在前面的分析也指出，除了日常生活中難以避免的歧視、偏見與剝削之外，上述去機構化的天然社區的有利條件，在社會變遷過程中，已逐漸受到侵害，而這對年輕世代、甚至中年的青壯世代而言，更是如此。那些在台發病而返回蘭嶼的年輕或中年世代的精神失序者，仍然會期望能再到台灣現代化社會繼續工作、求學。蘭嶼大自然環境與生計經濟等條件，已經難以滿足他們對現代生活成就的渴望與自我期許。進一步而言，不僅年輕或中年的精神失序者本身懷有對現代生活與成就的盼望與焦慮，事實上，那些照顧他們的手足，尤其是其中屬於年輕世代者，同樣向現代生活的價值靠近，期待他們所照顧的親人能夠儘早恢復「正常」、重新投入追求現代生活成就的軌道。上述范醫師所謂台灣一般民眾對精神失序者「能夠工作」等的眾多要求與期待，也在達悟的年輕世代照顧者之間逐漸浮現。

　　當中年青壯或年輕一代達悟人逐漸走入薪資勞動的生活方式，卻不幸遭受精神失序的打擊時，在親人照顧的問題上，也顯現一套現代生活推崇個人獨立、自主的價值觀正作用著。這種價值觀，影響了精神失序者與他們的照顧者之間的關係。而這種問題，在照顧者是年輕一代時，更是如此。這些青壯或年輕世代失序者身旁的兄弟姊妹，往往是他們求醫歷程中的「重要他人」，承擔了主要「照顧者」的角色。一方面他們自身正面臨著進入現代生活的種種挑戰，另一方面又必須照顧這些精神失序的手足，因此他們對失序者的抱怨、要求與期待，也最為迫切。

　　林茵（No.16）排行老大，下有兩個妹妹，在蘭嶼經營民宿、高中畢業的大妹，是她主要的照顧者。林茵看病、拿藥，都是由大妹在一旁陪伴。為了姊姊的病，大妹會買相關的書籍來閱讀。她不斷

告訴我對姊姊的期待：

> 平常跟她聊天的時候就會灌輸她說：你要自己站起來，跌
> 倒了，除了自己想要站起來沒有人能扶得起你，所以她也
> 是一直很積極的想要好起來。（2004/07/12）

42歲的金鳳（No.38），因為先生對他暴力相向而離婚。離婚
後，在妹妹金紋的安排下，金鳳前來台灣找工作。不料，找工作不
順遂，在台發病入院。高中畢業的金紋，便成為姊姊主要的照顧
者。但是對於姊姊不按時吃藥、無法獨立生活，金紋生氣地向我抱
怨：

> 我是不想管她了，現在藥也沒按時吃，她藥是我到市療幫
> 她拿的，九月有吃，可是十月就不按時吃了，我回蘭嶼
> 時，人家問我為什麼不要去看她，我說：我是不要管她
> 了。一個人自己都不努力自立，別人也沒辦法幫。
> （2003/01/15）

48歲的陳海成（No.1）雖與父母同住，但有多次自殘的紀錄，都
是由隔壁開早餐店的大弟海剛送去就醫。一直以來，大弟都是他求
醫過程中主要的照顧者。海剛也頻頻地向我抱怨：

> 我上一次跟他講過一句話，如果說父母親離開我們的話，
> 那你怎麼辦？所以說你要好好反省反省自己喔。如果說你
> 自己覺得比較好一點，你就出去台灣工作，不要讓家裡每

天都看到你這樣子，對不起自己，人家看了又……。你不
要看到什麼東西，就好像悶悶不樂在那邊坐著，如果說你
需要工作的話，你就跟我講，看看有沒有人願意叫你工
作，而且我們這邊有一個專門種樹苗的嘛，我叫他去做，
他不要做。我一直鼓勵他說，把自己重新做人的話我會很
欣慰，你去外面工作的話，你還有一點錢可以存。他沒有
講話，說你不聽，講什麼都是廢話。(2004-12A-1)

37歲的林仁清(No.41)24歲在台發病回蘭嶼已經十多年，高中
畢業目前經營旅館的大哥是他主要的照顧者，他對我抱怨島內福利
措施不夠，應輔導精神失序的弟弟就業，並提供心理諮詢：

我的觀念就是我們的社會福利政策太爛，該幫助的人不幫
助，政府的政策其實應該幫助他，你說我們蘭嶼人口沒有
多少，你隨便下幾個蛋就可以照顧整個，或者送去給他輔
導就業或是學技術都可以，像是他喜歡電腦，就把他送去
學電腦。(問：他喜歡電腦？)我是不知道他喜歡什麼，你
可以去研究啊。在我的觀念我沒有把他當神經病，是說他
在某些方面他得不到該得的，或是他沒有自信心，第三個
是懶惰，我的感覺是這樣。我的重點就是如果政府，有這
方面的幫助，有比較好的工作。或者跟一些心理輔導，張
老師之類的懇談，給他一個心理建設自信心，可能人生觀
又不一樣了，因為他覺得要有人重視他。(2003/01/22)

「努力自立」、「要自己站起來」、「把自己重新做人」、

「學電腦」、「出去台灣工作」，這些年輕照顧者對精神失序的手足的殷切期待，既反映了客觀上，如同前面已經提過的，他們的部落原鄉做爲去機構化的天然社區，其較有利於一般中年青壯世代的精神失序者、使失序者可以較爲自在放任的條件，正逐漸喪失；同時這些期待，也反映了年輕世代對個人價值、自我與他人、社群的聯繫等主觀認同的變化。不管客觀或主觀上的這些變化，都是這個僻處小島的少數族群受到現代性各種力量衝擊而歷經社會變遷的結果。那些趨向現代生活、推崇個人獨立、自主的價值觀，進一步將年輕世代推離達悟的傳統性，而趨近類似台灣社會所發展的現代性。

五、結論

本章一開始的討論中，指出西方許多跨文化的精神疾病研究經常有「西方／非西方」文化、或「已發展／發展中國家」文化的不當二分法，同時也強調必須注意社會變遷對原住民社會文化的衝擊形塑，以免對其文化有過度本質化與同質化的假設。本章嘗試避免這些缺陷，基於部落生活的出野調查，同時兼顧歷史分析的角度，呈現達悟部落一般成員與不同世代精神失序者在日常生活中所面對的各種雜糅的條件或因素。這些條件或因素，有些是較爲傳統的，屬於過往文化的延續，有些則是較爲現代的，使他們逐漸趨向現代生活。我也特別從世代的角度切入，對照精神醫療去機構化發展的成敗經驗，討論當前部落生活條件對老、中、青三個不同世代的精神失序者的影響，釐清這些環境與生活條件對病情穩定或康復是否有利或不利。從不同世代的精神失序者在部落中所面對的不同機會

與限制，我們更可以看出社會變遷在部落中所造成的傳統與現代因素雜糅的情況。

　　精神病人在現代理性的社會是一個缺乏社區支援的環境，了解達悟精神失序者在蘭嶼的生活世界，有助於我們對社區、治療儀式的重新理解。前面的分析指出，蘭嶼的達悟部落，彷彿是一個去機構化的天然社區。其中大自然與非工業化的環境、尚存的生計經濟活動，以及緊密的家族連帶等，都有助於精神失序者精神狀態的穩定與康復。達悟精神失序者極少步入嚴重退化性的程度，原因還有待進一步研究。但是上述的條件，無疑對他們有相當正面的作用。對照那些推行去機構化運動而遭遇許多困難的高度現代化社會，達悟部落尚未充分現代化、或者說相對的「落後」，卻恰是有利於這些社會邊緣者的地方，提供他們在較為現代化的社會已經難以覓得的庇護。在分析中，我也指出，對於年輕世代、甚至對那些中年的青壯世代而言，已經越來越不能浪漫地倚賴傳統生活的庇護。傳統生計經濟勞動與所得，已經無法滿足年輕一代的生活價值與自我期許，被捲入現代社會變遷的過程，既改變蘭嶼大自然環境與達悟傳統文化，也改變了達悟人本身，尤其是他們年輕世代的自我認同，使他們趨向強調個人獨立自主、薪資勞動的現代價值與生活想像。這些因素作用在精神失序者身上，也作用在那些年輕世代的照顧者身上。在年輕世代逐漸遠離傳統而趨向現代性的過程中，去機構化的天然社區於精神失序者的有利條件，對年輕的精神失序者而言，反而轉化成有所限制的不利條件，我們必須正視社會變遷對此的影響。前面的討論，也指出從一些達悟精神失序者被衛生所收案、接受精神科診治的方式與過程來看，精神醫學的力量，既藉助於衛生所等國家醫療的制度與組織、也藉助於派出所等國家的司法機構，

逐漸在這個部落社會確立發展。對於類似派出所或警察人員所維護的現代國家統治秩序來說，精神醫療在其中扮演了一種微妙的輔助配合的角色。這些都反映部落生活漸趨向現代理性化的約束與要求。

　　一般而言，那些生活在較爲現代化社會中的精神失序者，往往缺乏社區的支援。對照之下，達悟部落做爲去機構化的天然社區的特質，更爲突出。如果部落生活對失序者有利的條件，尤其是對那些面對未來的年輕世代，正逐漸削弱與瓦解，使他們可以自由生活的部落條件已改變，那麼屬於達悟人的「本土療癒模式」究竟是什麼，可以說是未來本地的精神醫學與醫療社會學值得深思研究的問題。對於這個模式的思考，我認爲必須超出生物基因論理解的限制，觀照到社會文化的脈絡，以理解這些精神失序者與他們所屬的少數族群不利結構的社會根源，以及他們自身的主觀認知。顧及社會變遷對達悟人過去與現在的改變，以及對他們未來的可能影響。只有從這樣的理解基礎出發，才可能朝向建立適合達悟人理想的本土療癒模式。

第八章

現代性、精神醫學與自我認同的轉變

　　我已經注意到……醫學（和其他）人類學家的工作，具有將文化相對論的概念，帶到異常的、無保留的、極端的特殊習慣。尤其是有那麼一種含蓄的假設，認為非西方的、「原始的」或者「平民」群體的東西總是「好傢伙」，正統的醫學總是「無情的」，這種假設與「強調疾病的西方醫學模式」在其最簡單的形式的應用相比，更加不是創立理論的合適途徑，或者說對創立理論沒有實際的幫助（Hippler 1977：18）[1]。

一、前言

　　在本書第六章的分析中，我指出達悟傳統文化、基督宗教與現代精神醫學三個多元認知典範複雜地並存於蘭嶼。傳統巫醫的力量雖已式微，但達悟傳統惡靈的世界觀卻依然發揮強大的影響力。目前在蘭嶼生活的達悟人，通常不會將精神失序視為一種病，而是以一種自由放任、不積極治療的態度對待他（她）們。相較於工業化的

---

[1]　摘自George M. Foster and Barbara Gallatin Anderson原著，陳華、黃新美譯，1992(1978)，《醫療人類學》。台北，桂冠，頁190。

現代社會，絕大多數表現出行爲違常的人，在蘭嶼除非具有暴力傾向，否則族人通常對他們抱持著自由放任的態度。許多被診斷爲精神疾病的患者在病況穩定期間，也都能自由地參與部落的活動。但是，如同本書第七章所指出的，隨著各種現代性的外力侵入，部落的自然生活條件已明顯改變。對於年輕世代、甚至中年的青壯世代而言，已經越來越不能浪漫地倚賴傳統生活的庇護。特別是年輕一代的達悟人，更無法迴避社會快速變遷的事實。面對未來，當現代性對達悟人生活各種面向產生重大衝擊，而精神失序勢必逐漸被納入「醫療化」的過程中，做爲現代性制度一環的精神醫學也可能在達悟部落中扮演更重要的角色。基於對達悟人精神失序的歷史社會根源的認識，以及把精神失序做爲一種「現象的實體」理解方式，我們尤其有必要思考現代精神醫學在緩解病痛與受苦上可能的適當定位。

　　現代西方醫學萌芽於公元前4世紀希臘的Hippocrates時代。Hippocrates不相信魔鬼致病的想法，主張精神疾病如同身體疾病一樣，是由於自然因素而引起，且需要醫學治療（曾文星與徐靜1987：4）。Hippocrates的看法奠定了現代醫學的一項基本信念，就是所謂西醫的自然科學觀。它認爲疾病必定有生物學上的病因，而和任何神秘的外力或社會因素無關。有人認爲這是讓精神病人免受歧視的一大進步，因爲在過去「瘋狂」常被當成個人的罪惡、不敬神的天譴，或與宗教玄學的解釋連接在一起。一旦用生物機制來解釋瘋狂，精神病人似乎就可以獲得較人道的待遇，因而人們可以肯定精神醫學在醫療化過程對不正常者的正面作用。

　　相較精神醫學史所宣稱科學、人道與進步的歷史，人文社會科學的研究則對這段醫學發展的過程，提出不同的反省。在本書第二

章文獻探討——「精神失序被納入醫療化過程的限制」一節中，指出不同學者對此問題的討論，本章不再重複討論這些論點。這些圍繞在醫療化的批判，指出了精神疾病在現代社會醫療化過程中種種的限制與負面效應。基於這樣的警覺，人文社會科學的研究，往往對於精神醫學進入原住民部落，抱持著一種戒慎恐懼的心態，並進一步對現代精神醫學的診斷、過度治療的方式提出質疑與批判。這些研究的反省，固然為我們提供了可貴的參照，但是透過蘭嶼達悟人高比例精神失序現象的研究，我認為有兩點值得我們深思。

　　第一，在田野中，我親身目睹了達悟人環繞在酗酒、意外事故、自殺、自殘、發瘋等受苦經驗。這種因為他們族群身分、社會位置、文化傳統所導致的集體失序與身心創傷，至今仍以不同的方式在年輕一代達悟人的身上延續著。事實上，Foucault、Goffman等強烈建構論的學者研究所參照的社會經驗，大多屬於高度現代性的歐美社會，解構精神醫學在高度現代化社會過度發展所帶來的負面效應，成為他們的關懷重點。可是當我們面對一個相對於台灣、西方社會而言，醫療化程度低度發展、現代醫療資源嚴重不足的部落社會，如果輕率地跟隨批判醫療化的研究方向，是否會忽視醫學做為現代知識、組織與制度的一環，對於舒解原住民集體苦難，現階段可能提供的貢獻[2]？

2　Durkheim(1982)與Foucault(1978)對「normalization」這個概念的理解與解決方案，提供我對本研究的相關思考。Durkheim成長於20世紀初的法國社會，當時法國各種現代性的制度才剛建立，社會貧富不均的問題尚未解決，所以他關心著維持常態社會的社會秩序要如何建立。因此我們不難發現，他的理論為何如此重視社會連帶及社會秩序，社會好比有機體一般，透過良好分工的方式，使功能充分運作，社會控制與社會規範的減弱與消失，或功能失調，必然會導致迷亂(anomie)的現象，而政治

第二，就像前面幾章所指出的，原本與世隔絕的蘭嶼，已受到現代性的各種外力所影響。對於達悟年輕一代而言，他們已不可能如老人家一般，生活在惡靈的世界觀下，尋求心理安全的庇佑，追求李亦園所指出的惡靈所鞏固的社會心理健康（1960：5-9）。1960年代中期之後，蘭嶼經歷快速社會變遷的階段，傳統的社會心理健康機制已逐漸瓦解。蘭嶼達悟族高比例精神失序現象，也反映了這樣的事實。因此，要深切面對精神失序者的病痛、受苦經驗，並且尋求可能的出路，我們必須理解到達悟的傳統文化，正逐漸受到現代性外來元素的滲透，而不斷地發生改變。每個文化都是在與時推移中而有所改變，所謂的「傳統」只能指相較現代所能追溯到較早的狀況。當我們理解到傳統的文化必然是不斷受到外力進駐而有所變遷，那麼探討達悟人高比例精神失序的緩解之道，就必須意識到精神醫學在未來可能扮演的更佳角色。

醫師背景出身的人類學家Paul Farmer，長期在海地進行結核病、愛滋等疾病的田野研究。親身目睹許多海地人悲慘的遭遇，Farmer反對文化相對主義者將受苦的狀態視爲文化本質一部分的看

（續）────────────

家最重要的角色就是如同醫師一般，對社會進行常態性的裁判，保障有機體維持在健康的狀態。和Durkheim立場不同，Foucault則是身處在1970年代高度現代性的法國社會，現代性的各種理性制度已經趨於完善，他看到常態性制度，如醫療、教育、司法等對人主體性的濫觴，因此他不斷對這些現代性理性制度進行批判、解構。我認爲我們必須把理論家對社會的關懷，擺在特殊的歷史脈絡來理解。就我的研究分析，蘭嶼今天是處於類似Durkheim所看到各種現代性的制度正在建立與發展的階段，而非Foucault所觀察的高度現代性社會，因此在結論的部分我也有條件地支持一種現代主義的功能論，而非完全解構精神醫學對蘭嶼還可能做出的貢獻。但我必須強調這裡所謂現代精神醫學對蘭嶼的效用與功能，不能被化約到生物醫學的治療模式。

法，他認為窮人的病痛苦難有其結構的根源。他對於一些社會科學，特別是人類學的研究將結構暴力與文化差異混為一談，提出了這樣的警告：

> 當文化相對主義，連結到道德的相對主義，以及劣質的社會分析中，更可能進一步地淌入這樣的渾水中，如同認同政治在美國的發展。……在許多社會科學，特別是人類學，混淆了結構暴力與文化差異。過度採用文化相對主義的概念，強調恢復不同文化與種族的尊嚴，這往往會保障了既存的受苦。文化的差異乃至於文化決定論，成為不同形式本質主義的一種。這使得文化並沒有適當的解釋受苦，反而佈置了一個更糟的藉口。（2005：49）

　　本書第二部的第六、七、八章，在分析精神失序者的文化社會處境與日常生活經驗時，也同時企圖尋找緩解病痛受苦的社會文化機制，尤其是精神醫學做為現代醫學的一環與蘭嶼部落的關係。在這一章，我將回歸到精神失序者的主體經驗，探討的問題包括：在出現他人眼中的不正常徵兆時，他們主觀經驗到哪些「奇特的經驗」，又是如何理解自己「不舒服」的感受？在精神失序狀態中，他們如何理解自我與外在世界的關係？當傳統部落生活條件改變後，達悟傳統文化、基督宗教與現代精神醫學這三個典範彼此該如何尋求適當定位，並相互分工整合？什麼方向才是有利於達悟精神失序者的精神復健的本土療癒模式？

二、分裂與異樣的自我

Ronald David Laing在《分裂的自我》(*The Divided Self*, 1994
〔1971〕)一書中，指出精神分裂症患者所經歷到一種自我與世界
不一致的感受。他說道：「精神分裂主要經歷了兩種方式的分裂，
一、他與周圍世界的關係出現了分裂。二、他與自身關係出現了分
裂。他沒有能力把自己與他人『一同』加以體驗，也沒有能力把自
己『置身於』環境中加以體驗。相反地，他在絕望的孤獨中體驗自
己，並且他所體驗的自己並非一個完整的人，而是以不同方式『分
裂』了的人，分裂的結果也許是只有脆弱關連的心與身，也許是兩
個或多個自我(self)等等」。

Laing對於精神分裂症的描述，貼切地描述了田野中一些精神
失序者的處境。觀察與分析這51個受訪者，他們的疾病歷程具有很
大的變異性。但是，如同我在第五章強調的，即使目前蘭嶼島上，
不同典範對正常／不正常的界定並不一樣，這些受訪者斷斷續續出
現的一些怪異行為，不管在那一個典範下都被視為不正常。許多受
訪者會提到自身所感受到的特殊疾病經驗，如人、時、地的混淆，
幻聽、幻覺等症狀的干擾，不舒服的異感等等。從他們主觀經驗
中，這種與他人或外在世界不一致的感受，大多讓人感到困惑、恐
怖與不知所措，但是又栩栩如生地被他們所真實地經驗。以下，我
將以4個被診斷精神分裂症未婚男性的主觀感受，來說明他們所經
驗到分裂與異樣的自我，以及不同典範世界觀交錯下的自我認同混
亂。

【例子一】

　　34歲國中學歷的楊洋(No.33)，父親已逝，家中有5個男生，他排行老三。2003年我在部落進行田野觀察時，他仍在台灣工作。楊洋的大哥，在蘭嶼經營一家藝品店，他認爲弟弟沒有病，強調弟弟的失序行爲，只是壓力大、愛喝酒的結果。在楊洋的媽媽與兄弟眼中，楊洋一些失序的行爲(如自言自語、言語表達不連貫)，都是喝酒過多的緣故。原在台灣工作的楊洋，因爲在台收入不穩定，加上家屋改建需要人手，2004年返回蘭嶼。2005年年初，當我訪問長期飽受失眠、幻聽所苦的楊洋，他片段地向我描述自己的異樣感受：

　　問：你會睡不著嗎？

　　楊洋：對呀，是因爲感應器太重了。我會聽到聲音。感應太多，感應器太重。

　　問：什麼叫感應器太重？

　　楊洋：就是好像你電的，好像電嘛，這樣子來衝擊這樣子。電啦，它是電啦，像電。

　　問：這個是不是病？

　　楊洋：我也不曉得，不是啦，那個是電話啊，感應器啦，是感應器嗎？對不對。

　　問：你覺得你爲什麼會睡不著？

　　楊洋：我不知道。

　　問：范醫師來看你時怎麼說？

　　楊洋：也沒有，還是自然的啊！

　　問：你在台灣會不會這樣？

　　楊洋：也是會啊，我在台灣上班時，我眞的很可憐耶，我

都沒有睡覺還去上班耶。……有時候我都用香菸
喔，說我到底是怎麼樣，為什麼會這樣子，我就自
己用香菸來放開心情啦，放開我的煩惱啦。……因
為我睡眠不足喔，對我的皮膚很差勁啦，你如果沒
有睡眠的話，幾乎是很差勁，睡眠很好的話，皮膚
一定很漂亮，是不是這樣子？

問：你為什麼會煩惱到睡不著？

楊洋：因為睡不著啊！

問：你會睡不著是不是生病了？

楊洋：我不知道。（2004-12B-8）

由於在台缺乏適當的工作機會，2004年返鄉後的楊洋就一直在
部落生活，一直到2009年2月為止，他都沒有再到台灣工作。平日
除了下海捕魚或協助弟弟蓋房子，他自己有一間鐵皮搭蓋的工作
室，裡面有許多他創作的藝品，漂流木的雕刻、貝殼項鍊、小石頭
做成的畫、各式各樣的飛魚模型等等，所有的材料都取材於當地天
然的物品。受到經營藝品店大哥的鼓勵，他也會雕刻手工藝品賣給
觀光客。他告訴我，身體如電流般的感受，或是常聽到一些奇怪的
聲音，這些異樣的感覺，他都歸因於是自身努力創作、用腦過度的
結果。與田野中大部分不具備精神醫學知識的精神失序者不同，楊
洋雖不認為自己異樣的感受是一種病，也不會用醫學知識來詮釋自
己的狀況，但他並不排斥服藥，沒藥時，還會主動告知衛生所的護
士要拿藥。他告訴我：「吃藥會增加體力，也會幫助睡眠。」但
是，對於什麼是精神疾病？服用的是什麼藥物？從小在蘭嶼成長，
學歷只有國中畢業的楊洋，並無法清楚地回答這些問題。

【例子二】

　　46歲的尤家東（No.24），目前一人獨居只有一間房間的國宅內。尤家東的父母已逝，教育程度為國小二年級。他18歲時隨同部落族人到台灣，分別在台中、桃園、台北等地工作。後來於工廠工作時，左手不慎被切斷三指。由於不識字、肢體殘障，他在台灣只能做一些低技術、低薪資的工作。家東26歲時因失業而返回蘭嶼，回鄉之後又發生嚴重車禍，車禍復原後，他逐漸出現一些怪異的言行。住在一旁開雜貨店的大姊是他主要的照顧者，大姊把弟弟不對勁的情形告訴衛生所護士，家東才被精神科醫師收案，精神醫學診斷為精神分裂症與酗酒。大姊這麼對我描述當時家東異樣的情況：

> 到黃昏的時候，他會變得很怕，沒有人和他說話，他都說有人和他說話。把自己鎖在房間裡，自言自語。有時候還會用跑的，很緊張到我這：姊，你有叫我嗎？。我說：沒有啊，我沒有叫你啊。……有時候我問他說：你為什麼一直在講話？他說：因為有聲音在耳朵旁邊一直在講話，我就跟他講話啊。（2004-21A-2）

　　2000年第一次看到家東，他穿著一件鮮豔的花襯衫，坐在部落的涼台沈思。看到醫護人員後，就不斷地和醫師抱怨，打針以後他變得越來越胖，也常會聽到聲音在吵。從我2000年第一次見到他，到2009年初為止，他一直都處在長期失業的狀態。家東平日很少上山耕種或下海捕魚，日常生活所需，大多靠住在隔壁大姊照料。這些年來，他因為酒後擾亂社區安寧，以及破壞別人的家具，曾有4次被送入台灣某家醫院的精神科病房的紀錄。雖然有多次的入院治

療經驗，他始終不認為自己有病，相當排斥「神經病」的污名，不喜歡吃藥，但也沒有辦法解釋自己為何會出現幻聽、幻覺，一直以來都是靠醫護人員施打長效針劑來處理這些不舒服的異感。我訪談家東時，他是如此看待自身的情況：

> 家東：我沒有毛病啊，除了出車禍，我一點毛病也沒有。我去住院的時侯，醫院一直逼我，我沒辦法就把藥吞下去，我不喜歡人家逼我，可是一定要我吃，吃安眠藥。我是吃藥太多了，就變神經病，也許是有關係。
>
> 問：你覺得你本來是沒有事的，他們送你住院，然後你一直吃藥，就變成神經病了？
>
> 家東：對。因為我不是神經病哩，我到醫院去，就變成這樣子了。
>
> 問：你是去了以後才變成這樣子？
>
> 家東：對，人家都說我大胖呆、神經病。
>
> 問：會不會想在蘭嶼有工作？
>
> 家東：我是想要做啊，要找工作啊，可是找不到，他們沒接受我啊，我什麼都不懂啊，我在這邊的話什麼也不懂啊。（2004-17B-12）

　　家東非常在意生病後便逐漸增胖的身體，並且相當敏感地感受到他人對他不一樣的態度，他曾主動告訴我：「我很煩、很痛苦，又變得很胖、很不好看、很醜，以前的生活和現在都不一樣了。」田野期間常看見他大白天也在屋中睡覺，而身上常常有米酒味。姊

姊無奈地說：「買給他的釣竿，他也放在一旁，連釣魚都懶得去。可能因為他沒有伴。我一直盼望我的親戚帶他去釣魚，但他們都不喜歡跟他在一起啊。」(2004/2/9)護士Si-Na會鼓勵他，多到屋外走動，肚子的肥肉才不會一大圈。他非常在意自己發胖的身材，卻常常意興闌珊提不起任何興致做運動。2004年底家東因為與部落的人一起喝酒，酒後大聲吵鬧，而且跑到商店鬧事，因此被警察強制送到台東署立醫院住院，一年後才出院。2005年底，我再度在部落看到家東時，他的行動明顯變得遲鈍許多，變得比以往更為畏縮地封閉在自己的小房間中。2008年家東又因為喝酒鬧事，再度被送入台灣住院。2009年2月我在部落看到剛出院的他，他看起來精神不錯，坐在部落一家簡陋的卡拉OK店，正興高采烈的在一旁聽人唱歌。根據我的觀察，出院後的家東大部分的時間還是喜歡在部落到處的閒晃、與人喝酒或者獨自待在屋內。

【例子三】

48歲的陳海成(No.1)，國小學歷，發病至今共有4次自殺自殘的紀錄。從他20歲在台灣開始出現幻聽等不正常徵兆，至今已有二十多年，家人表示狀況好時，他自己會跑到台灣工作。很長一段時間，他一直處於自然放任的情況，弟弟陳海一說：「好的時候他自己出去，沒有人帶。他之前正常的時候，比正常人還要正常，還在工廠工作」。2000年我第一次到蘭嶼看到他，他大多處於時好時壞的情況。2003年初有回海成居住的部落正舉行節慶的祭典，我見他站在人群的一角，不斷地在一旁傻笑、自言自語，旁人對他的舉動似乎也沒有太多的反應。2003年3月他就因為在家吸食強力膠，而被家人送到台灣的精神科就醫，住了一、兩個月才出院。2004年6

月，他開始一個人獨自跑到礁石上呆坐，有時一坐就好幾個小時，多次送他求醫的大弟，警覺到這樣的情況類似他以往要自殺的前兆，馬上將他送入醫院治療。2005年出院後的他，口語表達明顯變得較以往流利，這是他第一次可以清楚地對我形容自己發病後的感受：

問：那你那時候為什麼在台灣會想要自殺？

海成：不知道，那時候一個月都沒吃飯！就肚子不會餓啊，也沒有吃藥也沒有喝酒！

問：那有沒有上班？

海成：有上班啊。照上班啊！好像有聽到一直鏗鏗鏘鏘的聲音。對，那時會聽到，現在沒有聽到。

問：那你自殺，和你每次都聽到那些聲音有關嗎？

海成：那當然，當然！

問：你覺得你有沒有生病？

海成：我沒有！因為我覺得我那個什麼，我殘障卡寫我重神經病，這個哪裡來？重神經病，重神經病，我好好的他們怎麼寫這樣！怎麼查出來，我也沒有神經病啊！

問：你覺得他們怎麼寫這樣子？

海成：對啊，神經病是亂叫亂叫，亂發騷，不懂好壞的，中猴中邪才叫神經病。

問：所以你覺得你沒有生病？

海成：沒有生病啊！

問：可是你要怎麼解釋你都會聽到一些奇怪的聲音？

海成：那是以前啊！我也不知道，我有時候問自己，是不
　　　是我的嘴巴跟他們說話，我以前聽到的時候，在想
　　　那不是我，只是我腦子裡面的回答他們，很多種聲
　　　音啊。那時候聽到的時候，有時候我去玩，她會
　　　說：你的衣服忘記，放在山上旁邊或在什麼地方，
　　　那是女孩子的聲音啊。你的衣服忘記拿，她會跟我
　　　講。另外，還有其他的，很多聲音就對了！

問：你聽到那個聲音的時候會不會很害怕？

海成：我覺得很奇怪！那個時候聽到聲音覺得很奇怪！

問：可是你還是不覺得這是生病？

海成：對啊！我覺得沒有生病，怎麼寫我重精神疾病，很
　　　奇怪！

問：你不喜歡人家把你當精神疾病這樣？

海成：每個人都不喜歡這樣！因為好好一個人怎麼會稱為
　　　神經病，其實我沒有什麼病啊。這發作很難說啊，
　　　聽到自己的聲音也不知道是誰在說話，這個很難講
　　　啦！（2005-32A-12）

從大約20歲發病，中間隔了十多年，直到范醫師隨蘭綠計畫開
始探訪蘭嶼，海成才開始接受治療。海成自己、父母與周遭的人都
不認為他生病了，對於他的狀況多採取自由放任的態度，海成自己
認為多次的自殺自殘，與耳邊常會聽到一些自己也無法解釋的聲音
有關，但他不認為自己有病，也相當排斥精神疾病的標籤。雖然，
他偶爾會到教會做禮拜，平日也會隨父母上山工作，卻一直無法解
釋自己為何會斷斷續續出現他人所無法體會的異感。

【例子四】

　　47歲小學沒畢業的陳土楠(No.30)，父母已歿，是家中唯一的
獨子。陳土楠十多歲時，曾隨大姊到台中鞋廠工作，不識字的土
楠，大多只能做些低階的勞動工作。問他爲何小學沒畢業，他回答
我：「我沒有認眞讀書啊，我都去海邊去游泳。」家中有4個小
孩，他排行老二，由於老大、老三目前定居台灣，他日常生活起居
大多由住在同部落已結婚的小妹照料。母親於2002年過世，曾因毆
打母親、酒後鬧事，而有3次入院紀錄。探訪家人與部落族人，沒
有人可以明確地告訴我，他出現不正常徵兆的正確時點。妹妹認爲
是父親過世後，他才開始出現一些異常徵兆。嚴重失序的時候，他
會大聲吼叫，並毆打母親。住在同部落主要照顧者的小妹，說到她
的焦慮：

> 我擔心他會被人家打這樣啊，他是不會去惹爭端，可是我
> 怕人家打他。他覺得部落的人會排擠他。他酒醉會騷擾
> 人，可是他不會罵人、不會打人，他會亂講話而已。
> (2005/11/12)

　　2005年探訪陳土楠時，他獨居在一間約五、六坪大的水泥房
中，狹小、昏暗的空間沒有太多傢俱，米酒、維士比的瓶子散落在
屋外一旁的角落。當時他在某家車行當學徒，老闆每天接他到車行
工作，能夠固定的工作，讓部落的鄰居、妹妹都認爲他的狀況已有
明顯好轉。但他並不滿意工資一天僅100至200元，他這麼說：

> 土楠：我沒有生病啊。我就在那裡睡覺，倒著睡啊，沒有

生什麼病，沒有什麼病啊，人好好的。他(指醫師)
都是問我說：你有沒有去山上，還是去釣魚，我就
說有時候有去，有時候沒有去。

問：那他給你開什麼藥？

土楠：開什麼藥喔，不曉得，我問他這個什麼藥，他都沒
有答覆啊。

問：那你會不會吃那個藥？

土楠：有啊，有時候吃，有時候沒有吃。

問：你之前去台東署立醫院住院是不是？

土楠：有啊，住了2、3次。

問：你知道你為什麼要去住院嗎？

土楠：我聽人家說，我媽媽啊，我打她啊！

問：你那時候為什麼會想要打媽媽啊？

土楠：不曉得啊。好像說有一些聲音。反正我身分跟別人
不一樣啊。我是說人的身分，跟靈魂的人說的話不
一樣。我不喜歡住院啦！有的藥吃了，人會壞掉
啊！我聽人家說那個藥放很久會壞掉。(2005/11/15)

　　2009年2月再度看到土楠時，他仍獨居原先狹小、陰暗的水泥
房。當時他正坐在屋外的涼台一個人發呆，由於經濟不景氣，機車
行的工作早已停工。恢復失業生活的他，習慣與酒精性的飲料為
伍，一早起來就看他從冰箱拿起酸梅汁加米酒的混和式飲料猛灌，
他表示：「這樣可以增加體力，比較舒服。」(2009/2/6)他不認為
一個月施打一次的長效性針劑對他的「異感」有何幫助，也不清楚
醫護人員所注射的針劑為何，這麼多年來他大多都還是順從的讓精

神科護士為他打針。

楊洋、家東、海成、土楠所經歷的奇怪感受，是田野中被診斷為精神疾病達悟人類似的經驗。幻聽、幻覺所出現栩栩如生的真實感受，對於這些精神失序者來說，並不是想像，而是有如真實的世界般真實。另一方面，他們同時也會懷疑為何自己會聽到、或看到正常生活世界所沒有的聲音或影像，那些幻聽、幻覺的內容，大多極為恐怖，例如長期住院觀察的吳維凱（No.46），當醫師探訪他時，他就不斷說到自己恐怖的感受：「醫師，全蘭嶼只剩我一個活人，好恐怖。全蘭嶼都是鬼」。（2000/3/5）2006年底在家休養的小柔（No.44）告訴我她所經驗到的異感：「我在台灣發作的時候，就會看到很多魔鬼，還有人拿刀剁自己的手。那些畫面都很恐怖、很血腥」。（2006/12/21）多次進出醫院，對家人出現暴力、攻擊行為的陳安安（No.07），媽媽也這麼談及他發作時的情況：「他有跟我講，是聽到聲音的時候，就會這樣子做。其實我知道你們是我父母，他們是我的兄弟姊妹，我知道別人也沒有對我怎麼樣，但是我就是沒有辦法控制。因為很多聲音在控制我，所以很多事情會做得出來這樣。」（2005-33B-11）

許多在蘭嶼的精神失序者十多年來，一直與這些不舒服的感受共存，並深受這種「不正常」徵兆所苦。楊洋、家東、海成、土楠四個學歷不高的青壯世代，他們的認知系統都常跳躍於三個典範之間，並沒有那一個穩固的認知系統，可以詮釋自身的不舒服狀況，並給予適當的協助。這也反映了受到快速社會變遷，各種外力入侵後，達悟人對自我理解、世界觀混亂的一個典型例子。他們雖不覺得自己是生病，但隨著精神醫師每月固定的訪視，精神醫學透過國家制度化的介入，開始滲透到他們的生活。這些在傳統文化長大，

學歷不高的青壯世代，他(她)們大多從媒體、電視習得對「精神病人」極為負面的刻板印象，但卻不具備足夠的現代醫學知識來理解自身診斷背後的意義。因此，大部分的精神失序者與家人對於精神科打針、吃藥的治療方式，配合度並不高，也不認為有什麼幫助。小島上達悟傳統文化、基督宗教與現代精神醫學三個混亂並置的世界觀，代表的是達悟人快速社會變遷下的自我真實處境。

三、現代性、病識感與自我認同

部落中解釋這些行為異常的人，是一個多元的認知體系，包括被鬼附身、基因因素、社會心理壓力的詮釋。這樣的多元認知正反映了少數民族在社會變遷下的處境。究竟，當他們開始具有病識感，並以現代醫學的眼光看待自己是「精神病人」的角色，是一種進步？還是監控？會有助於緩解他們的受苦徵兆，解除污名？還是給予他們另一項污名，更多的限制？我們必須以不同世代所處的世界，以及伴隨而來不同的生活挑戰，來思考這個問題。接下來，我以兩個年輕人衫明、懷光的疾病歷程來進行分析。

2000年第一次在蘭嶼看到衫明(No.37)時，他是個高二的學生，就讀台灣某家教會學校。當時我正借宿他家，他喜歡拿著吉他唱歌，也熱心地幫我介紹蘭嶼的種種，由於父親是牧師，他從小就被部落的人賦予比較高的期待。2003年在教會的禮拜再度遇到衫明，敬拜時他負責打鼓，我並沒有明顯感受到他有何異樣，可是衫明的爸爸卻告訴我，衫明變得沈默寡言，不太搭理人，因為罹患憂鬱症，現已從大學休學回鄉。當時他的父母，這麼理解他發病的根源：

衫明父：他是讀宗教系，他又去讀佛，因為宗教系什麼宗
　　　　教都要去讀啊，讀到佛的時候，他就沒有辦法讀
　　　　書。他就一直怕，怕來的時候，不講話就一直關
　　　　在房間。他那時候打電話過來。他說他很怕，就
　　　　是看到人就會怕，他連吃飯都不敢到餐廳吃飯。

問：大一的時候就這樣？

衫明父：沒有，大二的時候。後來我有帶他去精神科啦！
　　　　吃百憂解。

衫明母：吃了以後他的記憶力好像就衰退了。

衫明父：有副作用，後來記憶力衰退。我當牧師就是一直
　　　　為他禱告啊！

問：你覺得你們族的孩子到台灣求學，他們面對的壓力很
　　大？

衫明父：一定，因為，第一個在蘭嶼的教育不能跟台灣的
　　　　比，所以會差一截，不過像我們早期出去那個歧
　　　　視更嚴重，我們原住民孩子早期被叫做山胞，番
　　　　仔。對啊，他們都在比名牌，但是我的孩子不跟
　　　　他們比這一套的時候，就會被排斥說「你又算什
　　　　麼東西啊」不是同類，所以他在國中高中還好，
　　　　因為同學不是多離譜的，但是到了大學裡面各式
　　　　各樣的人都有。

衫明母：我孩子就講同學從他的背面貼一個「我是大色
　　　　狼」，不知道是誰寫的，他知道的時候已經（造
　　　　成）傷害了。我孩子觀念非常的單純，他都是撿
　　　　人家不要的工作，他是這樣用單純的愛來愛同

　　　　　　學，可是同學給他的是一個又一個負面的反應來
　　　　　　對待他，他們以爲在做假惺惺給人家看。可能是
　　　　　　這樣，因爲我們也沒有跟他生活在一起。

問：他之前的挫折其實你們都不曉得？

衫明父：不知道，他也不講，其中的什麼問題我也不知
　　　　　　道，因爲他不跟我們講，這個心靈他就把它鎖起
　　　　　　來。

衫明母：大概回來有兩、三個月的時間，完全無法與人溝
　　　　　　通，鎖在自己的房間。他就變成對這個人生無所
　　　　　　適從，無所適從的話，就覺得很沒意思。他就不
　　　　　　知道怎樣開始有負面的想法，想得很多。（2003-
　　　　　　6B-10）

　　當時從大學休學回來的衫明和以往判若兩人，表姊說：「常常
一群年輕人聚在一起時，他就一個人自言自語、傻笑、完全不理會
周遭人的存在」。他雖有幻聽的困擾，但並不接受精神醫學的診
斷，也不認爲自己有病，更不願意服用精神科的藥物。歸咎於自身
問題的核心，他告訴我：「是找不到自己信仰。」以下是2003年我
與他的訪談：

衫明：壓力是在那課業上面，我們就是高中成績沒有打
　　　　好，老師在講什麼，我們聽不懂。

問：那你覺得說比較讓你覺得很挫折的是什麼？

衫明：課業啊，佛教讀不懂。那個氣氛不知道吧，因爲我
　　　　的想法都跟他們（指班上同學）都不一樣。他們滿浪

費錢的，他們都是要去唱歌嘛，去ＫＴＶ能放鬆嗎，我很懷疑。

問：那你自己大學有沒有參加什麼社團？

衫明：有啊，參加一個原住民社團，就比較多原住民啊，我不知道就可能黑黑的跟黑黑的比較會玩，我不知道，就那種感覺，就很像吧。

問：你在大學跟原住民社團的朋友比較好還是跟班上的？

衫明：好像原住民的。

問：那時是怎樣的不舒服？

衫明：我覺得悶悶的，我也不知道就是覺得很悶就對了。到考試的時候會睡不著，想太多了睡不著，就一直會擔心。你看這樣悶悶的，所以就要回來走一走啊，你在那邊你花那麼多年沒有唸到東西，身體又壞掉。吃藥，那也沒有用，那個只是越吃越糟糕。

問：你覺得爸爸帶你去看病、吃藥都沒有用？

衫明：那沒有用，那只是越吃越糟糕，因為那個不是信仰。

問：你覺得這個是病嗎？

衫明：嚴重的時候是有一點像生病的樣子。但是回來的時候（指蘭嶼）會變得好，你不用吃藥也會慢慢的好，你不用想那麼多。我沒有吃多少就全部丟掉了，吃藥也沒有效，我就全丟掉了。

問：為什麼你覺得沒有效？

衫明：我不知道，就是我吃一吃，還是會一直想啊！那有什麼用，那就不吃啦。

問：你會想什麼？

衫明：就是還是會一直想啊，睡到不著。你會想說你的信
　　　仰在那裡，什麼才是你要走的方向。哦，所以這些
　　　問題吃藥也沒有用。我覺得醫不好我就不要吃了，
　　　我寧願自己醫好，靠朋友、靠教會的方法這樣子。
　　　（2003-7A-13）

　　族人眼中的衫明一直是個善良、懂事、樂於助人的孩子。在部
落只要看到背負重物的老人家，他一定義不容辭的幫老人把重物提
回家。然而，這些他從小習得互助、分享、尊重他人的特質，並沒
有辦法幫助他應付台灣大學生活的競爭與壓力。發病回鄉後的衫
明，休養了一年多，在家人的支持與鼓勵下，重新進入台灣某家神
學院就讀，未來計畫是神學院訓練完畢後，回島上當牧師接替父親
的棒子。讓我驚訝的是，再度來台灣唸書的衫明，開始接受精神醫
學的知識體系，學習著以「憂鬱症」詮釋他自己的情況。一年多後
當我問他一樣的問題時，他確有不一樣的答案。以下是2004年我與
他的訪談：

問：你覺得這個是病嗎？

衫明：這是憂鬱症。我有上心理學，我的情形和課本寫的
　　　症狀幾乎80%都一樣。我去上神學院的時候，我們
　　　心理中心在講憂鬱症的症狀，真的都跟我很像。
　　　對，這個病會讓你什麼事都提不起勁來。你就只想
　　　賴床，反正也不知道做什麼，也沒有什麼好做的，
　　　就是這樣子而已。

問：那你覺得吃藥有用嗎？

衫明：吃藥是短暫的，但是吃久了還是會昏昏的。可是很
　　　嚴重的時候，晚上胡言亂語、睡不著又走來走去，
　　　沒有辦法安靜時，就要吃一點藥。如果睡不著覺的
　　　時候，還是要吃藥，才可以入睡。

問：你覺得吃藥可不可以幫你忘記煩惱？

衫明：我覺得它是部分，因為有時候會想到一段，它是忘
　　　得不乾淨，就是斷斷續續。是短暫的，強迫你休
　　　息。起來又昏昏的，整天懶懶散散，沒有鬥志。

問：在學校時，還有不舒服嗎？

衫明：有啊！有時候要考試，還是會很緊張，睡不太著。

問：那你怎麼處理？

衫明：就是找和我比較好的學長，請他們幫我禱告。

問：你怎麼會有力量，有辦法再去台灣，再去經歷考試、
　　讀書？

衫明：那就是我的信仰給我的力量。（2004-18B-11）

　　2004年9月重返台灣神學院就讀的衫明，也逐漸走出生命的風
暴。媽媽說：「只有一年級的時候，有天突然打電話來說讀這些有
什麼意義，想到自殺。……後來他就比較平復了。後來，他雖然還
是會打電話來抱怨，但就再也沒有說要自殺的話」（2004/7/11）。
2006年初我再度拜訪他家，只見他拿著一本日據時代所拍攝島上的
生活，熱心地替前來家中的客人介紹蘭嶼文化、習俗，以及達悟人
反核時的英姿……。衫明的父親只有簡單地告訴我：「我孩子本來
就是這個樣子。他是因為太小到台灣沒有父母親在旁邊，遇到挫折

才會這樣」（2006/12/21）。之後的衫明結交了一名讀外文研究所閩南籍的女朋友，他告訴我：「女朋友的媽媽非常排斥原住民，不惜以死威脅，兩人後來沒辦法就分了。」大學期間他又結交了一名客家籍正在念醫學系的女朋友，不過他又告訴我：「我每回到女朋友家，如果她家有客人來，就會被女朋友帶到後面的房間躲起來，感覺很不好。後來女朋友就主動和他分手了。」2008年中旬他又認識一位新的女朋友，女朋友大學剛畢業在北部工作，爸爸是外省人，衫明說：「現任女朋友的家人對我很好，最起碼到他家不用跑到後面躲起來。只是女朋友會擔心如果將來住在蘭嶼，她會找不到工作，不知該做什麼？」（2009/2/4）。他的三名女朋友都是因來蘭嶼遊玩，由他當導遊而意外譜出的戀曲。2007年6月神學院畢業後，為了未來能夠當牧師，衫明考上神學院的研究所，考上後就先休學在蘭嶼一年，2008年9月才又回台灣唸書。回神學院念研究所的杉明，再度面臨課業的挑戰，對他而言，研究所必須面對較多的競爭。2009年年初，念了半學期神學院研究所，放寒假回家的杉明，帶我一起去爬部落的斧頭山時，他告訴我是如何克服課業的壓力與挫折：

> 那時在念大學時，遇到挫折時都沒有人幫你。我都覺得很奇怪，為什麼我每次都很認真坐第一排，那些向我借筆記的人考試都可以寫出一大堆，可是我寫一、兩句就都沒話可寫了，所以就覺得壓力很大。那時看醫師吃百憂解，吃了會讓你斷斷續續的忘一些事，吃藥也不會讓你內心真正平安。我現在念神學院研究所，雖然也是都會講神的道，可是有的同學到了考試還是很自私，筆記也不願意借你。

（問：你怎麼看待這些事呢？）我現在比較想開了，因為成績也不能代表一切。從神的角度，每個人都有私心，我可能也會自私，只是自私的面向和他們不一樣。（2009/2/5）

衫明沒有住過院，也沒有完全遵循醫囑吃藥，他雖然曾在台灣精神科求診，但回鄉後並未被納入衛生所精神科收案的患者，親友們多採用禱告治療的方式。追溯他的疾病歷程，選擇適合自己的學習方向、宗教信仰的力量、家人親友的支持、對自身族群的認同與肯定，這些社會、心理的支持力量，都明顯地扮演了更重要的復原因素。精神醫學的發展相對應的是一個符合現代生活的世界觀，相較人文社會科學對精神醫學進入原住民世界的戒慎恐懼，生活在傳統文化與現代性劇烈衝突的小島，衫明的例子反映了達悟年輕一代的生命際遇，無論求學或讀書，如何學習適應現代生活產生的壓力，都遠比學習惡靈禁忌所開展的傳統文化來得重要，他們已經無法依靠傳統部落生活來想像一個更好的未來。

懷光是另一個讓我印象深刻的例子。18歲的趙懷光（No.3），16歲就讀國中時，他發病當時母親陳海妹正因酗酒鬧事被送到台灣強制就醫，母親入院半年後，他開始出現自言自語、任意到墓地遊蕩等行為，曾入院治療一個月，精神醫學診斷為躁鬱症。他的父母學歷都僅有小學，兩人以一種極為混亂的方式看待兒子失序的行為。父親趙永強有時會依照傳統達悟文化，來詮釋兒子的失序，他說：「他不是生病，也是和他媽媽一樣，就是遇到了。」有時又會用社會心理的角度，解釋兒子的情況，他告訴我說：「都是為了他媽媽，才想太多，他壓力太重了。都是為了媽媽，媽媽在那邊（指台灣強制住院）都看不到，他以前很聰明，國中都是第一名，壓力太

重了，就沒有趕上來。」當初懷光發病時，他也曾在親戚的建議下，將懷光送到花蓮進行宗教的驅鬼儀式。曾強制住院兩年的陳海妹，也不認為自己和兒子有病，出院後她這麼對我描述兒子的狀況：

> 海妹：我在台灣住院的時候，他會怕怕的，一個人到部落
> 　　　那邊會怕怕的。他現在好好的。他不用吃藥啦！他
> 　　　也有去住玉里。他11月份有住過，一個多月啦！
> 問：為什麼會去住？
> 海妹：他身體不太好啊。
> 問：他那裡有問題呢？
> 海妹：沒有，他沒有生病。
> 問：為什麼會去住院呢？
> 海妹：他們老師叫他去住院的啊，牧師叫他去住院的，走
> 　　　來走去睡不著覺啊！他現在不會走來走去到墓場。
> 問：孩子這樣子喔，妳會不會很擔心？
> 海妹：會啊，我會很擔心。但他不聽話，他看不起我。
> 問：看不起妳，為什麼？
> 海妹：不知道，可能在家裡沒有錢用吧！(2004-14A-9)

　　周遭的人普遍認為出現不正常徵兆前，懷光是一個相當聰明的男孩。不同於他的父母親，他清楚知道自己精神醫學的診斷，還會主動蒐集與病情有關的資訊。說到自己的「病」，他這麼告訴我：

> 我清清楚楚的記得，我是2002年2月21日第1次發病，當時

我住在隔壁部落的姑姑家。(問：那時是怎樣？)我沒有視幻覺，也沒有聽到有的沒有的聲音。只是一直自言自語，就是完全活在自己的世界中。最先，我爸爸帶我去馬偕看病，後來住玉里。第2次是去年11月花蓮牧師又帶我到玉里住院。我的診斷是躁鬱症，他們都說比較聰明的人才會得這種病。不過我自己認爲我比較像是憂鬱症。因爲，我常常覺得很無力、沮喪、頭腦空空的。(2004/01/31)

然而，學習現代精神醫學的知識，並不意味能夠接納精神醫學以打針、吃藥爲主的生物性治療方式，懷光這麼告訴我：

……我覺得之前馬偕的藥太重了，吃了整個人都快癱掉了，全身無力，連洗澡都有困難。我到了玉里打針才退掉。吃藥之後，人會變得很想睡，腦子都空空。之前我會很擔心這個病到底會不會好？現在腦袋空空也不想想了。(2004/01/31)

和衫明不同，懷光並沒有一個健全的家庭做爲支持的後盾。相反的，母親生病、父親失業、妹妹先天性心臟病、叔叔自殺，都使得僅有18歲的他，很容易深陷於無力感中，放假從蘭嶼完全中學返家時，他大多是躺在凌亂的屋內看電視，而父親有時就喝得醉醺醺的躺在屋外。2004年夏天，有天晚上我在海邊遇到懷光，剛從蘭嶼完全中學畢業的他，有點興奮地告訴我未來的計畫，他說：「最近我常想到未來的夢想，會睡不著，我打算先到台灣賺一、兩年錢，我未來的夢想是想在家中後面開修車廠。這樣又可賺錢，也可以照

顧家裡」（2004/07/30）。當時的他，正準備到三重找表哥介紹工作。我鼓勵他心情不好時，不要一個人待在屋裡，少喝酒……。在台灣如果睡不著，或有不舒服的徵兆時，要和表哥說。不知道爲什麼，我覺得這樣的孩子「病識感」好一點，會比較能夠適應台灣現代生活的挑戰。從2004年夏天一直到2006年初，短短的一年半他已經3次往返台灣與蘭嶼，從事的大多是勞力爲主的臨時工，詢問他在台期間的狀況，媽媽陳海妹說：「大概是和表哥在一起，我們不知道啊！」在台期間他也因爲情況不穩定數度被送入醫院治療，出院後由在台工作的姊姊帶他回鄉。2008年初他自己看報紙，在北部找了一個電器行的工作，由於工作賣力，老闆對他很好，2009年過年時，懷光買了兩台大冰箱、帶了許多食物，孝敬父母親。父母親也特別殺了兩頭小豬，慰勞他的辛勞。部落的人對於懷光孝順的行爲都誇讚不已，一位中年的長者還向我強調，「他是爸爸喝酒，之前才會變得神智不清，現在有工作了都很好，是一個很孝順的孩子」（2009/1/31）。年假的最後一天，懷光便搭乘過年期間免費的船回台工作。田野期間媽媽海妹拉我看家中懷光買的大冰箱，高興的和我分享她的喜悅。不過海妹告訴我，懷光特別交代在台工作的姊姊，千萬不能讓他老闆知道他有精神科的病史，擔心精神病的污名會讓他工作不保。原以爲懷光的狀況可以日漸穩定，但是2009年4月底又輾轉得知，他在台又再度發作，被姊姊送入醫院治療。

　　我以往在護理訓練的過程，有一個月是精神科實習，精神科病房內的護理人員最主要的一項護理活動，就是評估病人是否具有「病識感」（insight）。病識感代表精神失序者是否能接受「精神病人」的角色規範。有了病識感，精神失序者才有可能接受一套「理性」的正常人的訓練，因而定時服藥、規律地吃三餐、正常作息、

與人友善地互動、合宜地控制情緒，亦即在一個相當嚴控管理的全控機構學習團體的規範。病識感的概念，意味著這些精神失序者必須先學習用精神醫學的知識處理自己的問題，認識到自己屬於「精神病人」的角色，才會有痊癒的可能。

第七章分析老、中、青三代精神失序者在部落中面對的不同機會與限制，已經指出社會變遷在部落中造成傳統與現代因素雜糅的狀況。2000年後蘭嶼傳統的巫醫雖已式微，但傳統文化仍發揮極大的作用。如表8-1所示，在我田野期間，蘭嶼的大部分精神失序者並不具有精神醫學下的病識感，家屬也不會將他們視為精神病人，大多抱持著自由放任的態度。然而，如同前述類似衫明、懷光的例子顯示的，對年輕一代的達悟人而言，他們已經無法依靠惡靈的世界觀與傳統部落生活，想像一個更好的未來。

在這樣複雜的歷史脈絡下，我們必須正視精神醫學對年輕一代達悟精神失序者所具有的特定功能。當衫明、懷光開始接受現代醫學的詮釋架構時，他們比較知道如何在沮喪、失意時尋求社會心理資源與協助、如何適當地利用藥物以解決失眠等問題，以重新應付在台灣的生活挑戰。在這個意義上，我們必須肯定現代精神醫學的知識與處置，對一個醫療化程度相對不足的原住民部落而言，有助於其成員適應現代生活，尤其對年輕一代的未來，可能扮演的角色。但是這裡必須再次強調，這樣的貢獻，不應被窄化到以生物精神醫學為主打針、吃藥的治療方式。

比較田野訪談中51個老、中、青三代受訪者，可以發現只有10個人清楚知道精神醫學所賦予他們的診斷（見表8-1），也就是較具有精神醫學所謂的病識感。這10位全部都屬於已接受現代教育的青壯世代，顯示是否具有病識感與世代因素具有密切關係。因此我們

表8-1　老、中、青三代病識感的比較（田野觀察期間2000-2009年初）

世代 ＼ 病識感	清楚	部分	模糊	完全不知	其他	總數
老一代（60歲以上）	0	0	0	3	0	3
中年一代（25-60歲）	6	11	13	7	6	43
年輕一代（25歲以下）	4	1	0	0	0	5
總數	10	12	13	10	6	51

註：清楚—清楚知道自己的診斷以及診斷背後的意義。

　　部分—部分知道自己的診斷及診斷背後的意義。

　　模糊—隱約知道精神疾病這樣的名詞，但並不具備現代醫學知識。

　　其他—指正在住院中的個案，或研究者無法有效評估的受訪者。

必須用世代的角度，進一步分析其中涉及的不同世界觀下自我認同的轉變。

　　田野中3位日據時代出生，被診斷爲精神疾病的老人家，在惡靈禁忌所開展的世界觀中成長。他們的日常生活節奏，圍繞在生計經濟爲主的生產方式，並緊密鑲嵌在傳統的部落連帶。因此田野中3位老人Sypan-Dan（No.23）、Sypan-Ta（No.32）、Sypan-Wu（No.48）完全沒有精神醫學所謂的病識感，亦即他們不會用精神醫學的知識解釋自身的狀況，學習所謂「精神病人」角色。雖然這些老人都有短期在台灣打工的經驗，但是精神醫學所代表的現代性世界觀，並不是他們日常生活中理解事物的方式。相反的，如果使這些老一代精神失序者脫離既有的部落連帶，而強迫納入醫院機構化安排的科層治療系統，那麼將會對他們造成更不利的後果。例如原本還可上山下海，卻因砍電線桿被送入精神療養院治療的老人Sypan-Dan，

由於僅會說達悟語，根本無法與醫療人員溝通。身體健朗的他，送入精神療養院一年多後便病逝於院中，即是一個讓人遺憾的例子。

在達悟部落中所見三分之二的精神失序者，屬於台灣光復後的1945年到1980年代出生、現年25-60歲的中生代。他們的成長期，見證了傳統文化與現代生活前所未有的接觸與劇烈衝突。如同上一節所提及的楊洋、家東、海成、土楠四人理解與詮釋自身的方式所顯示的，普遍模糊的病識感，代表這個世代夾雜在不同世界觀中錯亂的自我認同。田野中43個中生代的受訪者，有20位屬於完全沒有或者並不清楚何謂「精神疾病」的狀態。許多人是因為長期失業、工作不順遂、家庭破裂、酗酒等而逐漸成為精神科收案的個案。即使如此，他們大多都還可以依賴上山種田、下海捕魚的生計經濟過活。但是處在快速社會變遷下的小島，中年以下的一代必須遷移到台灣求學謀職、家庭轉型導致的生活壓力、家人期待的改變等，都使得原先有助於病情舒緩的條件逐漸喪失。即使殘存的生計經濟仍得以維持基本生存，但是他們的未來，卻難以讓人樂觀。田野中所見許多教育程度低、社經背景低下的中生代受訪者，多處於長期失業、喝酒、無法理解自身的狀況中，而他們對未來也不抱有任何希望。

1980年代後出生的年輕一代，生活在小島與台灣密切接觸的階段。他們與他們的父母親皆是接受現代教育的一代，且絕大多數都已深受現代生活與價值觀的影響。與老一代、中生代相比，客觀上他們已經遠離生計經濟的維生方式，缺乏傳統捕魚、種植等基本技能，無法再單純依賴蘭嶼大自然的環境生存。他們絕大多數必須離鄉背井，渡海來到漢文化為主的台灣本島求學求職。主觀上，他們已無法長期滿足於小島與部落的生活環境，有著追求現代社會一般

所肯定的教育、物質等成就的慾望。而這些慾望，絕大多數也只能在台灣本島實現。這些25歲以下年輕一代的精神失序者，受到現代生活的刺激普遍高過前兩個世代，通常有較好的「病識感」，能夠以現代精神醫學的眼光看待自己的狀況。我們可以說，相對於老一代與中生代，他們明顯地將自身的異常狀況以現代「醫療化」的方式來理解與處理。但是根據田野中的觀察，那些知道精神醫學的診斷、具有病識感的達悟人，並不一定就完全配合以吃藥、打針為主的生物性治療方式。年輕一代有病識感的達悟人，也不見得一定能適應現代社會生活。在具有清楚的病識感的情形下，他們能否重建健全的自我認同，重新面對社會變遷帶來現代生活的挑戰，還涉及他們是否具有較健全的家庭結構的支持與協助。但終究來說，有病識感的精神失序者在疾病歷程中即使不一定能維持較穩定的狀況，但他們基本上比較有能力再度到台灣求學或工作，讓自己適應現代社會的生活方式。

如同本書第一部所揭示的，在長遠的社會變遷衝擊下，這個原本孤立的少數族群——尤其是他們的年輕世代——的世界觀，已經不由分說地悄悄轉變。他們理想中的自我實現方式、生命價值的寄託、對美好生活的嚮往等形成認同的核心，已經朝著現代性所影響的方向移動。然而族群身分、社會位置、文化傳統等因素，使他們不斷深陷於理想與現實雙重束縛的困境。這些年輕一代的達悟人，在平均15、16歲的年齡就獨自從原鄉來到台灣求學、工作，面對各種遷移過程的挫折與壓力，終至於發病。從長遠的歷史社會角度來理解少數族群困境的根源，不難體認到其中所涉及他們的自我認同變化，來自於他們在社會心理方面的癥結，不能僅從生物醫學的觀點來掌握。而他們在長遠歷史過程中經歷社會變遷所造成的多重受

苦的根源，也不是個人調適困難這種個人式的思考所能充分體認與
呈現。

四、未來部落的本土療癒機制

本書第七章從田野中精神失序者的疾病與病痛歷程，反省到部
落生活對年輕一代達悟人有利的條件正逐漸的削弱與瓦解。因此在
討論部落生活與精神失序者的復原條件時，我們必須意識到社會變
遷對此的影響。帶入世代的角度分析，使我們不至於過度浪漫地寄
望於傳統部落社會的生活型態。但是，機構化的治療方式是否適合
達悟人，恐怕值得商榷；往來的交通花費與來回住院的奔波，也往
往讓家屬抱怨連連。

從傳統部落到現代社區的轉型過程中，對於蘭嶼高比例的精神
失序，未來什麼是較有助於他們復健的機制？妮妮家中有4位親人
被納入精神科診斷，談到自己的希望時，她說：

> 你看一個小小的島嶼就那麼多精神病患，希望社會局能夠
> 設一個就是專門集中管理的地方。送到台灣啊，台東還是
> 玉里啊，來回這樣子奔波……金錢方面啊……都是耗體力
> 嘛。如果說在蘭嶼有設一個就是集中管理的，然後做社區
> 服務這樣子，白天到那，晚上回家。這樣我們看得到然後
> 也照顧得到。（2004/07/30）

入院次數高達12次的陳安安，承受極大壓力的媽媽與大哥，說
到他們的期待：

我們很希望他在這邊(指蘭嶼)能有醫護人員能就近處理，
不要什麼都要送到台灣住院處理。去台灣住院的時候，還
要家屬陪著搭飛機出去。我們真的很累，也花了很多錢在
交通費上。所以很希望能夠在蘭嶼就有醫療或復健的協
助，不是動不動就要送到台灣處理。(2009/02/01)

負責蘭嶼精神科業務，本身是達悟族的護士Si-Na也談到，一
些出院後狀況穩定的精神失序者回到部落，這種自由放任、回歸社
區的方式，並不利他們未來的癒後與復原：

一些精神病患送到台灣就醫，他們的狀況都會比較好一
點，就會要求他們回來。可是問題是他們回來之後，沒有
多久，又開始發病了。我覺得一個最大的問題是這邊沒有
一個團體、或是一個機制讓他們可以固定的追蹤、治療，
變成說你又讓他們在這個環境裡面，那其實就是在增強他
們發病的可能性。如果有一個機構可以負責他們，叮嚀他
們就是吃藥，結合部落或者是社區的一些工作啊，配合當
地的一些文化。(2004-29A-1)

曾負責島內精神科訪視長達九年的范醫師也談到：

我們希望當地可以提供給這些人一個工作或復健的場合，
主要就是做一些復健工作。甚至可以發展出開一些訓練
班，每一個村有一個特色這樣子。在台灣他們不大習慣，

因為精神科病房就是所謂封閉式的。還有可以實行「個案
經紀人」，護理人員不只照顧病人，還可以協助病人申請
社會福利，因為長期生病，經濟能力差，這些都需要他人
的幫助。（2005/12/25）

　　精神失序者的家屬、精神科醫師、護士分別提到在部落成立類
似台灣庇護工廠的復健模式，而非送入台灣機構化治療，或是以自
由放任方式對待他（她）們，或許是未來可行的方向。在多年的田野
經驗中，我發現失業回鄉或待業家中而發病的年輕男性，遭逢謀生
不順利的打擊，因此產生酗酒、自殘、家庭暴力、精神失序等，並
衍生一連串的家庭問題。如果部落生活對精神失序者有利的條件，
尤其是對那些面對未來的年輕世代而言的有利條件，也正逐漸削弱
與瓦解，使他們可以處在自由放任的部落條件已改變，那麼適合達
悟人的「本土療癒機制」究竟是什麼？最後一節，我將根據達悟傳
統健康照護文化、宗教信仰與離島地區醫療系統的特殊性，思考達
悟人的本土療癒模式以及在舒緩達悟人社會受苦上有待解決的重要
問題。

　　在第七章，我們看到精神失序者在部落中的生活世界，其中指
出部落的大自然、非工業的環境、生計經濟的維生方式等，有助於
緩解失序所產生的退化性行為。日常勞動的生活節奏，部落中緊密
家族連帶的支持系統，這些都創造了一個對精神失序者有利的生活
環境。但是，我的分析中也指出，這些傳統部落的生活條件，對
老、中、青三代分別有不同的影響。特別是年輕一代精神失序者的
疾病敘事中，我們可以明顯發現，傳統部落的生活條件，已經難以
幫助他們實現對美好生活的嚮往。

　　在經歷快速顯著社會變遷的部落中，達悟傳統文化、基督宗教與現代精神醫學的典範，對精神失序不同的詮釋理解與實際處置，都在於面對不同世代達悟人長久的社會受苦後果而已，而非面對這種受苦的歷史社會根源。觀察目前狀況穩定、癒後良好的中年、年輕世代的受訪者，我們可以發現有助於他們穩定與復原的因素，包括服用藥物、家人支持與接納、能夠找到自身堅實的信仰、經濟與生活壓力的減輕、穩定的工作、戒酒、規律的生活作息等。這些有助於復原的因素，都不是單一決定性的變項，而且不同的人會組合出不同的復原機制。什麼是有助於達悟精神失序者復原的因素，這部分的研究並不是本書現在可以回答的，這有待更長時段的觀察。但是面對達悟人高比例精神失序的現象時，我認為這些現存的不同的典範更應該謹慎謙抑，才有助於尋求分工互助的可能。

(一)傳統達悟文化

　　在達悟傳統惡靈的世界觀下，雖然2000年後巫醫的力量已完全式微，惡靈的文化卻依然發揮強大的影響力。精神失序者某種程度承載了惡靈詛咒的污名，有時也阻止他們積極地接受現代精神醫學的處置。大部分島內40歲以上(屬於老年或中年世代)的居民並不認為這些人有「病」，將這些人的失序視為如月亮圓缺一般，是大自然的變化，因此對他們多採自由放任、不多加干預的態度。這種自由、放任的態度，雖給予這些精神失序者較大的生活空間，較少應然上的期望，但某種程度也忽略了這些人因為精神失序，而有極不舒服的異感與混亂的生活方式。

　　分析許多年紀較大精神失序者的疾病歷程，可以發現他們雖缺乏現代醫療所給予的必要協助，但在自由放任的情況下，倚賴傳統

生計經濟的勞動方式，還可以維持部分的生活功能。一些精神失序者仍然可以依循正常的生活軌跡結婚、生子，這樣的人生際遇，似乎比現代工業社會中不斷進出精神病院的精神病人幸運。但是隨著現代性的各種外力入侵，部落中對精神失序者的有利生活條件，正逐漸式微。在部落逐漸遠離傳統而趨向現代性的過程中，上述那些去機構化的天然社區有益於精神失序者的有利條件，對年輕的精神失序者而言，反而轉化成有所限制的不利條件。許多在台失業回鄉青壯世代的達悟人，已無法依靠傳統捕魚、種田生計經濟的勞動方式過活，如果在原鄉無所事事又很容易依靠著酒精慰藉過活，因此我們必須正視社會變遷對不同世代精神失序者復原機制的影響。

(二)基督宗教

1948年基督教與1954年天主教隨著西方傳教士進入部落後，慢慢改變部分達悟人的世界觀。我們可以說，精神失序不再被視為傳統巫醫等通靈的神力展現，而正常與不正常、理性與非理性的界線逐漸明確的社會變遷過程中，基督教在其中也扮演重要的角色。它不僅透過教義賦予受苦正面的意義，也提供了有宗教信仰的精神失序者與家屬心靈的支持力量，並在當地創造了一個使正常人可以較為坦然地接近不正常者的新管道，提供一個新的社群支持力量。使被一般人視之為異類的人，透過宗教儀式不會被無情地排除在人群之外。

雖然宗教驅鬼禱告儀式的效果因人而異，但是面對那些精神失序者與家庭的受苦，這種方式不應被簡單地視為無稽荒謬。在許多有宗教信仰的精神失序者與親人身上，我看到宗教信仰在精神失序者的疾病病痛歷程中，提供了重要的支持與慰藉的力量。不過目前

島上基督教或天主教所注重的，仍是以個人層次的禱告治療爲主。對於精神疾病患者因家庭功能不彰困境、失業、酗酒、貧窮、家暴、社經地位低弱等所造成的心理壓力，以及年輕人遷移台灣所面臨的挫折與心理的問題，現有蘭嶼的教會系統，都還沒有提供更進一步在制度上的資源與協助。

（三）現代精神醫學

現代精神醫學靠著每月一、兩次，醫師、護士的訪視，著重打針、吃藥的生物性治療，但是從前述幾章對精神疾病歷程的描述與分析，清楚顯示精神疾病不應被窄化爲生物精神醫學上的問題，實際上應該從社會、心理層面來理解。Naomi Adelson透過加拿大的原住民研究，也有類似的發現。他指出，加拿大原住民高比例的酒精濫用、意外死亡、自殺等社會病理學（social pathologies）的現象，是社會受苦的一種形式，不能被化約到個人層次討論。但是過去一些研究指出加拿大政府僅僅提供更多的健康照顧以回應這些社會病理學，而忽略了問題背後的根源（2001：77-80）。

因此，一旦考慮有助於緩解病痛受苦、穩定病情的機制，我們就必須擴及到社會結構的根源，而非窄化到生物基因的觀點。如同第三章所指出的，青壯世代在主、客觀上被迫來往遷移台灣的經驗，與他們之間高比例的精神失序有密不可分的關係。現代性世界觀的影響日漸顯著，那些接受現代生活與價值觀的年輕世代也逐漸遠離傳統信仰，因而較易於接受現代醫療觀念。就此而言，現代精神醫學憑藉組織與制度的運作，也許可以給予達悟人更爲明確的幫助。然而，長期以來衛生所提供的醫療服務，一直爲島內居民所詬病。田野訪談中，居民常抱怨衛生所醫護人員服務態度不佳，醫療

水準不佳，無法做緊急醫療處理，常找不到醫師等[3]。公衛學者姚克明的研究指出，在蘭嶼某些醫師似乎沒有辦法容忍病人的「無知」、「愚昧」，以及一些不適合的衛生行爲，因此難免有惡言惡色出現(1982：70)。事實上，對於現代醫療與當地文化彼此的衝突與隔閡，我們應該如何恰當地理解？現代醫療與當地文化之間的理想關係應該是什麼？這些都是未來面對蘭嶼的精神醫療問題時，應該加以深入探究的。

那些年輕的世代，有更長遠的未來必須面對。而他們之中的精神失序者，也必須重建自我，以面對追求現代教育、物質等成就所伴隨的焦慮與挫折。集體而言，由於他們的族群身分與原鄉地理位置，這些年輕一代的達悟人進入現代生活所必須面對的焦慮挫折，會比主流社會的漢人大，甚至比本島的其他原住民還多。就這一點來說，如果精神醫學對於原住民精神疾病的關注，沒有完全窄化到基因方面，能夠意識到自身的限制，而不會陷入過度藥物、打針治療的迷思，那麼它可以尋找比目前在蘭嶼所見者更好的定位與方式，貢獻於原住民的心理健康，舒緩那些必須面對未來的年輕一代的受苦。

達悟人高比例精神失序，有其受苦的多方根源，思考舒緩受苦之道，同樣需要多方面。達悟傳統社會文化，日出而作、日落而息的生計經濟，大自然密切互動的勞動方式，部落緊密的人際連帶，以及自然的態度面對失序者，給予較少應然上的期望，這些都是對精神失序者較爲有利的復原機制。雖然，對年輕一代這樣有利的條

3　參見：石宛舜(1997)，〈杏林暖風吹不進蘭嶼孤島〉，《新台灣新聞週刊》，4月7日-13日。

件正不斷瓦解消逝，但相較於都市化、工業化競爭與擁擠的生活，
仍是對達悟精神失序者較有利的空間。但是，傳統文化以放任的態
度面對精神失序者不舒服的異感，對於嚴重失序、危及生命的情形
並沒有積極的處理，則是有所缺失與不足。基督宗教藉由教義給予
受苦意義與心靈支持的力量，透過眾人禱告儀式，創造集體社群支
持的力量。如前所述，目前六個部落的天主、基督教會，大都強調
個人式心靈治療，較少觸及精神失序者背後結構的成因。現代精神
醫學是較符合現代性世界觀的認知方式。透過國家制度支援醫護人

表8-2　三個典範的優缺點

典範比較	達悟傳統文化	基督宗教	現代精神醫學
優點	→自然的態度面對失序，給予這些精神失序者較少應然上的期望。 →生計經濟的勞動方式。 →部落緊密的人際連帶，提供支持的力量。	→透過教義給予受苦意義與心靈支持的力量。 →透過眾人禱告儀式，創造集體社群支持的力量。	→較符合現代性世界觀的認知方式。 →國家制度支援醫護人員定期探視。 →如果個案有危及生命的情況（如自殺、自殘、不進食、無法睡覺），能夠立即處理。
限制	→惡靈的世界觀下對於失序者的污名。 →放任的態度面對失序者不舒服的異感。	→強調心靈治療，較少觸及島上高比例精神失序背後結構的成因。	→過度強調打針吃藥的生物性治療方式，缺乏社會心理的協助。 →送入台灣住院，不適合達悟人的習性。 →對精神疾病負面標籤的排斥。

員定期探視，如果精神失序者有危及生命的情況（如自殺、自殘、不進食、無法睡覺），能夠立即處理。但是，目前針對蘭嶼精神疾病患者的治療方式，仍是過度強調打針、吃藥等生物性的處置，缺乏社會心理的協助。此外，島外就醫或機構化的住院方式，並不適合達悟人的習性。

精神科醫師同時也是人類學家的Kleinman認為，病人和治療必須放在文化脈絡才具有意義，研究者應該致力理解醫學、精神疾病和文化之間的關係（1981：ix）。因此Kleinman提出文化療癒，強調治療不僅只是依賴生物性或藥學的方式，還包括了語言、儀式與文化象徵的操作。例如被診斷為精神分裂與酗酒的耀敬（No.25），精通於傳統造船技能的他，當傳統謀生的技能無法換取現代社會的貨幣時，個人不知如何面對社會客觀現實的轉變，酒才變成為他精神失序時抒發鬱悶的最佳工具，類似的故事也重複地出現在田野中精神失序者身上。因此，我認為當我們思考到一些適合部落的心理治療與健康計畫時，應該將達悟人傳統文化的特殊技能，以及達悟部落獨特的文化、宗教信仰的力量都納入醫療健康照顧與預防計畫中。上述的討論指出三個典範在面對精神失序者時，各有貢獻與限制（見表8-2的歸納整理），我認為未來這三個典範更應該尋求分工互助的可能，而非在衝突中削減彼此足以舒緩人們痛苦、給予人們力量的潛能。

五、結論

只有深入田野，我們才能了解僻處小島的少數族群及其精神失序者的實際困境。唯有從長遠的歷史角度分析，我們才能掌握達悟

人在社會變遷過程中遭受苦難的多重源由。一旦我們不局限於以生物基因、短期環境或強烈建構等單一的角度來理解精神失序的根源與經驗，而將其視爲長期社會變遷下不利的影響所導致的社會受苦，那麼我們才可能同時兼顧過去、現在、以及可能的未來，思考如何面對受苦、舒解受苦。那些精神失序者身心備受折磨的主觀經驗，提醒我們必須超越對於原住民精神失序醫療化片面的、簡化的不恰當批判。

　　就像我們必須結合當代田野訪查與各種文獻分析來理解達悟人精神失序的源由一樣，我們也必須基於田野的發現，歷史地看待可能舒解他們病痛、受苦的方式。達悟部落的問題，從這個角度來看，也許可以說是現代化尚未到達一定程度，而且在尚未考量當地文化脈絡的情況下適當地醫療化的問題。難以遏止的現代性力量繼續不斷衝擊達悟部落，逐漸成長的年輕世代也無可迴避地必須面對未來的挑戰，這些都使我們必須考慮種種可能有助於達悟人精神失序者與部落一般成員的力量。相應於現代社會性質的現代精神醫學知識與處置方式，在面對現代性的挑戰顯然居於重要的地位。但是就像前面的討論所指出的，不管是達悟傳統文化、基督宗教與現代精神醫學三個典範，以及所衍生的世界觀，在面對人們的受苦上，這些力量都有所限制，因此更應謹慎謙抑，不應該有單一獨斷的宣稱，才能彼此補充合作，結合發揮各自力量，尋求屬於達悟人的「本土療癒模式」。

　　我認爲，我們仍應肯定不同典範所開展出來的世界觀與治療模式，都有緩解受苦的功用，但是這樣的貢獻，必須基於以下的前提——亦即我們必須清楚地意識到，任何文化或知識與實作，在面對人類存在的受苦與創傷的舒緩解決上，都有一定的局限，因此唯有

謙虛與自制，才不會導致特定知識或世界觀衍生的權力濫用，甚至進而製造人們的另一種受苦與創傷而不自知。

第九章

結　論

　　本書關注的是社會變遷下蘭嶼達悟族的高比例精神失序現象。從流行病學的角度來看，近二、三十年來，達悟人的精神疾病比例增高，且高於台灣漢人五倍以上。我認為這個獨特的現象，呈現兩方面值得探究的問題：第一、達悟人高比例的精神失序，發病的特殊源由何在？第二、達悟人做為離島原住民，他們如何詮釋與對待被精神醫學診斷為「不正常的人」？本書的問題意識，即圍繞在這兩方面。在最後的結論一章，首先，我將針對全書的主要論點、理論對話、研究限制與未來可能發展的方向，進行綜合的討論與反省。其次，我將進一步討論兩個問題：(一)從問題意識與資料蒐集方式，來討論科學因果解釋邏輯與社會學詮釋取徑的問題；(二)從漢人研究者與原住民被研究者的知識權力的關係，反省研究者與被研究者的關係。最後，我從理論與社會實踐角度，檢討自身研究的定位與限制。在這一章的延伸討論，仍然與本書前面各章的主旨一樣，既在於凸顯經歷快速社會變遷的達悟部落社會在精神健康問題上的獨特性，也在於從認識論與方法論上，反省現代精神醫學的「精神疾病」論述的限制。

一、發現與論點

(一)理解達悟族精神失序的根源：從生物基因論、環境論、建構論到「社會受苦」

本書一開始討論生物基因論、環境論、建構論三個不同的研究取徑，釐清它們各自對精神失序本體的預設、認識論的角度、研究方法的貢獻與限制。基因論、環境論、建構論在認識論與方法論上，各有差異。基因論與環境論皆採取唯實主義的立場，接受精神醫學診斷下對精神疾病所謂客觀、科學的本體預設。基因論的生物本質主義，忽略歷史機遇因素的作用，難以解釋達悟人精神失序比例的歷史變化。環境論的角度重視精神疾病患者客觀的社會位置與疾病的關係，但是缺乏長期歷史社會變遷的視野，難以對原住民集體的精神失序現象變化提出整體社會根源的解釋。進一步而言，這兩個取徑都未涉入精神失序者受苦的主觀詮釋過程，也對於人們發病後的疾病經驗、自我與社會如何面對這種受苦、社會文化對於精神疾病的理解與處置方式對於患者本身的影響等等，缺乏分析。此外，由於欠缺一種整體性的歷史視野，這兩個取徑對於精神醫學在當代社會的效應、精神醫學論述做為現代性的一部分在原住民社會的角色與影響等，也少有反省。因此在全書我將延續建構論的基本洞見，透過民族誌的田野研究法，將精神疾病視為一種「現象的實體」來分析，探究達悟人的高比例精神失序與快速社會變遷之間的關係。

以「社會受苦」這樣一個啟發式的概念做為切入角度，反省基因論、環境論與建構論三個研究取徑，使得本書的經驗分析能夠凝

聚幾個重要的論點：

　　第一、社會受苦的角度，有助於我們認識基因研究取徑的不足與限制。蘭嶼高比例精神失序的現象，蘊含一個少數族群面對現代性的特殊問題，而這種問題不易察覺，卻影響深遠。生物基因論的取徑，將精神疾病的受苦窄化到分子層次來理解，相對地限制了其他可能的視野，忽略了原住民心理健康問題的歷史社會根源。社會學家Alan H. Goodman在〈爲何基因不能解釋種族的健康差異〉（Why Genes don't Count for Racial Differences in Health，2000）一文中，一針見血地指出，如果我們用基因的變異來解釋種族的差異，會犯了兩項思考的謬誤：首先，認爲所有基因是決定行爲和生物的主要差異，因此導致一種「基因化」（geneticization）的謬誤。其次，相信種族間的基因差異是眞實的，且可被用來解釋不同種族在疾病上的差異，這會形成「科學的種族主義」（scientific racialism）與一種「種族化」（racialization）的謬誤，將種族的顯著性極大化，忽略疾病背後更複雜的因素與政治經濟過程的影響。Goodman以基因變異解釋某些印地安人第二類型糖尿病比例增高的研究，來說明這兩種謬誤。印地安人第二類型糖尿病往往伴隨著肥胖、結石、心臟病，是所謂「新世界症候群」（New World Syndrome）的一部分。Goodman指出，事實上，印地安人糖尿病增加是相當近期的現象，這個現象與運動、飲食、生活習慣的改變有密切的關連，而不能化約爲印地安血液的問題。Richard C. Lewontin等就曾批判地指出，如果人類社會組織的權力不平等都被化約地視爲生物因素直接的結果，那麼除了龐大的基因工程之外，就沒有任何具體實踐方式可以改變社會結構或個人與團體在其中的位置（1984：7）。1950年代之後，生物醫學的範型對精神醫學的影響日益擴大。在台灣，隨著分

子生物學的發達，1990年代之後，基因研究逐漸成為台灣原住民高比例酗酒、精神失序等健康議題的重要研究取徑。一方面，當某個族群在基因上被標定為具有風險，就很容易形塑出一個申請研究資源的管道，這或許是近年來原住民健康議題的基因研究顯著發展的重要因素。本書無意完全否定基因論述的成因，而是從較大的歷史、社會、文化層面去反省思考。我認為，如果學術研究焦點與資源分配過度偏重在基因面向，既忽略達悟族健康議題背後的結構性癥結，也難以提供對症下藥的正確指引。政府將大量經費投入在以基因預設出發的原住民健康問題的研究，對於原住民多重邊緣化的不平等位置以及相關的心理健康問題，究竟提供了什麼樣具體的解決方式？就如Lewontin等人所深刻反省的，如果我們將達悟族酗酒、精神失序等問題，過度訴諸於生物基因的理解方式，那麼除了昂貴的基因工程，其它可以改變社會不平等的具體實踐方式，相對地將逐漸被忽略。我在田野中也發現，從基因角度理解精神失序，在達悟人間似乎已逐漸產生某種自我污名化的負面效應，2000年左右以來，不同形式的基因研究用不同的方式滲透到這個小島。譬如2008年某個財團法人臍帶血基金會，標榜著針對蘭嶼、埔里地區的原住民新生兒，實施免費臍帶血保存服務。透過衛生所等相關組織的宣導，島上九成以上的懷孕婦女都自願接受這樣的服務。這些婦女告訴我，幫寶寶保存臍帶血比較心安，因為大家都這麼做，至於是否願意附帶提供臍帶血做學術研究，大部分的人並不理解相關的倫理問題，也不會很在意。台北榮總醫師執行的高胱氨酸症的研究計畫，2008年開始在衛生所與學校的協助下，也以成人抽血、小孩拔毛髮、檢查唾液的方式，在島上進行抽血與相關的基因研究工作。一位達悟族的牧師告訴我：「這些研究人員還告訴島上的人，

為了避免罕見疾病的發生，應該盡可能與族外人通婚。這樣我們達悟人不是要滅種了嗎？」（2009/2/1）牧師的話不僅反映了對於基因研究污名化達悟族群的恐懼，也代表了在知識不對等的情況下，基因研究的複雜機轉對弱勢族群的影響。對達悟族、對台灣社會來說，這些研究未來會產生什麼樣的社會效應，有待後續的觀察與研究。

　　第二，量化預設為主的環境論重視客觀的社會位置、單一或數個變項的探討，因此對於達悟族精神失序變遷的歷史過程缺乏整體的分析。探討快速社會變遷的過程中一個傳統原住民社會結構如何瀕臨解組、導致迷亂等現象，環境論的研究角度有所限制。基因研究將精神失序的痛苦化約至分子層次來理解，環境論的研究則著重客觀環境，兩者都不重視行動者疾病受苦的主觀經驗，相對地忽略人類苦難的歷史過程。社會受苦可以幫助我們跳脫這些限制，凸顯出疾病受苦所具有的更廣大長遠的社會性。將人們的疾病視為一種具有社會性質的受苦，指的是我們不單單以生物基因或以短期環境因素等角度來理解疾病根源與病痛經驗，而將疾病視為長期社會變遷對人們的不利影響所造成的結果。疾病既源自於政治、經濟等因素對人們的作用，也源自人們回應這些社會因素及其變遷的方式。從某個角度來看，我們可以說社會受苦的概念將環境論進一步發展，強調疾病受苦經驗的多重源由、長期社會變遷的影響、以及人們回應社會因素的方式等，同時也嘗試尋求超越個人層次的舒緩苦難的途徑。達悟人高比例的精神失序，既來自他們做為離島原住民所面對的政治、經濟、社會、文化變遷的衝擊，也是他們不得不以獨特方式回應這些變遷之下的結果。這些社會變遷下的回應，尤其顯現在青壯世代被迫遷徙於台灣本島求學求職以謀生存。傳統部落

社會面對顯著衝擊下的家庭功能失調、生存壓力與焦慮、自我認同危機等，都是連帶的回應，而與精神失序的發生有密切關係。當達悟人獨特的社會組織型態、制度、規範逐漸被外來的力量所侵蝕，而個人無法回應如此巨大的挫折與壓力時，酗酒、精神失序、自殺等現象便不斷出現。

第三，本書站在建構論的立場，探究達悟族的高比例精神失序的特殊意涵，但避免走向相對主義的立場。我認為要深入理解這些現象，有賴研究者從較為整體宏觀的視野切入，探討達悟人精神失序苦難的社會根源，而非將疾病的受苦窄化成幾個可測量的變項。我們應該掌握達悟人精神失序現象的社會機制與歷史過程，釐清彼此複雜的互動因素，提出具有社會學想像的解釋。本書第一部（第三、四、五章）深入分析是什麼樣的歷史場景，讓特定的族群置於巨大的社會變遷壓力，這樣破壞性的壓力又是透過什麼機制滲透到他們的日常生活。達悟青壯世代在主、客觀上被迫來往遷移台灣的經驗、家庭功能的失調、變遷下認同的混亂等，與他們之間高比例的精神失序有密不可分的關係。這些不利的影響，顯現了社會結構對個人的精神與生理狀況的作用，個人的不幸與結構的暴力密切相關。我們必須歷史地看待問題的根源，從社會變遷的歷史視野來理解原住民的處境與命運。這種在社會學想像下的歷史理解與研究發現的啟示是：我們應該給予他們就業狀況、教育機會、公共衛生、社會心理資源等多方面的協助，將資源放置在可以具體解決問題的環節上，而非將達悟族的健康問題縮小到實驗室內一個個的血液樣本來檢驗。這才是改善原住民做為弱勢族群的健康不平等的根本之道。

（二）「精神疾病」的本體論與認識論問題：從達悟傳統文化、基督宗教、到現代精神醫學

在第二章文獻探討中，我指出西方既有對精神疾病的「跨文化」研究，對我們理解達悟族特殊的精神失序現象與緩解疾病受苦的可能方向，深具啟發。但是我同時指出，從文化角度分析非西方世界的精神病人研究，有兩點值得我們注意：第一，研究者必須避免過度的文化「本質性」假設；第二，研究者必須避免過度的文化「同質性」假設。為了避免這兩個缺陷，本書的第二部（第六、七、八章）以歷史分析的角度，呈現達悟部落一般成員與精神失序者在日常生活中所面對的各種條件或因素。這些條件或因素，有些是較為傳統的，屬於過往文化的延續，有些則是較為現代的，使人們逐漸趨向現代生活。這些部落中處於變化的不同條件或因素，對於精神失序者的利弊影響不一。我們唯有避免對原住民文化本質性與同質性的不當假設，正視社會變遷的作用，才足以恰當地思考那些緩解達悟人精神失序受苦的可能方式。

從時間縱向的角度來看，目前交錯影響達悟精神失序者的三個典範，亦即達悟傳統文化、基督宗教與現代精神醫學，從古老的時代到晚近的時期，漸次對達悟人產生影響。「達悟傳統文化→基督宗教→現代精神醫學」，這樣的進展，大致相當於Max Weber所說的一種現代社會逐漸解除魔咒的理性化過程。晚近達悟人如何理解與處置精神失序者，受到這個歷史過程變化的影響。從達悟不同世代面對的社會變遷的衝擊而言，本書第二部分析老、中、青三個世代如何分別經歷不同世界觀的轉換，並形塑出迥異的疾病歷程。

在達悟傳統文化、基督宗教與現代精神醫學這三個典範中，對

於所謂的「不正常」，各有不同的定義與處理方式。在達悟傳統文化下，是以破壞傳統文化規範與違背日常生活慣行做為判斷不正常的判準。基督宗教是將不正常的徵兆，關連到宗教上的象徵。而現代精神醫學則是精神科醫師以《精神疾病的診斷與統計手冊》做為專業的判斷基礎，強調幻聽、幻覺等徵兆。我的經驗研究發現，並不完全符合建構論的看法。強烈建構論的取徑認為正常與不正常的劃分，隨著不同社會、文化而有不同，譬如被精神醫學診斷為不正常的，在傳統的文化脈絡中卻被視為正常。本書研究指出，無論在達悟傳統文化、基督宗教、或現代精神醫學的詮釋系統下，這些田野受訪者都被視為不正常。那些田野受訪者明顯呈現的思維、情感嚴重障礙，以及一些違反人性的行為，例如：一些精神失序者在「發作」時，會拿刀刺自己腹部(No.19)、把自己的手指剁掉(No.44)、多次自殺自殘(No.1)、毆打父母(No.33、No.7)、多日不吃不喝(No.02)等。這些人不管在那一個認知典範下，都被當成「不正常」。換句話說，如果我們一味從強烈建構論來理解精神失序的「不正常」，過度強調認識論角度的不同所帶來相異的社會後果，那麼這將傾向於解構的立場，使我們無法正視某種精神混亂與病痛給當事人帶來的明顯困擾或深沈痛苦。強烈建構論者對於社會文化、歷史如何形構「精神病人」的角色、疾病歷程，以及背後的權力運作，提供了重大的貢獻。但是，對於當事人處在精神失序狀態所主觀經驗到的不舒服，如意識不清、思考混亂、無法控制的自殺自殘行為、無以名之的痛苦等，則是缺乏分析。即使一些強烈建構論者對本體「存而不論」的態度，並未「解構」了精神疾病本質的存在與生物上的影響力。但是這種取向，確實未充分正視到精神失序者可能存在思維與情感的嚴重障礙，以及這些障礙對個人與家

庭所造成的重大影響。

　　長期致力於精神失序研究的Kleinman與Good，對於強烈建構論取徑與現代精神醫學毫無對話的這種傾向，抱持著一種反省的態度，對於現代精神醫學走向生物醫學模式，極度忽略文化的議題（deaf to cultural themes）更抱持一種嚴厲批判的立場。他們強調生物、社會文化致病因彼此的辯證，而現代精神醫學與社會科學應該合作，以便對精神病人發揮有益的作用。本書肯定這種立場，將精神疾病視為一種「現象的實體」來分析，以民族誌的研究方法進入精神失序者的主客觀的生活世界，探討他們在精神失序狀態中經驗了什麼、如何理解自我與外在世界的關係、如何感受自己的「不舒服」等問題，以避免強烈建構論走向相對主義的缺陷。即使田野中51位精神失序者的病痛歷程彼此不同，但是他們斷斷續續出現的一些特殊言行，不僅被大多數族人視為不正常，精神失序者本身也經歷主觀上的異常感受。許多精神失序者都會提到自己的特殊疾病經驗，譬如：人時地的混淆、幻聽幻覺、症狀的干擾、不舒服的異感等。這些人十多年來，一直經歷這些異常的感受，並深受其苦。即使精神科醫師每月一次短暫探訪他們，但是對大多數成長於傳統文化的年紀較長、教育程度較低受訪者而言，精神醫學的知識仍然不是他們習慣用來理解自身狀況的方式。在傳統惡靈的文化下，老人與大部分青壯世代的精神失序者與家人並不會用精神醫學的知識系統來理解自己「不舒服」的感受。對於精神科打針、吃藥的治療方式，他們也不認為有什麼幫助。

　　本書反對一種過度狹隘的生物醫學解釋，將精神失序的問題限制在精神醫學的架構來理解，將受苦的社會問題過度地醫療化、基因化，也將其對策過度地醫療化、基因化。一旦我們從宏觀的歷史

角度來分析，同時正視達悟精神失序者的受苦經驗，那麼我們將會理解，精神疾病不能僅僅被當成人類本質上的一種失序，而應該被視爲人類處境的特殊圖像。我們並不能僅僅把精神疾病看成個人在生物本質上的缺陷，而應視爲社會受苦的一種形式。蘭嶼達悟族精神失序的研究提供了讀者一面鏡子，讓我們意識到以單一知識典範面對受苦、病痛的局限，也爲我們開啓不同領域跨學科合作的可能。因此，在分析上，本書第二章帶入Bryan Turner（1992：29-30）所強調不同理論典範並用的「方法論實用主義」。這對本書經驗研究有三點助益：首先，這樣的立場可以兼容不同理論的視野，避免以任何簡單化約的觀點研究疾病、病痛的現象，或任意地以某個理論典範做爲唯一知識的判斷。其次，這樣的立場避免落入建構論與本質論二分的困境，有助於我們結合不同理論的觀點，做不同層次的分析與詮釋。最後，我在分析上雖然從建構論出發，探索醫療社會學中有關疾病與病痛的議題，但本書的論點並未走向過度的建構論所導致的相對主義。這也正是Turner的方法論實用主義有相當貢獻的地方，顯示他企圖解決本質論與建構論紛爭的有效途徑。達悟族高比例的精神失序，正是一個涵蓋各個不同層次的受苦過程。達悟傳統文化、基督宗教到現代精神醫學三個典範彼此不同特點的比較，顯示傳統文化、宗教、現代醫學等力量，面對人們的受苦，都有所限制，因此更應謹慎謙抑，不應該有單一獨斷的宣稱。唯有基於這樣的基本認識，達悟傳統文化、基督宗教、現代精神醫學才可能相互結合，發揮各自力量，尋求那些緩解達悟族人身心受苦的可能方式。從這個角度來看，達悟部落做爲原住民，也做爲一個相較於台灣本島而醫療資源不足、醫療水準不佳的離島地區，他們的精神健康問題的核心，不在於是否需要抗拒現代精神醫學，而在於如

何從蘭嶼當地的社會、文化以及歷史脈絡來恰當定位現代精神醫學
的角色與作用，並進行適當的修正。本書各章所提出的批判性問
題，希望讓達悟族精神失序與心理健康問題，能得到更有效的關
注。

（三）面對現代性與社會變遷：部落生活、世代差異與現代精神
醫學

在第七章的討論中，我指出西方許多跨文化的精神疾病研究經
常有「西方／非西方」文化、或「已發展／發展中國家」文化的不
當二分法，同時也強調必須注意現代性下的社會變遷對原住民社會
文化的衝擊，以免對其文化有過度本質化與同質化的假設。因此，
我也特別從「世代」的角度切入，對照精神醫療「去機構化」發展
在現代社會的成敗經驗，討論當前部落的空間與生活條件對老、
中、青三個不同世代的精神失序者疾病歷程的影響，釐清這些機制
對他們病情穩定或康復是否有利或不利。從不同世代的精神失序者
在部落中所面對的不同機會與限制，我們更可以看出社會變遷在部
落中所造成的傳統與現代因素雜糅的情況，以及現代性的力量進入
小島對年輕世代自我認同、家庭、部落的不利影響和負面後果。

在本書的分析中，我們也看到蘭嶼的達悟部落，彷彿是一個去
機構化的天然社區。其中大自然與非工業化的環境、尚存的生計經
濟活動，以及緊密的家族連帶等，都有助於精神失序者精神狀態的
穩定與康復。對照那些推行去機構化運動而遭遇許多困難的高度現
代化社會，達悟部落尚未充分現代化、或者說相對的「落後」，卻
是有利於這些社會邊緣者的地方，提供他們在較為現代化的社會已
經難以覓得的庇護。重回蘭嶼的精神失序者在部落中大自然、非工

業的環境生活，生計經濟的維生方式有助於維持日常勞動的生活步調等，緩解了他們在台灣所遭受的生活壓力與挫折。部落中家族連帶的相互支持系統，也同時創造一個對精神失序者有利的環境。但是這些部落中屬於傳統的生活環境與條件，對老、中、青三代分別有不同的影響，特別是對年輕一代的受訪者而言，傳統部落的生活環境與條件，已無法幫助他們實現對於美好生活的夢想。

日據時代出生的老年世代，至今仍生活在生計經濟爲主的日常生活節奏中，個人緊密地鑲嵌在傳統的部落連帶。衛生所收案的三位精神失序老人（No.23 Sypan-Dan、No.32 Sypan-Ta、No.49 Sypan-Wu）成長於惡靈禁忌的傳統文化下，他們不會用精神醫學的知識解釋自身的狀況，亦即不具有精神醫學所謂的「病識感」。雖然三位老人都有短期在台灣打工的經驗，但是那些趨近現代性的價值與規範，畢竟不是他們理解日常生活的方式。與現代性的世界觀關係緊密的現代精神醫學，也不是他們理解自己精神狀態的參考架構。田野中的實際狀況顯示，老一輩達悟精神失序者生活在傳統生計經濟的勞動方式，極少步入嚴重退化性的程度。雖然其中更複雜的原因還有待進一步研究，但是達悟部落的大自然與非工業化的環境條件，無疑對他們有相當正面的作用。如果使這些在惡靈的世界觀長大的老年失序者遠離既有的部落連帶，迫使他們進入理性化、科層化的現代精神醫學組織，接受機構化的處置，那麼會對他們造成更不利的後果。

本書在田野所調查的精神失序者，九成以上都出生於台灣光復後到1980年代以前，屬於現在25-60歲的中生代。他們的成長，見證了傳統文化與現代生活劇烈的交會與衝擊。他們之中，普遍具有模糊的病識感，這種模糊的感受，代表了不同世界觀交會下所導致

混亂的自我認同。許多從台灣發病回蘭嶼的精神失序者，或者在蘭
嶼因為長期失業、工作不順遂、家庭破裂、酗酒等，出現異常徵兆
而接受精神科收案的受訪者，他們大多可以依賴上山種田、下海捕
魚的生計經濟過活。不過處在快速社會變遷下的小島，族人同伴不
斷遷移台灣、家庭轉型的生活壓力、家人期待的改變等，都進一步
產生難以排除的壓力與挫折。生計經濟等有助於病情舒緩、使他們
可以面對生活的力量，正逐漸削弱。因此許多這一類教育程度與社
經地位低下的中生代精神失序者，長期處在失業、酗酒、無法理解
自身狀況的困惑中。對於自己的未來，他們通常也不抱有任何希
望。事實上，這對於男性精神失序者而言，更是如此。

　　比上述中生代更年輕的，是1980年代以後出生的年輕一代，他
們接受現代教育，絕大多數都已深受現代生活與價值觀的影響。與
老一輩和中生代相比，客觀上他們已經遠離傳統生計經濟的維生方
式，缺乏捕魚、種植等基本技能，無法再單純依賴蘭嶼的自然環境
生存。和中生代相比，年輕的達悟人必須離鄉背井，渡海來到異文
化的台灣本島求學求職。主觀上，他們已經無法滿足於小島與部落
的生活環境，有著追求現代社會一般所肯定的教育、工作等成就的
慾望。而這些慾望與個人自我認同的標準，絕大多數也只能在台灣
本島實現。如同我在書中指出的，如果相對於傳統巫醫與基督宗
教，現代精神醫學所形塑的世界觀是較符合現代性的認知模式。特
別是對25歲以下的年輕世代，在現代性的衝擊下，他（她）們必須面
對現代教育、工作等成就所伴隨的焦慮、挫折與心理壓力，已經不
可能僅依賴惡靈的世界觀尋求心理安全的庇佑。因此現代精神醫學
對於這些面對現代性生活挑戰的達悟年輕世代，有其可貢獻之處，
在他們尋求社會心理資源以應付在台灣現代生活的壓力，出現不舒

服的異感時尋求適當的緩解機制等，可以有所幫助。但是我必須強調，這樣的貢獻不能窄化到打針、用藥等生物性的治癒模型。書中所分析的這些25歲以上的年輕一代，相較老年與青壯世代普遍有精神醫學定義下較清晰的病識感。具有病識感意味著他們開始以現代精神醫學的眼光詮釋自己的狀況，學習適應現代性的生活方式。在田野觀察中，比較有病識感年輕世代的精神失序者，雖然未必能維持較穩定的病情，但他們與其他的精神失序者相較，確實比較有能力再到台灣求學或工作，讓自己適應現代社會的生活方式。但即使如此，知道自己在精神醫學上的診斷，以精神醫學的方式理解自己的狀況，未必就能夠順服地接受精神醫學的治療方式。在實際的生活世界中，現代精神醫學的實際作用仍有相當的限制。

綜合來看，對於年輕世代、甚至青壯世代而言，已經越來越不能浪漫地倚賴傳統部落生活的庇護。除了部落中緊密人際連帶關係所伴隨的歧視、偏見與剝削之外，生計經濟的勞動方式，已經無法滿足年輕一代的生活價值與自我期許。被捲入現代社會變遷的過程，既改變蘭嶼的自然環境與達悟傳統文化，也改變了達悟人本身，尤其是年輕世代的自我認同，使他們趨向強調個人獨立自主、薪資勞動的現代價值與生活想像。這些顯現在精神失序者身上，也顯現在那些兄弟姊妹的照顧者身上。在年輕世代逐漸遠離傳統、進而趨向現代性的過程中，上述去機構化的天然社區有利於老年精神失序者的條件，對年輕精神失序者而言，反而是有所限制的不利條件。

一般而言，那些較為現代化社會中的精神失序者，往往缺乏社區與社會網絡的支援。對照之下，達悟部落做為去機構化的天然社區的特質，更為突出。面對達悟精神失序者與家人的多重受苦，如

果部落生活對精神失序者有利的條件，尤其是對那些面對未來的年輕世代而言，正逐漸削弱與瓦解，使他們可以處在自由放任的傳統部落生活條件正經歷改變，那麼屬於達悟人的精神復健的「本土療癒機制」究竟是什麼，可以說是未來本地精神醫學與醫療社會學下一步值得深思研究的問題。我認為跨文化的精神失序現象研究的目的，並不僅僅在於檢驗既有的理論與假設，而還需要創造出更多在地視野，萃取出適合於在地的概念，進一步往理論形成的方向發展。除此之外，在地視野在促進療癒、紓解痛苦上實踐的可能性，同樣值得思考與探討，這也是我下一個階段所要努力的工作。

　　所謂「文化療癒」角度的思考，必須超出基因論理解的限制，觀照精神失序者與他們所屬的少數族群受苦的多重歷史的、社會的源由，顧及社會變遷對達悟人過去與現在的改變，以及對他們未來的可能影響。基於如此的理解，才可能朝向一個結合達悟傳統文化、基督宗教與現代精神醫學理想的部落復健模式。這不僅是田野中許多精神失序者與家屬所期待的，也是結合醫學與社會學的精神失序研究所應該追求與實踐的。這一點，就像Kleinman所深信的，「社會理論與民族誌研究對這些病患與家庭成員是否能有所不同？我認為可以的，如果這些理念可以被轉化進入到政治與計畫中」（2004：XVII）。本書立基於民族誌的研究發現，釐清達悟人高比例精神失序的社會受苦根源，希望有助於尋求可能緩解他們受苦的方向。精神醫學、公共衛生和人文社會科學，有必要共同面對原住民日益惡化的心理健康問題。在這個意義上，面對人們受苦，思考如何紓解苦痛，社會學的知識分析，將重新獲得更大的動力，也獲得更大的意義。

二、方法與反省

C. Wright Mills(1959)說：「一個好的社會學家，一定會結合自己個人的關懷與公共的議題。……擁有社會學想像的人，才可瞭解歷史情勢對各種人的內在生活與外在生涯具有何等的意義。……社會學的想像涉及一種觀點轉移的能力，觸及連結人性自我最私密與非個人社會轉變的能力」。對Mills而言，他認為藝術無法抒解個人與社會的問題，無法結合自己個人的關懷與公共的議題。社會學的想像，終究必須奠基在學術的理性訓練。理性的訓練，也就觸及了社會學方法論的問題。以下我準備討論本書的田野方法牽涉的兩個重要面向：一、問題意識與資料蒐集方式是否恰當（這部分涉及到方法與方法論的問題）；二、漢人研究者與原住民被研究者的關係（這部分涉及到知識生產過程的反省）。這些問題，看起來原本在本書一開始就應該澄清。但是如果這樣，事實上並不符合我實際的研究經驗。「事非經過不知難」，我只有等到完成本書的研究之後，身歷研究過程的複雜經驗與磨練，才有辦法比較貼切地反省這些屬於方法與方法論的問題。

(一)問題意識與資料蒐集的方法與方法論

本書透過民族誌的田野工作與文獻分析，結合歷史詮釋取徑與日常生活的現象學，將達悟精神失序者的生命史根植於更大的歷史脈絡與社會結構來理解。本書第一部分析達悟人精神失序的歷史社會根源，雖然無意完全否認生物基因論，但是對於這種論述在面對人們的精神受苦時的非歷史、去社會文化脈絡、未充分重視當事者

主觀經驗的實驗室科學操作邏輯，則抱持一種批判的態度。針對這部份的批判，我在相關研討會與學術演講的場合，經常必須回應一些以量化為主的研究邏輯所提出的挑戰，例如「你研究的自變項為何？依變項為何？」、「你研究的受訪者，許多人的兄弟姊妹都有遷移台灣的經驗，但是為何只有他(她)發病？」、「為什麼有人生病、有些人沒有生病，可見基因也扮演重要角色」、「因果關係為何？」等。套用謝國雄(1997：305)感觸頗深的話來說，從事質化的社會學研究者，往往必須時時「運功」來回應量化實證論的各種要求，這有點像小龍女與楊過睡在冰床上，不時要運功抵禦寒氣一樣。如果熬得過去，沒死掉，內功自然逐漸深厚了起來。

　　對我而言，比較簡單的回應是，我認為自然科學強調重複檢驗的普遍法則，但是對於一個現象之所以發生的歷史解釋，往往不是從經驗檢證(empirical verification)推演而來的普遍法則。探索為何現今達悟族發生高比例精神失序的特殊現象，我們不可能讓時光往回走，重新檢視這段歷史機遇。我們不可能將研究對象分成兩組，一組是經歷社會變遷的實驗組，另一組則是沒經歷社會變遷的控制組，然後觀察實驗組、控制組的精神失序的比例是否有顯著的差異。事件發生的歷史詮釋，通常是事後建立的。根據我的田野資料，95%以上精神失序者屬於開始接受現代教育的青壯世代，「世代」因此成為本研究分析上重要的切入點。我透過田野資料的累積與反覆對照，逐漸掌握「遷移台灣經驗」、「家庭功能失調」、「酗酒、失業與認同混亂」三個重要的面向，來回答是什麼樣的歷史變遷與社會機制，讓達悟精神失序者集中在開始接受現代教育的青壯世代。這個世代共同經歷的社會結構作用力為何？這些社會結構又是如何形塑這個世代達悟人的共同命運？至於這些遷移台灣青

壯世代的兄弟姊妹，爲何有人生病、有人沒有生病，這些個人機遇的相異則不是我企圖回答的，也不是這樣的研究所能回答的。Emile Durkheim對自殺的經典研究中，也具體說明了社會學研究這種知識的獨特性。

上述這些來自量化邏輯的種種挑戰，背後也涉及社會學方法論上科學的因果解釋邏輯與詮釋取徑的一些差異。Max Weber在 *Roscher and Knies: The Logic Problems of Historical Economics* (1975)一書中，曾與經濟學家 Roscher 和 Knies針對自然法則、普遍演繹的地位，以及它們在人文科學可不可能等，進行對話與爭論。社會文化的特質是否可遵循自然科學的目標？社會文化領域是否有獨特的詮釋形式？Weber先駁斥實證主義，並針對人文社會科學提出了四點反省：

> 1.普遍法則的假設演繹系統的建立，不是社會文化的科學之目標；2.社會文化現象具獨特性，不同於自然科學；3.社會文化現象是具獨特的確認、描述、解釋，所採用的方法「瞭解」(understanding, verstehen)，不同於自然科學方法的特質；4.事實本身不會說話，因此無法界定爲構成社會文化的問題(1975: 25)。

Weber進一步爲社會文化的方法論開展出四個策略：

> 1.社會文化學科具獨特的理論目標，必須對特定行動、人、物進行有意義解釋，需要特定的瞭解與解釋，因此與自然科學不同。這樣獨特的目標不是認識論的基礎，而是

立基於我們對歷史的興趣。2.社會文化所要研究的特質，
不是立基於本體論的基礎或關連到這些科學目標的特質，
而是在價值基礎上，關連到有意義人類行為與它的物質基
礎理論興趣的獨特性。3.在瞭解主觀有意義行動的特質與
條件，社會文化所依賴的知識與自然科學不同。4.任何項
目可做為社會文化科學的目標，只有在它是主觀有意義
的，或價值能夠被歸屬於它（1975：36-37）。

　　首先，Weber清楚定位了社會文化學科不同於自然科學，在於
對歷史上具體行動者手段、目的做有意義的「瞭解」。對Weber而
言，瞭解不是靠直覺或同情性的理解，而是因果解釋性的理解。
Weber所謂的因果解釋，並不是統計分析中自變項到依變項的關
係，也不是某種客觀律則的掌握。Weber說得很清楚：「對動機進
行一個歷史的『詮釋的』探討是一種因果的解釋，這和對於任何具
體的自然過程的因果詮釋一樣，具有完全相同的邏輯意義」
（1975：194）。Weber認為社會文化科學中的「因果」必須擺在歷
史脈絡來理解，其因果解釋性質並不等同於變項間的因果規律，它
指的是特定歷史脈絡中某些因素間的選擇性親近的關係（elective
affinity）。因此，Weber認為在社會科學方法中詮釋的瞭解與因果
的解釋之間是相關連的，對行動進行意義詮釋的因果解釋，在方法
上也同時具有科學命題的嚴格性。本書透過對行動者主觀意義的歷
史理解，企圖說明1960年代中期之後達悟族所經歷快速社會變遷與
高比例精神失序的關連性。本書第一部討論三個相互作用的面向，
說明這段特殊的歷史過程。這樣的因果關係，不是量化研究下自變
項到依變項的關係，而是必須擺在特定的歷史脈絡與時空條件來理

解的社會機制。

其次，Weber強調社會文化學科所具有的獨特理論目標，在於對特定行動、人、物進行有意義解釋。他認爲在複雜的社會現象中，研究者透過價值關聯（value-relevance）引導著認知選擇有意義的題目，這並不會影響社會科學的客觀性。但是，研究者又該如何掌握被研究者的主觀意義，並做有意義的分析與詮釋呢？相較於實證主義對客觀、一致的科學研究標準要求，民族誌的研究往往不可避免涉及了意義詮釋的問題。Clifford Geertz延續Weber對意義的關懷，強調「文化就是一些由人自己所編織的意義之網，文化分析不是一種尋求規律的實驗性科學，而是一種探求意義的解釋科學。」（1973：9-10）。Geertz認爲對一個文化分析的了解，必須要以「厚實的描述」（thick description）去解讀其隱藏的意義，而不是以科學實驗的態度去尋找規律與通則。民族誌所面對的，事實上是一種複雜多重的概念結構，許多結構是相互層疊或交織。民族誌研究者而言，這些結構經常是陌生、無規則、含混不清的。研究者首先必須努力把握它們，然後加以翻譯。

本書第一章研究方法中，我特別強調立基於紮根式理論取徑，嚴謹的資料蒐集與操作的步驟，對於質化資料的處理是必要的。不過我也認爲不能將質的資料簡單地歸納、類別化的分析處理而已，而必須走出傳統紮根理論的限制。「建構式紮根理論」的詮釋取徑能夠深入田野受訪者主觀感知的生命史，同時客觀地呈現結構的作用力。這個對於傳統紮根理論與方法的修正，揭示人們在實體中彼此賦予意義的過程的重要性，將紮根理論的研究方法往詮釋的面向移動，強調從歷史、文化脈絡來理解研究對象。達悟族具有特殊的文化傳統與語言表達。精神失序者的思維、言語陳述也不連貫。這

些都使結構式的問卷蒐集資料的方法，在回答本書關注的問題意識上不僅有所限制，也不恰當。深入蘭嶼的部落社會，我們也會發現達悟社會文化對工作、貧窮、富有等，有他們的特殊理解方式，我們很難單純地採用環境論中社經地位、階級位置、職業狀況等等的量化指標來討論。此外，老一輩的達悟人對時間、空間、世界觀的理解，也與漢人有極大的差異。在此情況下以開放民族誌的田野觀察，從事深入的原住民社區部落的研究，才能有助於研究者深化問題意識，尋求恰當的分析角度與解答方向。因此，我認為對於該如何回答我研究的謎題，採取民族誌而輔以歷史資料分析，是較可行的方式。

本書經驗資料的分析，大量採用精神失序者與旁人的主觀詮釋。我認為精神失序涉及了一個個受傷的自我，因此如果要探究他們自身的經驗，那麼自我詮釋的資料就變得很重要。舉例來說，田野中許多受訪者都告訴我，核廢料放置島上後，癌症、發瘋、畸形兒的「比例增加」，家屋改建那幾年「很多」年輕人受不了壓力而自殺。雖然實證經驗的資料並不一定完全符合受訪者的主觀詮釋，但是這並不意味他們的詮釋就是錯誤的、不真實的。重點應該是：這些事件對於受訪者理解自我的處境與社會的現實，呈現他們所感受的壓力、挫折、焦慮、恐懼等，都是重要而有意義的。因此，主觀的詮釋顯得無比重要。透過民族誌的分析，本書挖掘社會變遷下受訪者所經歷的重大事件（如遷移、家屋改建、失業、酗酒等），以及這些事件對他們的意義。藉此我們可以了解到，流行病學和統計方法雖然呈現原住民健康警訊的數字與圖表，但讀者通常缺乏足夠的資訊來理解達悟族高比例精神失序之類現象背後特有的社會意涵與歷史意義。要解讀這種意涵，需要依賴大量的歷史文獻與田野工

作的分析，以及對結構變遷與個人生命史做出妥當的詮釋。

(二)漢人研究者與原住民被研究者

　　民族誌生產的文本涉及研究者與被研究者彼此互動且共同建構的過程，所以研究者應該要對彼此的背景差異與權力關係，進行了解與反身性的(reflexive)反省。做為漢人的研究者，我與原住民被研究者之間的關係，是這幾年研究過程中經常浮現在我腦海中的一個困惑。達悟族的知識青年夏曼・藍波安，在一場有關原住民文學的討論會裡，有一段精彩的自我剖白，他說：

> 　　我回到蘭嶼住，已兩年多了，我也越來越能感受到蘭嶼傳統生活的力量。……今年我實際參與捕魚，才更深一層體會到飛魚和達悟(雅美)人生活關係的密切。尤其是今年，我們家造了一艘大船，這是我從小就夢寐以求的大事。我和我的父親一起出海拿著火把抓飛魚，我終於實現了這個夢想。船航行到很遠的地方，路上我都不敢講話，我划船的力氣超過老人家，我不敢隨便開口的原因是我不懂抓飛魚的術語；譬如平常說的左手，這時候便不能直接講左手，要講那左邊來用力量的手。捕魚時，船上亮著火把，左邊的人看到了飛魚，也不能直接大叫：「左邊這有飛魚！」而且萬一你這麼一叫，老人立刻把頭一掉就回去不抓了，甚至還罵你：「下次你不要和我一起來！」要怎麼講？要講：「在我身體的那一邊有天上的禮物游來游去」，大家立刻就懂了。一聽是左邊的人發話，還是右邊的人發話，就知道魚從哪邊來，拿起網，馬上就可以撈

了。類似這樣的情節，漢人朋友能了解嗎？（引自孫大
川，2000：127）

夏曼・藍波安這段話，有助於我們深思漢人研究者理解原住民
社會文化的可能性。在研究者與被研究者的關係上，雖然有些漢人
研究者的經驗彼此不同，但是不可諱言的事實是：被研究的原住民
往往處於知識與權力關係中弱勢的一方。但是即使如此，我認為對
於一個嚴肅的研究者而言，重點在於是否能夠與不恰當的常識斷
裂，重新建構與理解其研究對象，而不在於研究者是否完全與被研
究的對象屬於相同的文化背景。一個不同文化背景的研究者，或許
更提供了這種社會學想像所必須的斷裂的利基。

Pierre Bourdieu在*The Craft Of Sociology*（1991）一書中，反省了
社會學者在從事研究時的方法論問題。他認為日常生活意見與科學
論述的界線較其他學科模糊，所以認識論的自我警惕就更為重要。
Bourdieu認為科學的社會學與常民自發的社會學範疇（the categories
of spontaneous sociology）仍存在著某些連結。科學的社會學經常遵
循著某些明顯的領域而進行分類，例如家庭社會學、休閒社會學、
都市社會學等。Bourdieu提醒我們，必須小心地運用這些概念。他
認為好的民族誌研究，仍必須與土著維持斷裂。他這麼說：

> 必須要做的不是施加魔法，也不是通過自欺欺人的原始主
> 義的參與，來取消研究者和本土居民間的距離。而是應將
> 這種客觀化距離和使它成為可能的社會條件——如觀察者
> 外在客觀性，他所使用對象化技術等等——轉化為客觀研
> 究的對象（Bourdieu and Wacquant 1992:44-45）。

　　Bourdieu在這裡所提到的斷裂，並不是指研究者面對被研究者時，維持一種優越的地位；斷裂也不是使研究者對被研究者的「同情性的理解」，變得不可能。進入被研究者的生命經驗與生活世界，學習與理解達悟族文化，這是民族誌研究者入門的第一課。Bourdieu所謂的斷裂，涉及了社會學知識定位的問題。對於達悟人特殊精神失序現象的歷史社會根源的解釋，對於達悟傳統文化、基督宗教、現代精神醫學如何形塑達悟人對「精神疾病」不同的理解，對於部落生活如何有利或不利於不同世代精神失序者的探討，對於達悟人經歷現代性衝擊的過去、現在、未來，以及對於達悟傳統文化、基督宗教、現代精神醫學如何可能有助於舒解其社會受苦的討論，都是研究者在面對他人受苦時，由於某種斷裂才足以獲致的知識建構。透過長期而深入的田野工作，做出有深刻理解的研究發現與成果，與常民自發的社會學範疇或土著的知識做某種適當的斷裂，如此研究者所生產的民族誌文本，才會不同於被研究者習以為常的自我理解，也不同於新聞記者或報導文學式的田野觀察。

　　漢人無法變成達悟人，或許也無法真正體驗達悟人的文化，這就如「正常人」永遠難以體驗精神失序者所經驗到的世界一樣。但是這種限制與焦慮，在社會學知識建構原本就應該進行的適當的斷裂中，得到了合理的解決。即使有這種似乎無法跨越的鴻溝，任何的知識建構如果能試圖理解他者的受苦、解釋他者的受苦根源，同時思考可能緩解的途徑，那麼也都是值得鼓勵的。這些年我主動將自己已出版的研究成果與當地人分享，包括蘭嶼衛生所、蘭恩文教基金會、一些教會的牧師、一部份的知識菁英、以及少部分的精神失序者與家人。對於嚴謹的學術論述，大部分的人並不太感興趣，有能力閱讀的田野研究對象並不多，而比較多的回應則是來自知識

菁英。一位達悟好友告訴我，她邊讀邊哭，因為哭得很厲害，所以
無法一次看完我的書稿。特別是對於書中談到青壯世代不得不面對
現代性挑戰時的進退兩難，她有很深的感觸。另一位達悟菁英也告
訴我：「謝謝妳把我們的受苦寫出。……看了妳的研究，我才更了
解部落一些人。這些都是從小就在我們旁邊的人，可是以前都不會
去了解他們。」

　　雖然本書對於精神失序的受訪者全部都以化名方式處理，但我
仍擔心當地人可以根據書中的描繪，輕易加以辨識。John Van
Maanen說道：「民族誌不可避免地影響了它所再現的人們的生活
與利益，個別或集體的，更好或更壞。寫作者知道如此的結果，自
我達成的限制成為所有民族誌的特徵」（1988：5）。如何「讓更多
人理解達悟人」？如何能「不傷害我的研究對象？」對於這兩者，
在田野現象的描述與分析時，我經常在自我突破或設限中徘徊。書
中所分析的人、事、物，絕大部分的部落成員習以為常。但本書的
民族誌的厚實描述，目的在於讓更多人了解精神失序者所遭遇的苦
難與其結構上的起源，而不是再建構另一個污名。不容諱言，不少
達悟人本身，也通常不自覺地帶著某些偏見，看待部落中的精神失
序者。我期望本書不同於常民思考的研究發現，能打破偏見，傳達
另一種觀點。我相信，與常民世界斷裂的社會學知識，既能更增加
達悟族成員本身之間的相互了解，也有益於更廣大的外界與一個少
數原住民的互動。

三、定位與實踐

　　在本書第一章的開頭，我提到我到蘭嶼島上的第一天，住在一

位達悟族的牧師家，也因此結識當時正在台灣唸高中而在假期返鄉的兒子衫明。兩年後當我決定從事這樣的田野研究時，牧師卻告訴我，衫明可以做我的研究個案了，要我好好的與他聊一聊。這是我在田野震撼教育的開始。那些原本只被我當成是研究假設的命題，活生生地在我的眼前被驗證時，我頓時不知道社會學知識追求本身的意義何在，而社會學知識要如何幫我釐清這些荒誕背後所彰顯的意義。在接下來的一段時光中，我原以爲這個家庭可以逐漸遠離風暴，不料2006年底又傳來牧師娘得了甲狀腺癌的消息。島上的許多達悟人認爲，會得癌症是核廢料放置蘭嶼帶來的詛咒。牧師的家在蘭嶼是屬於社經狀況較好的一群人，但並不因此就能倖免於精神失序、死亡的威脅。

2007年8月底，達悟族的公衛護士Si-Na告訴我，30多歲的林茵（No.16）自覺不舒服，因此走到衛生所看病，但沒多久就死在衛生所，死因仍有爭論。遠在電話一頭的我，即使經過多年在田野的嚴酷洗禮，但還是忍不住楞楞地自言自語：「怎麼會這樣，她還很年輕啊！」林茵過世後，我總是不斷想起多次訪談過程中她臉上所流露的不甘心、不斷嫌棄自己吃藥發胖後的身體形象、拿著一大袋藥對我吼著「吃這些會有用嗎」、拼命地想到台灣工作、擔心生命會被局限在蘭嶼……。翻開多年前訪談她的錄音稿，她說：「我覺得我生命最大的需要，是要有貴人相助」（2004-12B-5）。做爲一個研究者與傾聽者，我始終沒有能力成爲她生命中的貴人。我能做的僅是將她的不甘心轉換成學術知識，並單純地相信這些見證她的苦難所生產出來的學術知識是有價值的。

我也永遠忘不了陳安安第4次出院那天，在他家僅有四、五坪大的簡陋鐵皮屋中的一段景象。僅有國中畢業程度、沒有任何電腦

相關技能、家人明白表示根本沒有碰過電腦的他，卻一臉認眞地告訴我：「我未來的工作目標，是要到台灣做網際網路」（2004-7-12）。在這個遠離台灣社會、與更廣大的世界核心相隔渺遠的小島上，許多人、許多畫面就像安安認眞的表情一樣，慢慢地烙印在我腦海，久久無法離去。

在多年的田野中，我逐漸發現，目前在蘭嶼島上任何一位達悟人，探究他們"zipos"親屬的社會網絡中，一定可以找到自殺、意外死亡、酗酒、精神失序的家族成員，無人能夠倖免。這些年在觀看、體會與解釋他們的受苦中，我逐漸磨練社會學知識，尋找自己研究的定位。我最深沈的田野體驗，莫過於這股對生命無常的無力感。大部分的達悟人，特別是我所研究的精神失序者，並不十分明白自己或周遭可見的個人苦難與族人整體所經歷的社會變遷的歷史過程有何關連。他們（特別是屬於青壯與年輕世代者）因而經常深陷於困惑、迷惘與不確定中。本書的研究顯示，那些田野中不斷發現的身心創傷，不是偶遇的、隨機的，而是做爲一個少數族群集體性的宿命。這種集體性，反映了其族群身分、地理位置、文化傳統造成的社會不平等結構位置所帶來的多重受苦。

我的研究發現與論點既然如此，那麼，在面對他者的苦難時，社會學家建構的知識，其貢獻與限制何在？現代醫學專業的醫護人員在「專業倫理」上，與病人有一條嚴格的治療性人際關係的界線。在醫學的專業訓練中，醫護人員能夠處理什麼、不能夠處理什麼、該如何維持與病人的互動等，通常都比較有相對明確而可依循的規範。然而田野的民族誌研究，卻難以享有這種潔淨與距離。朱元鴻認爲，「田野進展的關鍵，不在於研究者的奉獻付出，而在於『被接受』。各種宗教或主義的奉獻、教育、救援的角色或姿態，

社會上分辨的很清楚，不會混淆，可以保持潔淨的自我認同。然而田野民族誌研究卻不便享有這種潔淨，『被接受』意味著更深的『涉入』，分裂與不純，可能經常質疑（挑戰）著研究者的自我認同」（2000：236）。研究者在田野中「被接受」，經常意味著更深地涉入被研究者的生活，因而研究者的身分與認同經常面對分裂、不純與自我質疑。從被接受而更深地涉入一個個身心受創的精神失序者的生命敘事及其家庭，社會學研究的定位又該是如何？

社會學做為一門社會科學的知識，往往比較能夠幫助我們清楚地解釋、釐清一個現象的發生與變化，亦即提供實然面的分析，卻經常難以明白告訴我們什麼是好的、什麼是應該的等等應然面的問題。但是讓我們更進一步追問：社會學的研究，真的能夠免於價值判斷、或者應該避免這樣的價值判斷嗎？在我的研究中，那些關於達悟人精神失序的歷史社會根源的分析，是實然面的探討工作，也是研究的第一步。但是就一個社會學分析而言，特別是長期觸及田野中他者深沈的苦難與不平等的遭遇時，我認為任何嚴肅的研究者，恐怕都難以免於某種的價值判斷。這是為何在本書的第二部，我試圖釐清三個典範的貢獻與限制、討論未來緩解達悟人受苦的可能實踐方向等的原因所在。

黃應貴（2008：115）反省人類學家與被研究者的不平等關係時，透過長年對布農族的研究指出，只有回到研究者深刻理解與長期的田野工作中，才可避免短線的操作或自以為是的回報、確定當事人真正的需要、給予有意義的協助、緩和期間的不平等關係，甚而達到雙贏的局面。如何讓被研究者也能受益於社會學知識，以縮短研究者與被研究者之間因為掌握知識能力的不同而造成的不平等關係、並進行理論觀照下的實踐工作？基於這些反思，我做了一些

嘗試。2009年2月6日在蘭嶼衛生所醫護人員例行的在職教育中，我志願以講師的身分和第一線的醫護人員分享本書部分的研究成果。在課程的設計上，我特別著重在基因論述在解釋達悟族高比例精神失序上的不恰當。針對宏觀層面的社會結構的研究，大部分醫護人員普遍還是關心如何將這些研究成果轉變成臨床上具體可操作的方針。當達悟族的護理人員討論到精神病人究竟能不能懷孕生小孩時，他們彼此間也有不同的看法。一位護理人員堅持還是有可能遺傳給下一代，最好不要結婚。另一位護理人員則以自己的臨床經驗表示，應該視情況而定，如果狀況穩定則可和一般人一樣結婚生子，如果是正在服藥或病情不穩，則不適合懷孕。這讓我想起范醫師在蘭嶼從事精神醫療服務多年，有一次我隨他做全島的家訪，一位男性受訪者李強(No.21)問他：「得這個病，會不會遺傳、可不可以結婚？」范醫師回答說：「如果相愛，就可以結婚，最重要的是彼此相愛。」我的課程進行到最後，在衛生所從事護佐的達悟人慧英(化名)，以自身的經驗回應我的研究結果。兩年多前，慧英是由台灣精神科轉介回蘭嶼的新個案，當時精神科醫師診斷她得了憂鬱症。在我的課程中，她向大家說到，當時在台灣生產，產後她的媽媽不在身邊陪伴，於是她開始出現精神恍惚、行為失控的情況。她的先生把她送入醫院，在精神科住了三星期後出院。她認為在台灣生產產後壓力過大，是發病最主要的原因。她告訴課堂上的醫護人員，出院後曾經很害怕是不是不能再懷孕，但是後來她懷下第二胎，產後一切狀況良好。慧英認為家人的陪伴與照顧與自己的心理調適，才是幫助她康復的主要因素。在她談完自己的經驗後，我向在座的醫護人員提到一些社會學家(如Troy Duster 1990)如何批評基因醫療所反映的優生學概念，也向他們說明基因遺傳諮詢所涉及

的倫理與社會效果的複雜性。雖然本書的整體研究成果或許並不見得能迅速直接地應用於實際病痛與社會問題的解決，但如何透過研究發現，讓第一線的醫護人員有更多反思的空間，這樣的努力，我認為值得持續努力。

「社會受苦」的啟發性概念，涵蓋了宗教、哲學、醫學、社會學、人類學等跨領域而來的宏觀整體思考。社會學可以對達悟人面對快速社會變遷精神失序的問題，提出獨特的理解。但是在這些年的研究過程中，思考他們精神失序的舒緩與療癒之道時，我也深切地意識到社會學家或社會學知識在面對他人的苦難時，有所限制與不足。面對受訪者與其家庭當下的困境，一個好的社工、醫護人員、神職人員等，可能都比一個傑出的社會學家「有用」。如果這本社會學的研究成果，真的可以有所貢獻，那麼我期望最基本的，是它有助於不同領域的對話、交流與相互的學習，而現代醫學與社會學更應該相互溝通，減少各說各話的立場。這樣的方向，也有助於走向跨領域的合作研究取向。近二、三十年快速社會變遷，對於達悟心理健康相當不利。單純的現代精神醫學的介入，經常僅是執行現代性計畫發展的工具，在忽略達悟人的社會文化與歷史脈絡的情況下，會造成更不利的後果。我認為只有在苦難的宏觀社會結構根源得到顯著改革時，他們的心理健康才能得到有效的改善。公共衛生與現代精神醫學的介入，還需要著力於政治、經濟、社會結構的改變。這些改變，未來必須嘗試透過地方不同的系統（如公部門、教會、衛生所、社區發展協會等），並配合當地文化，才有助於提升未來部落健康的本土療癒機制。我期待這本書的研究發現，有助於尋找對症下藥的處方。

蘭嶼的迴響

（這是這些年在島上，參與這個研究田野過程的受訪者們，對於這本書出版，他們的一些想法）

我的族人生存在大環境中，面對困境與挫折時的無奈與無力感，其實充份反應了更大的社會現實。在此我要特別感謝十年交情的老朋友－友月，感謝有你陪著我的族人走了一大段路程，完成這本書。對我們而言，你不僅僅是一位研究者更是一位充滿良知的社會關懷家。

——Sinan Mavivo（現就讀清華大學人類學系，失序者親戚）

這是一本難得深入剖析蘭嶼達悟族精神醫學方面的書，內容詳述了島上的達悟族人變遷到不同生活空間時所面臨到的不平等處境，此書也重新釐清以往學術界對蘭嶼研究的一些論點。謝謝友月呈現了這個主流社會長期來所漠視的區塊，尤其是在精神醫療方面。每當讀到本書裡敘述族人家庭所遇到的困境和故事時，會讓我感同身受到一直流淚不止，因為這正是我們族人所經歷到的一段受苦的過程。

——Syaman Lamuran（台灣師範大學地理系博士候選人，曾任蘭嶼

藍恩基金會執行長）

　　雖然這本書的觀點和現代精神醫學的理論不盡相同，但是友月對蘭嶼達悟人的關懷和深入的了解，正是重視科學統計與規格化的現代醫療所欠缺的。希望這本書能有助於現代精神醫學反省，不能僅重視「病」而是更應重視病人做為「人」的基本需求，也希望這本書，能讓更多人來關心我們共同的朋友與這塊土地。
——范家彰（現任中國醫藥學院附設醫院精神科主治醫師。1998年至2007年負責蘭嶼精神科業務共九年）。

　　和友月認識，就是在這個小島上。為了瞭解蘭嶼達悟族身心障礙者所面臨的醫療、生活問題，她多年來往返台灣—蘭嶼之間，深入各部落研究調查並貼近他們的病痛與家庭，經歷多年奔波終於完成這本書。身為蘭嶼在地護理人員的我，對於友月對蘭嶼這塊土地的關愛深表感佩，願這本書讓讀者更貼近達悟人的真實生活，特別是這些被忽略的身心障礙者。
——Si Syabokane（為蘭嶼居家關懷協會發起人，衛生所護士，曾負責精神科業務，失序者親戚）

　　恭喜你順利出了這一本書，希望藉著這本書，能讓不了解蘭嶼身心障礙者的人，能有不同的見解，進而能適當的幫助他們。
——Si nan Manikend（曾任職衛生所護士，負責精神科業務，現為研究助理）

　　在蘭嶼，幾乎沒有人會關心這群人，他（她）們被排擠，或有人

認為是惡靈附身。在這種環境之下，身心障礙者不但沒有得到好的照顧，家人及家庭也因此受到影響，在此謝謝妳為蘭嶼所做的一切。

——Si Potaz（蘭嶼居家關懷協會工作人員，失序者親戚）

希望透過這本書，可以讓社會大眾重視原住民健康議題。也透過這本書，可以讓社會大眾認識蘭嶼有一群弱勢群體需要被關注。

——Si dolphie（蘭嶼衛生所護理長）

希望這本書能讓不了解身心障礙者的人，能夠伸出關懷的手幫助他們。

——Sinan Matwps（任職衛生所護士，現負責精神科業務）

我和友月是認識很多年的朋友，她每次來蘭嶼時，我常會陪她去部落探訪這些朋友。從她身上我也學習到如何與病患互動，每次在探訪中，她都會記得這些人的需要，下次回來時也一定為他們準備。她為了鼓勵部落中的一個患者，總是固定跟他買半成品的小船。她奔波多年期間付出的心力，我們多看在眼裡。也期望這本書，能對部落裡的患者及家屬有所幫助。也願所有部落裡nimey zow so nakem（辛苦遊盪迷失的靈魂）都能覓得棲息處。

——Sinan Naik（部落母語老師，失序者親戚）

謝謝你對我們蘭嶼地區患者及家屬的關心，我希望這本書有助於未來在社區成立復健的機構，協助這些人做些手工藝、而不是讓家屬疲於奔命於台灣與蘭嶼之間。

——Sinan Mypwlas（失序者家屬）

希望這本書的貢獻，未來能夠轉換爲另一種對蘭嶼的奉獻，祝福你。
——Syaman Mypwlas（失序者家屬）

很高興能認識Si Magaga，因爲你常常笑，所以我就幫你取Si Magaga。在蘭嶼，妳關心當地人，而且與部落的人相處融洽，妳人緣很好，很讓我感動，最後祝福平安，天主常妳同在。
——Sypen Kazyaz（東清部落老人，失序者親戚）

正值達悟文化不斷被踐踏、曲解，台灣主流價值觀不斷衝擊達悟社會之際，希望這本書能公正的替我們代言，消除外界對達悟人不當的刻板印象。願神賜福給辛苦撰寫的友月。
——Syaman Ngarai（牧師，曾任原民會達悟族代表）

附錄一

受訪者基本資料表（截至2006年底）

化名	診斷	目前年齡	首度來台年齡	發病年齡	教育程度	婚姻	開始出現異常行為的地點	最初發作症狀	家中人口數（1未婚：父母＋未婚手足人數 2已婚：夫妻＋子女人數）	目前同住家庭成員
01 陳海成	精神分裂症	48	13	20	國小	未婚	台灣	隻身在台灣工作時，出現自殺、自殘行為。	10	父母與個案
02 陳海妹	精神分裂症	46	20	13	國小二年級	已婚	蘭嶼	國小五年級被鄰居用矛，嚇到後出現不正常行為（例如：隨便跑到別人家睡、當眾脫衣）。	7	先生、個案與發病的兒子、先天心臟病的女兒同住，其他兩個孩子在台
03 趙懷光	雙極性情感精神病（躁鬱症）	20	18	16	高中職	未婚	蘭嶼	母親因破壞警局被勒令進入台灣精神病院。母親住院二年後他開始出現不停走動、幻聽、傻笑、說死去人的名字。	7	與發病的母親、酗酒父親、妹妹同住
04 白志鴻	精神分裂症	40	15	31	國中	未婚	台灣	在台灣工作出現怪異行為，當時弟弟因改建家屋摔下成為植物人。	7	與哥哥弟弟同住，繼父母親住一旁臨時屋
05 白志明	器質性精神病	35	16	23	國中	未婚	蘭嶼	家屋改建時從屋頂摔下，嚴重腦傷。	7	與哥哥弟弟同住，繼父母親住一旁臨時屋

家屋型態(1已完工國宅 2大部份完工國宅 3未完工國宅4臨時屋)	主要照顧者	家庭成員特殊事件	酒	部落傳統儀式	基督教驅鬼	發病約多久後精神科介入	誰通報	病識感(1清楚2部份3模糊4完全不知)	吃藥(1完全配合醫囑2部分配合醫囑3很少吃藥4完全不吃5不吃藥採打針6住院或其他)	住院次數	部落
1	住在隔壁的弟弟	個案妹妹國小五年級發病	有喝	找巫醫	家人禱告	十多年	護士收案	3	3	7	E
3	先生	個案原同住一起的小叔自殺、兒子也發病、先生失業	已戒酒	找巫醫	有	至少隔了十多年後	護士收案	2	2	1	E
3	父親	叔叔自殺、母親發病、父親失業	有喝	無	有	立刻	家人、部落的人	1	2	3	E
1	母親	個案改建國宅摔傷一度成植物人、哥哥發病	有喝	無	家人禱告	1年內	未知	2	2	1	C
1	母親	弟弟改建國宅摔傷	無	無	家人禱告	1年內	家人	2	6	1	C

06 陳灣地	精神分裂症	56	14	42	小學	已婚	蘭嶼	1980年代台灣板模業看好，在太太懷第七個孩子時，到台工作。一個月後返回蘭嶼出現害怕、在部落中隨意遊蕩、自言自語、幻聽、幻覺等症狀。	10	與太太、發病的兒子、女兒住臨時屋
07 陳安安	精神分裂症	28	16	18	國中	未婚	台灣	於台灣工作時出現幻聽、極度恐懼等症狀。	10	與父母、弟弟妹妹住臨時屋
08 呂國輝	精神分裂症	44	16	34	國中	未婚	台灣	大哥自殺後，於台工作時出現幻聽，並用玻璃切腹自殺。	3	原與父親、大、二弟住一樓，小弟與弟媳住二樓，戶籍登記爲二戶
09 呂阿強	精神分裂症	41	17	31	國小三年級	未婚	蘭嶼	在遠洋漁船工作後，回蘭嶼長期失業，整天在部落遊晃後漸漸出現異常行爲。	3	與父親、哥哥、弟弟住一樓，小弟與弟媳住二樓
10 呂健永	情感性精神病（憂鬱症），但未收案	38	16	35	大專	已婚	蘭嶼	經歷家中大哥自殺、二哥、三哥精神失序，在母親過世一年後，出現幻聽、憂鬱等症狀。	4	與父親、哥哥們住一樓，個案與太太兩個孩子住二樓

4	太太	個案與兒子皆為精神科個案	有喝	找巫醫	家人禱告	十多年	護士收案	3	3	0	D
4	媽媽	個案與父親皆為精神科個案	有喝	無	有	半年內	哥哥	2	2	12	D
2	小弟	大哥自殺、父親長期酗酒2005年過世，與弟弟皆為精神科個案	有喝	無	無	約5年	弟弟送醫	3	5	1	B
2	小弟	大哥自殺、父親長期酗酒2005年過世，與哥哥皆為精神科個案	有喝	無	無	5年內	弟弟送醫	3	5	2	B
1	太太	大哥自殺、父親長期酗酒2005年過世，與二哥、三哥皆為精神科個案	有喝	無	無	半年內	護士通報醫師未收案	2	4	0	B

11 鄭齊國	精神分裂症	27	18	22	高中	未婚	台灣	父母離異，在台工作時，出現幻聽，半夜隨意走動。	3	目前在台工作，剛結婚
12 鄭齊利	精神分裂症	25	18	18	高中	未婚	蘭嶼	哥哥在台發病返家後，受哥哥不正常行為打擊，開始出現自言自語、跑到墓地等異常行為。	3	與父親同住
13 Si-Yi	精神分裂症	43	18	21	國中	未婚	台灣	在台工作時出現異常徵兆。	3	家中只剩母親
14 Sinan-She	精神分裂症	40	13	13	國中	已婚	台灣	國小六年級到台灣打工，疑似賣入妓女戶，回蘭嶼後逐漸行為異常。	3	家中只剩母親
15 眞翎	情感性精神病	32	17	28	國中	同居	蘭嶼	在台灣出現悶、幻聽、消瘦，自己覺得不對勁跑回蘭嶼。	3	在台工作，與男友同住
16 林茵	精神分裂症	33	18	23	高職	未婚	台灣	在台鞋店工作時，出現悶、幻聽。	5	2007年夏歿，原與父親、妹妹、妹夫姪女同住
17 家進	精神分裂症	43	17	20	國中	未婚	台灣	在台工廠工作時，出現幻聽、行為異常。	2	2004年前住臨時屋，現與母親同住
18 莊慧珊	雙極性情感精神病（躁鬱症）	32	17	27	高職	未婚	台灣	在台北工作時，出現怕、幻聽、行為異常。	4	現與父母親同住

1	父親	父母離異	無	找巫醫	無	約半年	護士收案	2	2	2	C
1	父親	父母離異，有動脈先性血管阻塞	無	找巫醫	無	馬上	父親	2	6	1	C
2	Zipos	小弟自殺，兄妹二人皆為精神科個案	有喝	未知	未知	5年以上	部落的人	長期住院	6	長期住院	D
2	Zipos	小弟自殺，兄妹二人皆為精神科個案	有喝	未知	未知	5年以上	部落的人	長期住院	6	長期住院	D
3	姊姊	為家中老么，兄姐大多都有工作	有喝	無	自我禱告	半年內	部落同學通知護士	1	2	1	C
1	妹妹	父母離異	無	無	自我禱告	立刻	姑姑送醫	1	1	6	B
2	自己	哥哥罹患肺結核	有喝	找巫醫	無	十多年	工廠通知家人	3	3	2	D
1	父母	父母經營麵包店，家境小康	無	無	無	半年內	父母	1	2	2	C

19 吳談	酗酒、精神分裂症	51	18	31	高職	已婚	蘭嶼	從台灣返回蘭嶼後長期失業，開始出現幻聽、自殘等行為。	7	與太太、女兒同住
20 于順發	器質性精神病	55	20	約40多歲	小學	已婚	蘭嶼	車禍後失業，太太在台灣打工，開始出現一直把垃圾檢回家的行為。	5	與太太、孫子同住
21 李強	酗酒、精神分裂症	38	18	約30	小學	未婚	台灣	在台灣工作時出現幻覺、幻聽。	1	在台做臨時工
22 春菊	精神分裂症	42	20	約30	國中	已婚	台灣	嫁給漢人，婚後先生常毆打她。先生死後回蘭嶼開始出現異常行為。	1	獨居
23 Sypan-Dan	妄想症	歿於77	約40歲	約60多歲	日本教育	未婚	蘭嶼	在蘭嶼出現妄想、打老婆、拿斧頭砍電線杆等行為，強制送入台灣的精神病院後，於2004年歿於醫院。	2	2004歿原與太太居住於臨時屋
24 尤家東	酗酒、精神分裂症	46	18	26	國小二年級	未婚	蘭嶼	在台工作時，左手指被切斷三指，因此無法繼續工作。失業後回蘭嶼長期失業出現幻聽、酒後大吵大鬧等行為。父親過世後症狀開始變嚴重。	1	獨居

3	太太	個案多次自殘，且有5名小孩，大兒子2005年工傷手開刀	有喝	無	無	十多年	太太	3	5	2	D
3	太太	女兒在台未婚生子	有喝	無	無	約5年	護士收案	3	3	1	E
1	弟弟	未知	酗酒	未知	未知	1年內	護士收案	2	2	未知	F
4	用與親妹妹	夫死，孩子在台灣	有喝	未知	無	5年內	護士收案	4	4	0	E
4	女兒	歿於精神療養院	有喝	未知	無	十多年	家人告知衛生所	4	4	1	D
1	姊姊	在台工作、手指被切斷	酗酒	無	家人禱告	約20年	姊姊告知護士	3	5	3	F

25 黃耀敬	酗酒、精神分裂	47	13	30多歲	小學	未婚	蘭嶼	由台灣返回蘭嶼後，逐漸出現幻覺、害怕傻笑、自言自語等行為。	5	原與弟弟、弟媳、姪女一同居住
26 黃町峰	精神分裂	46	18	39	國中	已婚	台灣	在台工作時出現胡言亂語、傻笑、幻想自己是耶穌。	3	2005至台灣工作
27 黃恆雲	情感性精神病（憂鬱症）	43	18	37	高中肄業	已婚	台灣	在台出現害怕、幻聽、幻覺。	5	與先生女兒一同居住，但常會在臨時屋居住
28 橫平	精神分裂症	45	18	約30多歲	國中	未婚	台灣	失業又酗酒後，開始出現幻聽、幻覺、亂罵人等行為。	4	與父母同住
29 林東茂	情感性精神病	34	18	24	專科肄	未婚	台灣	專科念到一半時，因與家人賭氣而休學。回到蘭嶼後便常在部落出現大聲喊叫、故意破壞鄰居物品等異常行為。	1	至台灣工作
30 陳土楠	精神分裂症	47	14	約35	小學三年級肄	未婚	台灣	從台灣工作回來後，出現妄想、攻擊行為。	1	獨居
31 陳水龍	癲癇合併早發型痴呆	42	未曾來台灣	未知	小學	已婚	蘭嶼	不斷戴東西在手上的強迫行為。	3	與父母同住
32 Sypan-Ta	精神分裂症	80	30	58	日本教育	喪偶	蘭嶼	太太過世，兒子遷居台灣，獨居開始出現異常行為。	1	獨居

2	弟弟	現住院中	酗酒	無	無	5年以上	護士收案	3	4	2	E
1	太太	已婚，現在台工作	有喝	無	家人禱告	半年內	妹妹	3	3	2	E
3	先生	先生家暴	無	無	自我禱告	一年內	醫護人員主動發現	1	1	0	E
1	父母	家境小康	有喝	無	無	一年內	未知	4	4	0	B
1	無	兄弟姊妹有工作，家境小康	有喝	有	無	1月內	鄰居通報	1	2	3	A
4	住一旁的妹妹	父母雙亡，自行獨居	有喝	有	無	5年內	未知	3	5	3	F
4	妹妹	父母年紀大	無	未知	無	5年以上	未知	4	1	未知	F
3	姪女	妻子、孩子在台灣未歸	無	未知	無	十多年	姪女通報	4	4	0	C

33 楊洋	精神分裂症	34	17	28	國中	未婚	台灣	在台工作時會睡不著，出現幻聽與喝酒後大吼大叫等行爲。	1	獨居
34 游珠珠	情感性精神病（憂鬱症）	21	17	15	護專	未婚	蘭嶼	媽媽覺得她國二時個性大變，並在日記簿上寫著想自殺。	7	台灣讀書
35 曾玲如	精神分裂症	48	未知	約35	小學	已婚	蘭嶼	出現幻聽、打人等行爲，認爲家裡是佈道場，並會把家中的東西送給人。	5.	與先生同住
36 國玄	未納入精神科，採宗教治療	24	17	20	高中	未婚	蘭嶼	在蘭嶼擔任社區總體營造工作時，工作壓力太大出現嚴重幻聽、吵鬧、自言自語等行爲。	4	與父母同住
37 衫明	情感性精神病（憂鬱症）	24	13	21	大學肄	未婚	台灣	讀大一時出現幻聽、極度害怕、失眠等症狀，因而休學回蘭嶼。	4	台灣讀書
38 賴金鳳	情感性精神病（憂鬱症）	42	18	33	國中	離婚	台灣	先生喝酒後常毆打她，與先生離婚後，來台找不到工作，開始幻聽、拿聖經不斷跪拜等異常行爲。	3	現在在台與人同居
39 小靈	雙極性情感精神病（躁鬱症）	29	16	18	高職	未婚	台灣	高二父親過世，於台讀書時出現害怕、情緒激動、無法控制自我等行爲異常。	5	與媽媽弟弟同住

4	媽媽哥哥	父親過世	有喝	無	自我禱告	十多年	部落同學覺得行為異常通知護士	2	2	0	E
1	媽媽	父母皆有工作，家境小康	無	無	無	立刻	母親	1	2	0	D
2	先生	小妹自殺、母親癌症過世	無	有	有	5年內	未知	2	2	2	C
1	父母	未納入精神科，採宗教治療	有喝	無	有	無	父母親請牧師驅鬼	4	6	0	E
1	父母	父為牧師，家境較佳	無	無	有	立刻	老師、父母	1	2	0	E
2	妹妹	曾受前夫家暴	無	無	無	立刻	妹妹送醫	1	2	2	B
1	母親	父親過世	無	無	無	立刻	二舅送醫	1	1	12	C

40 鄭自時	酗酒、精神分裂症	37	17	30	國中	離婚	蘭嶼	在台車禍長期失業，加上太太要求離婚，離婚後開始出現大量酗酒、大吼大叫與毆打父母等行為。	1	長期於玉里
41 林仁清	精神分裂症	37	17	24	國中	未婚	台灣	在台工作時，出現走來走去的異常行為。	4	與父母親、弟弟同住
42 周大官	精神分裂症	46	16	24	國中	未婚	台灣	幻聽、生活作息改變。	5	與父母&弟弟同住
43 周大市	精神分裂症	32	16	29	國中	未婚	蘭嶼	喝酒後大吵大鬧。	5	與父母、哥哥同住
44 小柔	精神分裂症	25	17	22	高中	未婚	台灣	原先做電子業後轉行餐飲，被廚師無故解雇。加上感情受創，開始出現幻聽、幻覺、自殘行為。	4	與父母、弟弟同住
45 林山	精神分裂症	48	17	25	國中	未婚	蘭嶼	國中畢業後，到蘭嶼工作，因工廠倒閉回鄉。長期失業後出現向鄰居丟石頭、破壞家中用具等行為。		與父、弟弟一家同住
46 維凱	精神分裂症	42	17	26	國中	未婚	台灣	高雄工作時曾被人追打，醒來後躺在甘蔗園。之後回鄉便出現害怕、疑心病重、情緒不穩。	1	長期住院，父母歿

3	兄姐	個案車禍後，太太帶女兒離異。大哥車禍過世	酗酒	無	無	1年內	家人通報	長期住院	6	長期住院	E
3	大哥	小弟失業	有喝	未知	無	5年內	護士收案	4	4	0	B
1	弟弟	大哥自殺、與弟弟皆為精神科個案	酗酒	未知	無	1年內	弟弟送醫	4	4	0	C
1	哥哥	大哥自殺，與弟弟皆為精神科個案	有喝	未知	無	1年內	未知	3	2	2	C
1	母親	父為郵差，家境小康	無	無	有	1月內	媽媽	1	2	2	A
1	弟弟	未知	有喝	找巫醫	無	10年以上	護士收案	4	4	1	C
3	妹妹	曾經到妹妹住處放火	有喝	未知	無	5年內	家人通報	2	6	3	B

47 江家力	酗酒、精神分裂症	35	16	24	國中	已婚	蘭嶼	長期失業在蘭嶼後出現異常行為。	3	與父母同住
48 黃樂獅	酗酒、雙極性情感精神病（躁鬱症）	60	14	未知	小學	未婚	蘭嶼	發作時會不停說話、拿紙不斷寫東西。	1	獨居
49 Sypan-Wu	妄想症	78	未知	60多歲	無	已婚	蘭嶼	原為巫醫，目前嚴重喪失生活自理能力，出現幻聽、自言自語。	3	與女兒同住
50 姚勤	精神分裂症	45	16	39	國中	未婚	蘭嶼	失業多年，出現幻聽、自言自語，2005年哥哥癌症去世，2006年因打破鄰居玻璃，而被送入醫院精神科。	3	現住院中
51 吳立琴	情感性精神病（憂鬱症）	39	18	38	高中	已婚	台灣	被調到台灣工作，一人帶子，與先生分離兩地，出現情緒不穩、行為失控。	4	現自行帶兩個孩子在台工作

1	父母	大哥失業	有喝	未知	無	5年內	護士收案，歿於醫院	4	3	1	A
2	弟弟	由弟弟的家人照顧	有喝	未知	無	5年以上	未知	3	4	0	C
2	女兒	老婆病逝多年，女兒離婚，個案有嚴重痛風	無	原為巫醫	無	5年以上	女兒告知護士收案	4	2	0	C
2	母親	去年哥哥癌症過世	有喝	無	無	立刻	打破他人玻璃，透過警局收案	未知	6	1	C
1	先生	現調到台灣工作，與先生分離兩地	無	無	無	立刻	醫護人員建議求診精神科	1	6	1	E

附錄二

精神醫學相關疾病的診斷標準

精神分裂病Schizophrenia

A.特徵性的症狀：下列各項兩項（或兩項以上），每一項出現時間至少一個月（或被成功地治療，時期可以稍短），且其出現占有相當高的時間比例：

(1)妄想

(2)幻覺

(3)解構的語言（如時常表現語言脫軌或語無倫次）

(4)整體而言混亂（disorganized）或緊張（Catatonic）的行為

(5)負性症狀（negative symptoms），意即情感表現平板（affective flattening）、貧語症（alogia）、或無動機（avolition）

B.社會／職業功能障礙：自從疾病開始發生後，有相當高比例的時間主要功能領域諸如工作、人際關係、或自我照顧等，有一種或一種以上領域的功能明顯低於病發前的水準（或若發病是在兒童期或青少年期，也指不能達到其人際關係、學業、或職業成就的預期水準）。

C.總時期：連續有病徵的時期至少延續六個月，此六個月時期內必須至少有一個月時期（若被成功也治療可更短）其症狀符

合準則A（即活躍期症狀），此六個月並可包含前驅症狀或殘餘症狀的時間。在這些前驅期或殘餘期內，此障礙的病徵可能只表現負性症狀、或兩種或兩種以上符合準則A但以較弱化的形式（attenuated form）表現的症狀（如古怪的信念、不尋常的知覺經驗）。

D. 分裂情感性疾患及情感性疾患的排除條款：基於下列兩項之一，已可排除分裂情感性疾患及伴隨精神病性特徵之情感性疾患的診斷。這兩項是：（1）活躍期症狀不曾與重鬱發作、躁狂發作、或混合發作同時出現；或（2）若在活躍期症狀出現時曾發生情感性發作，其總發作期間，相對於包含活躍期及殘餘期的總時期而言甚為短暫。

E. 物質使用／一般醫學狀況的排除條款：此障礙並非由於某種物質使用（如：藥物濫用、臨床用藥）或一種一般性醫學狀況的直接生理效應所造成。

F. 與廣泛性發展疾患的關係：若有自閉性疾患或其他廣泛性發展疾患的病史，僅若明顯的妄想或幻覺存在至少一個月（若被成功地治療可更短），才可作精神分裂病的額外診斷。

情感性疾患 Mood Disorders

情感性疾患包括重鬱病、雙極性疾患、一般性醫學狀況造成之情感性疾患、物質誘發之情感性疾患的診斷準則。

重鬱發作 Major Depressive Episode

A. 至少兩週期間內，同時出現下列症狀五項（或五項以上），且

呈現由原先功能的改變；(1)憂鬱心情、(2)失去興趣或喜樂此兩項症狀至少應有其中之一。

(1) 憂鬱心情，幾乎整天都有，幾乎每日都有，可由主觀報告(如感覺悲傷　或空虛)或由他人觀察(如看來含淚欲哭)而顯示。

(2) 在所有或幾乎所有的活動，興趣或喜歡都顯著減少，幾乎整天都會，幾乎每日都有(可由主觀報告或由他人觀察而顯示)。

(3) 非處於節食而明顯體重下降，或體重增加(如：一個月內體重變化量超過５％)；或幾乎每天都食慾減少或增加。

(4) 幾乎每日失眠或嗜睡

(5) 幾乎每日精神運動性激動或遲滯(可由他人觀察得到，而非僅主觀感受不安定感或被拖滯感。)

(6) 幾乎每日疲累或失去活力

(7) 幾乎每日有無價值感，或過份或不合宜的罪惡感(可達妄想程度)(並非只是對生病的自責或罪惡感)

(8) 幾乎每日思考能力或專注能力減退、或無決斷力(indecisiveness)。(由主觀陳述或經由他人觀察或顯示)

(9) 反覆想到死亡(不只是害怕自己即將死去)、重覆出現無特別計畫的自殺意念、有過自殺嚐試、或已有實行自殺的特別計畫

B. 此症狀不符合混合發作的準則

C. 此症狀造成臨床上重大痛苦，或損害社會、職業、或其他重要領域的功能。

D. 此障礙並非由於某種物質使用(如：藥物濫用、臨床用藥)或

一種一般性醫學狀況(如甲狀腺功能低下症)的直接生理效應所造成。

E. 此症狀無法以傷慟反應(Bereavement)作更佳解釋。意即在所愛的人死亡之後，症狀持續超過兩個月以上，或症狀特徵為：顯著的功能損害、病態地專注於無價值感、自殺意念、精神病性症狀、或精神運動性遲滯。

躁症發作Manic episode

A. 在清楚的一般時期內，異常且持續地具有高昂的(elevated)、開闊的(expansive)、或易怒的心情，延續至少一星期(若有必要住院治療則任何時間長度皆可)。

B. 心情障礙期間，下列症狀中三項(或三項以上)持續存在(若僅具易怒心情則需至少四項)，並已達顯著程度：

(1)膨脹的自尊心或自大狂(grandiosity)

(2)睡眠需求減少(如僅睡三小時即覺已休息足夠)

(3)比平時多話或不能克制地說個不停

(4)意念飛躍或主觀經驗到心緒在奔馳

(5)注意力分散(意即注意力太容易被不重要或無關的外界刺激所吸引)

(6)增加目的取向之活動(有關社交、工作或學業、或性生活)或精神運動性激動

(7)過份參與極可能帶來痛苦後果的娛人活動(如此人從事無節制的大採購、輕率的性活動、或愚昧的商業投資)

C. 此症狀不符合混合發作的準則

D. 心情障礙已嚴重到造成職業功能、一般社會活動、或與他人

關係的顯著損害；或必須住院以避免傷害自己或他人；或有
著精神病性特質。

C.此障礙並非由於某種物質使用(如：藥物濫用、臨床用藥、
或其他治療)或一種一般性醫學狀況(如甲狀腺功能亢進症)
的直接生理效應所造成。

混合發作Mixed Episode

A.至少一星期時期內，幾乎每一天躁狂發作與重鬱發作的準則
兩者皆符合(總時期之要求除外)。

B.心情障礙已嚴重到造成職業功能、一般社會活動、或與他人
關係的顯著損害；或必須住院以避免傷害自己或他人；或有
著精神病性特質。

C.此障礙並非由於某種物質使用(如：藥物濫用、臨床用藥、
或其他治療)或一種一般性醫學狀況(如甲狀腺功能亢進症)
的直接生理效應所造成。

輕躁狂發作Hypomanic Episode

A.在清楚的一段時期內，持續地具有高昂的(elevated)、開闊
的(expansive)、或易怒的心情，與平日非憂鬱狀態的一般心
情明顯不同，延續至少四天。

B.心情障礙期間，下列症狀中三項(或三項以上)已持續存在
(若僅具易怒心情則需至少四項)，並已達顯著程度：

(1)膨脹的自尊心或自大狂

(2)睡眠需求減少(如僅睡三小時即覺已休息足夠)

(3)比平時多話或不能克制地說個不停

(4)意念飛躍或主觀經驗到心緒在奔馳

(5)注意力分散(意即注意力太容易被不重要或無關的外界刺激所吸引)

(6)增加目的取向之活動(有關社交、工作或學業、或性生活)或精神運動性激動

(7)過份參與極可能帶來痛苦後果的娛人活動(如此人從事無節制的大採購、輕率的性活動、或愚昧的商業投資)

C. 此發作時伴有明確的功能變化，且非此人於無症狀時期的特徵表現。

D. 心情障礙及功能變化他人可以觀察得到。

E. 此發作並未嚴重到造成社會或職業功能的顯著損害，且未嚴重到必須住院治療；並且沒有精神病性特徵。

F. 此障礙並非由於某種物質使用(如：藥物濫用、臨床用藥、或其他治療)或一種一般性醫學狀況(如甲狀腺功能亢進症)的直接生理效應所造成。

憂鬱性疾患Depressive Disorders

重鬱病，單次發作Major Depressive Disorder, Single Episode

A. 有只此一次的重鬱發作

B. 此重鬱發作無法以分裂情感性疾患作更佳解釋，也不是與精神分裂病，類精神分裂性疾患、妄想性疾患、或其他未註明之精神病性疾患共同發生。

C. 從未有過躁狂發作、混合發作、或輕躁狂發作

重鬱病，重復發作Major Depressive Disorder, Recurrent

A.有兩次或兩次以上的重鬱發作

B.這些重鬱發作無法以分裂情感性疾患作更佳解釋，也不是與
精神分裂病，類精神分裂性疾患、妄想性疾患、或其他未註
明之精神病疾患同時發生。

C.從未有過躁狂發作、混合發作、或輕躁狂發作。

酒精濫用定義

A.至少包括下列之一：

(1)明知喝酒已持續或一再地造成(或加重)社會、心理或身
體的障礙，仍然繼續喝。

(2)前述現象至少持續一個月，或在更長的時間裡反覆發
生。

B.前述現象至少持續一個月，或在更長的時間裡反覆發生。

C.尚未達到成癮的程度。

酒精成癮的定義

A.至少包括下列各項中的任何三項：

(1)經常超過原先預期的飲酒量或飲酒時間。

(2)持續想喝或不止一次戒酒(控制酒量失敗)。

(3)耗費不少時間在找酒、喝酒或從醉復原。

(4)應當去工作、求學或家管時(或在不安全的狀況之下)，
時常酒醉或處於戒斷狀態。

(5)由於喝酒以致於影響重要的社交、職業或娛樂活動。

(6)明知喝酒已持續或一再地造成(或加重)社會、心理或身體的障礙，仍然繼續喝。

(7)明顯存在耐酒現象。

(8)時常為了減除或避免發生戒斷症狀而喝酒。

(9)時常為了減除或避免發生戒斷症狀而喝酒，出現發抖、難過時就拿酒喝。

資料來源：

孔繁鐘編譯(1996)，《DSM精神疾病診斷準則手冊》。台北：合記圖書出版社。

鄭泰安(1993)，〈台灣地區原住民飲酒問題的流行病學研究〉，收錄於《山胞(原住民)飲酒與健康問題研討會》，頁9-19。花蓮：慈濟醫學院。

附錄三

基因取徑研究原住民健康的國科會補助計畫

年度	計畫主持人與執行機關名稱	計畫名稱	執行期間	補助金額
82	林炫沛（財團法人馬偕紀念醫院小兒科）	利用分子生物學研究台灣原住民族之葡萄糖去氫 突變部位及人類學之探討	1992/07/01 ～ 1993/06/30	530,150元
82	林炫沛（財團法人馬偕紀念醫院小兒科）	利用分子生物學研究台灣原住民族之葡萄糖去氫突變部位及人類學之探討	1992/07/01 ～ 1993/06/30	530,150元
83	林清淵（行政院國軍退除役官兵輔導委員會臺北榮民總醫院教學研究部）	台灣泰雅爾族原住民遺傳性第三補體基因欠損之分子生物學研究(I)	1994/02/01 ～ 1995/07/31	1,270,000元
84	胡海國（國立臺灣大學醫學院精神科）	原住民泰雅飲酒問題之分子遺傳學研究	1994/08/01 ～ 1995/07/31	800,000元
85	徐雲鵬（國立清華大學生命科學研究所）	台灣地區住民飲酒問題研究－台灣原住民酒癮之遺傳基因研究	1995/08/01 ～ 1996/07/31	879,000元

年度	計畫主持人與執行機關名稱	計畫名稱	執行期間	補助金額
85	陳爲堅（國立臺灣大學公共衛生學院流行病學研究所）	台灣地區原住民飲酒問題研究－台灣地區原住民飲酒問題之家族遺傳研究	1995/08/01 ～ 1996/07/31	857,000元
85	胡海國（國立臺灣大學醫學院精神科）	原住民（泰雅族）飲酒問題之分子遺傳學研究：多種遺傳病因之探討	1995/08/01 ～ 1996/07/31	800,000元
86	胡海國（國立臺灣大學醫學院精神科）	原住民（泰雅族）飲酒問題之分子遺傳學研究	1996/08/01 ～ 1997/07/3	711,000元
86	鄭泰安（中央研究院生物醫學科學研究所）	臺灣地區漢族與原住民酒癮之遺傳基因研究(I)	1996/08/01 ～ 1997/07/31	649,000元
87	鄭泰安（中央研究院生物醫學科學研究所）	台灣地區漢族與原住民酒癮之遺傳基因研究(II)	1997/08/01 ～ 1998/07/31	532,100元
88	吳紹基（慈濟大學醫學檢驗生物技術學系）	台灣原住民的遺傳基因的多態性	1998/08/01 ～ 1999/07/31	532,100元
88	王豊裕（慈濟大學原住民健康研究所）	台灣東部原住民慢性肝疾與C型肝炎病毒感染及酒精攝取之配對病例對照研究	1999/11/01 ～ 2000/10/31	1,150,000元

年度	計畫主持人與 執行機關名稱	計畫名稱	執行期間	補助金額
89	王豊裕 （慈濟大學原住民 健康研究所）	原住民之酒精代謝酵素基因多形性、酒精攝取及C型肝炎病毒感染與慢性肝疾之配對病例對照研究	2000/08/01 ～ 2001/07/31	706,000元
89	牛道明 （行政院國軍退除役官兵輔導委員會臺北榮民總醫院小兒部）	楓糖漿尿症在台灣原住民基因突變之研究	2000/08/01 ～ 2001/07/31	477,000元
89	葛應欽 （高雄醫學大學公共衛生學系）	達悟族原住民精神分裂症之基因連鎖分析	2000/08/01 ～ 2001/07/31	736,000元
90	吳芳鶯 （中國醫藥大學環境醫學研究所）	原住民痛風與相關因子之遺傳流行病學研究	2001/08/01 ～ 2002/07/31	543,000元
91	章順仁 （高雄醫學大學醫學系公共衛生學科）	原住民痛風症狀復發之危險因子調查	2002/08/01 ～ 2003/07/31	586,500元
91	黃孟娟 （高雄醫學大學醫學系公共衛生學科）	台灣原住民高三酸甘油脂血症——營養以及基因因子之研究	2002/08/01 ～ 2003/07/31	550,000元
92	黃孟娟 （高雄醫學大學醫學系公共衛生學科）	飲食、肥胖與apolipopro-tein CIII 及 lipoprotein lipase基因交互作用對原住民hypertriglyceridemia之影響	2003/08/01 ～ 2004/07/31	646,900元

年度	計畫主持人與執行機關名稱	計畫名稱	執行期間	補助金額
93	劉信孚（財團法人馬偕紀念醫院醫學研究科）	臺灣東部原住民之新型肝炎病毒之親緣關係分析和分子演化之研究	2004/08/01～2005/07/31	537,900元
93	陳建志（臺北醫學大學醫學系）	鄒族原住民的超氧化物歧化酵素序列多樣性研究	2004/08/01～2005/07/31	700,000元
90	王豊裕（慈濟大學原住民健康研究所）	原住民之異物代謝酵素基因多形性,環境暴露及肝炎病毒感染與慢性肝疾之病例對照研究(1/2)	2001/08/01～2002/10/31	814,000元
91	王豊裕（慈濟大學原住民健康研究所）	原住民之異物代謝酵素基因多形性,環境暴露及肝炎病毒感染與慢性肝疾之病例對照研究(2/2)	2002/08/01～2003/07/31	1,020,000元
92	王豊裕（慈濟大學原住民健康研究所）	東部原住民宿主免疫相關基因多形性與HBV及HCV感染之相關研究(1/3)	2003/08/01～2004/07/31	999,600元
93	王豊裕（慈濟大學原住民健康研究所）	東部原住民宿主免疫相關基因多形性與HBV及HCV感染之相關研究(2/3)	2004/08/01～2005/07/31	1,005,200元
94	王豊裕（慈濟大學原住民健康研究所）	東部原住民宿主免疫相關基因多形性與HBV及HCV感染之相關研究(3/3)	2005/08/01～2006/10/31	975,000元

年度	計畫主持人與執行機關名稱	計畫名稱	執行期間	補助金額
95	劉信孚（財團法人馬偕紀念醫院醫學研究科）	臺灣東部原住民之TT病毒群混合感染及其基因重組之研究	2006/08/01 ～ 2007/07/31	554,000元
95	黃孟娟（高雄醫學大學醫學系公共衛生學科）	Apolipoprotein CIII表現型/基因多型性與台灣原住民高三酸甘油脂血症相關性的研究:n-3多元不飽和脂肪酸角色之探討。	2006/08/01 ～ 2007/07/31	660,000元
95	謝天渝（高雄醫學大學口腔衛生科學研究所）	細胞激素在南台灣原住民嚼食檳榔引發口腔癌前病變致病機轉之分子生物學探討	2006/08/01 ～ 2007/07/31	870,000元
91	鄭泰安（中央研究院生物醫學科學研究所）	台灣地區原住民飲酒問題的十六年追蹤研究（1/3）	2002/08/01 ～ 2003/07/31	2,262,800元
92	鄭泰安（中央研究院生物醫學科學研究所）	台灣地區原住民飲酒問題的十六年追蹤研究（2/3）	2003/08/01 ～ 2004/07/31	1,874,200元
93	鄭泰安（中央研究院生物醫學科學研究所）	台灣地區原住民飲酒問題的十六年追蹤研究（3/3）	2004/08/01 ～ 2005/07/31	2,039,200元
94	鄭泰安（中央研究院生物醫學科學研究所）	台灣地區原住民飲酒問題的十六年追蹤研究（1/3）	2005/08/01 ～ 2006/07/31	2,102,000元

年度	計畫主持人與執行機關名稱	計畫名稱	執行期間	補助金額
95	鄭泰安（中央研究院生物醫學科學研究所）	台灣地區原住民飲酒問題的十六年追蹤研究(2/3)	2006/08/01 ～ 2007/07/31	2,175,000元
96	鄭泰安（中央研究院生物醫學科學研究所）	台灣地區原住民飲酒問題的十六年追蹤研究(3/3)	2007/08/01 ～ 2008/07/31	2,175,000元

資料來源：國科會網站https://nscnt12.nsc.gov.tw

查詢日期：2009年1月16日

由國科會網站查詢民國80年度至97年度，學門類別為基因科技的人文議題與生命科學，計畫名稱關鍵字：原住民，再以人工過濾出與『基因』相關之計畫，共35筆做基因相關研究。

參考文獻

中文參考書目

土田滋(1997)，〈追尋行將消逝的語言——先住民族的語言〉。收錄於笠原政治、植野弘子編，汪平譯，《台灣讀本》，頁50-60。台北：前衛。

王人英(1967)，《台灣高山族的人口變遷》。台北：中央研究院民族學研究所。

方鏗雄(1984)，《蘭嶼雅美族傳統居住建築之研究》。台北淡江大學建築研究所碩士論文。

孔繁鐘編譯(1996)，《DSM精神疾病診斷準則手冊》。台北：合記圖書出版社。

朱元鴻(2000)，《我們活在不同的世界：社會學框作筆記》。台北：台灣社會研究叢刊。

余光弘(1992)，〈田野資料的運用與解釋：再論雅美族之父系世系群〉。《台灣史田野研究通訊》24：48-75。

———(1994)，〈雅美人食物的分類及其社會文化意義〉。《中央研究院民族學研究所集刊》76：21-42。

———(2004)，《雅美族》。台北：三民書局。

余光弘、董森永(1998)，《台灣原住民史：雅美族史篇》。南投：

台灣省文獻委員會。

吳玉琴(1992)，《台灣原住民生涯發展模式——以雅美都市移民為
　　對象》。台中：東海大學社會工作研究所碩士論文。

吳炳輝(1993)，《蘭嶼雅美人求醫行為之研究》。台北：國立台灣
　　大學公共衛生研究所碩士論文。

吳豪哲(1988)，《阿美族山胞城鄉遷移與生活調適之研究》。台
　　北：國立台灣師範大學地理研究所碩士論文。

吳聖良(2000)，《原住民健康情形之研究》。台北：中華民國健康
　　促進暨衛生教育學會。

李亦園(1960)，〈Anito的社會功能：雅美族靈魂信仰的社會心理
　　學研究〉。《中央研究院民族學研究所集刊》10：41-
　　56。

———(1978)，〈都市中高山族的現代化適應〉。收錄於《中央研
　　究院民族學研究所成立五十周年紀念論文集》第二輯，頁
　　717-739。

———(1979)，〈社會文化變遷中的台灣高山族青少年問題：五個
　　村落的比較研究〉。《中央研究院民族學研究所集刊》
　　48：1-29。

李亦園、王俊秀、余光弘、鄭先祐、關華山(1990)，《科技文明對
　　蘭嶼雅美文化衝擊之文化生態學研究》。行政院原子能委
　　員會放射性物料管理處研究報告彙編。

希南‧巴娜妲燕(2003)，《達悟族：飛魚之神》。孫大川編著。台
　　北：新自然主義。

林松齡(1999)，〈家庭〉。收錄於王振寰、瞿海源主編，《社會學
　　與台灣社會》，頁284-322。台北：巨流文化。

林金泡(1996)，〈原住民的都市情境〉。《人類與文化》31：178-
　　　184。

———(1981)，〈台灣北部地區的都市山胞〉。《中國論壇》
　　　12(7)：24-28。

林信男、劉絮愷(2002)，《精神醫學史》。收錄於李明濱主編，
　　　《實用精神醫學》，頁13-18。台北：國立台灣大學醫學
　　　院。

林淑蓉(2002)，〈情緒、自我與精神疾病：人類學的療養院研
　　　究〉。收錄於胡台麗、許木柱、葉先輝主編，《台灣社會
　　　文化心理研究》，頁163-213。台北：中央研究院民族學
　　　研究所。

林　憲(1978)，《精神醫學與社會》。台北：當代醫學雜誌社。

———(1990)，《心路與心病》。台北：健康世界雜誌社。

姚克明(1982)，《雅美族與健康有關的生活方式及其特異的衛生觀
　　　念與行為調查研究》。台灣省：台灣省公共衛生研究所。

施添福編(2001)，《台東縣史雅美篇》。台東：台東縣政府。

柯志明(1993)，《台灣都市小型製造業的創業、經營與生產組織：
　　　以五分埔成衣製造業為案例的分析》。台北：中央研究院
　　　民族學研究所。

紀駿傑(1997)，〈環境殖民：資本主義生產擴張下的台灣原住民土
　　　地與資源權〉。《1997年原住民土地與文化學術研討會論
　　　文》，頁8-1-23。台北：中國土地經濟學會。

胡海國(1993)，〈山地社區酗酒之防治——理論與實務〉。收錄於
　　　《山胞(原住民)飲酒與健康問題研討會》，頁38-50。花
　　　蓮：慈濟醫學院。

———（1995），〈遺傳學與精神病理〉。收錄於胡海國編，《生物精神醫學》，頁107-148。台北：健康文化。

———（2001），〈原住民心理衛生防治規劃芻議〉。收錄於《原住民傳統醫療VS.現代醫療》，頁205-229。台北：財團法人原住民文教基金會。

胡海國、林信男（1995），《生物精神醫學》。台灣大學醫學院出版委員會編審。台北：健康文化。

凌純聲（1957），〈中國及東亞的嚼酒文化〉。《中央研究院民族學研究所集刊》4:1-30。

夏曼‧藍波安（2003），《原初豐腴的島嶼——達悟民族的海洋知識與文化》。新竹：清華大學社會人類學研究所碩士論文。

夏曉鵑（2000），《流離尋岸：資本國際化下的「外籍新娘」現象》。台北：台灣社會學研究社。

夏鑄九‧陳志梧（1988），〈台灣的經濟發展、蘭嶼的社會構造與國家公園的空間角色〉。台灣社會研究4(1)：223-246。

孫大川（2000），《山海世界》。台北：聯合文學。

張文傑（1990），《排灣族與雅美族的農耕及生計適應：以土文村和朗島村爲例》。台北：台灣師範大學地理研究所碩士論文。

張和平、楊寬弘、陳明招、游步雲（1993），〈澎湖地區精神醫療概況〉。《離島精神醫學研討會論文集》。

張海嶼（1992），〈蘭嶼宣教史〉。《民族學研究所資料彙編》6：145-166。

張苙雲（1988），〈台灣地區山地鄉居民健康狀況及醫療需求調查研究計畫第一年報告〉。台北：行政院衛生署。

———(1989)，〈台灣地區山地鄉居民健康狀況及醫療需求調查研究計畫第二年報告〉。台北：行政院衛生署。

張曉春(1974)，〈台北地區山地移民適應初步調查研究(上)(下)〉。《思與言》11(6)：1-21；12(1)：30-37。

張興傑(1998)，《國家權力下的達悟(Tao)家屋重構》。台北：台灣大學建築與城鄉研究所碩士論文。

許木柱(1993)，〈台灣地區原住民飲酒行為之社會文化基礎〉。收錄於《山胞(原住民)飲酒與健康問題研討會》，頁32-33。花蓮：慈濟醫學院。

許木柱、鄭泰安(1991)，〈社會文化因素與輕型精神症狀——泰雅與阿美兩族比較〉。《中央研究院民族學研究所集刊》71：133-160。

許功明、柯惠譯合著(1998)，《排灣族古樓村的祭儀與文化》。台北：稻鄉。

郭舒梅(2000)，《流動的權力：以朗島村為例探討達悟族權力機制的形成與延續》。新竹：清華大學社會人類學研究所碩士論文。

陳玉美(1994)，〈論蘭嶼雅美族的社會組織：從當地的一組概念Nisoswan(水渠水源)與Ikauipong do soso(喝同母奶)談起〉。《中央研究院歷史語言研究所集刊》65(4)：1029-1052。

———(1995)，〈夫妻、家屋、聚落〉。收錄於黃應貴主編，《空間、力與社會》，頁133-166。台北：中央研究院民族學研究所。

———(1996)，〈文化接觸與物質文化的變遷：以蘭嶼雅美族為

例〉。《中央研究院歷史語言研究所集刊》67(2)：415-439。

陳叔倬(2000)，〈原住民人體基因研究之倫理爭議與立法保護〉。《生物科技與法律研究通訊》8：7-29。

陳叔倬、陳志軒(2001)，〈台灣原住民被研究者與研究者對遺傳基因研究的認知──質性資料分析〉。收錄於許心馨、陳秋蓉、張嘉玲編，《原住民傳統醫療VS.現代醫療》，頁149-184。台北：台灣原住民文教基金會。

陳國鈞(1955)，《蘭嶼雅美族》。台北：中央文物供應社出版。

陳喬琪、胡海國、葉英堃等(1993)〈酒精依賴之生物學研究〉。收錄於《山胞(原住民)飲酒與健康問題研討會》，頁20-26。花蓮：慈濟醫學院。

陳獻明、汪明輝(1993)，〈台灣山地鄉的酒類消費與飲酒問題〉。《國立台灣師範大學地理研究報告》20:57-100。

曾文星與徐靜(1987)，《現代精神醫學》。台北：水牛。

傅仰止(2001)，〈都市原住民概說〉。收錄於蔡明哲、傅仰止著，《台灣原住民史──都市原民史篇》，頁1-50。南投：台灣省文獻會。

黃　旭(1995)，《雅美族之住居文化及變遷》。台北：稻鄉。

黃郁茜(2005)，《「交換」與「個人主義」：蘭嶼野銀聚落的例子》。台北：台灣大學人類學研究所碩士論文。

黃淑玲(2000)，〈變調的"ngasal"：婚姻、家庭、性行業與四個泰雅聚落婦女1960-1998〉。《台灣社會學研究》，4：37-60。

黃雅惠(1990)，《蘭嶼反核廢場運動之動員過程分析》。新竹：清

華大學社會人類學研究所碩士論文。

黃嬡齡(1997)，《慢性精神病患社區支持性就業的行動方針》。花
　　蓮：東華大學族群 關係與文化研究所碩士論文。

黃應貴(1975)，〈台灣高山族的經濟變遷〉。《中央研究院民族學
　　研究所集刊》40：85-95。

———(1982)，〈東埔社土地制度之演變：一個台灣中部布農族聚
　　落研究〉。《中央研究院民族學研究所集刊》52：115-
　　149。

———(2008)，《反景入深林：人類學的觀照、理論與實踐》。台
　　北：三民書局。

楊延光(1999)，《杜鵑窩的春天：精神疾病照顧手冊》。台北：張
　　老師文化。

楊政賢(1998)，《蘭嶼東清部落「黃昏市場」現象之探討：貨幣、
　　市場與社會文化變遷》。花蓮：東華大學族群關係與文化
　　研究所碩士論文。

趙彥寧(2004)，〈公民身分、現代國家與親密生活：以老單身榮民
　　與「大陸新娘」的婚姻爲研究案例〉。《台灣社會學》
　　8：1-41。

劉欣怡(2004)，《達悟(雅美)族的老人照護關係與社會界線的建
　　構：護理人類學民族誌研究》。花蓮：慈濟大學人類學研
　　究所碩士論文。

劉珣瑛、莊上平、高正治(1993)，〈蘭嶼精神醫療概況〉。《離島
　　精神醫學研討會論文集》。出版處不詳。

劉清榕(1979)，〈台東縣蘭嶼鄉社會經濟調查報告〉。《農村金融
　　論壇》1:171-201。

劉斌雄(1959)，〈蘭嶼雅美族喪葬的一例〉。《中央研究院民族學
　　　研究所集刊》8：43-183。

蔡筱君(1997)，《達悟(Tao)人家屋空間之社會生產》。台北：台
　　　灣大學建築與城鄉研究所碩士論文。

蔡友月(1998)，〈最後一段旅程——剖析癌症病人在醫院的垂死歷
　　　程〉。《中華心理衛生學刊》，11(3)：1-26。

———(2004)，〈台灣癌症病患的身體經驗：病痛、死亡與醫療專
　　　業權力〉。《台灣社會學刊》33：51-108。

———(2008)，〈生命的最後旅程：醫療科技與死亡儀式〉。收錄
　　　於成令方等主編，《醫療與社會共舞》，頁309-319。台
　　　北：群學出版社。

鄭泰安(1993)，〈台灣地區原住民飲酒問題的流行病學研究〉。收
　　　錄於《山胞(原住民)飲酒與健康問題研討會》，頁9-19。
　　　花蓮：慈濟醫學院。

衛惠林、劉斌雄(1962)，《蘭嶼雅美族的社會組織》。台北：中央
　　　研究院民族學研究所。

盧幸娟(2001)，《發展中的台灣原住民自治——以蘭嶼達悟族為
　　　例》。花蓮：東華大學族群關係與文化研究所。

鮑克蘭(de Beauclair, Inez)(1959)，〈蘭嶼雅美族的財富誇示禮物
　　　交換與禮食分配〉。《中央研究院民族學研究所集刊》
　　　8：185-210。

藍佩嘉(2002)，〈跨越國際的生命地圖：菲籍家務移工的三角關
　　　係〉。《台灣社會研究季刊》48：169-218。

謝永泉(2004)，〈達悟傳統死亡觀初探：Iraraley的觀點〉。收錄
　　　於《2004年蘭嶼研究群研討會論文》。台北：中央研究院

民族學研究所。

謝國雄(1997),《純勞動:台灣勞動體制諸論》。台北:中央研究院社會學研究所籌備處。

顏婉娟(2000),《烏來泰雅族婦女飲酒經驗之探討》。台北:陽明大學社區護理研究所碩士論文。

英文參考資料

Adelson, Naomi (2001), "Reimagining Aboriginality : An Indigenous People's Response to Social Suffering." pp. 77-80 in *Remaking a World: Violence, Social Suffering, and Recovery.* Edited by Veena Das, Arthur Kleinman, Margaret Lock, Mamphela Ramphele and Pamela Reynolds. Berkeley: University of California.

AI-Issa, Ihsan, and Michael Tousignant (1997), *Ethnicity, Immigration, and Psychopathology.* New York : Plenum Press.

Almeida-Filho, Naomar de (1987), "Social Epidemiology of Mental Disorders: A Review of Latin American Studies." *Acta Psychiatrica Scandinavica* 75:1-10.

Aviram, Uri and Steven P. Segal (1973), "Exclusion of the Mental Ill." *Archives of General Psychiatry* 29:126-131.

Bourdieu, Pierre and Loic J.D. Wacquant (1992), *An Invitation to Reflexive Sociology.* Chicago: The University of Chicago Press.

Bourdieu, Pierre (1991), *The Craft of Sociology: Epistemological Preliminaries*. New York: Walter de Gruyter.

Bowker, John Westerdale (1997), "Religions, Society, and Suffering." pp. 359-383 in *Social Suffering*. Edited by Arthur Kleinman, Veena Das, Margaret Lock. Berkeley: University of California.

Castillo, Richard J. (1997), *Culture & Mental Illness: A Client-Centered Approach*. Pacific Grove, CA: Brooks/Cole.

————(1998), *Meanings of Madness*. Pacific Grove, CA: Brooks/ Cole.

Cheng, Tai-Ann and Mutsu Hsu (1992), "A Community Study of Mental Disorders among Four Aboriginal Groups in Taiwan." *Psychological Medicine* 22:255-263.

Cheng, Andrew and Chen Wei J. (1995), "Alcoholism among Four Aboriginal Groups in Taiwan: High Prevalences and Their Implications." *American Journal of Medical Genetics* 19(1): 81-91.

Cockerham, William C. (1992), *Medical Sociology*. Englewood Cliffs, NJ: Prentice-Hall.

Cohen, Alex (1999), *The Mental Health of Indigenous Peoples: An International Overview*. Geneva: World Health Organization.

Corin , Ellen E. (1990), "Facts and Meaning in Psychiatry. An Anthropological Approach to the Lifeworld of Schizophrenics." *Culture, Medicine and Psychiatry* 14:153-88.

Conrad, Peter (2001), "Genetic Optimism: Framing Gene and Mental Illness in the News." *Culture, Medicine and Psychiatry* 25: 225-247.

Conrad, Peter and Joseph W. Schneider (1992), *Deviance and Medicalization: From Badness to Sickness.* Philadelphia: Temple University Press.

Cooper, John and Norman Sartorious (1977), "Cultural and Temporal Variations in Schizophrenia: A Speculation on the Importance of Industrialization." *British Journal of Psychiatry* 130:50-55.

Davison, Gerald C. and John M .Neale (2001), *Abnormal Psychology.* New York: John Wiley & Sons Inc.

Denzin, Norman K. and Yvonna S. Lincoln(2000), *Handbook of Qualitative Research.* London: Sage.

Desjarlais, Robert (1995), *World Mental Health: Problems and Priorities in Low-income Countries.* New York: Oxford University Press.

Desjarlais, Robert, Leon Eisenberg, Byron J. Good and Arthur Kleinman (1996), *World Mental Health: Problems and Priorities in Low-Income Countries.* New York: Oxford University Press.

Donald, Alistair (2001), "The Wal-Marting of American Psychiatry: An Ethnography of Psychiatric Practice in the Late 20th Century." *Culture, Medicine and Psychiatry* 25: 427-439.

Douglas, Mary (1966), *Purity and Danger: An Analysis of the Concepts of Pollution and Taboo.* London: Routledge &

Kegan Paul.

Durkheim, Emile（1951［1897］）, *Suicide: A Study in Sociology*. Translated by John A. Spaulding and George Simpson. New York: The Free Press.

————（1982［1895］）, *The Rules of Sociological Method*. Translated by W.D Halls. New York: The Macmillan Press.

Duster, Troy（1990）, *Backdoor to Eugenics*. London: Routledge.

Edgerton, Robert B.（1969）, "On the Recognition of Mental Illness." pp. 49-72 in *Changing Perspectives in Mental Illness*. Edited by Stanley C. Plog and Robert B. Edgerton. New York: Holt, Rinehart and Winston.

Farmer, Paul（2005）, *Pathologies of Power: Health, Human Rights, and the New War on the Poor*. Berkeley: University of California Press.

Foucault, Michel（1987［1954］）, *Mental Illness and Psychology*. Berkeley: University of California Press.

————（1971［1961］）, *Madness and Civilization*. New York: Vintage Books.

————（1978［1990］）, *The History of Sexuality: Volume I: An Introduction*. New York: Random House.

Gallagher Ⅲ, Bernard J.（1995）, *The Sociology of Mental Illness*. Englewood Cliffs. NJ: Presentice-Hall.

Geertz, Clifford（1973）, *The Interpretation of Cultures :Selected Essays*. New York : Basic Books.

Glaser, Barney G. and Anselm L. Strauss（1967）, *The Discovery of*

Grounded Theory. New York: Aldine.

Giddens, Anthony (1990), *The Consequence of Modernity*. Stanford, CA: Stanford University Press.

————(1991), *Modernity and Self-Identity: Self and Society in the late Modern Age*. Cambridge: Polity Press.

Gilman, Sander L. (1988), *Disease and Representation: Imagine of Illness from Madness to AIDS*. Ithaca: Cornell University Press.

Goffman, Erving (1961), *Asylums*. New York: Doubleday & Company.

————(1963), *Stigma*. Englewood Cliffs, NJ: Presentice-Hall.

Good, Byron J. (1992), "Culture and Psychopathology: Directions for Psychiatric Anthropology." pp.181-205 in *New Directions in Psychological Anthropology*. Edited by Theodore Schwartz et al. Cambridge: Cambridge University Press.

————(1994), *Medicine, Rationality and Experience: An Anthropological Perspective*. Cambridge: Cambridge University Press.

Goodman, Alan H. (2000), "Why Genes Don't Count for Racial Differences in Health." *American Journal of Public Health* 90(11): 1699-1702.

Helman, Cecil G. (1994), *Culture, Health and Illness: an Introduction for Health Professionals*. Boston: Butterworth-Heinemann.

Heston, Leonard L. (1966), "Psychiatric Disorders in Foster Home Reared Children of Schizophrenic Mothers." *British Journal of Psychiatry* 112: 819-825

Holmes, Thomas H. and Minoru Masuda（1974），"Life Change and Illness Susceptibility." pp. 45-72 in *Stressful Life Events: Their name and effects*. Edited by B.S. Dohrenwend and B.P. Dohrenwend. New York: John Wiley.

Hopper, Kim（2004），"Interrogating the Meaning of Culture in the WHO International Studies of Schizophrenia." pp. 62-80 in *Schizophrenia, Culture, and Subjectivity*. Edited by Janis Hunter Jenkins and Robert John Barrett. New York: Cambridge University Press.

Jencks, Christopher（1987），"Genes and Crime." *New York Review of Books* 34(2): 33-40.

Jenkins, Janis H（1988），"Ethnopsychiatric Interpretations of Schizophrenic Illness: The Problem of Nervios Within Mexican-American Famillies." *Culture, Medicine, and Psychiatry* 12:303-331.

Jimenez, María Angeles（1988），"Community Mental Health: A Review from American History." *Journal of Sociology and Social Welfare* 15(4)：121-137.

Kirmayer, Laurence J., Gregory M. Brass and Caroline L. Tait（2000），"The Mental Heath of Aboriginal Peoples: Transformations of Identity and Community." *Canadian Journal of Psychiatry* 45(7)：607-616.

Kitano, Harry H.L.（1969），"Japanese-American Mental Illness." pp. 257-248 in *Changing Perspectives in Mental Illness*. Edited by Stanley C. Plog and Robert.B. Edgerton. New York: Holt, Rinehart and Winston.

Kleinman, Arthur (1980), *Patient and Healer in the Context of Culture: An Exploration of the Borderland Between Anthropology, Medicine and Psychiatry*. Berkeley: University of California Press.

———(1981), "Patient and Healer in the Context of Culture: An Exploration of the Borderland between Anthropology, Medicine and Psychiatry." *The Journal of Asian Studies* 40(2):332-334.

———(1986), *Social Origins of Distress and Disease: Neurasthenia, Depression, and Pain in Modern China*. New Haven, CT: Yale University Press.

———(1988a), *The Illness Narratives: Suffering, Healing, and the Human Condition*. New York: Basic Books.

———(1988b), *Rethinking Psychiatry: From Cultural Category to Personal Experience*. New York: The Free Press.

———(1995), "Pitch, Picture, Power: The Globalization of Local Suffering, Subjectivity and the Remaking of Human Experience in a Disordering World." *Harvard Theological Review* 90(3): 315-335.

Kleinman, Arthur, Veena Das and Margaret Lock (1997), *Social Suffering*. Berkeley: University of California Press.

Kleinman, Arthur (2004), *The Preface in Schizophrenia, Culture, and Subjectivity*. Edited by Janis Hunter Jenkins and Robert John

Barrett. New York : Cambridge University Press.

Kerchis, Cheryl Zarlenga and Iris Marion Young (1995), "Social Movement and the Politics of Difference." pp. 1-28 in *Multiculturalism from the Margins: Non-Dominant Voices on Difference and Diversity*. Edited by Dean A. Harris.Westport. CT: Bergin and Garvey.

Lewis, Oscar (1959), *Five Families: Mexican Case Studies in the Culture of Poverty*. New York: Basic Book.

Lewontin, Richard C., Steven Rose and Leon J. Kamin (1984), *Not in Our Genes: Biology, Ideology and Human Nature*. New York: Pantheon Books.

Littlefield, Alice, Leonard Lieberman and Larry T. Reynolds (1982), "Redefining Race: The Potential Demise of a Concept in Physical Anthropology." *Current Anthropology* 23(6):641-656.

Mills, C. Wright (1959), *The Sociological Imagination*. London: Oxford University Press.

Moloney, James Clark (1954), "Psychiatric Observations on Okinawa Shima." *Psychiatry* 8:391-399.

Munsterhjelm, Mark (2005), "Alcoholism Related Genetics Research Involving Taiwan Aborigines as a New Terrain of Settler Colonialism." Paper Presented at Genes and Society Panel, Canadian Sociology and Anthropology Association Conference 2005, the Canadian Sociological Association, Canada, May 31-June 3.

McHugh, Paul R. and Phillip R. Slavney (1986), *The Perspectives of Psychiatry*. Baltimore: Johns Hopkins University Press.

O'Nell, Theresa DeLeane (1996), *Disciplined Hearts: History, Identity, and Depression in an American Indian Community*. Berkeley: University of California Press.

Park, Robert E. (1928), "Human Migration and the Marginal Man." *American Journal of Sociology* 33(6):881-893.

Pilgrim, David and Anne Rogers (1990), *A Sociology of Mental Health and Illness*. Philadelphia: Open University Press.

Portes, Alejandro and Robert D. Manning (1984), "The Immigrant Enclave: Theory and Empirical Examples." pp. 47-66 in Competitive Ethnic Relations. Edited by Susan Olzak and Joanne Nagel. New York: Academic Press.

Portes, Alejandro and Ruben G. Rumbant (1996), *Immigrant America : A Portrait*. Berkeley:University of California Press.

Porter, Roy (2002), *Madness: A Brief History*. New York: Oxford University Press.

Poudrier, Jennifer D. (2004), "Decolonization Genetic Science: The Thrifty Gene Theory, Aboriginal Health and Empowering Knowledge." Unpublished doctoral dissertation. Department of Sociology. Canada: Queen's University.

Prior, Lindsay (1991), *The Social Worlds of Psychiatric and Ex-psychiatric Patients in Belfast*. Belfast: Queen's University, Health and Health Care Research Unit.

Rosehan, David L. (1973), "On Being Sane in Insane Places." *Science* 179(January):250-258.

Rush, Libby O. (1997), "Multidimensional Analysis of the Concept of Life Change." *Journal of Health and Social Behavior* 18:71-83.

Saggers, Sherry and Dennis Gray (1991), *Aboriginal Health and Society: The Traditional and Contemporary Aboriginal Struggle for Better Health.* North Sydney, Australia: Allen & Unwin.

Shields, James and Eliot Slater (1967), "Genetic Aspects of Schizophrenia." *Journal of Hospital Medicine.* pp. 579-584

Stonequist, Everett V. (1937), *The Marginal Man: A Study in Personality and Culture Conflict.* New York: Russell & Russell.

Swan, Pat. and Beverley Raphael (1995), *Ways Forward: National Consultancy Report on Aboriginal and Torres Strait Islander Mental Health.* Canberra: Office of Aboriginal and Torres Strait Islander Health.

Szasz, Thomas S. (1970), *The Manufacture of Madness.* New York: Harper & Row Publisher.

——(1974), *The Myth of Mental Illness.* New York: Harper& Row Publisher.

Taylor, Charles (1994), "The Politics of Recognition." *In Multiculturalism: Examining the Politics of Recognition.* pp. 25-85 in *Multiculturalism : Examining the Politics of*

Recognition. Edited by Amy Gutmann. Princeton, NJ: Princeton University Press.

Turner, Bryan S.(1992), *Regulating Bodies: Essays in Medical Sociology*. London: Routlegde.

Van Maanen, John (1988), *Tales of the Field: On Writing Ethnography*. Chicago : University of California Press.

Warner, Richard (1985), *Recovery from Schizophrenia: Psychiatry and Political Economy*. New York: Routledge & Kegan Paul.

Weber, Max (1975), *Roscher and Knies: The Logical Problems of Historical Economics*. London: Collier Macmillan Publishers.

Wedge, Bryant M. (1952), "Occurrence of Psychosis Among Okinawans in Hawaii." *American Journal of Psychiatry* 109: 225-258.

Wilmoth, Gregory H., Starr Silver and Lawrence J. Severy (1987), "Receptivity and Planned Change: Community Attitudes and Deinstitutionalization." *Journal of Applied Psychology* 72(1) : 138-145.

Wilson, Kenneth and Allen W. Martin (1978), "Ethnic Enclave: A Comparsion of the Cuban and Black Economics in Miami." *American Journal of Sociology* 88:135-160.

Wolinsky, Fredric D. (1980), *The Sociology of Health: Principles, Professions, and Issues*. Boston: Little, Brown and Company.

中譯書

Foster, George M. and Barbara Gallatin Anderson原著，陳華、黃新美譯（1992[1978]），《醫療人類學》。台北，桂冠。

Foucault, Michel原著，林志明譯（1998[1961]），《古典時代瘋狂史》。台北，時報。

Laing, Ronald David原著，侯東民譯，（1994 [1971]），《分裂的自我》。貴州：貴州人民出版社。

鳥居龍藏原著，楊南郡譯(1996)，《探險台灣：鳥居龍藏的台灣人類學之旅》。台北：遠流出版社。

報章雜誌與網站

石宛舜(1997)，〈杏林暖風吹不進蘭嶼孤島〉，《新台灣新聞週刊》，4月7日至13日。

呂玲玲(1998)，〈酒癮——從基因找解藥〉，《聯合報》，生活新聞版，9月9日。

行政院原住民族委員會(2008)，〈97年08月台閩縣市原住民族人口按性別族別〉。http://www.apc.gov.tw/chinese/docDetail/detail_TCA.jsp?docid=PA000000002030&linkRoot=4&linkParent=49&url= 。查閱時間：2008年9月20日

李順德(2005)，〈蘭嶼遷核廢，再等10年〉，《聯合報》，A6版，6月7日。

夏曼・藍波安等(2000)，〈蘭嶼的希望在自治〉。http://news.ngo.org.tw/issue/against/against-00052401.htm。查閱時間：2008年9月20日。

張耀懋(1998)，〈健保提供優惠馬偕巡迴醫療 蘭嶼、綠島不再

「有卡無醫」〉，《民生報》，醫藥新聞版。9月17日。

陳佩周(1995)，〈讓雅美人回家系列報導五之一：誰偷了他們的靈魂〉，《聯合報》，鄉情版，6月5日。

陳芳毓(1999)，〈求生路上惡靈附身，蘭嶼精神病患比例特高〉，《勁報》，8月14日。

陳嘉信(2004)，〈建設兩離島，中央補助近三億元，合計42項計畫，綠島盼成生態觀光島嶼，蘭嶼致力原住民自治實踐示範實驗區〉，《聯合報》，B1版，4月29日。

游淑綺(2004)，〈酒鬼是會遺傳的〉，《星報》，青春探索版，11月8日。

葛應欽(1999)，〈美哉蘭嶼，哀哉惡靈〉，《台灣日報》，33版，4月13日。

楊惠君(2001)，〈沈溺杯中物，兩成縣內原住民一身病痛：署立東醫將成立酒癮勒戒病房〉，《民生報》，醫療新聞版，3月22日。

董恩慈(2004)，〈蘭嶼就業問題之探討〉。http://www.pct.org.tw/rnd/tao/Tao4_5.htm。查閱時間：2008年9月17日。

醫望編輯部等(1998)，〈試管中的原住民專題〉，《醫望》，頁34-66。台北：台灣醫界聯盟基金會。

羅紹平(2003)，〈台電回饋金，蘭嶼發放對象放寬，自發放日起算，設籍滿15年漢人也可領取，4月起受理申請〉，《聯合報》，18版，3月20日。

謝福美(2007)，〈台東蘭嶼服務中心揭牌啟用〉，《蘭嶼雙週刊》，370期第一版，1月14日。

謝福美(2008)，〈印尼無動力工作船擱淺蘭嶼朗島海岸，族人發

「還我藍海」聲明書要求重視〉，《蘭嶼雙週刊》，402
　　期第一版，10月26日。

台東縣政府統計，http://www.taitung.gov.tw/department/p3/12345/p3/
　　2.htm，查詢時間：2007年5月21日。

行政院原住民族委員會達悟人口在台分布圖，http：//www.
　　apc.gov.tw/upload/govinfo/aps_/9011/aprp5802.htm。查詢時
　　間：2006年2月。

行政院原住民族委員會2001年全國各縣市原住民族群人口統計表，
　　http：//www.apc.gov.tw/upload/govinfo/aps_/9011/aprp5802.
　　htm。查詢時間：2006年2月。

交通部民航局臺東航空站蘭嶼全圖，http://www.tta.gov.tw/ch/
　　chinese6.asp。查詢時間：2009年3月18日。

相關研究調查報告

AAA Statement of Race. American Anthropologist 100（3）: 712-713.
　　Edited by Barbara and Dennis Tedlock. American
　　Anthropological Association.

WHO（1973）, The International Pilot Study of Schizophrenia.
　　Geneva:World Health Organization.

WHO（1979）, Schizophrenia: An International Follow-up Study.
　　Chichester: John Wiley & Sons.

WHO（2001）, Mental Health: New Understanding, New Hope.
　　Geneva:World Health Organization.

行政院原住民委員會（1998），〈台灣原住民生活狀況調查報告〉，

頁136-137。台北：行政院原住民委員會。

———(1999)，〈民國八十八年台灣原住民就業狀況調查報告〉，頁128-129，表13。台北：行政院原住民委員會。

———(2001)，〈民國九十年上半年台灣原住民就業狀況調查報告〉，頁29，表3-18。台北：行政院原住民委員會。

———(2001)，〈民國九十年下半年台灣原住民就業狀況調查報告〉，頁28，表3-17。台北：行政院原住民委員會。

———(2002)，〈民國九十一年台灣原住民就業狀況調查報告〉，頁32，表3-20。台北：行政院原住民委員會。

2000年，〈台東縣蘭嶼鄉衛生所山地離島醫療保健業務簡報〉。蘭嶼：蘭嶼衛生所。

2001年，〈台東縣蘭嶼鄉醫療給付效益提升計畫〉。台北：中央健保局。

2002年，〈1998-2002年台東統計要覽〉。台東：台東縣政府。

2005年，〈台東縣蘭嶼鄉各村里住戶人口統計表〉。蘭嶼：蘭嶼衛生所。

2009年，〈2003-2009年蘭嶼鄉衛生所精神疾病個案原因分類統計表〉。蘭嶼：蘭嶼衛生所。

2009年，〈2005-2009年蘭嶼鄉各村死亡人數及死因別統計資料〉。蘭嶼：蘭嶼衛生所。

台北靈糧堂編著(2000)，《釋放純潔禱告手冊》。台北：台北靈糧堂。

國科會等研究報告成果

陳長謙(2001)，〈基因體醫學國家型科技計畫規劃報告〉。出版處
　　不詳。

胡海國(1995)，〈泰雅族飲酒問題的分子遺傳學研究〉。行政院國
　　家科學委員會專題。研究計畫成果報告，計畫編號：
　　NSC85-2331-B002-134。台北：行政院國家科學委員會。

張苙雲(2002)，〈社會資本與精神復健：慢性精神病患社區復健實
　　驗計畫〉。〈國家衛生研究院九十一年度整合性醫藥衛生
　　科技研究計畫〉，計畫編號：NHRI-EX91-9032PP。台
　　北：國家衛生研究院。

夏鑄九等(1989)，〈蘭嶼地區社會發展與國家公園計畫〉。台北：
　　台灣大學建築與城鄉研究所。

葛應欽(1998)，〈原住民健康研究：重要疾病遺傳／分子流行病
　　學〉，行政院衛生署八十八年度整合性醫藥衛生科技研究
　　計畫，計畫編號：DOH88-HR-803，高雄醫學院公共衛生
　　學科執行。台北：行政院衛生署。

———(2001)，〈達悟族原住民精神分裂症之基因連鎖分析〉，行
　　政院國家科學委員會補助專題研究計畫，計畫編號：
　　NSC89-2314-B037-112，高雄醫學院公共衛生學科執行。
　　台北：行政院國家科學委員會。

———(2004)，〈台灣原住民痛風之遺傳連鎖分析：手足配對連鎖
　　分析及合併傳遞連鎖不平衡檢定研究〉，國家衛生研究院
　　電子報第38期。2004年3月26日刊載。http://www.nhri.org.
　　tw/nhri6/enews.php。

鄭守夏(1998)，〈台東縣蘭嶼鄉、綠島鄉巡迴醫療提供成果評
　　估〉。行政院衛生署中央健康保險局八十八年度委託計

畫。台北：行政院衛生署。

藍忠孚、許木柱(1992)，〈現代醫療體系對社會規範的衝擊──台
　　灣原住民社會的實證研究〉，行政院衛生署八十一年度委
　　託研究計畫，計畫編號：DOH81-TD-112，陽明大學醫學
　　院公共衛生學研究所執行。台北：行政院衛生署。

索引

一、名詞索引

十二劃

十三劃

十四劃

二十二劃

二、人名索引

中文

三劃

四劃

六劃

七劃

臺灣研究叢刊

達悟族的精神失序：現代性、變遷與受苦的社會根源

2009年7月初版　　　　　　　　　　　　　　　　定價：新臺幣650元
2013年11月初版第二刷
有著作權・翻印必究
Printed in Taiwan.

著　　　者	蔡	友	月
總　編　輯	胡	金	倫
發　行　人	林	載	爵

出　版　者	聯經出版事業股份有限公司	叢書主編	沙	淑	芬
地　　　址	台北市基隆路一段180號4樓	校　　對	蔡	耀	緯
編輯部地址	台北市基隆路一段180號4樓	封面設計	黃	毓	智
叢書主編電話	(02)87876242轉212
台北聯經書房	台北市新生南路三段94號
電　　　話	(02)23620308
台中分公司	台中市北區健行路321號1樓
暨門市電話	(04)22312023、(04)22302425
郵政劃撥帳戶第0100559-3號
郵撥電話	(02)23620308
印　刷　者	世和印製企業有限公司
總　經　銷	聯合發行股份有限公司
發　行　所	新北市新店區寶橋路235巷6弄6號2F
電　　　話	(02)29178022

行政院新聞局出版事業登記證局版臺業字第0130號

國家圖書館出版品預行編目資料

達悟族的精神失序：現代性、
變遷與受苦的社會根源 / 蔡友月著．
--初版．--臺北市：聯經，2009年
592面(含彩頁)；14.8×21公分．(臺灣研究叢刊)
ISBN　978-957-08-3438-3（精裝）
[2013年11月初版第二刷]

1.達悟族　2.民族志　3.精神異常　4.社會變遷

536.338　　　　　　　　　　　　98010203